ORION

Alberto Manguel

ISTORIA LECTURII

Ediția a II-a revizuită și adăugită

Traducere din limba engleză de
ALEXANDRU VLAD

ORION

Colecție coordonată de Laura CÂLȚEA
Copertă: Alin-Adnan VASILE
Redactor: Oana IONAȘCU
Lector: Laura CÂLȚEA
Tehnoredactor: Iuliana CONSTANTINESCU
Prepress: Alexandru CSUKOR

Descrierea CIP a Bibliotecii Naționale a României
MANGUEL, ALBERTO
    Istoria lecturii / ; trad. din lb. engleză: Alexandru Vlad. –
Ed. a 2-a. – București: Nemira Publishing House, 2022
    ISBN 978-606-43-1329-4

I. Vlad, Alexandru (trad.)

821.111

Alberto Manguel
A HISTORY OF READING
Copyright @ Alberto Manguel, 1996, 2014

First published in Canada by Alfred A. Knopf,
in the United States by Penguin Books USA,
in the United Kingdom by Harper Collins.

c/o Schavelzon Graham Agencia Literaria
www.schavelzongraham.com

@ Nemira 2011, 2022
ORION este un imprint al Grupului editorial **NEMIRA**

Tiparul executat de
ART GROUP PUBLISHING S.R.L.

ISBN 978-606-43-1329-4

Lui Craig Stephenson

Ziua aceea ne-a adus laolaltă,
Soarta trebuie să fi fost inspirată,
Mi-era capul numai la vremea de-afară
Ție, la cea de dinăuntru.

după ROBERT FROST

MULȚUMIRI

Pe parcursul celor șapte ani în care am scris această carte numărul persoanelor cărora le datorez mulțumiri a crescut considerabil. Ideea întocmirii unei istorii a lecturii a început odată cu intenția de a scrie un eseu; Catherine Yolles a sugerat că temei merită să-i fie dedicată o carte întreagă – îi sunt recunoscător pentru încrederea ei.

Le mulțumesc editorilor mei: lui Louise Dennys, cea mai îngăduitoare dintre cititori, a cărei prietenie mi-a fost un sprijin încă de pe vremea când am scris *The Dictionary of Imaginary Places*; lui Nan Graham, care mi-a fost alături încă de la început; lui Philip Gwyn Jones, ale cărui încurajări m-au ajutat să parcurg pasajele dificile.

Cu mult efort și cu o îndemânare demnă de Sherlock Holmes, Gena Gorrell și Beverly Beetham Endersby au editat manuscrisul; ca de obicei, le adresez mulțumirile mele. Paul Hodgson a realizat designul cărții cu grijă și inteligență. Agenții mei, Jennifer Barclay și Bruce Westwood, au ținut departe de ușa mea lupii, managerii bancari și agenții fiscali.

Sunt îndatorat actualului meu agent, Guillermo Schavelzon, căruia îi pot mulțumi acum, la mult timp după prima noastră întâlnire, pentru că a avut încredere într-un cititor adolescent, cu atâția ani în urmă.

Câțiva prieteni au venit cu niște sugestii amabile – Marina Warner, Giovanna Franci, Dee Fagin, Ana Becciú, Greg Gatenby, Carmen Criado, Stan Persky, Simone Vauthier. Profesorul Amos Luzzatto, profesorul Roch Lecours, M. Hubert Meyer și Fr. F.A. Black au acceptat cu generozitate să citească și să corecteze anumite capitole; greșelile rămase îmi aparțin numai mie. Sybel Ayse Tuzlac a dus la bun sfârșit o parte din cercetarea prealabilă. Le mulțumesc din inimă bibliotecarilor care au

dat de urma celor mai ciudate cărți și au răspuns cu răbdare întrebări-
lor mele neacademice la Metro Toronto Reference Library, Robarts
Library, Thomas Fisher Rare Book Library - toate din Toronto -, lui Bob
Foley și personalului bibliotecii de la Banff Centre for the Arts,
Bibliothèque Humaniste din Sélestat, Bibliothèque Nationale din Paris,
Bibliothèque Historique de la Ville de Paris, American Library din
Paris, Bibliothèque de l'Université din Strasbourg, Bibliothèque Municipale
din Colmar, Huntington Library din Pasadena, California, Biblioteca
Ambrosiana din Milano, London Library și Biblioteca Nazionale Marciana
din Veneția. Doresc, de asemenea, să le mulțumesc reprezentanților
Maclean Hunter Arts Journalism Programme, Banff Centre for the Arts
și Librăriei Pages din Calgary, unde au fost citite pentru prima oară
fragmente din această carte.

Mi-ar fi fost imposibil să duc la bun sfârșit această carte fără ajuto-
rul financiar din partea Consiliului de Arte din Ontario de dinainte
de Milse Harris, a Consiliului Canadian, precum și a fondului George
Woodcock.

In memoriam Jonathan Warner, ale cărui sprijin și sfaturi îmi lipsesc
tare mult.

CITITORULUI

„Cititul are o istorie.“
ROBERT DARNTON, *The Kiss of Lamourette*, 1990

„Căci dorința de-a citi, la fel ca toate celelalte dorințe care frământă neficitele noastre suflete, poate fi analizată.“
VIRGINIA WOOLF, *Sir Thomas Browne*, 1923

„Dar cine va fi stăpânul? Scriitorul sau cititorul?“
DENIS DIDEROT, *Jacques Fatalistul și stăpânul său*, 1796

INTRODUCERE

Soarta fiecărei cărți este un mister, mai ales pentru autorul ei. După prima publicare a lucrării *Istoria lecturii*, în 1996, am fost uimit să descopăr o comunitate internațională de cititori care, în mod individual și în circumstanțe foarte diferite de ale mele, au trăit aceleași aventuri și au împărtășit cu mine ritualuri de inițiere identice, revelații și persecuții, precum și intuiția că lumea și cartea se oglindesc reciproc.

Pentru mine, lectura a fost întotdeauna un fel de cartografie practică. Ca și alți cititori, am o încredere absolută în capacitatea pe care o are lectura de a-mi cartografia lumea. Știu că pe o pagină, undeva pe rafturile bibliotecii mele, privindu-mă chiar în acest moment, se află întrebarea care mă tulbură astăzi, pusă în cuvinte cu mult timp în urmă, poate, de cineva care habar nu avea de existența mea. Relația dintre un cititor și o carte este una care înlătură barierele temporale și spațiale și permite ceea ce Francisco de Quevedo, în secolul XVI, numea „convorbiri cu morții". În aceste convorbiri simt că mă dezvălui. Ele mă modelează și îmi conferă o anumită putere magică.

La doar câteva secole după inventarea scrisului, acum șase mii de ani, într-un colț uitat al Mesopotamiei (după cum veți afla din paginile următoare), puținii indivizi care aveau capacitatea de a descifra cuvintele scrise erau cunoscuți sub numele de „scribi", nu de „cititori". Poate că motivul a fost acela de a da mai puțină importanță celui mai mare dintre darurile lor: accesul la arhivele memoriei umane și salvarea de la uitare a vocii experienței noastre. Încă din acele timpuri îndepărtate, puterea cititorilor a stârnit în societățile lor tot felul de temeri: stăpânirea meșteșugului de a readuce la viață un mesaj din trecut, de a crea spații secrete în care nimeni altcineva nu poate intra în timp ce se citește, de a putea redefini universul și de a se revolta împotriva nedreptății, toate acestea prin intermediul unei anumite pagini. Iată miracolele de care suntem capabili noi, cititorii, și poate că acestea ne vor ajuta să ne salvăm din mizeria și prostia la care părem atât de des condamnați.

Și totuși, banalitatea este ispititoare. Pentru a ne descuraja să citim, inventăm strategii de distragere a atenției care ne transformă în consumatori bulimici pentru care noutatea, și nu memoria, este esențială. Recompensăm banalitatea și aspirația pecuniară, în timp ce deposedăm actul intelectual de prestigiul său, înlocuim noțiunile etice și estetice cu valori pur financiare și propunem distracții care oferă o satisfacție imediată și iluzia unei conversații universale în locul provocării plăcute și a ritmului lent și agreabil al lecturii. Punem în balanță paginile tipărite cu ecranul monitorului și înlocuim bibliotecile de hârtie, înrădăcinate în timp și spațiu, cu rețele virtuale aproape infinite, ale căror calități notorii sunt instantaneitatea și nemărginirea.

Astfel de opoziții nu sunt o noutate. Spre sfârșitul secolului XV, la Paris, sus, în clopotnițele înalte unde se ascunde Quasimodo, într-o chilie de călugăr care servește deopotrivă drept cabinet și laborator alchimic, arhidiaconul Claude Frollo întinde o mână către volumul tipărit de pe biroul său, iar cu cealaltă arată spre contururile gotice ale catedralei Notre Dame care se zăresc de la fereastra sa. „Asta", spune nefericitul cleric, „o va ucide pe cealaltă". Potrivit lui Frollo, un contemporan al lui Gutenberg, cartea tipărită va distruge edificiul cărții; tiparul va pune capăt arhitecturii medievale cultivate în care fiecare coloană, fiecare arhitravă, fiecare portal reprezintă un text care poate și trebuie să fie citit.

Atunci, ca și astăzi, această profeție a fost, desigur, una falsă. După cinci secole, și datorită cărții tipărite, avem acces la cunoștințele arhitecților medievali, comentate de Viollet-le-Duc și John Ruskin și reimaginate de Le Corbusier și Frank Gehry. Frollo se teme că noua tehnologie o va suprima pe cea precedentă, dar el pierde din vedere faptul că abilitățile noastre de creație sunt prodigioase și că putem oricând să găsim un nou instrument. Nu ne lipsește ambiția.

Cei care pun în opoziție tehnologia electronică cu cea a presei tipografice perpetuează eroarea lui Frollo. Ei vor să ne facă să credem că de-acum cartea – un instrument perfect ca și roata sau cuțitul, capabil să păstreze memoria și experiența, un instrument cu adevărat interactiv, care ne permite să începem și să încheiem un text oriunde dorim, să facem adnotări pe margine, să citim în ritmul nostru – ar trebui să fie eliminată în favoarea unui instrument mai nou. Astfel de alegeri intransigente duc la un extremism tehnocratic. Într-o lume inteligentă, dispozitivele electronice și cărțile tipărite împart spațiul meselor noastre de lucru și oferă fiecăruia dintre noi caracteristici și posibilități de lectură diferite. Contextul, fie el intelectual sau material, contează, după cum observă majoritatea cititorilor.

Cândva, în primele secole ale erei noastre, a apărut un text curios care se pretindea a fi o biografie a lui Adam și a Evei. Cititorilor le-a plăcut întotdeauna să își imagineze o preistorie sau o continuare a poveștilor lor preferate, iar întâmplările din Biblie nu fac excepție. Pornind de la cele câteva pagini din Cartea Facerii, care se referă la strămoșii noștri legendari, un scrib anonim a redactat *Viața lui Adam și a Evei*, povestind aventurile și (mai ales) necazurile lor după izgonirea din Grădina Edenului. La sfârșitul cărții, într-una dintre acele întorsături postmoderniste atât de frecvente în primele noastre lucrări literare, Eva îi cere fiului ei, Seth, să consemneze adevărata poveste a vieții părinților săi; cartea pe care cititorul o ține în mâini este acea relatare. Eva îi spune lui Seth:

> Ci ascultați-mă, copiii mei! Faceți tăblițe de piatră și altele de lut
> și scrieți pe ele toată viața mea și a tatălui vostru și tot ce ați auzit și
> ați văzut de la noi. Dacă prin apă Domnul va judeca neamul nostru,
> tăblițele de lut se vor dizolva, dar cele de piatră vor rămâne; iar dacă
> o va face prin foc, tăblițele de piatră se vor sparge, dar tăblițele de lut
> se vor coace [și se vor întări].

Dând dovadă de înțelepciune, Eva în mod intenționat nu alege între tăblițele de piatră și cele de lut: textul poate fi același, dar fiecare substanță îi conferă o calitate diferită, iar ea le vrea pe amândouă.

Au trecut aproape douăzeci de ani de când am terminat (sau am abandonat) *Istoria lecturii*. La vremea respectivă, credeam că explorez actul lecturii, caracteristicile percepute ale acestei îndeletniciri și modul în care ea a luat naștere. Nu știam că, de fapt, afirmam dreptul nostru, ca cititori, de a ne urmări vocația (sau pasiunea) dincolo de preocupările economice, politice și tehnologice, în tărâmul nemărginit al imaginației, în care cititorul nu este obligat să aleagă și, asemenea Evei, le poate avea pe toate. Literatura nu este o dogmă: ea oferă întrebări, nu răspunsuri concludente. Bibliotecile sunt lăcașuri esențiale ale libertății intelectuale: orice constrângeri care le sunt impuse sunt, de fapt, ale noastre. Lectura este, sau poate fi, mijlocul deschis prin care ajungem să cunoaștem ceva mai mult despre lume și despre noi înșine, nu prin opoziție, ci prin recunoașterea cuvintelor care ne sunt adresate individual, din locuri îndepărtate și cu mult timp în urmă. Aș fi bucuros dacă *Istoria lecturii* ar fi percepută ca o mărturisire plină de recunoștință a unui cititor pasionat, nerăbdător să împărtășească și altora această fericire continuă și meticuloasă.

ALBERTO MANGUEL, Anul Nou, 2014*

---

* Traducerea în limba română a „Introducerii" apărute în ediția din 2014 a volumului de față îi aparține Oanei Ionașcu (n. ed.).

ULTIMA PAGINĂ

„Citiți ca să trăiți.“
GUSTAVE FLAUBERT, *Scrisoare către*
domnișoara de Chantepie, iunie 1857

O comunitate universală a cititorilor. De la stânga la dreapta, de sus în jos: *tâ-nărul Aristotel, de Charles Degeorge; Virgiliu, de Ludger tom Ring cel Bătrân; Sfântul Dominic, de Fra Angelico; Paolo și Francesca, de Anselm Feuerbach; doi studenți islamici, de un ilustrator anonim; copilul Iisus citind în Templu, de discipoli ai lui Martin Schongauer; mormântul lui Valentine Balbiani, de Germain Pilon; Sfântul Ieronim, de un discipol al lui Giovanni Bellini; Erasmus în cabinetul său, de un gravor necunoscut.*

ULTIMA PAGINĂ

Cu o mână lăsată să-i atârne moale pe lângă trup și cu cealaltă dusă la frunte, tânărul Aristotel, așezat într-un jilț capitonat, cu picioarele confortabil încrucișate, citește, relaxat, un sul desfășurat în poală. Într-un portret pictat la cincisprezece secole după moartea sa, poetul Virgiliu, cu turban și barbă, ținând cu mâna o pereche de ochelari pe nasul său osos, întoarce paginile însemnate cu roșu ale unui volum. Așezat pe treapta lată a unei scări, sprijinindu-și ușor bărbia cu mâna dreaptă, Sfântul Dominic e absorbit de cartea pe care o ține deschisă pe genunchi, nepăsător față de lume. Doi îndrăgostiți, Paolo și Francesca, se strâng unul în altul sub un copac și citesc un vers care-i va duce în mormânt; Paolo, ca și Sfântul Dominic, își atinge bărbia cu mâna; Francesca ține cartea deschisă, marcând cu două degete pagina la care nu vor ajunge niciodată. În drum spre școala de medicină, doi studenți islamici din secolul XII se opresc ca să consulte un pasaj dintr-una din cărțile pe care le duc cu ei. Arătând cu degetul spre pagina din dreapta a unei cărți deschise pe genunchiul lui, pruncul Iisus le explică ceea ce citește bătrânilor din Templu, în timp ce aceștia, uimiți și neîncrezători, întorc zadarnic paginile exemplarelor lor în căutarea unui contraargument.

Frumoasă ca atunci când era vie, urmărită de privirile atente ale unui câine de salon, nobila milaneză Valentina Balbiani frunzărește paginile unei cărți de marmură, pe lespedea unui mormânt pe care se află sculptată, în basorelief, imaginea trupului ei vlăguit. Departe de orașul aglomerat, în nisip și printre pietre încinse, Sfântul Ieronim, precum un bătrân navetist în așteptarea trenului, citește un manuscris de dimensiunea unui tabloid în timp ce, într-un colț, un leu tolănit îl ascultă.

De la stânga la dreapta, de sus în jos: *Un poet mogul, de Muhamad Ali; biblioteca Templului Haeinsa din Coreea; Izaak Walton, de un artist englez anonim din secolul XVIII; Maria Magdalena, de Emmanuel Benner; Dickens susținând o lectură; un tânăr pe cheiurile Parisului.*

Marele cărturar umanist Desiderius Erasmus îi împărtășește prietenului său Gilbert Cousin o glumă din cartea pe care tocmai o citește, deschisă pe un pupitru din fața lui. Îngenuncheat printre flori de leandru, un poet indian din secolul XVII își mângâie barba în timp ce reflectează asupra versurilor pe care tocmai le-a citit cu voce tare, ca să le pătrundă întreaga savoare, strângând cartea cu legătură prețioasă în mâna stângă. În picioare, în fața unui șir lung de rafturi grosolan cioplite, un călugăr coreean scoate una dintre cele optzeci de mii de tăblițe de lemn din care e compusă *Tripitaka Koreana*, veche de șapte secole, pe care o ține apoi ridicată în fața ochilor, citind cu atenție, în tăcere. „Învață să taci" e sfatul dat de autorul anonim al vitraliului ce înfățișează

De la stânga la dreapta: *O mamă învățându-și copilul să citească, de Gerard ter Borch; Jorge Luis Borges, de Eduardo Comesaña; o scenă în pădure, de Hans Toma.*

portretul pescarului și eseistului Izaac Walton citind dintr-o cărticică, pe malul râului Itchen, lângă catedrala Winchester.

Goală-pușcă, o Maria Magdalena bine coafată, care nu pare să se căiască, stă tolănită pe o pânză întinsă pe-o stâncă, în sălbăticie, citind un mare volum ilustrat. Făcând uz de talentul său actoricesc, Charles Dickens ține în față un exemplar al unuia dintre romanele sale, din care urmează să citească în fața unui public entuziast. Aplecat peste unul dintre parapetele de piatră de deasupra Senei, un tânăr e adâncit în lectura unei cărți (ce carte e?) pe care o ține deschisă în fața lui. Iritată sau doar plictisită, o mamă îi ține cartea fiului ei roșcovan, care încearcă să urmărească cuvintele, cu mâna dreaptă pe pagină. Jorge Luis Borges, orb, strânge din ochi ca să audă mai bine cuvintele unui cititor nevăzut. Într-o pădure adumbrită, așezat pe un trunchi acoperit de mușchi, un băiat ține cu amândouă mâinile o cărticică din care citește într-o tăcere blândă, stăpân al timpului și al spațiului.

Toți aceștia sunt cititori, iar gesturile lor, îndeletnicirea, plăcerea, responsabilitatea și puterea care decurg din citit sunt identice cu ale mele.

Nu sunt singur.

La vârsta de patru ani, am descoperit pentru prima oară că pot citi. Văzusem de nenumărate ori literele despre care știam (pentru că așa mi se spusese) că denumeau imaginile sub care se aflau. Mi-am dat seama că băiatul desenat cu linii groase și negre, îmbrăcat în pantaloni scurți, roșii, și cămașă verde (aceeași pânză roșie și verde din care erau croite toate imaginile din carte: câini, pisici, copaci și mame înalte și subțiri), se regăsea cumva, în același timp, în contururile negre și riguroase de sub el, ca și cum trupul lui ar fi fost dezmembrat în trei elemente precise: brațul și torsul, b; capul tăiat, perfect rotund, o; și picioarele lălâi, atârnând, y (*boy* – „băiat" în limba engleză). Am desenat doi ochi și un zâmbet pe fața rotundă și am umplut cercul gol al torsului. Dar acolo era mai mult: știam că, pe lângă faptul că figurile acelea corespundeau băiatului de deasupra lor, ele puteau să-mi spună cu precizie ce făcea băiatul, ale cărui brațe erau rășchirate, iar picioarele, depărtate unul de altul. **Băiatul aleargă**, sugerează imaginile. Nu sărea, cum m-aș fi putut gândi, nu pretindea că ar fi fost țintuit în loc, nici nu juca un joc ale cărui reguli și scop îmi erau necunoscute. **Băiatul aleargă**.

Și totuși aceste revelații erau acte obișnuite de invocare, mai puțin interesante, pentru că altcineva le îndeplinise în locul meu. Alt cititor – bona mea, probabil – explicase figurile și, acum, de fiecare dată când paginile se deschideau la imaginea băiatului exuberant, eu știam ce înseamnă figurile de sub el. Aflam o plăcere în asta, dar din ce în ce mai seacă. Lipsea elementul-surpriză.

Apoi, într-o zi, de la geamul unei mașini (nu-mi amintesc acum destinația respectivei călătorii), am zărit un panou undeva, la marginea șoselei. Nu aveam cum să mă uit la el prea multă vreme; se poate ca mașina să fi oprit pentru un moment, se poate să fi încetinit îndeajuns cât să văd, mari și vagi, niște forme asemănătoare celor din cartea mea, dar pe care nu le mai văzusem niciodată până atunci. Și totuși, dintr-odată, am știut ce reprezintă; le-am auzit în cap, liniile negre și spațiile albe s-au metamorfozat într-o realitate solidă, sonoră, purtătoare de sens. Eu însumi realizasem toate astea. Nimeni altcineva nu făcuse vrăji în locul meu. Eu și aceste forme ne găseam față în față, într-un dialog tăcut, plin de respect. Din moment ce puteam transforma niște simple linii într-o realitate vie, eram atotputernic. Puteam citi.

Nu mai știu care era cuvântul de pe panoul de odinioară (parcă îmi amintesc vag de un cuvânt cu mai mulți de „A" în el), dar știu că atunci am reușit să înțeleg ceva la care înainte puteam doar să privesc, iar această impresie rămâne tot atât de vie astăzi pe cât trebuie să fi fost atunci. Era ca și cum aș fi dobândit un simț cu totul nou, astfel încât, acum, anumite lucruri nu mai erau alcătuite doar din ceea ce ochii mei puteau vedea, urechile mele puteau auzi, limba mea putea gusta, nasul meu putea mirosi, degetele mele puteau pipăi, ci și din ceva ce trupul meu putea descifra, traduce, rosti, citi.

Cititorii de cărți, în a căror familie intrasem pe neștiute (întotdeauna aveam impresia că suntem cei dintâi care descoperă ceva anume și că fiecare experiență, începând cu nașterea și sfârșind cu moartea, e înspăimântător de unică), extind sau concentrează o funcție comună nouă, tuturor. Citirea literelor de pe o pagină nu este decât una dintre multiplele înfățișări ale acesteia. Astronomul care citește o hartă a stelelor ce au încetat să existe de multă vreme; arhitectul japonez care citește terenul pe care urmează să se construiască o casă, astfel încât s-o ferească de forțele rele; zoologul care citește urmele animalelor în pădure; jucătorul de cărți care citește gesturile partenerului, înainte de a pune pe masă cartea câștigătoare; dansatorul care citește însemnările coregrafului și publicul care citește mișcările dansatorului pe scenă; țesătorul care citește desenul complicat al unui covor pe cale să fie țesut; cântărețul la orgă care citește simultan notele de pe trei portative; părintele care citește pe fața copilului semnele bucuriei, fricii sau uimirii; ghicitorul chinez care citește formele ancestrale pe carapacea unei broaște țestoase; îndrăgostitul care citește noaptea trupul iubitei sale pe sub cearșafuri; psihiatrul care-i ajută pe pacienți să-și citească visele confuze; pescarul din Hawaii care citește curenții oceanici prin simpla cufundare a mâinii în apă; țăranul care citește vremea pe cer – toți împărtășesc cu cititorii de cărți abilitatea de a descifra și a interpreta semne. Unele dintre aceste citiri sunt mai nuanțate, pentru că se știe că însemnele au fost create tocmai în acest scop de către alte ființe omenești – notele muzicale sau semnele de circulație,

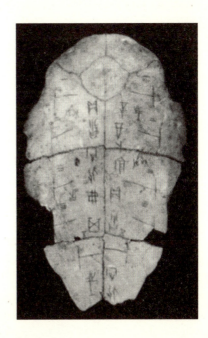

Un exemplu de Chia-ku-wen *sau „scriitură pe os și scoică", pe o carapace de broască-țestoasă, circa 1300–1100 î.e.n.*

de exemplu – sau de către zei – carapacea broaștei țestoase, cerul nopții. Altele depind de noroc.

Și totuși, în fiecare dintre respectivele cazuri, cititorul este acela care percepe sensul; cititorul le atribuie sau le recunoaște obiectului, locului sau evenimentului o anumită citire posibilă; cititorul e acela care trebuie să dea sens unui sistem de semne, iar apoi să-l descifreze. Noi toți ne citim pe noi înșine și citim lumea din jurul nostru pentru a percepe dintr-o privire ce suntem și unde suntem. Citim ca să înțelegem ori ca să începem să înțelegem. Nu avem cum să nu citim. Cititul, aproape în aceeași măsură ca respirația, este o funcție vitală.

N-am învățat să scriu decât mult mai târziu, la șapte ani. Aș fi putut trăi, probabil, fără să scriu. Nu cred însă că aș fi putut trăi fără să citesc. Cititul – după cum am descoperit – vine înaintea scrisului. O societate poate exista – multe există – fără scris[1], dar nicio societate nu poate exista fără citit. Conform etnologului Philippe Descola[2], societățile care nu folosesc scrierea percep liniar timpul, pe când în societățile cu știință de carte acesta e perceput ca o acumulare; ambele tipuri de societăți se mișcă în astfel de scheme temporale diferite, dar la fel de complexe, prin citirea mulțimii de semne pe care le oferă lumea. Chiar și în societățile care își consemnează trecutul, cititul precedă scrierea; scriitorul în devenire trebuie să fie în stare să recunoască și să descifreze sistemul social de semne înainte de a le așterne pe hârtie. Pentru cele mai multe societăți cu știință de carte – pentru islam, pentru societățile evreiești și creștine, precum cea în care trăiesc și eu, pentru vechii mayași, pentru vastele culturi budiste – cititul se află la originea contractului social; a învăța să citesc a fost ritualul meu de trecere.

Îndată ce am învățat să descifrez literele, am citit tot ce găseam: cărți, dar și anunțuri, reclame, înscrisul mărunt de pe dosul biletelor de tramvai, scrisori făcute cocoloș în coșul de gunoi, ziare udate de ploaie, prinse sub bancă în parc, graffiti, coperta 4 a revistelor ținute în mână de alți cititori în autobuz. Când am aflat că Cervantes, dând curs dorinței nebune de a citi, lectura „chiar de n-ar fi să fie decât bucăți de hârtie aruncate pe jos"[3], am știut exact ce-l îmboldea să scotocească așa în gunoaie. Această adulare a cărții (pe sul, pe hârtie sau pe ecran) este una dintre dogmele unei societăți cu știință de carte.

Islamul duce ideea chiar mai departe: Coranul nu este doar una dintre creațiile lui Dumnezeu, ci și unul dintre atributele lui, asemenea omniprezenței sau compasiunii lui.

Primele mele experiențe au fost prin intermediul cărților. Mai târziu în viață, când dădeam peste un eveniment sau o împrejurare sau un personaj asemănător celor despre care citisem, aveam, de obicei, o senzație de *déjà-vu* ușor surprinzătoare și deopotrivă dezamăgitoare, pentru că îmi imaginam că ceea ce avea loc în acel moment mi se întâmplase deja în cuvinte, fusese deja numit. Cel mai vechi text ebraic de gândire sistematică, speculativă, care s-a păstrat – *Sefer Yetzirah (Cartea Formării)*, scris cândva prin secolul VI – susține că Dumnezeu a creat lumea prin mijlocirea a treizeci și două de căi secrete ale înțelepciunii, zece *Sefirot* sau numere și douăzeci și două de litere[4]. Din *Sefirot* au fost create toate lucrurile abstracte; din cele douăzeci și două de litere au fost create toate ființele reale din cele trei straturi ale cosmosului – lumea, timpul și trupul omenesc. În tradiția iudeo-creștină, universul este imaginat ca o Carte scrisă, alcătuită din numere și litere; cheia înțelegerii universului stă în iscusința noastră de a le citi corect și de a stăpâni felul în care se combină; prin asemenea acțiuni învățăm să dăm viață unei părți din acest text colosal, imitându-ne astfel Creatorul. (Conform unei legende din secolul IV, înțelepții talmudici Hanani și Hoshaiah studiau o dată pe săptămână *Sefer Yetzirah* și, prin combinația adecvată de litere, dădeau naștere unui vițel de trei ani, pe care îl serveau apoi la cină.)

Pentru mine, cărțile erau transcrieri sau glose ale acelei colosale Cărți. Miguel de Unamuno[5] vorbește, într-un sonet, despre Timp, al cărui izvor se află în viitor; viața mea de cititor mi-a dat o impresie similară de navigare împotriva curentului, impresia că trăiam ceea ce citisem. Strada din fața casei era plină de oameni răutăcioși, care-și vedeau de treburile lor obscure. Deșertul, care se întindea nu departe de casa noastră din Tel Aviv, unde am trăit până la vârsta de șase ani, era minunat, pentru că știam că exista un Oraș de Alamă îngropat sub nisipurile lui, chiar de cealaltă parte a drumului asfaltat. Jeleul era o substanță misterioasă pe care n-o văzusem niciodată, dar despre a cărei existență știam din cărțile lui Enid Blyton, și care nu s-a ridicat niciodată, nici când l-am gustat, în cele din urmă, la calitatea acelei ambrozii literare. I-am scris bunicii mele de departe, plângându-mă de vreun necaz minor și gândindu-mă că ea ar putea fi sursa aceleiași magnifice libertăți pe care o gustau orfanii din cărți, atunci când descopereau rude de multă vreme pierdute; în loc să mă scape de necazuri, ea a trimis scrisoarea părinților mei, care s-au amuzat de lamentările mele. Credeam în vrăjitorie și eram sigur că, într-o bună zi, aveau să mi se îndeplinească trei dorințe, pe care nenumărate povești mă învățaseră cum să nu le irosesc. M-am pregătit pentru întâlniri cu stafii, cu moartea, cu animale vorbitoare, cu bătălii; am făcut planuri complicate de călătorie către aventuroasele insule unde Sinbad urma să devină prietenul meu de suflet. Abia când am atins pentru prima oară trupul persoanei iubite, mulți ani mai târziu, mi-am dat seama că s-ar putea ca, uneori, literatura să nu fie la înălțimea faptului în sine.

Eseistul canadian Stan Persky mi-a spus odată că „pentru cititori, trebuie să existe un milion de autobiografii", de vreme ce ni se pare că găsim, în cărțile pe care le citim, urme ale vieților noastre. „Să transcriem impresiile pe care le dobândim citind *Hamlet* an de an", remarca Virginia Woolf, „ar însemna practic să ne scriem autobiografia, pentru că, cu cât știm mai multe despre viață, cu atât mai multe ne deslușește Shakespeare din ceea ce știm."[6] Pentru mine a fost oarecum diferit. Dacă admitem despre cărți că sunt autobiografii, atunci ele sunt ca atare înainte să ți se întâmple ceva, iar eu am recunoscut întâmplări despre care citisem înainte în opera lui H.G. Wells, în *Alice în Țara Minunilor*, în lacrimogenul *Cuore* al lui Edmondo de Amicis, în aventurile lui Bomba, băiatul din junglă. Sartre, în memoriile sale, mărturisește cam aceeași experiență. Comparând flora și fauna descoperite în paginile Enciclopediei Larousse cu corespondentele lor din Jardin du Luxembourg, el constată că „la grădina zoologică, maimuțele erau mai puțin maimuțe, la Jardin du Luxembourg, oamenii erau mai puțin oameni. Platonician prin condiție, mergeam de la cunoaștere la obiectul său, găseam ideilor mai multă realitate decât lucrurilor, fiindcă ele mi se ofereau mai întâi și fiindcă se ofereau ca lucruri. În cărți am luat contact cu universul: asimilat, clasat, etichetat, gândit, redutabil încă".[7]

Cititul mi-a oferit o scuză pentru a mă izola în intimitate sau, probabil, a dat un sens izolării ce-mi fusese impusă, deoarece, pe durata copilăriei mele, după ce ne-am întors în Argentina în 1955, am trăit departe de restul familiei, în grija unei bone, într-o aripă separată a casei. Pe atunci, locul meu favorit pentru citit era pe podeaua camerei mele,

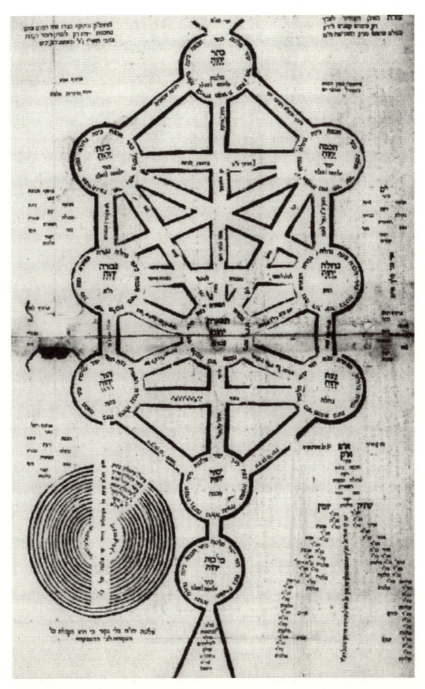

O pagină din textul cabalistic Pa'amon ve-Rimmon, *tipărit în Amsterdam în 1708, înfățișând cele zece Sefirot.*

culcat pe burtă, cu picioarele ghemuite sub un scaun. După aceea, noaptea târziu, patul devenea cel mai sigur și mai retras loc de lectură, în acea zonă nebuloasă dintre starea de veghe și somn. Nu-mi amintesc să mă fi simțit vreodată singur; de fapt, în rarele ocazii când am întâlnit alți copii, jocurile și discuțiile lor mi s-au părut mult mai puțin interesante decât aventurile și dialogurile pe care le-am citit în cărțile mele. Psihologul James Hillman afirmă că aceia care au citit povești sau cărora li s-au citit povești în copilărie „sunt într-o formă mai bună și au o perspectivă mai bună decât cei care trebuie să fie familiarizați cu povestea. [...] Cunoașterea timpurie a vieții constituie deja o perspectivă asupra vieții“. Pentru Hillman, primele lecturi devin „ceva trăit și ceva simțit, un model prin care sufletul se găsește pe sine în viață“.[8] La aceste lecturi, și din acest motiv, m-am întors iar și iar și încă mă întorc.

Pentru că tatăl meu era în serviciul diplomatic am călătorit foarte mult; cărțile mi-au oferit o casă permanentă, una în care puteam locui exact cum voiam, în orice moment, indiferent de cât de ciudată era încăperea în care trebuia să dorm sau de cât de neînțeles erau vocile de dincolo de ușa mea. Noaptea aprindeam deseori lampa de la capul patului, în vreme ce bona fie își vedea de lucru la mașina electrică de tricotat, fie dormea sforăind în patul de lângă al meu, și încercam să ajung la sfârșitul cărții pe care o citeam și, în același timp, să amân cât mai mult posibil sfârșitul, reluând câteva pagini, căutând un pasaj care-mi plăcuse, verificând detalii care bănuiam că îmi scăpaseră.

Nu am vorbit niciodată cu nimeni despre lecturile mele; nevoia de-a împărtăși impresii a venit mai târziu. Pe atunci eram un egoist de rangul întâi și mă identificam, pe de-a întregul, cu versurile lui Stevenson:

> Aceasta era lumea și eu eram rege;
> Pentru mine veneau albinele să cânte,
> Pentru mine zburau rândunelele.[9]

Fiecare carte era o lume în sine, în care îmi găseam refugiul. Cu toate că mă știam incapabil să născocesc povești asemenea celor scrise de autorii mei preferați, simțeam că, adesea, părerile mele coincideau cu ale lor și (ca să folosesc expresia lui Montaigne) „m-am obișnuit să rămân în urmă, murmurând «Așa e».[10] Mai târziu am reușit să mă disociez de ficțiunea lor; dar în perioada copilăriei și, apoi, până târziu în adolescență, ceea ce îmi spunea cartea, oricât de fantastic ar fi fost, era adevărat în momentul lecturii, tot atât de tangibil ca și materia din care cartea însăși era făcută. Walter Benjamin descrie o experiență similară. „Ce au fost primele cărți citite pentru mine – ca să-mi amintesc asta, ar trebui ca mai întâi să uit toate celelalte învățături ale cărților. E sigur că tot ceea ce știu despre ele astăzi se bazează pe receptivitatea cu care mă deschideam eu însumi cărților; dar dacă acum conținutul, tema și subiectul sunt exterioare cărții, mai înainte acestea îi aparțineau exclusiv și în întregime, nefiind cu nimic mai externe și independente decât sunt astăzi numărul de pagini sau hârtia pe care este tipărită lucrarea. Lumea care se releva ea însăși în carte și cartea însăși nu trebuia, cu niciun preț, să fie despărțite. Astfel, fiecare carte era însoțită de substanța, de lumea pe care le descria. La rândul lor, această substanță și această lume transfigurau fiecare parte a cărții. Ardeau înăuntrul ei, răzbăteau ca flacăra de-acolo; nu se limitau la ilustrații și la coperte, se fixaseră în titlurile capitolelor și în literele mari de la începutul acestora, în paragrafe și coloane. Nu citeai cărțile trecându-ți ochii peste ele; îți găseai sălaș, te cantonai între rândurile lor și, deschizându-le iar după o vreme, erai surprins să regăsești locul unde zăboviseși cândva."[11]

Mai târziu, ca adolescent, în biblioteca în mare parte nefolosită a tatălui meu din Buenos Aires (își instruise secretara să completeze biblioteca, iar aceasta cumpărase cărți la metru și le trimisese apoi să fie legate și tăiate după înălțimea rafturilor, astfel că titlurile din partea de sus a paginilor căzuseră deseori la tăiere și, uneori, lipseau chiar și primele rânduri) am făcut altă descoperire. Am început să caut, în imensa enciclopedie spaniolă Espasa-Calpe, articolele despre care, într-un fel sau altul, îmi închipuiam că se referă la sex: „Masturbare", „Penis", „Vagin", „Sifilis", „Prostituție". Eram întotdeauna singur în bibliotecă, de vreme ce tata o folosea doar în rarele ocazii când trebuia să se întâlnească cu cineva acasă mai degrabă decât la el la birou. Aveam doisprezece sau treisprezece ani; ședeam ghemuit într-unul din fotoliile acelea mari, cufundat în lectura unui articol despre efectele devastatoare ale gonoreei, când a intrat tata și s-a așezat la biroul lui. Pentru o clipă m-a cuprins spaima că va observa ce anume citesc, dar apoi mi-am dat seama că nimeni – nici măcar tatăl meu, șezând doar la câțiva pași de mine – nu putea intra în spațiul lecturii mele, nu-și putea da seama cu ce lucruri obscene mă familiariza cartea pe care o țineam în mâini și că doar eu însumi, prin propria voință, pot permite cuiva să afle. Micul miracol a fost unul mut, știut doar de mine. Am terminat articolul despre gonoree mai degrabă triumfător decât șocat. Ceva mai târziu, în aceeași bibliotecă, pentru a-mi completa educația sexuală, am citit *Il conformista* („Conformistul") de Alberto Moravia, *L'impure* („Impura") de Guy Des Cars, *Peyton Place* de Grace Metalious, *Main Street* de Sinclair Lewis și *Lolita* de Vladimir Nabokov.

Exista o intimitate nu numai în momentul lecturii, ci și în alegerea cărților în acele librării de mult dispărute din Tel Aviv, din Cipru, din Garmisch-Partenkirchen, din Paris, din Buenos Aires. De multe ori am ales cărțile după coperte. Au fost momente pe care mi le amintesc chiar și acum: de exemplu, văzând supracopertele mate ale seriei „Rainbow Classics" (oferite de World Publishing Company din Cleveland, Ohio) și fiind încântat de cotorul imprimat de sub ele, am ieșit pe ușa librăriei cu *Patinele de argint* (care nu mi-a plăcut și pe care nu am reușit s-o termin), *Micuțele doamne* și *Huckleberry Finn*. Toate aveau introduceri de May Lamberton Becker, intitulate „Cum s-a scris această carte", iar asemenea bârfe încă mi se par a fi unul dintre cele mai atrăgătoare moduri de a vorbi despre cărți. „Astfel, într-o dimineață rece de septembrie, în 1880, cu o ploaie scoțiană care izbea în ferestre, Stevenson s-a tras mai aproape de foc și a început să scrie", aflăm din introducerea lui Becker la *Insula comorii*. Acea ploaie și acel foc m-au însoțit pe tot parcursul cărții.

Din Cipru, unde vaporul nostru a lăsat ancora timp de câteva zile, îmi amintesc de o librărie a cărei vitrină te îmbia cu copertele viu colorate ale povestirilor cu Noddy sau de plăcerea de a-ți imagina cum să construiești o casă alături de Noddy, folosindu-te de cuburile desenate pe pagină. (Ceva mai târziu, fără niciun fel de rușine, am savurat poveștile din seria *The Wishing Chair* [„Scaunul dorințelor"] a lui Enid Blyton, despre care nu știam atunci că librarii englezi le catalogaseră drept „sexiste și snoabe".) În Buenos Aires am descoperit seriile de cărți de joc Robin Hood, cu portretul fiecărui erou desenat cu o tușă neagră și groasă pe fond gălbui; tot aici am citit aventurile cu pirați ale lui Emilio Salgari – *Tigrii din Mompracem* – și romanele lui Jules Verne și *Misterul lui Edwin Drood* de Dickens. Nu-mi amintesc să fi citit vreodată textele de pe coperta 4 ca să aflu despre ce era vorba în carte; nu știu dacă vreuna dintre cărțile copilăriei mele avea așa ceva.

Cred că citeam în cel puţin două moduri. Pe de-o parte, urmăream cu respiraţia tăiată evenimentele şi personajele, fără să mă opresc ca să acord atenţie detaliilor, ritmul accelerat al lecturii proiectând povestea dincolo de ultima pagină – ca atunci când am citit Rider Haggard, *Odiseea*, Conan Doyle şi cărţile autorului german de povestiri despre Vestul Sălbatic, Karl May. Pe altă parte, explorând cu cea mai mare atenţie, scrutând textul pentru a-i înţelege sensul ascuns, găsind plăcere în chiar sunetul cuvintelor sau în codurile pe care cuvintele nu vor să le destăinuie, sau în ceea ce bănuiam că ar fi fost tăinuit, adânc, chiar în povestire, ceva mult prea îngrozitor sau prea minunat ca să poată fi dezvăluit. Acest al doilea mod de lectură – care împrumuta ceva din particularităţile lecturii romanelor poliţiste – l-am descoperit citindu-i pe Lewis Carroll, pe Dante, pe Kipling, pe Borges. Citeam şi din perspectiva a ceea ce gândeam că se *presupune* a fi o carte (aşa cum fusese ea etichetată de autor, de editor, de un alt cititor). La doisprezece ani am citit *Dramă la vânătoare* a lui Cehov într-o colecţie de romane poliţiste şi, crezând că Cehov este un scriitor rus de thrillere, am citit povestirea „Doamna cu căţelul" ca şi cum ar fi fost scrisă de un rival al lui Conan Doyle – şi mi-a plăcut, deşi i-am considerat intriga cam subţirică. Cam din aceeaşi perspectivă, Samuel Butler povesteşte despre un anume William Sefton Moorhouse, care „îşi închipuia că se convertise la creştinism citind *Anatomia melancoliei* de Burton, pe care, la recomandarea unui prieten, o confundase, din greşeală, cu *Analogy of Religion* („Analogia religiei") a lui Butler. Numai că îl lăsase foarte nedumerit".[12] Într-o povestire publicată în 1940, Borges sugerează că a citi *Imitatio Hristi* („Urmarea lui Hristos") a lui Thomas à Kempis ca şi cum ar fi fost scrisă de James Joyce „ar însemna o înnoire suficientă a acestor voalate îndemnuri spirituale".[13]

Spinoza, în al său *Tractatus Theologico-Politicus* din 1650 (catalogat de Biserica Romano-Catolică drept o carte „făurită în iad de către un evreu renegat şi de diavol"), subliniase deja: „De foarte multe ori se întâmplă să citim în diferite cărţi istorisiri asemănătoare despre care ne facem însă o părere foarte deosebită, din pricina părerilor diferite pe care le avem acum despre scriitori. Ştiu că am citit odată, într-o carte, că un om, care se numea Orlando cel Furios, obişnuia să zboare în văzduh pe un fel de monstru înaripat şi zbura oriunde voia, că el singur omora un număr foarte mare de oameni şi de uriaşi; am citit şi alte lucruri fantastice de acest fel, cu totul de neînţeles pentru mintea noastră. Dar o poveste asemănătoare cu aceasta citisem și în Ovidiu, despre Perseu, și o altă poveste în cărțile Judecătorilor și Regilor, despre Samson, care singur și neînarmat a ucis oameni cu miile, și despre Ilie, care zbura prin văzduh și pe urmă s-a ridicat în cer tras de cai de foc într-un car de foc. Aceste istorisiri, zic, sunt cu totul asemănătoare între ele și totuși ne facem o părere foarte deosebită despre fiecare în parte, și anume: despre cea dintâi, că autorul ei n-a vrut să scrie decât basme, pe când despre a doua că a vrut să scrie ceva despre chestiuni politice, în sfârșit, despre a treia, că autorul a vrut să scrie despre lucruri sfinte."[14] Multă vreme, și eu am atribuit scopuri cărților pe care le citeam, așteptându-mă, de exemplu, ca în *Călătoria creștinului* de Bunyan să mi se țină o predică, pentru că era, mi se spusese, o alegorie religioasă – de parcă aș fi putut auzi ce se petrecea în mintea autorului în momentul creației, de parcă aș fi avut dovada că acesta spunea adevărul. Experiența și o anume doză de bun-simț nu m-au vindecat încă pe deplin de acest viciu al superstiției.

Uneori, cărțile înseși erau niște talismane: o anume ediție în două volume din *Tristram Shandy*, o ediție Penguin din *The Beast Must Die* („Fiara trebuie răpusă") a lui Nicholas Blake, un exemplar zdrențuit din *The Annotated Alice* („Alice adnotată") a lui Martin Gardner, pe care o legasem (cu banii mei de buzunar pe-o lună întreagă) la un librar obscur. Pe acestea le citeam cu o atenție specială și le păstram pentru momente speciale. Thomas à Kempis își sfătuia învățăceii astfel: ia „o carte în mâinile tale așa cum Simion cel Drept l-a luat pe pruncul Iisus în mâini ca să-L poarte și să-L sărute. Și când ai terminat de citit, închide cartea și adu mulțumire fiecărui cuvânt ieșit din gura Domnului; pentru că, în ogorul Lui, ai aflat o comoară ascunsă".[15] Și Sfântul Benedict, scriind într-o vreme când cărțile erau destul de rare și scumpe, le poruncește călugărilor săi să țină, „dacă se poate", cărțile pe care le citesc „în mâna stângă, învelite în mâneca rasei, așezați în genunchi; dreapta să le fie dezvelită și cu aceasta să prindă și să întoarcă paginile".[16] Lecturile mele adolescentine nu beneficiau de o asemenea profundă venerație sau de astfel de ritualuri grijulii, dar aveau o anume solemnitate și o importanță secretă pe care nu le reneg nici acum.

Mi-am dorit să trăiesc printre cărți. Când aveam șaisprezece ani, în 1964, mi-am găsit o slujbă după școală la Pygmalion, una dintre cele trei librării anglo-germane din Buenos Aires. Proprietară era Lily Lebach, o evreică de origine germană care fugise de naziști și se stabilise în

Buenos Aires la sfârșitul anilor 1930 și care îmi dădea sarcina zilnică de a scutura de praf toate cărțile din prăvălie – o metodă prin care se gândea (pe bună dreptate) că aveam să memorez repede titlurile volumelor din librărie și locul lor de pe rafturi. Din păcate, multe dintre cărți mă ispiteau așa cum nu ar fi putut-o face niște simple obiecte ce trebuiau șterse de praf; se cereau ținute în mâini, deschise și cercetate, iar uneori nici măcar asta nu era de ajuns. De câteva ori, am furat câte-o carte care mă ispitea; am luat-o cu mine acasă, pitită în buzunarul de la haină, pentru că nu trebuia doar s-o citesc, trebuia s-o am, să spun că-i a mea. Romanciera Jamaica Kincaid, mărturisind delictul similar din copilărie de-a fi furat cărți din biblioteca din Antigua, ne lămurește că intenția ei nu era să fure; numai că „odată ce citeam o carte, nu mă mai puteam despărți de ea“.[17] În scurt timp, am descoperit și eu că nu ajunge să citești *Crimă și pedeapsă* sau *În Brooklyn crește un copac*. Citești o anume ediție, un exemplar anume, pe care-l recunoști după cât de aspră sau fină e hârtia, după miros, după faptul că-i puțin rupt la pagina 72 și are o urmă de cafea în formă de cerc pe colțul din dreapta al copertei 4. Regula epistemologică a lecturii, stabilită în secolul II, anume că textul cel mai recent le înlocuiește pe cele anterioare, presupunându-se că le-ar conține, doar rareori s-a dovedit valabilă în ceea ce mă privește. În Evul Mediu timpuriu, se credea despre copiști că „îndreptau“ erorile întâlnite în textul pe care-l multiplicau, producând astfel un text „mai bun“; pentru mine, însă, ediția în care citisem cartea pentru întâia oară devenea *editio princeps*, cu care toate celelalte trebuiau comparate. Tiparul ne-a dat iluzia că toți cititorii lui *Don Quijote* citesc aceeași carte. Pentru mine, chiar și astăzi, e ca și cum inventarea tiparului n-ar fi avut loc, iar fiecare exemplar al unei cărți rămâne tot atât de unic precum pasărea Phoenix.

Și, totuși, adevărul este că anumite cărți împrumută anumite caracteristici unor anume cititori. O carte aduce cu sine istoria celorlalți cititori ai ei – cu alte cuvinte, fiecare nou cititor este afectat de faptul că el sau ea își imaginează cum a fost cartea înainte, în alte mâini. Exemplarul meu la mâna a doua din autobiografia autorului, *Something of Myself* („Ceva despre mine însumi“) –, pe care l-am cumpărat din Buenos Aires, are un poem scris de mână pe pagina de gardă, datat în ziua morții lui Kipling. Oare poetul ocazional care avusese acest exemplar să fi fost un adept pătimaș al imperiului? Un iubitor al prozei lui Kipling, care l-a văzut pe artist prin prisma unui naționalism extrem? Predecesorul imaginar îmi afectează lectura, pentru că mă văd în dialog cu el, argumentând cutare sau cutare punct de vedere. O carte îi transmite propria istorie cititorului.

Domnișoara Lebach trebuie să fi știut că angajații ei șterpeleau cărți, dar bănuiesc că, atâta vreme cât simțea că nu depășeam anumite limite nedeclarate, permitea delictul. O dată sau de două ori m-a văzut cufundat în lectura vreunei cărți ce abia sosise și mi-a spus doar să-mi văd de munca mea și să păstrez volumul ca să-l citesc acasă, în timpul meu liber. În prăvălia ei îmi cădeau în mână cărți minunate: *Iosif și frații săi* de Thomas Mann, *Herzog* de Saul Bellow, *Piticul* de Pär Lagerkvist, *Nouă povestiri* de Salinger, *Moartea lui Virgiliu* de Broch, *The Green Child* („Copila verde") de Herbert Read, *Conștiința lui Zeno* de Italo Svevo, poemele lui Rilke, ale lui Dylan Thomas, Emily Dickinson, Gerald Manley Hopkins, lirica de dragoste egipteană tradusă de Ezra Pound, *Epopeea lui Ghilgameș*.

Într-o după-amiază, Jorge Luis Borges a venit la prăvălie însoțit de mama lui de optzeci și opt de ani. Era celebru, dar eu citisem doar câteva dintre poeziile și povestirile sale și nu mă simțisem copleșit de opera lui. Deși era aproape întru totul orb, refuza să se folosească de baston; își trecea mâna peste rafturi de parcă ar fi putut vedea titlurile cu degetele. Căuta cărți care să-l ajute să studieze anglo-saxona, care devenise ultima lui pasiune, și comandasem pentru el dicționarul lui Skeat și o versiune adnotată a poemului „Battle of Maldon" („Bătălia de la Maldon"). Mama lui Borges și-a pierdut răbdarea: „Of, Jorgito", a spus ea, „nu știu de ce-ți pierzi vremea cu anglo-saxona, în loc să studiezi ceva folositor, ca latina sau greaca!" În cele din urmă, el s-a întors și mi-a cerut câteva cărți. Le-am găsit pe unele și mi-am notat titlurile celorlalte și apoi, când era pe picior de plecare, m-a întrebat dacă eram ocupat serile, pentru că avea nevoie (a spus-o ca pe o scuză) de cineva care să-i citească, mama lui obosind acum foarte repede. Am acceptat.

În următorii doi ani i-am citit lui Borges, cum au făcut mulți alți norocoși sau cunoștințe întâmplătoare, fie seara, fie dimineața, dacă îmi permitea orarul de la școală. În mare, ritualul era întotdeauna același. Ignorând liftul, urcam scările spre apartamentul său (scări similare cu acelea pe care Borges le urcase cândva, purtând în mână un exemplar nou achiziționat din *O mie și una de nopți*; nu observase un geam deschis și se alesese cu o tăietură urâtă, care se infectase, făcându-l să delireze și să creadă că e pe cale să înnebunească); apăsam pe butonul soneriei; camerista mă conducea printr-un intrând cu draperii într-un salon mic, unde Borges venea să mă-ntâmpine, cu dreapta lui moale întinsă. Nu existau discuții de complezență; se așeza pe canapea, eu luam loc într-un fotoliu, iar apoi, cu vocea-i vag astmatică, îmi sugera ce să citim în acea seară. „Alegem Kipling în seara asta? Ei?" Era evident că nu aștepta, de fapt, un răspuns.

În salonul acela, sub o gravură de Piranesi înfățișând ruine romane circulare, am citit Kipling, Stevenson, Henry James, câteva articole din enciclopedia germană Brockhaus, versuri de Marino, de Enrique Banchs, de Heine (dar pe acestea din urmă le știa pe de rost, așa că abia începeam să citesc când vocea lui ezitantă prelua și recita din memorie; ezita doar la cadență, nu și la cuvintele în sine, pe care și le amintea fără greș). Nu-i citisem, până atunci, pe mulți dintre acești autori, așa că ritualul era unul ciudat. Eu descopeream textul în timp ce-l citeam cu voce tare, în timp ce Borges își folosea urechile așa cum alți cititori își folosesc ochii, ca să exploreze pagina în căutarea unui cuvânt, a unei propoziții, a unui paragraf care să-i confirme o amintire. Mă întrerupea în timp ce citeam, comentând textul ca să-și facă (cred) notițe în minte asupra acestuia.

Oprindu-mă după un rând care i se păruse ilar din *Un alt fel de 1001 de nopți* de Stevenson („îmbrăcată și fardată ca să reprezinte o persoană care are legături cu Presa, dar strâmtorată" – „Cum poate fi cineva îmbrăcat așa, ei? Ce crezi c-a avut Stevenson în minte? Să fi fost îngrozitor de precis? Ei?"), el a trecut la analiza figurii de stil ce presupunea definirea cuiva sau a ceva prin intermediul unei imagini sau al unui termen care, dând impresia că este exact, forțează cititorul să conceapă propria definiție. El și prietenul lui, Adolfo Bioy Casares, s-au jucat cu ideea asta într-o povestire scurtă de opt cuvinte: „Străinul urcă scările în întuneric: tic-tac, tic-tac, tic-tac."

Ascultându-mă cum citeam povestirea lui Kipling „Dincolo de limite", Borges m-a întrerupt după o scenă în care o văduvă hindusă îi trimite iubitului ei un mesaj constând în felurite obiecte adunate într-o boccea. A remarcat oportunitatea poetică a găselniței și s-a întrebat, cu voce tare, dacă nu cumva Kipling inventase acest limbaj concret și, deopotrivă, simbolic.[18] Apoi, parcă scotocind într-o bibliotecă mentală, a făcut o comparație cu „limbajul filozofic" al lui John Wilkins, în care fiecare cuvânt e o definiție în sine. De exemplu, Borges a observat că *somon* nu ne spune nimic despre ceea ce reprezintă; *zana*, cuvântul care-i corespunde din limbajul lui Wilkins, bazat pe categorii prestabilite, înseamnă „un pește solzos de râu cu carnea roșiatică":[19] z pentru pește, *za* pentru pește de râu, *zan* pentru pește de râu cu solzi și *zana* pentru pește solzos de râu cu carnea roșiatică. Faptul că-i citeam lui Borges ducea, întotdeauna, la o reorganizare mentală a cărților pe care le aveam; în seara aceea Kipling și Wilkins au stat alături pe un raft imaginar.

Altă dată (nu-mi amintesc ce anume mi se ceruse să citesc), el a început să compileze pe loc o antologie a versurilor proaste compuse de autori faimoși, referindu-se, printre altele, la versul lui Keats „Bufnița, cu toate penele ei, este sloi", la „O, sufletu-mi profetic! Unchiul meu!" al lui Shakespeare (Borges găsea „unchiul" un cuvânt apoetic, nepotrivit pentru a fi rostit de Hamlet - el ar fi preferat „Frate al tatălui meu!" sau „Rubedenie a mamei mele!"), la versul lui Webster din *Ducesa de Amalfi* („Nu suntem decât mingile de tenis ale stelelor") sau la ultimul vers din *Paradisul regăsit* al lui Milton - „el neobservat / La casa Mamei lui singur se-nturnă" - care făcea din Hristos (considera Borges) un gentleman englez cu melon ce venea acasă la mama să ia ceaiul.

Uneori se folosea de ședințele de lectură pentru ceea ce scria. Descoperirea unui tigru-fantomă în povestirea „The Drums of 'Fore and 'Aft" („Tobele infanteriei") de Kipling, pe care o citisem cu puțină vreme înaintea Crăciunului, l-a făcut să compună una dintre ultimele sale povestiri, „Tigrii albaștri"; *Due immagini in una vasca* („Două imagini din heleșteu") de Giovanni Papini l-a inspirat să scrie „24 august, 1982", o dată care atunci ținea încă de viitor; iritarea pe care i-o provoca Lovecraft (ale cărui povestiri le începusem și le abandonasem la jumătate de vreo douăsprezece ori) l-a făcut să conceapă o versiune „corectată" a uneia dintre povestirile acestuia și s-o publice în „Relatarea lui Brodie". Adesea îmi cerea să notez ceva pe ultimele pagini ale cărții pe care o citeam - o trimitere la un capitol sau la un gând. Nu știu cum se folosea de ele, dar obiceiul de a „vorbi" o carte pe la spate a devenit și al meu.

Există o povestire de Evelyn Waugh în care un bărbat, salvat de un altul în mijlocul junglei amazoniene, e obligat de salvatorul său să citească Dickens cu voce tare pentru tot restul vieții sale.[20] N-am avut niciodată senzația că îmi făceam doar datoria citindu-i lui Borges; dimpotrivă, experiența aceasta era ca un fel de captivitate fericită. Eram cucerit nu atât de textele pe care mă făcea să le descopăr (multe dintre ele devenind, după aceea, favoritele mele), cât mai ales de comentariile sale, care erau imens, dar nu supărător, de erudite, foarte hazlii, uneori crude, aproape întotdeauna de neînlocuit. Simțeam că eram unicul proprietar al unei ediții adnotate cu grijă, alcătuite numai pentru mine. Desigur, nu eram; eu (ca mulți alții) eram doar carnetul lui de notițe, un *aide-mémoire* de care bărbatul orb avea nevoie ca să-și pună în ordine ideile. Eram mai mult decât bucuros să pot fi folosit în felul acesta.

Înainte de a-l întâlni pe Borges, fie citisem în gând, de unul singur, fie cineva îmi citise cu voce tare o carte aleasă de mine. Să-i citesc cu voce tare bătrânului orb era o experiență ciudată, pentru că, deși mă simțeam, în urma unui oarecare efort, stăpân pe tonul și ritmul lecturii, Borges, ascultătorul, era cel care devenea stăpânul textului. Eu eram șoferul, dar peisajul, spațiul în desfășurare îi aparțineau celuilalt din automobil, care nu mai avea nicio altă responsabilitate decât aceea de a recunoaște țara de dincolo de geamuri. Borges alegea cartea, Borges mă oprea sau îmi cerea să continui, Borges întrerupea ca să comenteze, Borges permitea cuvintelor să vină la el. Eu eram invizibil.

Am învățat repede că cititul e un proces cumulativ și-și urmează drumul într-o progresie geometrică: fiecare nouă lectură își are baza în lecturile anterioare ale cititorului. Am început prin a face presupuneri în privința povestirilor pe care le alegea Borges – Kipling era plictisitor, Stevenson, copilăresc, Joyce, neinteligibil – dar, în scurt timp, prejudecățile au lăsat loc experienței, iar descoperirea unei povestiri mă făcea să fiu nerăbdător în privința celei care avea să urmeze, care, la rândul ei, se îmbogățea prin amintirea reacțiilor lui Borges și ale mele. Evoluția lecturilor mele nu a urmat niciodată convenționala ordine cronologică. De exemplu, dacă-i citeam cu voce tare texte pe care le citisem singur înainte, asta modifica acea lectură solitară, făcea ca amintirea ei să se lărgească și să se reverse, mă determina să percep lucruri pe care nu le percepusem atunci, dar asupra cărora reacția sa îmi atrăgea acum atenția. „Există unii oameni care, când citesc o carte, readuc în memorie, compară, reactivează emoții din alte lecturi, anterioare", remarca scriitorul argentinian Ezequiel Martinez Estrada. „Asta este una dintre cele mai delicate forme de adulter."[21] Borges nu avea încredere în bibliografiile sistematice și încuraja astfel de lecturi adulterine.

În afară de Borges, mai erau câțiva prieteni, unii profesori și câte o recenzie găsită pe ici și colo care-mi sugerau, din când în când, ce să citesc, dar, în general, întâlnirea mea cu cărțile a fost una de natură întâmplătoare, ca întâlnirea cu acei străini aflați în trecere care, în cântul al XV-lea din *Infernul* lui Dante „priveau la noi, trecând cum, într-o seară/ cu lună nouă-n mers drumeții fac"*, și care găsesc într-o apariție, o privire, un cuvânt, o atracție de nestăpânit.

La început, mi-am păstrat cărțile într-o strictă ordine alfabetică, ordonate după numele autorilor. Apoi am început să le împart pe genuri: romane, eseuri, piese de teatru, poezie. Mai târziu, am început să le grupez pe limbi, iar când am fost obligat să păstrez doar câteva, de-a lungul călătoriilor mele, le-am împărțit în cele pe care nu prea le citeam, cele pe care le citeam permanent și cele pe care speram să le citesc. Uneori, biblioteca mea urma reguli secrete, născute din asociații marcate de idiosincrazii. Romancierul spaniol Jorge Semprún păstra *Lotte la Weimar* a lui Thomas Mann printre cărțile lui despre Buchenwald, lagărul de concentrare în care fusese închis, pentru că romanul lui Mann se deschide cu o scenă la Hotelul Elefant din Weimar, la care a fost dus Semprún după eliberare.[22] Odată, m-am gândit c-ar fi amuzant să alcătuiesc din astfel de grupări o istorie a literaturii, explorând, de exemplu, asocierile între Aristotel, Auden, Jane Austen și Marcel Aimé (în ordinea mea alfabetică), ori între Chesterton, Sylvia Townsend Warner, Borges, Sfântul Ioan al Crucii și Lewis Carroll (aceștia fiind cei care-mi plăceau cel mai mult). Mi se părea că literatura învățată la școală – în care legăturile care se pot face între Cervantes și Lope de Vega sunt explicate pe baza faptului că au trăit în același secol sau în care *Platero și cu mine* al lui Juan Ramón Jiménez (o retorică relatare a slăbiciunii poetului pentru măgărușul său) era considerată a fi o capodoperă – constituia o selecție tot atât de arbitrară sau de permisivă ca aceea pe care o puteam construi eu însumi, bazându-mă pe descoperirile făcute de-a lungul drumurilor sinuoase ale lecturilor mele sau pe rafturile propriei biblioteci. Istoria literaturii, așa cum e consacrată de manualele școlare și bibliotecile oficiale, îmi părea a nu fi mai mult decât istoria unui anume mod de a citi – poate mai matur și mai bine informat decât al meu, dar nu mai puțin tributar norocului și întâmplării.

Cu un an înainte de a absolvi liceul, în 1966, când a venit la putere guvernul militar al generalului Onganía, am descoperit încă un sistem în care un cititor își poate rândui cărțile. Bănuite că ar fi comuniste sau obscene, anumite titluri și nume de autori se găseau pe lista cenzurii, iar în tot mai deselе razii ale poliției în cafenele, baruri și gări sau, pur și

---

* Dante Alighieri, *Infernul*, „Cântul XV", trad. de George Coșbuc, Editura Rao, București, 2018 (n. ed.).

simplu, pe stradă, a nu fi văzut cu cărți suspecte în mână devenise la fel de important ca a avea asupra ta actele de identitate. Autorii interziși – Pablo Neruda, J.D. Salinger, Maxim Gorki, Harold Pinter – formau o altă istorie a literaturii, una distinctă, ale cărei conexiuni nu erau nici evidente și nici veșnice, și ale cărei baze comune se revelau exclusiv prin ochiul pedant al cenzorului.

Dar nu numai guvernelor totalitare le e teamă de lectură. Cei care citesc sunt agresați în curtea școlii sau în vestiare tot atât de mult ca în birourile guvernamentale sau în închisori. Aproape peste tot, comunitatea cititorilor are o reputație ambiguă, datorată autorității pe care și-a câștigat-o și a puterii pe care o exercită. Relația dintre un cititor și o carte are ceva ce este recunoscut ca bun și fructuos, dar ea e văzută și ca formă de manifestare a unui exclusivism disprețuitor și privilegiat, probabil pentru că imaginea individului ghemuit într-un colț, care pare că ignoră bombănelile lumii, sugerează o intimitate de nepătruns, un ochi egoist și o activitate deosebit de secretoasă. („Du-te afară și trăiește!" îmi spunea mama când mă vedea că citesc, de parcă activitatea mea tăcută ar fi contrazis ceea ce credea ea că însemna a trăi.) Teama populară de ceea ce poate face cineva care întoarce paginile unei cărți seamănă cu temerea ancestrală pe care o nutresc bărbații față de ce se întâmplă în părțile secrete ale trupului femeii sau față de ce ar putea face vrăjitoarele și alchimiștii în beznă, îndărătul ușilor închise. Fildeșul, după Virgiliu, este materialul din care e făcută Poarta falselor vise; după Saint-Beuve, este și materialul din care e făurit turnul celui care citește.

Borges mi-a spus odată că, în timpul uneia dintre demonstrațiile populiste organizate de regimul lui Perón în 1950 împotriva intelectualilor de opoziție, demonstranții strigau „Pantofi da, cărți ba." Riposta – „Pantofi da, cărți da" – n-a convins pe nimeni. Realitatea – aspra, necesara realitate – era văzută ca fiind în iremediabil conflict cu evaziva și visătoarea lume a cărților. Folosindu-se de o astfel de scuză, cei aflați la putere continuă să încurajeze asiduu despărțirea artificială dintre viață și citit. Regimurile populare ne cer să uităm și, în consecință, etichetează cărțile drept un lux inutil; regimurile totalitare ne cer să nu gândim și, drept urmare, interzic, amenință și cenzurează; ambele, la urma urmelor, ne cer să devenim proști și să ne acceptăm cu umilință degradarea, încurajând astfel consumul unei literaturi de duzină. În astfel de împrejurări, cei care citesc nu pot fi decât subversivi.

Și astfel, ambițios, am trecut de la istoria lecturilor mele la istoria actului lecturii. Sau, mai degrabă, la o istorie a lecturii, de vreme ce orice astfel de istorie – constituită din intuiții proprii și amănunte personale – trebuie să fie una dintre cele multe, oricât de impersonală ar încerca să fie. Până la urmă, probabil, istoria lecturii este istoria fiecăruia dintre cititori. Chiar și punctul ei de plecare trebuie să fie marcat de circumstanțe personale. Recenzând o istorie a matematicilor publicată cândva pe la mijlocul anilor 1930, Borges a scris că aceasta suferea de „un defect mutilator: ordinea cronologică a evenimentelor nu corespunde cu ordinea logică și naturală. Foarte adesea, definiția elementelor constitutive vine la urmă, practica precede teoria, eforturile intuitive ale precursorilor sunt mai puțin accesibile cititorului profan decât cele ale matematicienilor moderni".[23] În mare parte, se poate spune același lucru despre o istorie a lecturii. Cronologia ei nu poate fi cea a istoriei politice. Scribul sumerian, pentru care cititul era o prerogativă deosebit de importantă, avea un simț mai ascuțit al responsabilității decât cititorul din New York sau din Santiago de astăzi, de vreme ce un articol de lege ori o reglare de conturi depindea exclusiv de interpretarea lui. Metodele de lectură din Evul Mediu, care defineau când și cum se citește, făcând deosebire, de exemplu, între textul ce trebuia citit cu voce tare și textul ce trebuia citit în gând, erau stabilite cu mai mare claritate decât cele predate în Viena sfârșitului de secol XIX sau în Anglia edwardiană. O istorie a lecturii nu poate să urmeze nici succesiunea coerentă a istoriei criticii literare; temerile clar exprimate de credincioasa mistică din secolul XIX Anna Katharina Emmerich (că textul tipărit nu a egalat niciodată experiența ei nemijlocită)[24] au fost și mai hotărât exprimate cu două mii de ani mai devreme de către Socrate (care considera cărțile o piedică în calea învățării)[25] și, în vremurile noastre, de către criticul german Hans Magnus Enzensberger (care laudă neștiința de carte și propune o întoarcere la creativitatea originală a literaturii orale).[26] Această poziție a fost respinsă de către eseistul american Allan Bloom,[27] printre mulți alții; printr-un splendid anacronism, Bloom a fost amendat și corectat de precursorul său, Charles Lamb, care, în 1833, mărturisea că-i plăcea să se piardă în „mințile altor oameni. Când nu mă plimb", spunea el, „citesc! Nu pot să stau locului și să gândesc. Las cărțile să gândească pentru mine".[28] Istoria lecturii nu corespunde nici cronologiilor istoriilor literare, căci în istoria lecturii un anumit autor apare, adesea, nu odată cu prima lui carte, ci odată cu viitorii săi cititori: Marchizul de Sade a fost eliberat de pe blamatele rafturi cu literatură pornografică, unde cărțile sale au stat mai mult de o sută cincizeci de ani, de către bibliofilul Maurice Heine și de către suprarealiștii francezi; William Blake, ignorat mai bine de două secole, revine în timpurile noastre datorită entuziasmului manifestat de Sir Geoffrey Keynes și Northrop Frye, care au făcut din opera sa o lectură obligatorie în orice bibliografie de liceu.

Deși ni s-a spus că suntem amenințați cu dispariția, noi, cititorii de astăzi, încă nu știm ce este lectura. Viitorul nostru – viitorul istoriei lecturilor noastre – a fost explorat de Sfântul Augustin, care a încercat să facă deosebire între textul văzut în minte și textul rostit cu voce tare; de către Dante, care a cercetat limitele puterii de interpretare a cititorului; de către Murasaki Shihibu, care a pledat pentru caracterul specific al anumitor lecturi; de către Plinius, care a analizat interpretarea lecturii și relația dintre scriitorul care citește și cititorul care scrie; de către scribii sumerieni, care au conferit puteri politice actului lecturii; de către primii tipografi, care au considerat metodele de citit de pe suluri (asemănătoare metodelor pe care le folosim acum ca să citim pe computerele noastre) prea limitate și incomode, oferindu-ne, în schimb, posibilitatea să frunzărim paginile și să mâzgălim pe marginile lor. Trecutul acelei istorii se află acum în fața noastră, pe ultima pagină din acel viitor – avertisment lansat de Ray Bradbury în *Fahrenheit 451*, o lume în care cărțile sunt păstrate nu pe hârtie, ci în minte.

Ca și actul lecturii în sine, istoria lecturii face un salt în contemporaneitate – în cazul meu, la experiența mea de cititor – și, apoi, se întoarce la o pagină timpurie dintr-un secol îndepărtat și străin. Sare peste capitole, răsfoiește, recitește, refuză să urmeze ordinea convențională. În mod paradoxal, teama care opune cititul vieții active, teama care o îndemna pe mama să mă urnească de pe scaun și din fața cărții mele, gonindu-mă afară, în aer liber, recunoaște un adevăr grav: „Nu te poți îmbarca în viață, acea călătorie unică fără mijloc de transport, încă o dată, când aceasta s-a terminat", scrie romancierul turc Orhan Pamuk în *Fortăreața albă*, „dar dacă ai o carte în mână, indiferent cât de complexă și greu de înțeles ar fi acea carte, când ai terminat-o, poți, dacă vrei, să te întorci la început, s-o citești din nou și, astfel, să înțelegi ceea ce este greu și, odată cu asta, să înțelegi și viața."[29]

MODURI DE LECTURĂ

„A citi înseamnă a aborda ceva ce tocmai ia ființă.“
ITALO CALVINO, *Dacă într-o noapte de iarnă*
un călător, 1979

Predarea opticii și a legilor percepției într-o școală islamică din secolul XVI.

CITIREA UMBRELOR

În 1984, la Tell Brak, în Siria, au fost găsite două tăblițe din argilă de-o formă vag dreptunghiulară, datând din mileniul IV î.e.n. Le-am văzut, cu un an înainte de Războiul din Golf, expuse modest într-o vitrină a Muzeului de Arheologie din Bagdad. Pe fiecare dintre ele – sunt niște obiecte simple, deloc impresionante – s-au păstrat câteva semne fine: o mică adâncitură la capătul de sus și un fel de animal schițat cu un bețișor, în mijloc. Unul dintre aceste animale ar putea fi o capră, caz în care celălalt este, probabil, o oaie. Adâncitura, spun arheologii, reprezintă numărul zece. Toată istoria noastră începe cu aceste două tăblițe modeste.[1] Ele sunt – dacă războiul le va cruța – printre cele mai vechi exemple de scriere pe care le cunoaștem.[2]

Conținutul tăblițelor este profund impresionant. Probabil, când ne aținitim privirea la aceste bucățele de argilă aduse de apele unui râu care nu mai există de multă vreme, observând delicatele incizii ce reprezintă animale devenite țărână cu mii și mii de ani în urmă, se trezește în noi o voce, un gând, un mesaj care ne spune: „Aici au fost zece capre", „Aici au fost zece oi", ceva povestit de un fermier grijuliu pe vremea când deșerturile erau verzi. Prin simplul fapt că ne uităm la aceste tăblițe, am prelungit o amintire de la începuturile timpurilor noastre,

Două tăblițe pictografice din Tell Brak, Siria, similare acelora din Muzeul Arheologic din Bagdad.

am conservat un gând, mult timp după ce persoana care l-a formulat a încetat să mai gândească, și am devenit noi înșine participanți la un act de creație ce rămâne deschis atâta vreme cât imaginile gravate sunt văzute, descifrate, citite.[3]

Asemenea nebulosului meu strămoș sumerian care citea cele două tăblițe, într-o după-amiază inimaginabil de îndepărtată, și eu citesc, aici, în încăperea mea, peste secole și mări. Așezat la biroul meu, cu coatele pe pagină, cu bărbia în pumni, distras, pentru o clipă, de lumina schimbătoare de afară și de zgomotele care se ridică din stradă, privesc, ascult, urmăresc (dar aceste cuvinte nu sunt cele mai potrivite pentru ceea ce are loc în mine) o istorie, o descriere, un argument. Doar ochii mi se mișcă sau, ocazional, mâna care întoarce pagina, și totuși ceva imperfect definit de cuvântul „text" se desfășoară, înaintează, crește și prinde rădăcini în timp ce citesc. Dar cum are loc un asemenea proces?

Cititul începe cu ochii. „Cel mai pătrunzător dintre simțurile noastre este simțul văzului", a scris Cicero, remarcând că, atunci când vedem un text, ni-l amintim mai bine decât atunci când doar îl auzim.[4] Sfântul Augustin a prețuit (și apoi a condamnat) ochii ca fiind aceia prin care intră lumea,[5] iar Sfântul Toma d'Aquino a numit văzul „cel mai măreț dintre simțuri, prin mijlocirea căruia câștigăm cunoaștere".[6] Este mai mult decât evident pentru oricare cititor: acele litere sunt percepute prin văz. Dar prin ce alchimie devin aceste litere cuvinte inteligibile? Ce se petrece în noi când ne aflăm în fața unui text? Cum devin lizibile lucrurile văzute, „substanțele" care ajung, prin intermediul ochilor, în laboratorul nostru interior, culorile și formele obiectelor sau literelor? Ce este, de fapt, actul căruia noi îi spunem citire?

Empedocle, în secolul V î.e.n., susținea că ochii au fost creați de zeița Afrodita, care „zămislește un foc în membrane și țesuturi fine; acestea rețin apele adânci care curg în jur, dar lasă să treacă flăcările lăuntrice în afară".[7] La mai mult de un secol după aceea, Epicur a imaginat aceste flăcări ca o ploaie fină de atomi, care se prelinge pe suprafața fiecărui obiect și intră în ochii noștri și în minte, urcând, scăldându-ne în toate calitățile obiectului.[8] Euclid, contemporanul lui Epicur, a propus teoria contrară: razele sunt trimise din ochii observatorului ca să perceapă obiectul observat.[9] Probleme aparent insurmontabile erau ridicate de ambele teorii. De exemplu, în cazul celei dintâi, așa-zisa teorie a „pătrunderii", cum ar putea pelicula de atomi emisă de un obiect de mari dimensiuni – un elefant sau Muntele Olimp – să intre într-un spațiu atât de mic precum ochiul omului? În ceea ce-o privește pe a doua, teoria „emisiunii", ce rază ar putea ieși din ochi și, într-o fracțiune de secundă, să ajungă la îndepărtatele stele pe care le vedem în fiecare noapte?

Cu câteva decenii mai devreme, Aristotel sugerase o altă teorie. Anticipându-l și corectându-l pe Epicur, el argumentase că însușirile obiectului observat – mai degrabă decât o peliculă de atomi – sunt acelea care călătoresc prin aer (sau un alt mediu) până la ochiul privitorului, astfel că nu dimensiunile reale sunt percepute, ci mărimea și forma relative ale unui munte. Ochiul omenesc, conform lui Aristotel, era asemenea unui cameleon, încorporând forma și culoarea obiectului observat și transmițând informația, prin umorile oculare, atotputernicelor viscere (*splanchna*),[10] un conglomerat de organe care include inima, ficatul, plămânii, vezica biliară și vasele sangvine și care răspunde de mișcare și simțuri.[11]

Șase sute de ani mai târziu, medicul grec Galen a oferit o a patra soluție, contrazicându-l pe Epicur și urmându-l pe Euclid. Galen a sugerat că un „spirit vizual", născut în creier, traversează ochiul prin nervul optic și pătrunde în aer. Aerul însuși devenea astfel capabil de percepție, captând calitățile obiectelor percepute, oricât de departe s-ar fi aflat ele. Calitățile în cauză erau retransmise prin ochi spre creier, iar apoi prin șira spinării, spre nervii simțurilor și mișcării. Pentru Aristotel, observatorul era o entitate pasivă, care primea prin aer obiectul observat, acesta fiind apoi transmis inimii, receptaculul tuturor senzațiilor – inclusiv al văzului. Pentru Galen, observatorul, făcând aerul sensibil la senzații, îndeplinea un rol activ, iar rădăcina din care creștea fiecare viziune se afla undeva adânc în creier.

Învățații medievali, pentru care Galen și Aristotel erau izvoarele cunoașterii științifice, credeau că poate fi găsită o relație ierarhică între cele două teorii. Problema nu era că o teorie ar fi surclasat-o pe cealaltă; ceea ce conta era să se obțină din fiecare un mod de înțelegere a felului în care diferitele părți ale corpului percepeau lumea din afară – sau a felului în care aceste părți relaționau una cu alta. Doctorul italian din secolul XIV Gentile da Foligno considera că o asemenea înțelegere era „un pas tot atât de esențial în medicină ca învățarea alfabetului pentru citire"[12]

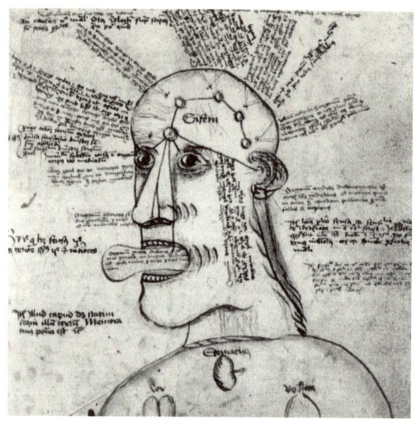

O reprezentare a funcțiilor creierului într-un manuscris al lucrării De Anima
a lui Aristotel, realizat în secolul XV.

și amintește că, dintre părinții timpurii ai Bisericii, Sfântul Augustin
se ocupase deja de problemă cu toată atenția. Pentru acesta, atât cre-
ierul, cât și inima funcționau ca niște păstori ai imaginilor pe care
simțurile le-au depozitat în memoria noastră, folosind verbul *colligere*
(însemnând atât „a colecta", cât și „a rezuma") pentru a descrie cum
erau adunate impresiile din compartimentele separate ale memoriei și
„păstorite afară din vechile lor staule, pentru că nu există alt loc în care
să se fi putut duce".[13]

Memoria a fost doar una dintre funcțiile care au beneficiat de pe
urma acestei deslușeniri a simțurilor. O teorie universal acceptată de
către învățații medievali era aceea că (așa cum sugerase Galen) văzul,
auzul, mirosul, gustul și pipăitul erau ghidate către o magazie

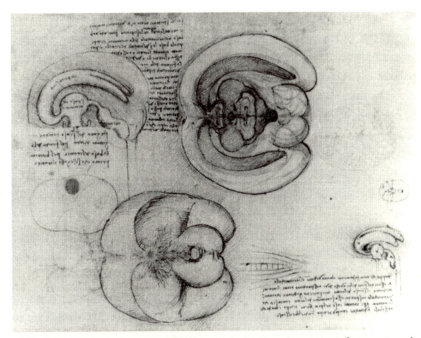

Desen al lui Leonardo da Vinci reprezentând creierul și care înfățișează acele rete mirabile.

senzorială generală localizată în creier, o zonă uneori cunoscută sub denumirea de „simțul comun", din care proveneau nu doar memoria, ci și cunoașterea, imaginația și visele. Zona aceasta, la rândul ei, era conectată cu *splanchna* lui Aristotel, acum redusă de comentatorii medievali doar la inimă, centrul întregii simțiri. Astfel, simțurilor li se atribuia o relație directă cu creierul, în timp ce inima a fost declarată conducătorul suprem al corpului.[14]

Un manuscris în limba germană de la sfârșitul secolului XV, cuprinzând tratatul lui Aristotel despre logică și filozofia naturii, înfățișează capul unui om, cu ochii și gura deschise, nările dilatate, având urechea grijuliu conturată. În perimetrul creierului există cinci mici cercuri conectate între ele, care reprezintă, de la stânga la dreapta, principala zonă a simțului comun, apoi zonele imaginației, fanteziei, puterii de judecată și memoriei. Conform comentariului însoțitor, cercul simțului comun este legat în același timp și la inimă, și ea înfățișată în desen.

Diagrama este un bun exemplu despre cum era imaginat procesul percepției la sfârșitul Evului Mediu, cu o mică *addenda*: deși nu este reprezentată în ilustrație, se presupunea (întorcându-ne iar la Galen) că la baza creierului s-ar afla o „rețea minunată" – *rete mirabile* – alcătuită din vase mici, funcționând ca niște canale de comunicare în momentul prelucrării informațiilor care ajungeau la creier. Această *rete mirabile* apare într-o schiță a creierului ce-i aparține lui Leonardo da Vinci și datează din jurul anului 1508, marcând clar ventriculele separate și atribuind diferitelor secțiuni facultăți mentale distincte.

După Leonardo, „*senso comune* [simțul comun] este acela care evaluează impresiile transmise de celelalte simțuri [...] și locul lui este în centrul capului, între *impresiva* [centrul impresiei] și *memoria* [centrul memoriei]. Obiectele din jur își transmit imaginile simțurilor și simțurile le conduc la *impresiva*. De la *impresiva* sunt transmise la *senso comune* și, de aici, sunt întipărite în memorie, unde rămân mai mult sau mai puțin fixate, după importanța și forța obiectelor în chestiune".[15] Mintea omenească, în vremea lui Leonardo, era văzută ca un mic laborator în care materialele colectate de ochi, urechi și alte organe ale percepției deveneau „impresii" în creier, unde erau filtrate prin centrul simțului comun și apoi transformate într-una sau mai multe facultăți – cum ar fi memoria – sub influența diriguitoarei inimi. Imaginea literelor negre devine, printr-un astfel de proces, aurul cunoașterii (ca să folosim o reprezentare alchimică).

Dar o întrebare fundamentală rămâne fără răspuns: noi, cititorii, suntem aceia care ne extindem și captăm literele de pe pagină, conform teoriilor lui Euclid și Galen? Sau literele sunt acelea care se extind spre simțurile noastre, cum au spus Epicur și Aristotel? Pentru Leonardo și contemporanii săi, răspunsul (sau sugestii în vederea unui răspuns) putea sălășlui într-o traducere din secolul XIII a unei cărți scrise cu două sute de ani mai înainte (atât de îndelungi sunt uneori ezitările erudiției) în Egipt de al-Hasan ibn al-Haytham, învățat din Basra, cunoscut de occidentali sub numele de Alhazen.

Egiptul a înflorit în secolul XI sub regimul fatimid, datorându-și prosperitatea văii Nilului și comerțului cu vecinii mediteraneeni, în timp ce nisipoasele-i frontiere erau apărate de o armată de mercenari – berberi, sudanezi și turci. Această combinație eterogenă între un comerț internațional și o armată de mercenari a dat Egiptului fatimid toate avantajele și aspirațiile unui stat cu adevărat cosmopolit.[16]

În 1004, califul al-Hakim (care devenise conducător la vârsta de unsprezece ani și care a dispărut misterios în timpul unei plimbări solitare, douăzeci și cinci de ani mai târziu) a fondat o mare academie la Cairo - Dar al-Ilm sau Casa Științei -, concepută după modelul instituțiilor preislamice, a dăruit poporului propria colecție importantă de manuscrise și a decretat că „toată lumea poate veni aici să citească, să transcrie și să fie instruită".[17] Excentricele decizii ale lui al-Hakim - acesta a interzis jocul de șah și vânzarea peștelui fără solzi - și renumita lui sete de sânge au fost temperate în imaginația populară de succesul pe care l-a reputat în calitate de cârmuitor.[18] Scopul lui a fost să facă din Cairo-ul fatimid nu doar centrul simbolic al puterii politice, ci și capitala îndeletnicirilor artistice și a cercetării științifice, iar în scopul realizării acestei ambiții a invitat la curte mulți astronomi și matematicieni faimoși, printre care și al-Haytham. Misiunea oficială a lui al-Haytham a fost să studieze o metodă de regularizare a cursului Nilului, ceea ce a și făcut, fără succes; și-a petrecut însă o altă parte a timpului pregătind o infirmare a teoriilor astronomice ale lui Ptolemeu (despre care dușmanii lui erau de părere că a fost „nu atât o infirmare, cât o nouă serie de îndoieli"), iar nopțile, scriind amplul studiu despre optică, lucrare care l-a făcut celebru.

Potrivit lui al-Haytham, toate percepțiile din lumea din afară presupun anumite deducții deliberate, care provin din facultatea noastră de judecare. Ca să-și dezvolte teza, al-Haytham a urmat argumentul de bază al teoriei intromisiunii a lui Aristotel - acela că însușirile lucrurilor pe care le vedem intră în ochi prin intermediul aerului - și își argumentează opțiunea cu explicații precise din domeniile fizicii, matematicii și fiziologiei.[19] Dar, în mod radical, al-Haytham a făcut o deosebire între „pura senzație" și „percepție", cea dintâi fiind inconștientă sau involuntară - faptul că văd lumina de dincolo de fereastra mea și schimbarea formelor după-amiaza - și cea din urmă presupunând un act voluntar de recunoaștere - urmărirea unui text pe pagină.[20] Importanța argumentului lui al-Haytham a constat în aceea că a identificat pentru prima oară în actul percepției o gradare a acțiunii conștiente, care trece de la „vedere" la „descifrare" sau „citire".

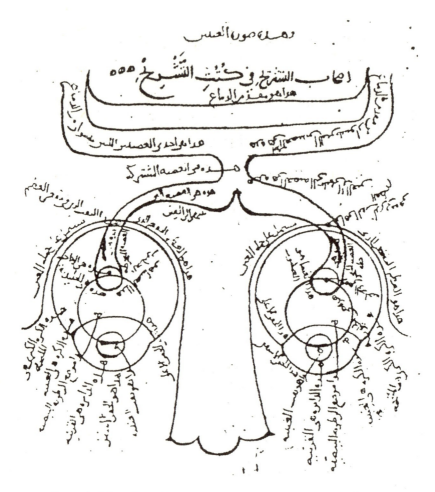

Sistemul vizual al lui al-Haytham, așa cum e reprezentat în Kitab al-manazir *în secolul XI, schițat de ginerele autorului, Ahmad ibn Jafar.*

Al-Haytham a murit la Cairo în 1038. Două secole mai târziu, savantul englez Roger Bacon – încercând să justifice în fața papei Clement al IV-lea studiul opticii într-o vreme în care anumite facțiuni din cadrul Bisericii Romano-Catolice se împotriveau vehement cercetării științifice, considerând-o contrară dogmei creștine – oferă un rezumat revizuit al teoriei lui al-Haytham.[21] Urmându-l pe învățatul arab (și, în același timp, atrăgând atenția asupra importanței culturii islamice), Bacon i-a explicat Sfinției Sale mecanismul teoriei intromisiunii. Potrivit lui Bacon, atunci când ne uităm la un obiect (un copac sau literele SOARE) se formează o piramidă vizuală, cu baza pe obiectul însuși și vârful în centrul curburii corneei. „Vedem" atunci când piramida intră în ochiul nostru și razele sale sunt repartizate pe suprafața globului ocular, refractate astfel încât să nu se intersecteze. Vederea, pentru Bacon, este procesul activ prin care imaginea unui obiect pătrunde în ochi și este apoi captată prin „puterile vizuale" ale acestuia.

Dar cum se transformă o asemenea percepție în lectură? Cum se raportează actul recunoașterii literelor la un proces care implică nu doar vederea și percepția, ci și deducția, judecata, memoria, recunoașterea, cunoașterea, experiența, practica? Al-Haytham știa (la fel ca Bacon, fără îndoială) că toate elementele necesare îndeplinirii actului lecturii îi conferă acestuia o complexitate uluitoare, transformându-l într-un proces pentru a cărui reușită e nevoie de coordonarea a o sută de abilități diferite. Și nu doar aceste abilități influențează lectura, ci și timpul, locul, tăblița, sulul, pagina sau ecranul pe care se desfășoară textul: pentru țăranul sumerian anonim, satul lângă care are grijă de caprele și oile lui sau argila rotundă; pentru al-Haytham, noua încăpere albă a bibliotecii din Cairo sau manuscrisul lui Ptolemeu, pe care-l citește disprețuitor; pentru Bacon, celula în care a fost condamnat să-și petreacă zilele pentru învățăturile lui neortodoxe și prețioasele lui volume științifice; pentru Leonardo, curtea regelui Francisc I, unde și-a petrecut ultimii ani, și carnetele în care a făcut însemnări într-un cod secret, care poate fi citit doar dacă este așezat în fața unei oglinzi. Toate aceste elemente amețitor de diverse se cumulează în acel act unic; cam asta bănuise și al-Haytham. Dar cum avea loc procesul, ce conexiuni complicate și formidabile se stabileau între elemente, aceasta era o chestiune care, pentru al-Haytham și cititorii săi, rămânea fără răspuns.

Studiul modern al neurolingvisticii, cercetarea relației dintre creier și limbaj, începe la aproape opt secole și jumătate după al-Haytham, în 1865. În acel an, doi oameni de știință francezi, Michel Dax și Paul Broca,[22] au sugerat în studii simultane, dar independente, că majoritatea oamenilor, ca urmare a unui proces genetic ce debutează în momentul concepției, se nasc cu o emisferă cerebrală stângă care, pe parcurs, capătă rolul principal în ce privește codarea și decodarea limbajului;

o proporție mult mai mică, mai ales în rândurile celor stângaci sau ambidextri, dezvoltă această funcție în emisfera cerebrală dreaptă. În câteva cazuri (la oamenii predispuși genetic la o emisferă stângă dominantă), afecțiuni timpurii ale creierului provoacă o „reprogramare" cerebrală și conduc la dezvoltarea funcției limbajului în emisfera dreaptă. Dar niciuna dintre emisfere nu va funcționa ca decodor sau codificator până când individul nu este expus efectiv la limbaj.

Pe vremea când cel dintâi scrib a scrijelit și a pronunțat primele litere, corpul omenesc era deja capabil să scrie și să citească, acte care încă țineau de viitor; altfel spus, corpul era capabil să înmagazineze, să inventarieze și să descifreze tot felul de senzații, inclusiv semnele arbitrare ale limbajului scris, care urma să fie inventat.[23] Această idee, cum că suntem capabili să citim înainte de a putea, practic, să citim – de fapt, înainte chiar de a fi văzut o pagină în fața noastră –, ne duce cu gândul la ideile platoniciene despre cunoașterea care există în noi înainte ca obiectul să fi fost perceput. Însăși vorbirea evoluează, se pare, după un model similar. „Descoperim" un cuvânt pentru că obiectul sau ideea pe care o reprezintă se află deja în mintea noastră, „gata să fie pus(ă) în legătură cu cuvântul".[24] E ca și cum ni s-ar oferi un dar din lumea de afară (de la bătrânii noștri, de la cei care ne vorbesc mai întâi), dar trebuie ca noi să avem dibăcia de a-l primi. De aceea, cuvintele rostite (și, mai târziu, cuvintele citite) nu ne aparțin nici nouă, nici părinților noștri, nici autorilor noștri; ele ocupă spațiul înțelesurilor împărtășite, un prag comun, care marchează începutul relației noastre cu artele conversației și lecturii.

Potrivit profesorului André Roch Lecours de la Spitalul Côte-des-Neiges din Montreal, simpla expunere la limbajul oral nu poate fi de ajuns pentru ca una sau alta dintre emisfere să dezvolte pe deplin funcțiunea limbajului; s-ar putea ca, pentru a dezvolta în creier această funcțiune, să fie nevoie să recunoaștem un sistem comun al semnelor vizuale. Cu alte cuvinte, trebuie să învățăm să citim.[25]

În anii 1980, pe când lucra în Brazilia, profesorul Lecours a ajuns la concluzia că programul genetic care duce la o mai frecventă dominație a părții cerebrale stângi era mai puțin dezvoltat în creierul celor care nu învățaseră să citească decât în al celor care învățaseră. Descoperirea i-a sugerat că procesul citirii poate fi explorat cu ajutorul pacienților la care capacitatea de a citi se deteriorase. (Galen, cu multă vreme în urmă, argumenta că o boală nu indică doar o incapacitate a trupului de a reacționa, ci, în același timp, atrage atenția chiar și asupra capacității lipsă.) Câțiva ani mai târziu, studiind pacienți din Montreal care sufereau de tulburări ale vorbirii sau scrierii, profesorul Lecours a reușit să facă o serie de observații privind mecanismele citirii. În cazuri de afazie, de pildă - când pacienții își pierduseră parțial sau total capacitatea de a înțelege cuvântul rostit - el a constatat că anumite leziuni ale creierului au dus la unele handicapuri de vorbire, specifice fiecărui caz: unii pacienți își pierduseră capacitatea de a citi sau de a scrie doar cuvintele din categoria celor ortografiate aparte - cum ar fi cuvintele englezești *rough* („aspru") sau *tough* („dur") în limba engleză -; alții nu puteau citi cuvinte inventate („tuflov" sau „bugeam"); iar alții puteau vedea, dar nu și pronunța, anumite cuvinte ciudat alăturate sau unele aranjate la întâmplare pe pagină. Uneori, acești pacienți puteau citi cuvinte întregi, dar nu și silabe; uneori, citeau înlocuind unele cuvinte cu altele. Lemuel Gulliver, descriind struldbrugii din Laputa, a notat că, la vârsta de nouăzeci de ani, acești stimabili bătrâni nu se mai puteau amuza citind „deoarece memoria nu-i mai ajută să țină minte o propozițiune de la început până la sfârșit; datorită acestui neajuns, ei sunt lipsiți de unica plăcere care, de altminteri, și-ar mai putea-o îngădui".[26] Câțiva dintre pacienții profesorului Lecours sufereau tocmai de o astfel de tulburare. Pentru a complica lucrurile, în studii similare din China și Japonia cercetătorii au remarcat că pacienți familiarizați cu citirea ideogramelor, concepute pe alte principii decât alfabetele fonetice, au reacționat diferit la investigare, de parcă aceste funcțiuni specifice ale limbajului ar fi predominat în alte zone ale creierului.

Dându-i dreptate lui al-Haytham, profesorul Lecours trage concluzia că procesul citirii impune cel puțin două stadii: „vederea" cuvântului și „evaluarea" lui conform informației dobândite. Asemenea scribului sumerian de acum mii de ani, am în fața mea cuvintele, mă uit la cuvinte, văd cuvintele și ceea ce văd se organizează de la sine după un cod sau un sistem pe care l-am învățat și pe care-l împărtășesc cu alți cititori ai timpului și locului meu - un cod care s-a stabilit în anumite secțiuni ale creierului. „E ca și cum", argumentează profesorul Lecours, „informația primită de pe pagină de către ochi s-ar deplasa în creier printr-o serie de conglomerate de neuroni specializați, fiecare conglomerat ocupând o anumită secțiune a creierului și îndeplinind o anumită funcție. Încă nu știm exact care sunt aceste funcții, dar, în anumite cazuri de leziuni cerebrale, unul sau câteva dintre respectivele conglomerate ajung, să spunem așa, să fie deconectate din lanț, iar pacientul devine incapabil să citească anumite cuvinte, ori un anume tip de limbaj, ori să citească cu voce tare, să înlocuiască o serie de cuvinte cu o alta. Deconectările posibile par a fi infinite."[27]

Nici actul primar de cercetare amănunțită a paginii cu ochii noștri nu este un proces continuu, sistematic. Se consideră, de obicei, că, atunci când citim, ochii se deplasează lin, fără întreruperi, de-a lungul rândurilor unei pagini, iar când citim ceva scris într-o limbă europeană, de exemplu, ochii se mișcă de la stânga la dreapta. Nu e așa. Cu un secol în urmă, oftalmologul francez Émile Javal a descoperit că, de fapt, ochii sar de jur împrejurul paginii; aceste salturi sau sacadări au loc de trei sau patru ori pe secundă, la viteza de aproximativ două sute de grade pe secundă. Viteza mișcării ochiului pe pagină – dar nu mișcarea însăși – se amestecă cu percepția, iar noi „citim", de fapt, doar în timpul scurtei pauze dintre mișcări. De ce ideea noastră asupra cititului este legată de continuitatea textului pe pagină ori de derularea textului pe ecran, de asimilarea unor propoziții sau gânduri întregi, și nu de ceea ce se petrece în realitate – mișcarea sacadată a ochiului – este o întrebare la care oamenii de știință n-au reușit încă să afle răspunsul.[28]

Analizând cazurile a doi pacienți clinici – primul, un afazic care putea ține discursuri elocvente într-o limbă ininteligibilă și al doilea, un agnostic* care putea folosi limbajul obișnuit, dar nu era capabil să-i dea niciun fel de intonație sau să transmită vreo emoție – dr. Oliver Sacks ajunge la concluzia că „vorbirea, vorbirea naturală, *nu* constă numai din cuvinte izolate [...]. Ea este *exprimare* – expresia integrală a intenției cuiva care-și folosește în acest scop întreaga ființă –, exprimare a cărei înțelegere implică infinit mai mult decât recunoașterea unor cuvinte".[29]

Cam aceleași lucruri se pot spune despre citit: urmărind textul, cititorul exprimă ceea ce înțelege printr-un sistem foarte complicat, în care se împletesc semnificații dobândite, convenții sociale, lecturi anterioare, experiență personală și gust propriu. În academia din Cairo, al-Haytham

---

* Aici cu sensul de persoană care nu poate recunoaște ființele, obiectele din jurul ei (n. red.).

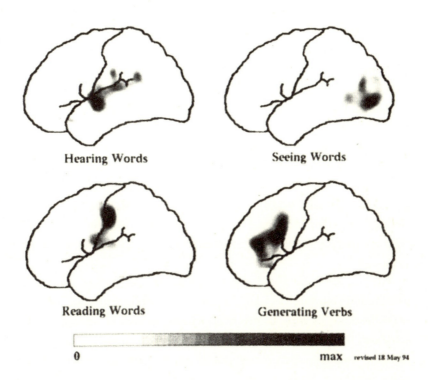

Hearing Words   Seeing Words

Reading Words   Generating Verbs

0   max   revised 18 May 94

Centrul vorbirii împărțit după funcții, așa cum a fost înregistrat în fotografii ale creierului uman făcute la Școala de Medicină a Universității din Washington (de la stânga la dreapta, de sus în jos: Auzul cuvintelor; Vederea cuvintelor; Citirea cuvintelor; Generarea verbelor).

nu citea singur; citeau peste umărul lui, cum se spune, dându-i târcoale, umbrele înțelepților din Basra, care-l învățaseră caligrafia sacră a Coranului, vinerea, în moschee, umbrele lui Aristotel și ale lucizilor lui comentatori, ale cunoștințelor întâmplătoare cu care învățatul discutase despre Aristotel, ale celorlalți al-Haythami care, de-a lungul anilor, au devenit, până la urmă, savanții pe care al-Hakim i-a invitat la curtea lui.

Toate astea par să sugereze că, așezat în fața cărții mele, eu, asemenea lui al-Haytham odinioară, nu înregistrez pur și simplu literele și spațiile goale dintre cuvintele care formează textul. Pentru a extrage un mesaj din sistemul de semne negru pe alb, mi-am însușit mai întâi sistemul într-o manieră aparent dezordonată, prin mișcările ochiului, apoi am reconstruit codul de semne printr-un circuit neuronal în creierul meu – un lanț care variază în funcție de natura textului pe care-l citesc – și am impregnat textul acela cu ceva – emoție, receptivitate fizică, intuiție, cunoaștere, suflet – care depinde de cine anume sunt eu și de felul în care am devenit ceea ce sunt. „Pentru a înțelege un text", scria dr. Merlin C. Wittrock în anii 1980, „noi nu-l citim doar în sensul literal al cuvântului, îi construim acestuia un sens". Într-un asemenea proces complex, „cititorii se conectează activ cu textul. Ei creează imagini și transformări verbale ca să-i ilustreze semnificația. Și mai impresionant, ei generează sensul în timp ce citesc, construind relații între ceea ce cunosc, experiențele din amintire, și propozițiile scrise, paragrafe și pasaje".[30]

Citirea, deci, nu este un proces automat de captare a unui text, asemănător modului în care hârtia fotosensibilă captează lumina, ci unul de reconstrucție uimitor, labirintic, comun și, în același timp, personal. Dacă citirea este, de pildă, independentă de auz, dacă este un set unic și distinct de procese psihologice sau constă într-o mare varietate de asemenea procese, cercetătorii nu știu încă, dar mulți consideră că este vorba despre o complexitate poate la fel de mare ca aceea a gândirii înseși.[31] Citirea, susține dr. Wittrock, „nu este un fenomen idiosincratic, anarhic. Dar nici nu este un proces monolitic, unitar, în care doar unul dintre înțelesuri este corect. Dimpotrivă, este un proces generativ care reflectă încercarea disciplinată a cititorului de a construi unul sau mai multe înțelesuri în interiorul regulilor limbajului".[32]

„Analiza completă a procesului care are loc atunci când citim", a recunoscut cercetătorul american E.B. Huey la începutul secolului XX, „ar fi aproape culmea realizărilor psihologilor, pentru că această analiză ar însemna descifrarea multora dintre cele mai încâlcite activități ale minții omenești."[33] Suntem încă departe de un răspuns. În mod misterios, continuăm să citim fără o definiție mulțumitoare a ceea ce facem. Știm că cititul nu este un proces care poate fi explicat printr-un model mecanic; știm că acesta are loc în anumite zone definite ale creierului, dar mai știm și că respectivele zone nu sunt singurele care iau parte la proces; știm că procesul citirii, ca și cel al gândirii, depinde de capacitatea noastră de a descifra și de a folosi limba, de bagajul de cuvinte care constituie textul și gândirea. Teama pe care par s-o exprime cercetătorii este că această concluzie a lor va pune sub semnul întrebării chiar limba în care o exprimă: că limba poate fi, în esența ei, o absurditate arbitrară, că poate să nu comunice nimic în afara cercului ei închis, că existența ei s-ar putea baza aproape în totalitate nu pe emițători, ci pe receptori, sau că rolul cititorilor este să facă vizibil – așa cum frumos ne-o spune al-Haytham – „ceea ce scrisul sugerează prin aluzii și umbre".[34]

O reprezentare din secolul XI a Sfântului Augustin la pupitru.

CITITORII TĂCUȚI

În anul 383 e.n., la aproape o jumătate de secol după ce Constantin cel Mare, primul împărat al lumii creștine, a primit botezul pe patul de moarte, un profesor de retorică latină în vârstă de douăzeci și nouă de ani, pe care secolele viitoare îl vor cunoaște sub numele de Sfântul Augustin, a sosit la Roma din unul dintre avanposturile imperiului din Nordul Africii. A închiriat o casă, a deschis o școală și a atras o mulțime de învățăcei care auziseră despre calitățile acestui intelectual din provincie, dar n-a trecut mult până când i-a fost limpede că nu avea cum să-și câștige traiul ca profesor în capitala imperiului. La el acasă, în Cartagina, elevii pe care-i avusese fuseseră niște huligani nedisciplinați, dar, cel puțin, își plătiseră lecțiile; la Roma, învățăceii lui îi ascultau liniștiți alocuțiunile despre Aristotel și Cicero până când venea momentul achitării remunerației, și apoi se transferau *en masse* la un alt profesor, lăsându-l pe Augustin cu mâna goală. Așa că, atunci când, un an mai târziu, prefectul Romei i-a oferit ocazia să predea literatura și elocința la Milano, incluzând în ofertă spezele de călătorie, Augustin a acceptat bucuros.[1]

Poate că era străin în oraș și simțea nevoia companiei unui intelectual, sau poate că mama lui îi ceruse să facă asta, însă, odată ajuns în Milano, Augustin i-a făcut o vizită episcopului orașului, faimosul Ambrozie, prieten și sfătuitor al mamei lui Augustin, Monica. Ambrozie (care, asemenea lui Augustin, avea să fie canonizat) era un bărbat care se apropia de cincizeci de ani, neînduplecat în privința convingerilor sale religioase și netemător în fața celor mai înalte puteri pământești; la câțiva ani după sosirea lui Augustin la Milano, Ambrozie l-a silit pe împăratul Teodosie I să se căiască public pentru că ordonase

Un portret al Sfântului Ambrozie în biserica cu același hram, din Milano.

masacrul asupra răsculaților care îl uciseseră pe guvernatorul roman din Salonic,[2] iar când împărăteasa Iustina i-a cerut episcopului să-i dea o biserică din oraș ca să se poată ruga după ritul arian, Ambrozie a organizat un protest pașnic, ocupând locul zi și noapte, până când aceasta a renunțat.

Așa cum ne arată un mozaic din secolul V, Ambrozie era un bărbat scund, cu înfățișare inteligentă, cu urechi mari și barbă neagră, îngrijită, care mai degrabă îi îngusta fața colțuroasă decât i-o împlinea. Era un vorbitor extrem de popular; simbolul lui în iconografia creștină avea să fie stupul, emblemă a elocinței.[3] Augustin, care l-a considerat pe Ambrozie un răsfățat al sorții pentru că era atât de bine văzut de atât de multă lume, nu s-a simțit în stare să-i pună bărbatului mai în vârstă acele întrebări pe teme de credință care-l chinuiau pentru că, atunci când nu își lua prânzul frugal sau nu se întreținea cu unul dintre numeroșii săi admiratori, Ambrozie se retrăgea în solitudinea chiliei, ca să citească.

Ambrozie a fost un cititor extraordinar. „Când citea", scria Augustin, „ochii săi alunecau pe deasupra paginilor, iar spiritul său scruta înțelesul rândurilor, în vreme ce glasul și limba sa se odihneau. Adesea, când eram și eu prin preajmă – căci nu păzea nimeni la poartă și nici nu era obiceiul ca un nou-venit să fie anunțat –, îl vedeam cum citește în tăcere și niciodată în alt fel."[4]

Ochii parcurg pagina, limba rămâne nemișcată: exact așa aș descrie eu un cititor de astăzi, așezat cu o carte pe masă într-o cafenea de peste drum de biserica Sfântului Ambrozie din Milano, citind, probabil, *Confesiunile* Sfântului Augustin. Asemenea episcopului, cititorul a devenit surd și orb la lume, la mulțimea în trecere, la fațadele poroase și rozalii ale clădirilor. Nimeni nu pare să-l bage în seamă pe cititorul cufundat în lectură: retras, concentrat, acesta devine un loc comun.

O asemenea manieră de a lectura i s-a părut totuși lui Augustin îndeajuns de ciudată cât să o consemneze în *Confesiuni*. Tâlcul este că o asemenea metodă de a citi, o astfel de parcurgere silențioasă a paginii, era la vremea respectivă ceva ieșit din comun și că, în mod obișnuit, lectura se făcea cu voce tare. Chiar dacă exemple de citire în tăcere pot fi găsite și mai devreme numai din secolul X această modalitate a devenit uzuală în Occident.[5]

Descrierea de către Augustin a cititului în tăcere al lui Ambrozie (inclusiv observația că el *niciodată* nu citea cu voce tare) este prima mărturie clară înregistrată de literatura occidentală. Exemplele anterioare sunt mult mai nesigure. În secolul V î.e.n., două piese de teatru ne înfățișează personaje care citesc ceva pe scenă: în *Hipolit* al lui Euripide, Tezeu citește în gând o scrisoare aparținând soției lui, care murise; în *Cavalerii* lui Aristofan, Demostene se uită la o tăbliță trimisă de un oracol și, fără să spună cu voce tare ce anume conține, pare surprins de ceea ce a citit.[6] Potrivit lui Plutarh, în secolul IV î.e.n., Alexandru cel Mare citește în gând o scrisoare de la mama lui, spre uluirea soldaților săi.[7] Claudius Ptolemeu, în secolul II e.n., remarcă în *Despre Criterion* (o carte pe care Augustin e posibil să o fi știut) că, uneori, oamenii citesc în tăcere atunci când se concentrează intens, pentru că a da glas cuvintelor te distrage de la idee.[8] Și Iulius Caesar, stând în picioare lângă oponentul său din Senat, Cato, în anul 63 î.e.n., citește în tăcere un bilețel de amor primit de la sora rivalului său.[9] Aproape patru secole mai târziu, Sfântul Chiril al Ierusalimului, într-o prelegere catehetică ținută probabil la Lent în anul 349, stăruie ca femeile să citească, în timp ce așteaptă pe durata ceremoniei, „în tăcere, totuși, așa încât, în timp ce buzele lor se mișcă, alte urechi să nu audă ce spun"[10] – o citire în șoaptă, probabil, în care buzele se agitau scoțând sunete înăbușite.

Dacă lectura cu voce tare a constituit norma încă de la începuturile cuvântului scris, ce însemna să citești în marile biblioteci ale Antichității? Învățatul asirian consultând una dintre cele treizeci de mii de tăblițe din biblioteca regelui Asurbanipal în secolul VII î.e.n., cei care desfășurau sulurile în bibliotecile Alexandriei și Pergamului, Augustin însuși căutând un anume text în bibliotecile din Cartagina și Roma, toți aceștia trebuie să fi lucrat în mijlocul unei zarve tumultuoase. Oricum, nici măcar în zilele noastre nu se păstrează în toate bibliotecile proverbiala liniște. În anii 1970, în frumoasa Bibliotecă Ambrosiana din Milano nu domnea nicio fărâmă din liniștea maiestuoasă care m-a impresionat la British Museum din Londra sau la Bibliothèque Nationale din Paris. Cititorii din Biblioteca Ambrosiana își vorbesc unul altuia, de la pupitru la pupitru; din când în când cineva rostește cu voce tare o întrebare sau un nume, un tom greu se-nchide cu zgomot, un cărucior cu cărți trece zăngănind. În zilele noastre, nici în British Library și nici în Bibliothèque Nationale nu este liniște deplină; cititul în tăcere este întrerupt de țăcănitul în taste, de parcă în sălile cu pereții acoperiți de cărți ar locui stoluri de ciocănitori. Să fi fost altfel atunci, în zilele Atenei și Pergamului, când încercai să te concentrezi în timp ce zeci de cititori își așezau tăblițele sau își desfășurau sulurile, murmurând fiecare pentru sine o infinitate de istorii diferite? Probabil că nu auzeau zarva; probabil că nu știau că se putea citi în vreun alt mod. În orice caz, nu avem cazuri înregistrate în care cititorii să se fi plâns de gălăgie în bibliotecile romane sau în cele grecești – așa cum Seneca, scriind în secolul I, se plângea că trebuia să studieze în locuința lui gălăgioasă.[11]

Augustin însuși, într-unul dintre pasajele-cheie din *Confesiuni*, descrie un moment în care cele două moduri de-a citi – cu voce tare și în gând – au loc aproape simultan. Tulburat de propria indecizie, supărat pentru păcatele sale din trecut, speriat că până la urmă a sosit timpul socotelilor, Augustin își părăsește prietenul, pe Alypius, alături de care citise (cu voce tare) în grădina sa de vară și se așază sub un smochin ca să plângă. Brusc, dintr-o casă din apropiere, aude o voce de copil – nu a putut spune dacă era băiat sau fată – fredonând un cântec al cărui refren era *tolle, lege*, „ia și citește".[12] Convins că vocea îi vorbește lui, Augustin aleargă înapoi la locul în care încă ședea Alypius și ia cartea pe care-o lăsase neterminată, un volum din *Epistolele* lui Pavel. Augustin spune: „Am apucat-o, am deschis-o și am citit în tăcere primul pasaj pe care mi-am aruncat privirea." Fragmentul pe care îl citește în tăcere este din Romani 13 – un îndemn la a *„nu vă îngriji de îndestularea poftelor trupului"*, ci la a vă „îmbrăca [precum într-o platoșă] în Domnul Iisus Hristos". Uluit, el ajunge la sfârșitul frazei. „Ceva asemenea unei lumini pline de liniște" îi inundă inima și „întunericul îndoielilor" se risipește.

Alypius, surprins, îl întreabă pe Augustin ce l-a tulburat așa. Augustin (care, cu un gest atât de familiar nouă, la depărtare de atâtea secole, a marcat locul în care citea cu degetul și a închis cartea) îi arată prietenului său textul. „I-am arătat, iar el a citit în continuare textul pe care îl începusem eu. Nu știam ce urmează, și anume: *Sprijiniți-l pe cel ce este încă slab în credință.*" Această admonestare, ne spune Augustin, a fost de ajuns să-i dea lui Alypius râvnita putere spirituală. Acolo, în acea grădină din Milano, într-o zi de august a anului 386, Augustin și prietenul său au citit *Epistolele* lui Pavel cam așa cum le-am citi noi astăzi: unul a citit în gând, pentru propria învățătură; celălalt cu voce tare, ca să împartă cu prietenul său revelația unui text. În mod curios, în timp ce prelungita și atenta lectură tăcută a unei cărți de către Ambrozie i se păruse lui Augustin inexplicabilă, el nu consideră surprinzătoare propria lectură tăcută, probabil pentru că aruncase doar o privire asupra câtorva cuvinte esențiale.

Augustin, un profesor de elocință care era bine inițiat în poetică și în ritmurile prozei, un învățat care ura greaca, dar iubea latina, avea obiceiul - comun multor cititori - să citească orice găsea scris, pentru a se desfăta pur și simplu cu sunetul cuvintelor.[13] Urmând învățăturile lui Aristotel, el știa că literele, „inventate ca să putem conversa chiar și cu cel absent", erau „semne ale sunetelor" și acestea, la rândul lor, erau „semne ale lucrurilor pe care le gândim".[14] Textul scris era o conversație, redată pe hârtie astfel încât partenerul absent să poată pronunța cuvintele destinate lui. Pentru Augustin, cuvântul rostit era parte integrantă a textului însuși - având în minte avertismentul lui Marțial, formulat cu trei secole mai devreme:

> Versul i-al meu, dar prietene, când îl declami,
> Pare că-i al tău, într-atât de rău îl schilodești.[15]

Cuvintele scrise, încă din vremea primelor tăblițe sumeriene, sunt menite să fie pronunțate cu voce tare, de vreme ce semnele poartă cu ele, implicit, ca și cum ar fi vorba de sufletul lor, un anumit sunet. Clasica zicală, *scripta manent, verba volant* - care a ajuns să însemne, în timpurile noastre, „ce e scris rămâne, ce-i vorbit se pierde în aer" – este folosită pentru a exprima exact contrariul; a fost concepută ca un elogiu adus cuvântului rostit cu voce tare, care are aripi și poate să zboare, spre deosebire de cuvântul tăcut de pe pagină, care e lipsit de mișcare, mort. În fața unui text scris, cititorul avea datoria să dea glas literelor tăcute, *scripta*, oferindu-le prilejul să devină, după cum se observă cu finețe în Biblie, *verba*, cuvânt rostit – spirit. Limbile primordiale ale Bibliei – aramaica și ebraica – nu fac deosebire între actul citirii și actul vorbirii; le numesc pe amândouă cu același cuvânt.[16]

Pentru deplina înțelegere a textelor sacre, în care fiecare literă, dar și numărul literelor sau ordinea lor erau dictate de divinitate, era nevoie nu doar de ochi, ci și de restul trupului: legănatul în cadența propozițiilor și înălțarea către buze a sfintelor cuvinte, astfel încât nimic din esența divină să nu se piardă în lectură. Bunica mea citea Vechiul Testament în același mod, rostind cuvintele și mișcându-și trupul înainte și înapoi în ritmul rugăciunii. O pot vedea în fața ochilor în apartamentul ei întunecos din Barrio del Once, cartierul evreiesc din Buenos Aires, intonând străvechile cuvinte din Biblie, singura carte pe care o avea în casă, ale cărei coperte negre ajunseseră să semene cu textura pielii ei, tot mai palidă odată cu înaintarea în vârstă. Și musulmanii, la fel, participă cu tot trupul la lectura sacră. În islam, întrebarea dacă un text sacru trebuie ascultat sau citit este de-o importanță esențială. Un învățat din secolul IX, Ahmad ibn Muhammad ibn Hanbal, a formulat-o în modul următor: din moment ce Coranul – Mama Cărților, Cuvântul lui Dumnezeu așa cum i-a fost revelat lui Mahomed de către Allah – este necreat și etern, devine el real doar prin pronunțarea în rugăciune sau își multiplică ființa pe pagină, astfel încât să poată fi citit, transcris de diferite mâini de-a lungul epocilor omenirii? Nu știm dacă a primit vreun răspuns, pentru că în 833 întrebarea i-a atras condamnarea *mihnah*-ului, inchiziția islamică instituită de califii abassizi.[17] Trei secole mai târziu, teologul și juristul Abu Hamid Muhammad al-Ghazali a stabilit o serie de reguli pentru studierea Coranului, în care citirea și ascultarea textului citit devin parte a aceluiași act sfânt. Regula numărul cinci stabilește că cititorul trebuie să urmărească textul pe îndelete și concentrat, ca să reflecteze la ceea ce citește. Regula numărul șase era „pentru plâns. [...] Dacă nu plângi în mod firesc, atunci forțează-te să plângi", căci durerea este implicită în înțelegerea cuvintelor sacre. Regula numărul nouă cere ca textul Coranului să fie citit „destul de tare pentru ca acela care citește să-l audă în sinea lui, pentru că a citi înseamnă a face deosebire între sunete", prin aceasta îndepărtând de noi ceea ce ne distrage din lumea de afară.[18]

Așa cum a demonstrat psihologul american Julian Jaynes într-un studiu controversat despre originile conștiinței, creierul bicameral – în care una dintre emisfere se specializează în citirea tăcută – este o dezvoltare târzie în evoluția omenirii, iar procesul prin care evoluează această funcție este încă în desfășurare. El a sugerat că este posibil ca formele cele mai timpurii ale cititului să fi fost mai degrabă percepții auditive decât vizuale. „De aceea, cititul în mileniul III î.e.n. se poate să fi fost un soi de *ascultare* a cuneiformelor, adică o vizualizare imaginară a discursului prin examinarea cu privirea a simbolurilor, mai degrabă decât o citire a silabelor așa cum îl înțelegem noi."[19]

Această „halucinație auditivă" trebuie să fi fost valabilă și în zilele lui Augustin, când cuvintele de pe pagină nu „deveneau" pur și simplu sunete de îndată ce ochiul le percepea; ele *erau* sunete. Copilul care a fredonat cântecul revelator în grădina învecinată cu cea a lui Augustin învățase, asemenea filozofului, că ideile, descrierile, poveștile adevărate și născocite, adică orice putea fi prelucrat de către minte, posedau o realitate fizică datorată sunetelor și era logic ca aceste sunete, reprezentate pe tăbliță, pe sul sau pe pagina de manuscris, să fie exprimate de limbă odată ce au fost recunoscute de ochi. Cititul era o formă de gândire și de vorbire. Cicero, oferind o consolare surzilor într-unul din eseurile lui morale, scria: „Dacă se întâmplă să se bucure de recitări, trebuie în primul rând să li se aducă aminte că, înainte să fi fost inventate poemele, au trăit fericiți mulți oameni înțelepți; și, în al doilea rând, că o mai mare plăcere poate fi obținută citind respectivele poeme decât auzindu-le."[20] Dar acesta nu este decât un premiu de consolare oferit de un filozof care se putea el însuși delecta cu sunetul cuvântului scris. Pentru Augustin, ca și pentru Cicero, cititul era o interpretare orală: oratoria în cazul lui Cicero, predica în cazul lui Augustin.

Până târziu în Evul Mediu, scriitorii au presupus că cititorii lor mai degrabă auzeau decât vedeau textul, tot așa cum ei înșiși pronunțau cu voce tare cuvintele atunci când îl compuneau. Din moment ce puțini oameni puteau să citească, lecturile publice erau ceva obișnuit, iar textele medievale fac în mod repetat apel la auditoriu să „își plece urechea" la o poveste. Se poate ca un ecou ancestral al unor astfel de practici ale cititului să persiste în unele dintre formulările noastre, ca atunci când spunem „am primit veste de la cutare" (însemnând „am primit o scrisoare"), sau „cutare spune" (însemnând „cutare a scris"), sau „textul acesta nu sună bine" (însemnând „nu-i bine scris").

Pentru că, în genere, cărțile erau citite cu voce tare, nu trebuia ca literele care le compuneau să fie separate în unități fonetice, acestea fiind înșirate laolaltă în propoziții continue. Direcția în care se presupunea că ochiul trebuie să urmărească mosoarele de litere a variat de la un loc la altul și de la epocă la epocă; modul în care citim textul astăzi în lumea occidentală – de la stânga la dreapta și de la cap la coadă – nu este nici pe departe unul universal. Unele scrieri sunt citite de la dreapta la stânga (ebraică și arabă), altele în coloane, de sus în jos (chineză și japoneză); unele erau citite în perechi de coloane verticale (scrierea mayașă); unele erau compuse din rânduri alternative, care se citeau în direcții opuse, înainte și înapoi – o metodă numită *boustrophedon*, „așa cum întoarce boul plugul", în greaca veche. Iar altele fac meandre de-a curmezișul paginii, ca în jocul „Șerpi și scări", direcția fiind semnalată de linii sau puncte (scrierea aztecă).[21]

Scrisul antic pe suluri – care nici nu separa cuvintele, nici nu făcea distincție între litere mici și litere mari, nici nu folosea punctuația – era de folos aceluia obișnuit să citească cu voce tare, aceluia care permitea urechii să descâlcească ceva ce ochiului îi părea a fi o înlănțuire continuă de semne. Atât de importantă era continuitatea,

În secolul V î.e.n., cititoarea lecturează cu voce tare, desfășurând sulul cu o mână, în timp ce cu cealaltă îl înfășoară, expunând astfel secțiune după secțiune.

încât se pare că atenienii i-au ridicat o statuie unui anume Phillatius, care inventase un lipici pentru alăturarea foilor de pergament sau de papirus.[22] Dar nici măcar sulul continuu, chiar dacă făcea sarcina cititorului mai ușoară, nu era de prea mare ajutor când se punea problema descâlcirii formulărilor cu mai multe înțelesuri. Punctuația, atribuită după tradiție lui Aristofan din Bizanț (circa 200 î.e.n.) și dezvoltată de alți cărturari ai Bibliotecii din Alexandria, era, în cel mai bun caz, dezordonată. Augustin, asemenea lui Cicero înaintea lui, trebuia probabil să repete un text înainte de a-l citi cu voce tare, din moment ce cititul la prima vedere era în zilele lui o îndemânare neobișnuită și ducea adesea la erori de interpretare. Gramaticianul din secolul IV Servius și-a criticat colegul, pe Donat, pentru că citise, în *Eneida* lui Virgiliu, *collectam ex Ilio pubem* („o populație adunată din Troia") în loc de *collectam exilio pubem* („o populație adunată pentru exilare").[23] Asemenea greșeli erau comune când se citea un text continuu.

Epistolele lui Pavel pe care le citea Augustin nu erau un sul, ci un codex, un manuscris din papirus legat, cu un scris continuu, cu caractere unciale* sau semiunciale, de mână, care apăruseră în documentele romane în ultimii ani ai secolului III. Codexul a fost o invenție păgână; potrivit lui Suetonius,[24] Iulius Caesar a fost primul care a împăturit un sul în pagini, pentru mesajele trimise trupelor. Primii creștini au adoptat codexul pentru că l-au considerat extrem de practic ca să poarte dintr-un loc în altul, ascunse în veșminte, texte interzise de către autoritățile romane. Paginile puteau fi numerotate, ceea ce facilita accesul cititorului la anumite secțiuni, iar texte separate, ca *Epistolele* lui Pavel, puteau fi ușor legate într-un pachet accesibil.[25]

Separarea literelor în cuvinte și propoziții a avut loc treptat. Majoritatea scrierilor timpurii – hieroglifele egiptene, cuneiformele sumeriene, sanscrita – nu avuseseră nevoie de asemenea împărțiri. Scribii anticii erau atât de familiarizați cu convențiile meseriei lor, încât se pare că nu aveau nevoie de niciun fel de ajutoare vizuale, iar primii călugări creștini știau adesea pe de rost textele pe care le transcriseseră.[26] Pentru a-i ajuta pe aceia ale căror abilități de citire lăsau

---

* Caractere derivate din literele majuscule romane, având forme mai rotunjite, folosite îndeosebi în secolele III–VI (n. red.).

de dorit, călugării din scriptoriu foloseau o metodă de scriere cunoscută sub numele de *cola et commata*, în care textul era împărțit în rânduri cu sens – o formă primitivă de punctuație, care ajuta cititorul nesigur să coboare sau să ridice vocea la sfârșitul unui fragment logic. (De asemenea, formatul acesta putea ajuta un cărturar să găsească cu mai multă ușurință un anumit pasaj pe care îl căuta.)[27] Sfântul Ieronim a fost cel care, la sfârșitul secolului IV, descoperind metoda în transcrieri ale lucrărilor lui Demostene și Cicero, a descris-o pentru prima oară în introducerea la traducerea sa din *Cartea lui Iezechiel*, explicând că „ceea ce-i scris *per cola et commata* le descoperă cititorilor un înțeles mai evident".[28]

Punctuația a rămas nesigură, dar aceste prime procedee au ajutat la progresul cititului. La sfârșitul secolului VII, Sfântul Isaac Sirul a putut să descrie beneficiile metodei: „Eu, am zis, pentru aceasta la liniște alerg, ca să mi să îndulcească mie stihurile citirii și ale rugăciunii. Și când întru dulceața înțeleagerii lor limba mea va tăcea, ca întru un somn oarecare caz întru strângerea simțirilor meale împreună cu înțeleagerile meale. Și iarăși, când întru depărtarea cea întru însăși liniștea s-ar alina inima mea despre turburarea pomenirilor, mi să trimit mie de-a pururea valurile bucuriei, ceale ce din aducerile aminte ceale din lăuntru fără de nădeajde vin de năprasnă spre desfătarea inimii meale."[29] Pe la mijlocul secolului VII, teologul Isidor din Sevilla era îndeajuns de familiarizat cu citirea în tăcere cât să o poată lăuda drept o metodă de „a citi fără efort, reflectând la cele ce s-au citit, făcând ca acestea să se scurgă din memorie cu mai puțină ușurință".[30] Asemenea lui Augustin înaintea lui, Isidor considera că cititul putea face posibilă o conversație aspațială și atemporală, deși el marchează o deosebire importantă. „Literele au puterea de a ne aduce, în tăcere, spusele celor care sunt absenți",[31] scria el în *Etimologiile* sale. Literele lui Isidor nu aveau nevoie de sunete.

Avatarurile punctuației au continuat. După secolul VII, o combinație de puncte și liniuțe ce indica punctul final, un punct notat mai sus a devenit echivalentul virgulei noastre, iar punctul și virgula au început să fie utilizate așa cum le folosim și noi azi.[32] În secolul IX, cititul în tăcere ajunsese probabil un lucru obișnuit în scriptoriu astfel încât scribii să înceapă să separe fiecare cuvânt din mrejele cuvintelor vecine, pentru a simplifica parcurgerea unui text – dar poate la mijloc erau și motive estetice. Cam în aceeași vreme, scribii irlandezi, apreciați de toată creștinătatea pentru competența lor, începură să separe nu numai părți de vorbire, ci și elemente gramaticale în cadrul propoziției, introducând, de asemenea, multe dintre semnele de punctuație pe care le folosim astăzi.[33] În secolul X, pentru a ușura și mai mult sarcina cititorului tăcut, primele rânduri ale secțiunii principale a unui text (cărțile Bibliei, de exemplu) erau în mod curent scrise cu cerneală roșie, la fel ca *rubricile* (termen provenind din latinescul *rubrus* – „roșu"), explicații independente de textul propriu-zis. Practica antică de a începe un paragraf nou cu o linie de despărțire (*paragraphos* în greacă) sau cu o pană (*diple*) a fost menținută; mai târziu, prima literă a nou-lui paragraf a început să fie scrisă cu un caracter ceva mai mare sau cu majusculă.

Primele reglementări care le cereau scribilor să păstreze tăcerea în scriptoriile din mănăstiri datează din secolul IX.[34] Până atunci, ei lucrau fie după dictare, fie citindu-și singuri, cu voce tare, textul pe care îl copiau. Uneori, autorul însuși sau un „editor" le dicta cartea. Un scrib anonim, încheindu-și copierea cândva în secolul VIII, scria: „Nimeni nu poate ști ce eforturi sunt necesare. Trei degete scriu, doi ochi văd. O limbă pronunță, întregul trup muncește."[35] *O limbă pronunță* în timp ce copistul lucrează, rostind cuvintele pe care le transcrie.

După ce cititul în tăcere a devenit regula în scriptoriu, comuni-carea între scribi s-a făcut prin semne: dacă un scrib cerea o nouă carte pentru copiere, el mima că întorcea pagini imaginare; dacă îi trebuia o psaltire, își punea mâinile pe cap, sugerând o coroană (re-ferire la regele David); un lecționar* era indicat prin îndepărtarea imaginară a picăturilor de ceară scurse de pe lumânare; un misal**, prin semnul crucii; o lucrare păgână, prin scărpinarea trupului ca un câine.[36]

Cititul cu voce tare, cu cineva în încăpere, implica împărtășirea lecturii, intenționat sau nu. Pentru Ambrozie, lectura fusese un act solitar. După cum își explică Augustin: „Se ferea poate să citească cu

---

* Carte ce conține texte din Biblie, aranjate în ordinea citirii lor în decursul unui an bisericesc, având indicații de intonație (n. red.).

** Carte liturgică alcătuită din texte și instrucțiuni pentru celebrarea liturghiei (*messe*, în lb. franceză) de-a lungul unui an bisericesc (n. red.).

voce tare, ca nu cumva vreun ascultător atent și interesat să-l silească
să se angajeze în lungi lămuriri sau dezbateri pe marginea unor pasaje
mai obscure, pierzând astfel o parte din timpul destinat cărților pe
care voia să le studieze."[37] Dar, citind în tăcere, cititorul putea, în
sfârșit, să stabilească o relație fără restricții cu cartea și cuvintele.
Cuvintele nu mai ocupă timpul necesar pentru a fi pronunțate. Ele
pot exista în spațiul interior, precipitându-se sau abia ițindu-se, des-
cifrate integral sau doar pe jumătate rostite, în timp ce gândurile
cititorului le pot inspecta în voie, extrăgând noțiuni noi din ele,
permițând comparații din memorie sau din alte cărți, lăsate deschise
pentru o parcurgere concomitentă. Cititorul avea timp să cântărească
și să recântărească prețioasele cuvinte ale căror sunete – acum știa –
puteau rezona la fel de bine lăuntric și în afară. Iar textul însuși,
protejat de intruși cu ajutorul copertelor, devine posesiunea exclusivă
a cititorului și beneficiază de cunoașterea intimă a cititorului, in-
diferent dacă aceasta se întâmplă în scriptoriul aglomerat, în piață
sau acasă.

Câțiva dogmatici și-au manifestat îngrijorarea față de noua
tendință; în mintea lor, cititul în tăcere făcea loc reveriei, primejdiei
acediei – păcatul leneviei, „molima ce bântuie întru amiază".[38] Dar
cititul în tăcere a adus cu sine o altă primejdie, pe care părinții
creștini nu o prevăzuseră. O carte care poate fi citită în intimitate,
asupra căreia se poate reflecta pe măsură ce ochiul discerne sensul
cuvintelor, nu mai este obiectul unei clarificări sau îndrumări ne-
mijlocite, al unor condamnări sau cenzurări impuse de către un as-
cultător. Cititul în tăcere permite comunicarea fără martori între
carte și cititor, precum și acea unică „împrospătare a minții", după
expresia fericită a lui Augustin.[39]

Până când lectura în tăcere a devenit norma în lumea creștină,
ereziile fuseseră restrânse la indivizi sau grupuri mici de congregații
disidente. Primii creștini erau preocupați atât de condamnarea
necredincioșilor (păgânii, evreii, maniheiștii și, după secolul VII, mu-
sulmanii), cât și de stabilirea unei dogme comune. Argumentele care
se abăteau de la dreapta credință erau fie vehement respinse, fie însușite
prevăzător de către autoritățile Bisericii, dar pentru că aceste erezii
nu aveau mulți adepți, erau tratate cu destulă îngăduință. Catalogul
vocilor eretice include câteva plăsmuiri remarcabile: în secolul II,

montaniștii pretindeau (deja) că ei se întorseseră la practicile și credințele Bisericii primitive, sau că fuseseră martorii celei de-a doua veniri a lui Hristos sub forma unei femei; în a doua jumătate a acelui veac, monarhianiștii au tras concluzia din definiția trinității că Dumnezeu-Tatăl a fost cel care a suferit pe cruce; pelagienii, contemporani ai Sfântului Augustin și ai Sfântului Ambrozie, au respins noțiunea păcatului originar; apolinarienii au declarat, în ultimii ani ai secolului IV, că nu un suflet omenesc, ci Cuvântul s-a unit cu trupul lui Hristos prin întrupare; în secolul IV, arienii au ridicat obiecții referitoare la descrierea pe care termenul *homoousis* (din aceeași substanță) o făcea materiei din care fusese plăsmuit Fiul și (să cităm un *jeu de mots* contemporan) „au zdruncinat Biserica cu un diftong"; în secolul V, nestorienii s-au opus mai vechilor apolinarieni și au considerat că în Iisus Hristos sunt două ființe, un zeu și deopotrivă un om; eutichienii, contemporani ai nestorienilor, au negat că Mântuitorul ar fi suferit așa cum suferă toți oamenii.[40]

Chiar dacă Biserica instituise pedeapsa cu moartea pentru erezie încă din 382, prima ardere pe rug a unui eretic a avut loc abia în 1022, la Orléans, când Biserica a condamnat un grup de canonici și nobili mireni care, considerând că adevărata învățătură poate veni doar direct, de la lumina Sfântului Spirit, respingeau Scripturile ca „plăsmuiri pe care oameni le-au scris pe piei de animale".[41] Astfel de cititori independenți erau, în mod evident, periculoși. Interpretarea ereziei drept ofensă civilă pasibilă de pedeapsa capitală nu a primit o bază legală până în 1231, când împăratul Frederic al II-lea a decretat-o ca atare în *Constituțiile de la Melfi*, însă, în secolul XII, Biserica condamna deja cu râvnă mișcări eretice ample și agresive, nu pentru că acestea ar fi propovăduit o ascetică retragere din lume (pe care o propuseseră disidenții mai vechi), ci pentru că erau o sfidare la adresa autorităților corupte și a clerului abuziv și o raportare personală la divinitate. Mișcările eretice s-au răspândit pe căi întortocheate și s-au cristalizat în secolul XVI.

Pe 31 octombrie 1517, un călugăr care, prin studiul individual al Scripturilor, ajunsese la convingerea că harul dumnezeiesc întrecea meritele unei credințe dobândite, a bătut în cuie pe ușa bisericii Tuturor Sfinților din Wittenberg nouăzeci și cinci de teze împotriva practicii indulgențelor – vânzarea de absolviri de la pedepsirea lumească

*Un portret contemporan al lui Martin Luther,
de Lucas Cranach cel Bătrân.*

a păcatelor osândite – și altor abuzuri ecleziastice. Prin acest act, Martin Luther a devenit un proscris în ochii imperiului și un apostat în cei ai papei. În 1529, sfântul împărat roman Carol Quintul a abolit drepturile garantate celor care-l urmaseră pe Luther, iar paisprezece orașe libere din Germania, alături de șase prinți luterani, au dat citire publică unui protest adresat deciziei imperiale. „În probleme care privesc onoarea Domnului și mântuirea, sau viața veșnică a sufletelor noastre, fiecare trebuie să stea drept și să dea seamă în fața lui Dumnezeu pentru sine însuși", au afirmat protestatarii sau, după cum aveau să devină cunoscuți mai târziu, protestanții. Cu zece ani înainte, teologul roman Silvester Prierias declarase că acea carte pe care fusese fondată Biserica trebuia să rămână o taină și să fie interpretată doar prin autoritatea și puterea papei.[42] Ereticii, pe de altă parte, au susținut că oamenii au dreptul să citească ei înșiși cuvântul lui Dumnezeu, fără martori sau intermediari.[43]

Secole mai târziu, dincolo de o mare care, pentru Augustin, ar fi fost la marginea pământului, Ralph Waldo Emerson, care își datora credința tocmai acelor vechi protestatari, profita de arta care îl surprinsese într-atât pe sfânt. În biserică, în timpul lungilor și adesea plicticoaselor predici la care participa dintr-un sentiment de responsabilitate civică, el citea în tăcere *Cugetările* lui Pascal. Iar noaptea, în camera lui rece din Concord, „acoperit cu pături până la bărbie", citea pentru sine din *Dialogurile* lui Platon. („După aceea", a notat un istoric, „l-a asociat întotdeauna pe Platon cu mirosul de lână.")[44] Deși considera că existau prea multe volume care se cereau citite și era de părere că cititorii ar trebui să-și împărtășească unii altora esența studiilor lor, Emerson credea că lectura unei cărți era o treabă intimă, pe care trebuia s-o faci de unul singur. „Toate aceste cărți", scria el, întocmind o listă de texte „sacre" ce includea *Upanișadele* și *Cugetările*,

„sunt expresii mărețe ale conștiinței universale și au o însemnătate mai mare pentru scopurile noastre zilnice decât almanahul din anul acesta și ziarul de astăzi. Dar sunt pentru cămăruță și trebuie citite cu genunchiul plecat. Ce au ele de spus nu trebuie dat sau luat cu buzele și vârful limbii, ci cu obrajii împurpurați și cu inima bătând".[45] În liniște.

Observându-l pe Sfântul Ambrozie citind în acea după-amiază din anul 384, Augustin și-ar fi putut da cu greu seama ce îi fusese dat să vadă. Era convins că vedea un cititor care încerca să evite oaspeții inoportuni, menajându-și vocea pentru învățăcei. De fapt, văzuse o mulțime, o armată de cititori silențioși care, peste multe secole, avea să-i includă și pe Luther, și pe Calvin, și pe Emerson, avea să ne includă pe noi, cei care îl citim astăzi.

Socrate purtând o conversație, reprezentat pe latura unui sarcofag din secolul II.

CARTEA MEMORIEI

Mă aflu pe ruinele Cartaginei, în Tunisia. Pietrele sunt romane, porțiuni de ziduri construite după ce orașul a fost distrus de Scipio Emilianus în 146 î.e.n., când imperiul cartaginez a devenit o provincie romană și a fost rebotezat Africa. În tinerețea sa, Sfântul Augustin, a predat aici retorica înainte de a călători la Milano. Înainte de cea de-a patruzecea aniversare, a mai traversat Mediterana o dată, ca să se stabilească la Hippona, în Algeria de astăzi; a murit acolo în 430 e.n., în timp ce vandalii invadatori asediau orașul.

Am adus cu mine ediția academică a *Confesiunilor*, un volum subțire, cu coperte portocalii, din colecția „Classiques Roma", pe care profesorul meu de latină o prefera tuturor celorlalte serii. Stând aici, în picioare, cu cartea în mână, simt o oarecare camaraderie față de marele poet renascentist Francesco Petrarca, căruia cititorii anglo-saxoni i-au zis Petrarch și care obișnuia să poarte cu sine o ediție de buzunar din Augustin. Citind *Confesiunile*, el auzea vocea lui Augustin adresându-i-se atât de intim încât, spre sfârșitul vieții, a compus trei dialoguri imaginare cu sfântul, care au fost publicate, postum, ca *Secretum meum*. O notă făcută cu creionul pe marginea ediției mele comentează asupra comentariilor lui Petrarca, de parcă ar continua acele dialoguri imaginare.

E adevărat că ceva din tonul lui Augustin sugerează o intimitate confortabilă, propice împărtășirii secretelor. Când deschid cartea mâzgălelile mele de pe margine îmi aduc în minte încăpătoarea sală de clasă de la Colegio Nacional din Buenos Aires, unde pereții erau zugrăviți în culoarea nisipului cartaginez; mai constat că aud, iarăși, vocea profesorului meu recitând cuvintele lui Augustin sau pompoasele noastre dezbateri

O școală florentină din secolul XII. Elevii pot fi văzuți folosind textele împreună, în grupuri de câte trei.

(aveam paisprezece, cincisprezece, șaisprezece ani?) despre responsabilitate politică și realitate metafizică.

Și cartea conservă amintirea adolescenței îndepărtate, a profesorului meu (acum mort), a lecturilor lui Petrarca din Augustin, pe care dascălul nostru ni le citea aprobator, dar și a lui Augustin și a lecțiilor acestuia, a Cartaginei care a fost ridicată peste Cartagina cea distrusă, doar pentru a fi nimicită încă o dată. Praful vestigiilor este mult, mult mai vechi decât cartea, dar cartea îl conține și pe acesta. Augustin a luat aminte și apoi a scris ce și-a amintit. Ținută în mâna mea, cartea are două rânduri de amintiri.

Probabil că însăși senzualitatea lui (pe care a încercat, din greu, să și-o reprime) a fost cea care a făcut din Sfântul Augustin un observator atât de atent. El pare să-și fi petrecut ultima parte a vieții într-o paradoxală stare de revelație și de destindere, minunându-se de ce-l învățau propriile simțuri și rugându-l totuși pe Dumnezeu să îndepărteze de el tentațiile plăcerii fizice. Obiceiul lui Ambrozie de a citi în tăcere a fost observat pentru că Augustin ceda curiozității ochilor săi, iar cuvintele din grădină au fost auzite pentru că el se lăsa ademenit de mireasma ierbii și de cântecul păsărilor nevăzute.

Nu doar posibilitatea de a citi pe tăcute l-a uimit pe Augustin. Scriind despre un coleg din primii ani de școală, el face trimitere la extraordinara memorie a acestui om, care îi permitea să compună și să recompună texte pe care le citise cândva și le învățase pe de rost. Era capabil, a spus Augustin, să citeze aproape orice vers din fiecare carte a lui Virgiliu, „iute, în ordine și din memorie. [...] Dacă îi ceream apoi să recite versul de dinaintea fiecăruia dintre ele, o făcea. Și eram convinși că putea recita Virgiliu în ordine inversă. [...] Dacă doream chiar și pasaje în proză din oricare dintre orațiile lui Cicero pe care le învățase, putea face și asta".[1] Citind fie în gând, fie cu voce tare, omul era capabil să imprime textul (în cuvintele lui Cicero, pe care lui Augustin îi plăcea să le citeze) „pe tăblițele de ceară ale memoriei",[2] pentru a și-l reaminti și a recita pasajele după bunul plac, în ce ordine voia, ca și cum ar fi răsfoit paginile unei cărți. Rememorând un text, invocând amintirea unei cărți pe care o ținuse cândva în mâini, un astfel de cititor poate deveni el însuși cartea, din care el și alții pot citi.

În 1658, Jean Racine, în vârstă de optsprezece ani, studiind la abația din Port-Royal sub supravegherea atentă a călugărilor cistercieni, a descoperit, din întâmplare, unul dintre primele romane grecești, *Iubirile lui Theogenis și Haricleea*, ale cărui idei despre iubirea tragică e posibil să și le fi amintit mai târziu, pe când scria *Andromaca și Bérénice*.

A luat cartea cu el în pădurea care împrejmuia abația și tocmai începuse să o citească cu lăcomie când a fost surprins de paracliser, care a smuls volumul din mâinile băiatului și l-a aruncat într-un foc ce ardea în apropiere. Puțin după aceea, Racine a reușit să găsească un al doilea exemplar, care a fost și el descoperit și azvârlit în flăcări. Asta l-a încurajat să cumpere un al treilea exemplar și să învețe tot romanul pe de rost. După care i l-a înmânat aprigului paracliser, spunând: „Acum îl poți arde și pe acesta, cum ai făcut cu celelalte.“[3]

O astfel de însușire a lecturii, care îi dă posibilitatea cititorului să asimileze un text nu doar prin parcurgerea cuvintelor, ci prin încorporarea acestora în sine însuși, n-a fost întotdeauna considerată o binecuvântare. În urmă cu douăzeci și trei de secole, aproape de zidurile Atenei, la umbra unui platan de pe malul râului, un tânăr despre care știm doar că îl chema Phaidros îi citea cu voce tare lui Socrate un discurs al unui anume Lysias, pe care Phaidros îl admira cu înflăcărare. Tânărul ascultase discursul (despre îndatoririle unui iubit) de câteva ori și, până la urmă, obținuse o versiune scrisă a acestuia, pe care o studiase iar și iar, până când o învățase pe de rost. Apoi, dornic să-și împărtășească descoperirea (cum fac adesea cititorii), și-a căutat un auditoriu în Socrate. Filozoful, ghicind că Phaidros ținea textul discursului ascuns sub manta, i-a cerut să citească originalul și nu să i-l recite. „Ceva îmi spune că ai acolo chiar discursul. Și de-i așa, avându-l noi aici chiar pe Lysias, ia seama bine că, oricât de tare te-aș iubi, nu-mi prea convine să te folosești de mine pentru a-ți încerca talentul.“[4]

Dialogul antic tratează, în primul rând, despre natura dragostei, dar, din fericire, conversația se îndepărtează de acest subiect și, spre sfârșit, se concentrează asupra meșteșugului literelor. Cândva, i-a spus Socrate lui Phaidros, zeul egiptean Thot, inventatorul zarului, șahului, numerelor, geometriei, astronomiei și scrisului, l-a vizitat pe regele Egiptului și i-a dăruit anumite invenții pe care să le ofere poporului. Faraonul a discutat avantajele și dezavantajele fiecăruia dintre darurile zeului, până când Thot a ajuns la arta scrisului spunându-i: „Privește, rege, știința aceasta îi va face pe egipteni mai înțelepți și mai cu ținere de minte; găsit a fost leacul uitării și, deopotrivă, al neștiinței.“ Dar regele n-a fost impresionat. „Dacă oamenii învață asta, i-a spus el zeului, scrisul va aduce cu sine uitarea în sufletele celor care-l vor deprinde, lenevindu-le ținerea de minte; punându-și credința în scris, oamenii își vor aminti din afară, cu ajutorul unor icoane străine, și nu dinlăuntru, prin cazna proprie. Leacul pe care tu l-ai găsit nu e făcut să învârtoșeze ținerea de minte, ci doar reducerea-aminte. Cât despre înțelepciune, învățăceilor tăi tu nu le dai decât una părelnică, și nicidecum pe cea adevărată. După ce cu ajutorul tău vor fi aflat o grămadă de prin cărți, dar fără să fi primit adevărata învățătură, ei vor socoti că sunt înțelepți nevoie mare, când de fapt cei mai mulți n-au nici măcar un gând care să fie al lor. Unde mai pui că sunt și greu de suportat, ca unii ce se cred înțelepți fără de fapt să fie." Socrate îl admonestează în continuare pe Phaidros: „Așadar, cel care își închipuie că în urma sa rămâne, turnată în cuvinte scrise, o artă, cât și cel care, la rându-i, o primește pe aceasta în-credințat că scrisul îi va oferi ceva deslușit și sigur sunt, amândoi, naivi nevoie mare și, în realitate, nu au habar de cele prezise de Ammon dacă își închipuie că vorbele ce-s scrise pot oferi, celui care deja scrie, mai mult decât prilejul de a-și reaminti lucrurile pomenite în scrierea aceea."

Phaidros, convins de raționamentul bătrânului, a fost de acord. Și Socrate a continuat: „Scrierea, dragul meu Phaidros, seamănă într-adevăr cu pictura, și tocmai aici stă toată grozăvia. Aceste figuri cărora le dă naștere pictura se ridică în fața noastră asemeni unor ființe însuflețite. Dar dacă le încerci cu o întrebare, ele se învăluie într-o foarte solemnă tăcere. La fel se petrece și cu gândurile scrise; ai putea crede că ele vorbesc, însuflețite de spirit. Dar dacă le pui o întrebare, vrând să te lămurești asupra vreunei afirmații, ele nu îți răspund decât un singur lucru, mereu același." Pentru Socrate, textul citit nu era nimic altceva decât suma cuvintelor sale, în care semnul și semnificația se suprapuneau cu o pre-cizie derutantă. Interpretare, exegeze, glosă, comentariu, asociere, dezmințire, sensuri simbolice și alegorice, toate acestea provin nu din textul în sine, ci din cititor. Textul, precum o imagine pictată, spunea doar „luna la Atena"; cititorul era cel care o împodobea cu o față rotundă de fildeș, un cer profund și întunecat, un peisaj cu ruine vechi, printre care Socrate se plimbase cândva.

În jurul anului 1250, în prefața la *Bestiarul iubirii*, cancelarul cate-dralei din Amiens, Richard de Fournival, și-a exprimat dezacordul față de afirmațiile lui Socrate și a sugerat că, atâta vreme cât întreaga ome-nire aspiră la cunoaștere și are doar puțin timp ca să trăiască, ea trebuie să se bazeze pe cunoștințele adunate de alții pentru a-și îmbogăți propriul tezaur. În acest scop, Dumnezeu a dat sufletului omenesc darul memoriei, la care căpătăm acces prin simțurile văzului și auzului.

De Fournival a dezvoltat apoi ideea lui Socrate. Calea spre vedere, spune el, se realizează prin *peintures* sau imagini; calea spre auz, prin *paroles* sau cuvinte.[5] Meritul acestora constă nu doar în simpla expunere a unei imagini sau a unui text fără niciun fel de progres sau variație, ci în recrearea în timpul și spațiul cititorului a ceea ce fusese conceput sau repus în imagini sau cuvinte în alte timpuri și sub alte ceruri. „Căci văzând imaginea pictată a unei istorii, cea a Troiei sau o alta, vedem faptele bărbaților viteji care au trăit în trecut, ca și cum ar fi de față. Tot astfel și în privința cuvântului. Fiindcă, ascultând lectura unui roman, percepem aventurile ca și cum le-am vedea în fața noastră. [...] Căci vă trimit prin această scriere și imaginea și cuvântul pentru ca, nefiind de față, această scriere să mă aducă în memoria voastră prin imaginile și prin cuvintele sale, ca și cum aș fi de față."[6] Cititul, pentru de Fournival, îmbogățește prezentul și actualizează trecutul; memoria prelungește respectivele calități, aducându-le în viitor. Pentru de Fournival, cartea, nu cititorul, este aceea care păstrează și transmite mai departe amintirile.

În vremea lui Socrate, textul scris nu era la îndemâna oricui. Deși în Atena, în secolul V î.e.n., existau cărți scrise în număr considerabil, iar comerțul cu cărți începuse să se dezvolte, practica lecturilor în solitudine nu s-a stabilit pe deplin decât o sută de ani mai târziu, în vremea lui Aristotel - unul dintre primii cititori care a adunat o importantă colecție de manuscrise pentru propria folosință.[7] Vorbirea era mijlocul prin care oamenii învățau și transmiteau învățătura, iar Socrate aparține unui șir de maeștri orali în care sunt incluși Moise, Buddha și Iisus Hristos, despre care ni se spune că o singură dată au scris niște cuvinte în nisip și apoi le-au șters.[8] Pentru Socrate, cărțile erau de ajutor memoriei și cunoașterii, dar adevărații cărturari nu trebuiau să facă uz de ele. Câțiva ani mai târziu, discipolii săi, Platon și Xenofon, au înregistrat opinia lui defăimătoare la adresa cărților într-o carte, iar amintirea lor despre amintirea lui a fost astfel păstrată pentru noi, viitorii lui cititori.

În epoca lui de Fournival, învățăceii foloseau de regulă cărțile ca ajutoare pentru memorie, ținând paginile deschise în fața lor, în clasă, având de obicei un exemplar pentru câțiva studenți.[9] La școală, eu am studiat în același mod, ținând cartea deschisă în fața mea în timp ce profesorul vorbea, marcând pasajele mai importante, pe care ulterior aveam să încerc să le memorez (deși câtorva dascăli - urmași ai lui Socrate, presupun – nu le plăcea să deschidem cărțile în clasă). Exista totuși o deosebire bizară între colegii mei, elevi ai liceului din Buenos Aires, și învățăceii înfățișați în ilustrațiile de pe vremea lui de Fournival. Noi marcam pasajele din cărțile noastre cu tocul (dacă eram curajoși) sau cu creionul (dacă eram mofturoși), făcând note pe margine ca să ne amintim comentariile profesorului. De cele mai multe ori, învățăceii din secolul XIII sunt reprezentați în vechile ilustrații fără niciun fel de instrument de scris;[10] stau în picioare sau sunt așezați în fața codicelor deschise, memorând poziția unui paragraf, dispunerea literelor, încredințând memoriei, mai degrabă decât paginii, câteva puncte esențiale.

Spre deosebire de mine și de contemporanii mei, care studiam pentru un anume test folosindu-ne de pasajele subliniate și adnotate (pentru a fi siguri că, dacă ar fi fost vreodată nevoie, cartea putea fi consultată) pe care, după examen, le dădeam în mare măsură uitării, elevii lui de Fournival se bazau pe biblioteca depozitată în minte, în care, datorită laborioaselor tehnici de memorare pe care și le însușiseră încă de mici, erau capabili să găsească capitolul și versul necesare tot așa de ușor cum pot găsi eu o temă dată în biblioteca de microfilme sau hârtie. Ei erau convinși că memorarea unui text era benefică din punct de vedere fizic și îl citau ca autoritate pe doctorul roman din secolul II, Antillus, care scrisese că aceia care n-au învățat niciodată versuri pe de rost și care trebuie, prin urmare, să le citească în cărți au mari dureri când elimină prin transpirație abundentă fluidele toxice pe care cei cu o bună memorie a textelor le elimină doar prin intermediul respirației.[11]

Eu, în schimb, mă bazez cu încredere pe abilitatea serviciilor computerizate care îmi permit să răscolesc biblioteci mai vaste decât aceea din Alexandria pentru a da de urma unei fărâme de informație; în plus, computerul meu poate

Operele complete ale lui Shakespeare pe un singur CD, în diferitele lor ediții și adaptări, coperta acestuia imitând forma codexului.

„accesa" toate categoriile de cărți. Inițiative cum ar fi Proiectul Gutenberg
în Statele Unite îți oferă electronic totul, de la *Operele complete* ale lui
Shakespeare la *Anuarul mondial al CIA* și *Roget's Thesaurus*, iar *Oxford Text
Archive* din Anglia oferă versiuni electronice ale marilor autori greci și
latini, plus câțiva clasici în diverse alte limbi. Învățăceii medievali se bazau
pe cărțile pe care le citiseră, înregistrate în memoria lor, ale căror pagini
le răsăreau în față asemenea unor fantome vii.

Sfântul Toma d'Aquino i-a fost contemporan lui de Fournival.
Urmând recomandările făcute de Cicero pentru îmbunătățirea
capacității oratorului de a-și aminti, el a elaborat o serie de reguli de
memorare pentru cititori: amplasarea celor pe care vrei să ți le amintești
într-o anumită ordine, dezvoltarea unei „iubiri" pentru acestea, trans-
formarea lor în „similitudini neobișnuite", care le vor face ușor de vi-
zualizat, repetarea frecventă. În cele din urmă, cărturarii renascentiști,
îmbunătățind metoda lui d'Aquino, au sugerat construcția în minte a
unor modele arhitecturale – palate, teatre, orașe, tărâmurile Raiului și
Iadului – în care să amplaseze tot ceea ce doresc să-și amintească.[12] Astfel
de modele erau niște construcții extrem de elaborate, ridicate în minte
pe parcursul timpului și consolidate prin folosire, care s-au dovedit a
fi, secole la rând, extrem de eficiente.

Eu, cititorul de astăzi, păstrez notele pe care mi le fac în timp ce citesc
în memoria calculatorului meu. Asemenea cărturarului renascentist, care
putea hoinări prin încăperile palatului memoriei sale pentru a recupera
un citat sau un nume, intru orbește în labirintul electronic care zumzăie
dincolo de ecran. Cu ajutorul memoriei acestuia îmi pot aminti mai
precis (dacă precizia are vreo importanță) și mai multe (dacă se apreciază
cantitatea) decât iluștrii mei predecesori, dar eu însumi trebuie să fiu cel
care face ordine între note și trage concluzii. De asemenea, trăiesc cu
teama de a nu pierde un text „memorat" – o teamă care, pentru strămoșii
mei, venea doar odată cu uzura vârstei, dar care la mine e permanent
prezentă: teama de un puseu de tensiune electrică, o tastă apăsată din
greșeală, o eroare în sistem, un virus, un disc defect, oricare dintre aces-
tea putând șterge orice din memoria mea, pentru totdeauna.

Cam la un secol după ce de Fournival și-a scris *Bestiarul*, Petrarca, cel
care se pare că urmase exercițiile mnemotehnice ale lui d'Aquino ca să-și
continue mai bine numeroasele sale lecturi, și-a imaginat în *Secretum meum*
că intră în conversație cu îndrăgitul său Augustin pe tema cititului

Un portret al lui Petrarca de pe un manuscris din secolul XIV al De viris illustribus.

și a memoriei. Petrarca dusese, ca și Augustin, o viață agitată în zilele tinereții sale. Tatăl său, prieten cu Dante, fusese izgonit, ca și poetul, din Florența sa natală și, la scurtă vreme după nașterea lui Petrarca, se mutase cu familia la curtea papei Clement al V-lea, la Avignon. Petrarca a urmat cursurile universităților din Montpellier și Bologna, iar, la vârsta de douăzeci și doi de ani, tânărul pe care moartea tatălui îl lăsase bogat s-a stabilit din nou la Avignon. Dar nici bogăția, nici tinerețea n-au durat mult. În câțiva ani de viață tumultuoasă și-a risipit toată moștenirea și a fost obligat să intre într-un ordin religios. Descoperirea cărților lui Cicero și ale Sfântului Augustin a trezit gustul pentru literatură în preotul proaspăt hirotonit, care a continuat să citească cu nesaț tot restul vieții sale. A început să scrie serios pe la mijlocul celui de-al treilea deceniu de viață, compunând două opere, *De viris illustribus* („Despre oameni faimoși") și poemul „Africa", în care recunoaște ce datorează autorilor antici greci și latini și pentru care a fost răsplătit cu o cunună de lauri de Senatul și conducătorii Romei – cunună pe care, mai târziu, a depus-o pe altarul bazilicii Sfântul Petru. În ilustrațiile epocii apare ca un bărbat posac, cu mină irascibilă, cu neastâmpăr în ochi și cu nasul mare, așa că ne putem imagina că neliniștea ce-l caracteriza s-a domolit puțin odată cu înaintarea în vârstă.

În *Secretum meum*, Petrarca (pe numele său creștin, Francesco) și Augustin stau și vorbesc într-o grădină, sub supravegherea atentă a Doamnei Adevăr. Francesco mărturisește că e obosit de zadarnica agitație a orașului; Augustin răspunde că viața lui Francesco este o carte ca acelea din biblioteca poetului, dar una pe care Francesco nu știe încă s-o citească, și îi amintește câteva texte despre mulțimile dezlănțuite – inclusiv cel al lui Augustin. „Nu ți-au folosit la nimic?" întreabă el. Da, răspunde Francesco, în momentul lecturii sunt foarte de folos, „dar când cartea îmi ieșea din mâini, tot efectul se pierdea în vânt".

Augustin: Obicei bine cunoscut al cititorilor! De aci vine mizerabila mon-
struozitate, că turmele dăunătoare ale pedanților ciugulesc ici și colo,
câte ceva, dar când e vorba despre arta de a trăi, deși în școli se
vorbește mult, în fapte se traduce prea puțin. Dar tu, dacă vei aplica,
la locul potrivit, însemnările tale bine subliniate, vei avea multe roade
din cele citite.

Francesco: Ce însemnări?

Augustin: Ori de câte ori în timpul lecturii, ți se oferă cugetări sănătoase,
cu care îți simți sufletul stimulat sau înfrânt, nu te încrede în vigoarea
inteligenței tale, ci păstrează-le bine în adâncurile memoriei tale, și
oferă-le cu toată grija alor tăi, în așa fel încât, după cum medicii prudenți
obișnuiesc să poarte cu ei toate leacurile, în orice loc și în orice clipă,
gândind că s-ar putea să apară o boală care nu îngăduie o amânare, tot
astfel tu să porți cu tine însemnările înscrise în sufletul tău.[13]

Ce sugerează Augustin (în imaginația lui Petrarca) este un nou mod
de a citi: nu folosind cartea ca o proptea pentru gândire, nici încrezându-te
în ea așa cum s-ar încrede cineva în autoritatea unui înțelept, ci împru-
mutând de la aceasta o idee, o frază, o imagine, asociind-o cu o alta, culeasă
dintr-un text de mult păstrat în memorie, legând totul laolaltă cu reflecții
proprii – producând, de fapt, un text nou, al cărui autor e cititorul. În
introducerea la *De viris illustribus*, Petrarca remarcă faptul că această carte
e menită să servească cititorului ca „un fel de memorie artificială"[14] a
textelor „dispersate" și „rare", pe care nu doar le-a adunat, ci, mai impor-
tant, le-a aranjat, metodic, într-o anume ordine. Pentru cititorii lui din
secolul XIV, pretenția lui Petrarca era una uimitoare, autoritatea textului
fiind incontestabilă, sarcina cititorului fiind aceea a unui observator din
afară; două secole mai târziu, maniera lui Petrarca de a citi, personală,
re-creatoare, interpretativă și asociativă avea să devină metoda generală
în învățământul european. Petrarca a ajuns la această metodă prin lumina
a ceea ce el numește „adevărul divin": un simț pe care cititorul trebuie să-l
aibă, cu care trebuie să fie binecuvântat, cel de a hotărî, de a alege și a
interpreta drumul printre tentațiile paginii. Chiar și intențiile autorului,
când sunt presupuse, nu au nicio valoare specială în aprecierea textului.
Aceasta, sugerează Petrarca, trebuie să se facă cu ajutorul bagajului de
lecturi acumulate, peste care se revarsă amintirea pe care autorul a așezat-o
în pagină. Într-un asemenea proces dinamic în care se dă și se ia, în care
se desparte și se adună laolaltă, cititorul nu trebuie să depășească granițele

etice ale adevărului – orice ar dicta conștiința (noi am spune bunul-simț). „Cititul", scrie Petrarca într-una dintre numeroasele sale scrisori, „rar ocolește primejdia, până când lumina adevărului divin se revarsă asupra cititorului, învățându-l ce să caute și ce să evite."[15] O astfel de lumină (ca să urmăm imaginea lui Petrarca) strălucește diferit asupra fiecăruia dintre noi și variază în funcție de diversele stadii ale vieților noastre.

Nu ne întoarcem niciodată la aceeași carte și nici chiar la aceeași pagină, pentru că, în lumina schimbătoare, și noi ne schimbăm, și cartea se schimbă, iar amintirile noastre pălesc și se aprind din nou și nu știm niciodată, cu precizie, ce învățăm și ce uităm și ce ne amintim. Cert este că actul lecturii, care recuperează atât de multe voci din trecut, le păstrează, uneori, până târziu în viitor, când vom fi capabili să ne folosim de ele în moduri curajoase și neașteptate.

Când aveam zece sau unsprezece ani, unul dintre profesorii mei din Buenos Aires mă medita, seara, la limba germană și istoria Europei. Ca să-mi îmbunătățească pronunția în germană, el mă încuraja să memorez poeme de Heine, Goethe și Schiller, precum și balada lui Gustav Schwab „Der Ritter und der Bodensee", în care un călăreț trece în galop peste gheața ce acoperea Lacul Konstanz (Bodensee) și, când își dă seama ceea ce tocmai făcuse, moare de spaimă pe celălalt mal. Îmi plăcea să învăț poemele, dar nu înțelegeam la ce anume mi-ar putea folosi. „Îți vor ține companie în ziua în care nu vei avea cărți de citit", a spus profesorul meu. Apoi mi-a relatat că tatăl lui, asasinat la Sachsenhausen, fusese un intelectual faimos care-i știa pe mulți dintre clasici pe de rost și care, în timpul perioadei petrecute în lagărul de concentrare, a fost biblioteca din care au citit tovarășii lui de detenție. Mi l-am imaginat pe bătrân în locul acela mohorât, neîndurător, lipsit de speranță, căruia i se solicita un Virgiliu sau Euripide, deschizându-se la o anumită pagină și recitând cuvintele din Antichitate pentru cititorii lui lipsiți de cărți. Peste ani, mi-am dat seama că fusese imortalizat ca unul din mulțimea hoinarilor ce aveau salvată în memorie câte o carte, în romanul lui Ray Bradbury, *Fahrenheit 451*.

Un text citit și rememorat devine, prin acea izbăvitoare recitire, asemenea lacului înghețat din poemul pe care l-am învățat pe de rost cu atât de multă vreme în urmă, la fel de ferm ca pământul de sub picioare și capabil să suporte trecerea cititorului, în același timp însă ducându-și existența numai în amintire, precar și efemer, ca și cum literele sale ar fi fost scrise pe apă.

Vestitul cititor Beatus Rhenanus, colecționar de cărți și editor.

A ÎNVĂȚA SĂ CITEȘTI

Cititul cu voce tare, cititul în tăcere, capacitatea de a purta în minte biblioteci personale de cuvinte pe care ți le amintești sunt aptitudini uluitoare, pe care le dobândim prin metode incerte. Și totuși, înainte ca aceste aptitudini să poată fi dobândite, un cititor are nevoie să învețe lucrurile de bază, cum ar fi recunoașterea semnelor obișnuite prin care o societate a ales să comunice: cu alte cuvinte, un cititor trebuie să învețe să citească. Claude Lévi-Strauss povestește cum, atunci când se afla printre indienii tribului Nambikwara din Brazilia, gazdele sale, văzându-l că scria, i-au luat creionul și hârtia și au trasat cu linii șerpuitoare imitații ale literelor sale și i-au cerut să „citească" ceea ce scriseseră. Nambikwara se așteptau ca semnele trecute pe hârtie să însemne ceva pentru Lévi-Strauss, asemenea literelor scrise de el însuși.[1] Lui Lévi-Strauss, care a învățat să citească într-o școală europeană, ideea ca un sistem de comunicare să fie imediat înțeles de orice persoană i s-a părut absurdă. Metodele prin care învățăm să citim, pe lângă faptul că încorporează convențiile despre știința de carte ale societății din care facem parte – canalizarea informației, ierarhiile cunoașterii și puterii –, precizează și limitează modurile în care poate fi folosită aptitudinea noastră de a citi.

Am trăit, timp de un an, în Sélestat, un orășel francez aflat la treizeci de kilometri de Strasbourg, în sud, în mijlocul Câmpiei Alsaciei, între Rin și Munții Vosgi. Acolo, în mica bibliotecă municipală, se află două caiete mari scrise de mână. Unul are 300 de pagini, celălalt, 480; hârtia amândurora s-a îngălbenit de-a lungul secolelor, dar scrisul, cu cerneală de diferite culori, se vede încă surprinzător de bine. Cu timpul, proprietarii lor au legat caietele ca să se păstreze mai bine; însă ele, când le deschideai, erau doar niște teancuri de pagini împăturite, probabil cumpărate de pe taraba unui librar din vreo piață de prin partea locului. Expuse dinaintea vizitatorilor bibliotecii, acestea sunt – explică o cartolină tipărită – caietele a doi studenți care urmaseră cursurile școlii latine din Sélestat în ultimii ani ai secolului XV, din 1477 până în 1501: Guillaume Gisenheim, despre viața căruia nu se știe nimic în afară de ceea ce ne spune caietul lui de notițe, și Beatus Rhenanus, care a devenit o figură proeminentă în mișcarea umanistă și editor al multora dintre lucrările lui Erasmus.

În Buenos Aires, în primii ani de școală, aveam și noi caiete „de citire", scrise laborios cu mâna și ilustrate îngrijit cu creioane colorate. Pupitrele și băncile noastre erau legate unele de altele cu ajutorul unor coliere de fier și așezate, două câte două, în rânduri lungi, ducând (simbolul puterii nu ne scăpa) până la catedra dascălului, înălțată pe o platformă de lemn, în spatele căreia se profila tabla. Fiecare pupitru avea un decupaj care să susțină călimara din porțelan în care cufundam penițele tocurilor; nu am avut voie să folosim stiloul până în clasa a III-a. Peste secole, dacă vreun bibliotecar scrupulos va ține să expună acele caiete în vitrine, ce va descoperi un vizitator? Din textele patriotice copiate în paragrafe ordonate, vizitatorul ar putea deduce că, în educația noastră, retorica politică înlocuia finețurile literaturii; din ilustrațiile noastre, că am învățat să transformăm aceste texte în sloganuri („Malvinele aparțin Argentinei" se transformase în două mâini împreunate pe după o pereche de insule zimțate; „Drapelul nostru este emblema patriei noastre", trei dungi colorate fluturând în vânt). Din repetiția textelor identice, privitorul și-ar putea da seama că eram învățați să citim nu pentru plăcere sau cunoaștere, ci pentru a fi instruiți. Într-o țară în care inflația a ajuns să atingă lunar 200%, acesta era singurul mod de a citi fabula greierului și furnicii.

În Sélestat erau mai multe școli diferite. O școală latină existase încă din secolul XIV, găzduită pe proprietatea bisericii și întreținută atât de consiliul municipal, cât și de parohie. La începuturile sale, școala, cea ale cărei cursuri le frecventaseră Gisenheim și Rhenanus, ocupase o clădire de pe Marché-Vert, în fața bisericii Sainte Foy ridicate în secolul XI. În 1530, școala căpătase prestigiu și se mutase într-o clădire mai mare, aflată peste drum de biserica Saint Georges, o clădire din secolul XIII cu două etaje, a cărei fațadă era împodobită cu o frescă dătătoare de inspirație, ce le înfățișa pe cele nouă muze zburdând în fântâna sacră a lui Hippocrene, pe Muntele Helicon.[2] Odată cu mutarea școlii aici, numele străzii s-a schimbat din Lottengasse în Babilgasse, cu referire la bolboroseala (în dialectul alsacian, *bablen*, „a bolborosi") elevilor. Eu locuiam la numai două străzi mai încolo.

De la începuturile secolului XIV există consemnări despre două școli germane în Sélestat; apoi, în 1686, s-a deschis prima școală franceză, la treisprezece ani după ce Ludovic al XIV-lea a pus stăpânire pe oraș. În aceste școli, care erau deschise tuturor, se predau, în limba maternă, citirea, scrierea, muzica și puțină aritmetică. Un contract de admitere la una dintre școlile germane, din jurul anului 1500, stipulează că dascălul avea să-i instruiască pe „membrii ghildelor, dar și pe alții începând de la vârsta de doisprezece ani, precum și pe acei copii care nu pot să urmeze școala latină, băieți, precum și fete".[3] Spre deosebire de cei care urmau școala germană, la școala latină elevii erau admiși la vârsta de șase ani și rămâneau acolo până când erau pregătiți pentru universitate, la treisprezece sau paisprezece ani. Câțiva deveneau asistenți ai profesorului și îi rămâneau alături până la vârsta de douăzeci de ani.

Deși latina a continuat să fie, până târziu în secolul XVII, limba birocrației, a clerului și a eruditilor, în cea mai mare parte a Europei, pe la începuturile secolului XVI, limbile materne au început să câștige teren. În 1521, Martin Luther începe publicarea Bibliei sale în limba germană; în 1526, William Tyndale publică traducerea sa în limba engleză a Bibliei, la Köln și Worms, fiind forțat să părăsească Anglia sub amenințarea cu moartea; în 1530, atât în Suedia, cât și în Danemarca, un decret guvernamental stipula că Biblia trebuie citită în biserică în limba vernaculară. Totuși, latina a continuat să se bucure de prestigiu și să fie folosită oficial, pe vremea lui Rhenanus, nu doar în Biserica Romano-Catolică, unde preoților li se cerea să oficieze în latină, ci și în universități precum Sorbona, ale cărei cursuri Rhenanus își dorea să le urmeze. Școlile latine erau așadar încă la mare căutare.

Școlile latine sau de alt fel asigurau, într-o anumită măsură, ordinea în existența haotică a studenților din Evul Mediu târziu. Pentru că învățătura știintifică era văzută ca lăcaș al unei „a treia puteri", situată între Biserică și Stat, studenții au beneficiat, din secolul XII, de o serie de privilegii oficiale. În 1158, sfântul împărat german Frederic Barbarossa

i-a scos de sub jurisdicția autorităților laice, cu excepția cazurilor de în-
călcări serioase ale legii, garantându-le și bilet de liberă trecere pentru
călătorii. Printr-un privilegiu acordat de regele Philippe Auguste al Franței,
în 1200, i se interzicea judecătoriei din Paris să-i întemnițeze, indiferent
de motiv. Și, începând cu Henric al III-lea, fiecare monarh englez a garan-
tat studenților de la Oxford imunitatea în fața puterilor laice.[4]

Ca să poată urma școala, studenții aveau de plătit un tarif în funcție
de *bursa*, o unitate de măsură bazată pe costurile săptămânale pentru casă
și masă. Dacă nu puteau să plătească, ei trebuiau să declare sub jurământ
că „sunt lipsiți de sprijin" și, uneori, li se asigurau subvenții din partea
comunității studențești. În secolul XV, studenții săraci reprezentau 18%
din studențimea din Paris, 25% din cea de la Viena și 19% din cea de la
Leipzig.[5] Privilegiați, dar săraci lipiți, dornici să-și păstreze drepturile, dar
nesiguri în privința mijloacelor de trai, mii de studenți rătăceau prin țară,
întreținându-se din pomeni și furtișaguri. Câțiva au supraviețuit dându-se
drept ghicitori sau magicieni, vânzând nimicuri miraculoase, anunțând
eclipse sau catastrofe, invocând spirite, prezicând viitorul, învățându-i pe
oameni rugăciuni care să le salveze sufletele din Purgatoriu, oferind rețete
care să ferească recoltele de grindină și vitele de boli. Unii pretindeau a fi
descendenți ai druizilor și se făleau că intraseră în Muntele lui Venus,
unde fuseseră inițiați în artele secrete, și, ca semn distinctiv, purtau cape
din plasă galbenă pe umeri. Mulți mergeau din oraș în oraș în urma unui
cleric în vârstă, pe care îl slujeau și la care căutau învățătură; dascălul era
cunoscut ca un *bacchante* (nu de la „Bacchus", ci de la verbul *bacchari*, „a
vagabonda"), iar discipolii lui erau numiți *Schützen* („protejați") în germană
sau *bejaunes* („tineri fără experiență") în franceză. Numai aceia care erau
hotărâți să devină clerici sau să intre cumva în serviciul civil căutau
oportunități de a renunța la hoinăreală și de a intra în instituții de
învățământ[6] ca școala latină din Sélestat.

Studenții care urmau cursurile școlii latine din Sélestat veneau din
diferite zone ale Alsaciei și Lorenei, și chiar de mai departe, din Elveția.
Aceia care proveneau din familii burgheze bogate sau din nobilime (cum
era cazul lui Beatus Rhenanus) puteau alege să fie găzduiți în interna-
tele conduse de rector și soția sa sau să stea cu chirie în casa tutorelui
lor sau chiar la unul dintre hanurile din localitate.[7] Dar cei care decla-
raseră că erau prea săraci ca să-și plătească taxele aveau mari dificultăți
în a-și găsi casă și masă. Elvețianul Thomas Platter, care a venit la

școală în 1495, la vârsta de optsprezece ani, „fără a ști o iotă, incapabil să citească măcar din *Donat* [bine cunoscutul manual medieval pentru începători, *Ars de octo partibus orationis* de Aelius Donatus]" și care se simțea, printre studenții ceva mai tineri, „ca găina printre pui", descrie în autobiografia lui cum el și un prieten au pornit-o în căutarea instruirii. „Când am ajuns la Strasbourg, am găsit acolo mulți studenți săraci, care ne-au spus că școala nu era bună, dar că exista o școală excelentă la Sélestat. Am pornit spre Sélestat. Pe drum, am întâlnit un nobil care ne-a întrebat: «Unde mergeți?» Când a auzit că ne îndreptam spre Sélestat, ne-a sfătuit să nu facem asta, spunându-ne că există mulți studenți săraci în acel oraș și că locuitorii sunt departe de a fi bogați. Auzind asta, companionul meu a izbucnit în lacrimi amare, strigând: «Unde ne putem duce?» L-am consolat, zicându-i: «Stai liniștit, dacă unii își pot face rost de mâncare în Sélestat, atunci cu siguranță voi reuși și eu să fac asta pentru amândoi»." Au reușit să rămână în Sélestat câteva luni, dar după Rusalii „noi studenți au sosit din toate părțile, iar eu n-am mai fost în stare prea multă vreme să găsesc mâncare pentru amândoi și am plecat spre orașul Soleure".[8]

În fiecare societate cu știință de carte, a învăța să citești este ceva ce ține de o inițiere, o ieșire, printr-un ritual, din starea de dependență și comunicare rudimentară. Copilul care învață să citească dobândește acces, pe calea cărților, la memoria colectivă și, astfel, se familiarizează cu un trecut comun, pe care el sau ea îl înnoiește, într-un grad mai mare sau mai mic, cu fiecare lectură. În societatea iudaică medievală, de exemplu, ritualul învățării cititului era celebrat în mod explicit. De Șavuot, când se sărbătorește momentul în care Moise a primit Tora din mâinile lui Dumnezeu, băiatul care urma să fie inițiat era înfășurat într-un șal de rugăciune și dus de tatăl lui la învățător. Învățătorul îl așeza pe genunchii săi pe băiat și-i arăta o tăbliță pe care erau scrise alfabetul ebraic, un pasaj din Scripturi și cuvintele „Tora să fie ocupația ta". Învățătorul citea cu voce tare fiecare cuvânt și băiatul îl repeta. Apoi tăblița era acoperită cu miere și copilul o lingea, prin asta asimilând la modul concret cuvintele sfinte. De asemenea, versete biblice se scriau pe ouă fierte descojite și pe prăjituri cu miere, pe care copilul le mânca după ce-i citise versetele, cu voce tare, învățătorului.[9]

Deși este greu să generalizăm după trecerea câtorva secole și când e vorba despre atâtea țări, în societatea creștină a Evului Mediu târziu

și a Renașterii timpurii a învăța să citești și să scrii – în afara Bisericii – era
privilegiul aproape exclusiv al aristocrației și (după secolul XIII) al înaltei
burghezii. Chiar dacă existau aristocrați și *grands bourgeois* care considerau
cititul și scrisul sarcini umile, potrivite doar clericilor săraci,[10] majoritatea
băieților și destul de multe fete care se năsteau în astfel de familii învățau
literele foarte devreme. Doica, dacă știa să citească, inișia educația copi-
lului și, din acest motiv, trebuia aleasă cu cea mai mare grijă, pentru că
sarcina ei nu era doar să alăpteze, ci și să asigure o vorbire și o pronunție
corecte.[11] Marele învățat umanist italian Leon Battista Alberti, în lucrarea
sa despre familie scrisă între anii 1435 și 1444, observă că „îngrijirea co-
piilor foarte tineri e treaba femeilor, a doicilor ori a mamei"[12] și că la cea
mai fragedă vârstă cu putință aceștia trebuie să-și însușească alfabetul.
Copiii învățau să citească fonetic, repetând literele arătate de doica lor
sau de mamă într-un abecedar sau într-un tabel cu alfabetul. (Eu însumi
am fost învățat în felul acesta, de doica mea, care îmi citea literele tipărite
cu aldine dintr-o veche carte engleză cu poze; am fost pus să repet su-
netele de nenumărate ori.) Imaginea figurii mamei-învățătoare era tot
atât de obișnuită în iconografia creștină pe cât de rară era reprezentarea

Două mame din secolul XV învățându-și copiii să citească: stânga, *Fecioara și Pruncul;*
dreapta, *Sfânta Ana cu tânăra Maria.*

unei eleve în sala de clasă. Există numeroase reprezentări ale Fecioarei Maria ținând o carte în fața pruncului Iisus și ale Sfintei Ana învățând-o pe Maria, dar nici Hristos și nici mama lui nu au fost înfățișați învățând să scrie sau chiar scriind; noțiunea unui Hristos citind Vechiul Testament a fost considerată esențială pentru a face explicită continuitatea Scripturilor.

Quintilian, un avocat roman din secolul I din nordul Spaniei, care a devenit tutorele strănepoților împăratului Domițian, a scris un manual pedagogic în douăsprezece volume, *Institutio oratoria*, care a avut o mare influență pe parcursul Renașterii. Iată ce recomanda: „Unii au susținut că băieții n-ar trebui învățați să citească până când nu au șapte ani, aceasta fiind vârsta cea mai fragedă la care pot câștiga de pe urma instrucției și suporta stresul învățării. Oricum, aceia care au susținut că mintea unui copil nu trebuie lăsată să lâncezească nicio clipă sunt mai înțelepți. Crisipus, de exemplu, deși acordă doicilor trei ani de domnie, consideră că formarea minții copilului după cele mai bune principii face parte din îndatoririle lor. De ce, totuși, atâta vreme cât pot fi formați moral, copiii n-ar putea primi o educație literară?"[13]

După ce literele au fost învățate, trebuie aduși ca meditatori particulari dascăli de sex masculin (dacă familia și-i poate permite) pentru băieți, în timp ce de educația fetelor se va ocupa chiar mama. Chiar dacă, în secolul XV, majoritatea caselor bogate dispuneau de spațiul, liniștea și facilitățile necesare pentru instruirea acasă, majoritatea învățaților recomandau ca educarea băieților să se desfășoare departe de familie, în compania altor băieți; pe de altă parte, moraliștii medievali au dezbătut cu aprindere avantajele educației - publice sau private - pentru fete. „Nu e potrivit pentru fete să învețe să scrie și să citească decât dacă vor să devină călugărițe, pentru că altfel ar putea, atunci când vor crește mai mari, să scrie sau să primească misive de amor",[14] avertiza nobilul Filippo di Novara, dar unii dintre contemporanii săi nu au fost de acord. „Fetele trebuie să deprindă cititul pentru a învăța dreapta credință și a se proteja singure de primejdiile care le amenință sufletele", arăta Cavalerul de la Tour Landry.[15] Fetele născute în case mai avute erau trimise adesea la școală ca să învețe să citească și să scrie, de obicei ca să se pregătească pentru mănăstire. În familiile aristocrate ale Europei puteai găsi femei care erau pe deplin educate.

Până la mijlocul secolului XV, predarea la școala latină din Sélestat fusese una rudimentară și banală, urmând preceptele tradiției scolastice.

Două scene de școală de la sfârșitul secolului XV înfățișând relația ierarhică dintre profesori și elevi: stânga, Aristotel și discipolii săi; dreapta, o clasă anonimă.

Dezvoltat mai ales în secolele XII și XIII, de filozofi pentru care „gândirea este o îndeletnicire cu reguli stabilite meticulos"[16], scolasticismul s-a dovedit o metodă utilă pentru reconcilierea preceptelor credinței religioase cu argumentele rațiunii umane, din care rezultă o *concordia discordantium* sau „armonie între opinii diferite", care poate fi apoi folosită ca punct de plecare în argumentare. Curând însă scolasticismul a devenit mai degrabă o metodă de a conserva ideile decât una de a le face rodnice. În islam, ea a folosit la stabilirea dogmei oficiale; întrucât nu au existat concilii sau sinoade islamice constituite în acest scop, *concordia discordantium*, opinia care a supraviețuit tuturor obiecțiilor, a devenit dreapta credință.[17] În lumea creștină, deși a variat considerabil de la universitate la universitate, scolasticismul a urmat categoric preceptele lui Aristotel, prin intermediul primilor filozofi creștini, precum Boethius din secolul VI, a cărui lucrare *De consolatione philosophiae* (*Consolarea filosofiei*) (pe care Alfred cel Mare a tradus-o în engleză) a fost foarte populară pe parcursul Evului Mediu. În principiu, metoda scolastică se reducea la instruirea studenților pentru a evalua un text conform anumitor criterii prestabilite, aprobate oficial, care le erau predate cu râvnă și cu osteneală. În ceea ce privește învățarea

O scenă dintr-o școală din Franța, la începutul secolului XVI.

cititului, succesul metodei depindea mai mult de perseverența elevilor
decât de inteligența lor. Pe la mijlocul secolului XIII, cultivatul rege spaniol
Alfonso el Sabio insista asupra acestui aspect: „În adevăratul sens al cu-
vântului trebuie să-și arate profesorii știința în fața studenților, citindu-le
cărți și făcându-i să înțeleagă după puterile fiecăruia; și, dacă elevii au
început să citească, dascălii trebuie să continue să îi învețe, până când au
ajuns la sfârșitul cărților pe care le-au început; și, dacă stau bine cu sănă-
tatea, ei nu trebuie să-i trimită pe alții să citească în locul lor, decât dacă
cer respectivului să citească pentru a-l onora, și nu ca să evite sarcina de
a citi ei înșiși.“[18]

În a doua jumătate a secolului XVI, metoda scolastică predomina în
universități și în parohii, în școlile mănăstirești și în cele ale catedralelor
din toată Europa. Aceste școli, precursoarele școlii latine din Sélestat,
au început să se dezvolte în secolele IV și V, după declinul sistemului de
educație roman, înflorind în secolul IX, când Carol cel Mare a ordonat
ca toate catedralele și bisericile să înființeze școli pentru a-i educa pe
clerici în artele cititului, scrisului, psalmodierii și calculului. În secolul X,
când renașterea orașelor a făcut indispensabilă existența centrelor de

Un profesor își continuă lecțiile de dincolo de mormânt, arta lui fiind comemorată pe un mormânt bolognez din secolul XIV.

învățământ general, școlile s-au constituit în jurul figurii câte unui profesor deosebit de înzestrat, de care depindea faima locașului.

Aspectul concret al școlilor nu s-a schimbat mult de pe vremea lui Carol cel Mare. Orele se țineau într-o încăpere spațioasă. Profesorul ședea de obicei la un pupitru înălțat pe un podium sau uneori la o masă, pe o bancă simplă (în Europa creștină, scaunele au început să fie folosite mai des abia în secolul XV). O sculptură de marmură de pe un mormânt bolognez de la mijlocul secolului XIV arată un profesor așezat pe o bancă, ținând o carte deschisă pe pupitrul din fața sa, privind la studenții lui. El ține, cu mâna stângă, o pagină, în timp ce cu dreapta pare să accentueze o afirmație, probabil explicând pasajul pe care tocmai l-a citit cu voce tare. Majoritatea ilustrațiilor îi arată pe elevi așezați pe banchete, ținând în mâini pagini liniate sau tăblițe de ceară pentru a-și lua notițe, sau stând în picioare în jurul dascălului, cu cărți deschise. O pancartă ce făcea reclamă unei școli în 1516 înfățișează doi învățăcei adolescenți lucrând pe o bancă, aplecați asupra textelor pe care le studiau, în timp ce în

partea dreaptă o femeie așezată la un pupitru îndrumă un copil de vârstă mult mai fragedă, arătându-i cu degetul pe pagină; la stânga, un învățăcel, probabil abia intrat în pubertate, stă în picioare în fața unui pupitru, citind dintr-o carte deschisă, pe când dascălul din spatele lui îi ține la fund un mănunchi de nuiele. Nuiaua, ca și cartea, avea să fie emblema profesorului pentru multe secole.

În școala latină de la Sélestat, elevii erau mai întâi învățați să citească și să scrie, iar mai târziu învățau subiectele *trivium*-ului: gramatica înainte de toate, retorica și dialectica. Pentru că nu toți elevii veniți la școală cunoșteau literele, cititul începea cu un abecedar sau manual pentru începători și culegeri de rugăciuni simple, cum erau Tatăl Nostru, Ave Maria și Crezul. După aceste învățături elementare, elevii erau trecuți prin câteva cărți de citire uzuale în majoritatea școlilor medievale: *De octo partibus orationis* („Despre cele opt părți ale oratoriei") a lui Donatus, *Doctrinale puerorum* a călugărului franciscan Alexandre de Villedieu și *Manualul de logică* al lui Petrus Hispanus. Doar câțiva elevi erau destul de bogați ca să-și cumpere cărți[19] și, adesea, doar profesorul poseda aceste volume scumpe. El copia complicatele reguli gramaticale pe tablă – de obicei fără să le explice, deoarece, conform pedagogiei scolastice, înțelegerea nu era indispensabilă cunoașterii. Elevii erau obligați să învețe regulile pe de rost. Așa cum era de așteptat, rezultatele erau adesea dezamăgitoare.[20] După cum a comentat, mai târziu, unul dintre elevii care au urmat școala latină din Sélestat la începuturile anilor 1450, Jakob Wimpfeling (care avea să devină, ca Rhenanus, unul dintre cei mai notabili umaniști ai vremii sale), aceia care studiaseră conform vechiului

Stânga: *O pancartă ce face reclamă unei școli, pictată în 1516 de către Ambrosius Holbein.*

Dreapta: *O miniatură reprezentând un profesor gata să-și pedepsească elevul, într-o traducere franceză anluminată din secolul XV a* Politicii *lui Aristotel.*

sistem „nu puteau nici vorbi latina, nici compune o scrisoare sau un poem, nici măcar explica vreuna dintre rugăciunile folosite la Liturghie".[21] Câțiva factori făceau cititul dificil pentru un novice. Așa cum am văzut, punctuația nu era încă pusă la punct în secolul XV și majusculele nu erau folosite consecvent. Multe cuvinte erau abreviate, uneori de învățăcelul care se grăbea să-și ia notițe, dar adesea din cauza modalității uzuale de transcriere a cuvântului – probabil pentru a economisi hârtie – astfel încât cititorul trebuia să fie în stare nu doar să citească fonetic, ci și să-și dea seama ce vrea să însemne prescurtarea. În fond, ortografierea nu era uniformă; același cuvânt putea să apară scris în feluri diferite.[22]

Urmând metoda scolastică, elevii erau învățați să citească prin intermediul comentariilor convenționale, echivalentul notițelor noastre sintetice de lectură. Textele originale – fie că era vorba de cele ale Părinților Bisericii sau, în mult mai mică măsură, de cele ale scriitorilor antici păgâni – nu erau menite să fie pricepute imediat de elev, ci să devină accesibile printr-o serie de pași dinainte stabiliți. Mai întâi venea *lectio*, o analiză gramaticală în care erau identificate elementele sintactice ale fiecărei propoziții; aceasta ducea la *littera* sau sensul literal al textului. Prin *littera*, învățăcelul ajungea la *sensus*, înțelesul textului conform diferitelor interpretări stabilite. Procesul se încheia cu o exegeză – *sententia* – în care erau discutate opiniile comentatorilor acceptați.[23] Meritul unei astfel de citiri consta nu în descoperirea unei semnificații personale în text, ci în a fi capabil să reciți și să compari interpretările autorităților recunoscute, devenind astfel „un om mai bun". Cu asemenea noțiuni în minte, profesorul de retorică din secolul XV Lorenzo Guidetti sintetiza scopul predării unei citiri corecte: „Căci atunci când un profesor bun se angajează să explice un pasaj, scopul este să-și învețe elevii să vorbească elocvent și să trăiască virtuos. Dacă se ivește o frază obscură, care nu servește niciuneia dintre aceste două țeluri, dar este ușor de explicat, atunci sunt de acord ca el s-o explice. Dacă sensul ei nu se întrevede imediat, nu voi considera o neglijență din partea lui dacă trece peste ea și n-o explică. Dar dacă insistă să scormonească banalități care cer mult timp și efort cheltuite pentru a fi explicate, l-aș considera un simplu pedant."[24]

În 1441, Jean de Westhus, preot al parohiei Sélestat și magistrat local, a decis să numească un absolvent al Universității din Heidelberg – Louis Dringenberg – în postul de director al școlii. Inspirat de învățații umaniști contemporani, care puneau sub semnul întrebării metodele de instrucție tradiționale din Italia și Țările de Jos și a căror extraordinară influență se răspândea treptat în Franța și Germania, Dringenberg a introdus schimbări fundamentale. El a păstrat vechile manuale de citire ale lui Donatus și Alexandre, dar a făcut uz numai de anumite secțiuni ale acestor cărți, pe care le expunea pentru a fi discutate în clasă; a explicat regulile gramaticale, mai degrabă decât să-i oblige pur și simplu pe elevi să le memoreze; a renunțat la tradiționalele comentarii și glose, considerând că „nu-i ajută pe elevi să învețe un limbaj elegant"[25] și a lucrat, în schimb, chiar cu textele clasice ale Părinților Bisericii. Ignorând în mare parte treptele convenționale impuse de comentatorii scolastici și permițând clasei să discute textele predate (în același timp, ținând sub o strictă îndrumare cele transmise în cursul discuțiilor), Dringenberg le-a asigurat învățăceilor un mai mare grad de libertate în lectură decât avuseseră vreodată. Lui nu-i era teamă de ceea ce Guidetti repudiase drept *trivia* – banal. La moartea sa, în 1477, la Sélestat fuseseră puse deja bazele durabile ale unui nou mod de a preda copiilor.[26]

Succesorul lui Dringenberg a fost Crato Hofman, și el absolvent al Universității din Heidelberg, un intelectual de douăzeci și șapte de ani ai cărui studenți și l-au amintit ca „plăcut în stricteți și strict în plăceri"[27], un personaj mereu pregătit să folosească bățul pe spinarea oricui nu era suficient de dedicat studiului literelor. Dacă Dringenberg se străduise să-și familiarizeze învățăceii cu textele Părinților Bisericii, Hofman prefera clasicii romani și greci.[28] Unul dintre elevii lui nota că, asemenea lui Dringenberg, „Hofman detesta vechile comentarii și glose";[29] în loc să-și poarte clasa printr-o mlaștină de reguli gramaticale, el trecea foarte repede la citirea textelor propriu-zise, adăugând acestora o bogăție de amănunte de ordin arheologic, geografic și istoric. Alt student își amintește că, după ce Hofman îi călăuzise prin operele lui Ovidiu, Cicero, Suetonius, Valerius Maximus, Antonius Sabellicus și alții, au ajuns la universitate „perfect fluenți în latină și cu o profundă cunoaștere a gramaticii".[30] Deși caligrafia, „arta de a scrie frumos", n-a fost niciodată neglijată, abilitatea de a citi fluent, exact și inteligent, îndemânarea „de a stoarce textul de fiecare picătură de semnificație" a fost pentru Hofman cea dintâi prioritate.

Dar chiar și în clasa lui Hofman, textele nu erau niciodată lăsate cu totul deschise unei interpretări libere din partea studenților. Dimpotrivă, acestea erau disecate sistematic și riguros; din cuvintele copiate era extrasă o morală, precum buna-creștere, credința și preîntâmpinarea viciilor - orice fel de precept social, de fapt, de la manierele la masă până la capcanele celor șapte păcate capitale. „Un profesor", a scris un contemporan al lui Hofman, „trebuie să predea nu doar scrisul și cititul, ci și virtuțile și morala creștine; el trebuie să-și dea osteneala să sădească virtutea în sufletul copilului; asta e important, pentru că, așa cum spune Aristotel, mai târziu în viață un om se comportă conform educației pe care a primit-o; toate obiceiurile, în special obiceiurile bune, prinzând rădăcină în om în timpul tinereții sale, nu mai pot fi după aceea smulse."[31]

Caietele din Sélestat ale lui Rhenanus și Gisenheim încep cu rugăciunile de duminică și selecții din psalmi pe care elevii le copiau de pe tablă în prima zi de școală. Pe acestea, probabil, le știau deja pe de rost; copiindu-le în mod mecanic - neștiind încă să citească - ei asociau seriile de cuvinte cu sunetele rândurilor memorate, ca în metoda „globală" de predare a citirii, expusă două secole mai târziu de Nicolas Adam în a sa *Vraie manière d'apprendre une langue quelconque* („O metodă demnă de încredere pentru învățarea oricărei limbi"): „Când îi arătați unui copil un obiect, o haină, de exemplu, v-a trecut vreodată prin minte să-i arătați mai întâi volanele, apoi mânecile, după aceea pieptul, buzunarele, nasturii etc.? Nu, evident că nu; i-o arătați întreagă și-i spuneți: aceasta este o haină. Așa învață și copiii să vorbească de la doicile lor; de ce n-ar fi la fel când îi învățăm să citească? Ascundeți de ei toate abecedarele și toate manualele de franceză și de latină; oferiți-le spectacolul unor cuvinte întregi, pe care le pot înțelege și pe care le vor reține cu mult mai multă ușurință și plăcere decât toate literele și silabele tipărite."[32]

În vremurile noastre, orbii învață să citească într-o manieră similară, „simțind" întregul cuvânt - pe care deja îl cunosc - mai degrabă decât descifrându-l literă cu literă. Amintindu-și cum a fost educată,

Trecându-și degetele peste textul în Braille, Hellen Keller este așezată lângă fereastră și citește.

Hellen Keller[*] spune că imediat ce a învățat să silabisească, profesorul i-a dat bucățele de carton pe care cuvintele întregi erau tipărite cu litere în relief. „Am învățat repede că fiecare cuvânt tipărit desemna un obiect, o acțiune sau o însușire. Aveam un cadru pe care puteam aranja cuvintele în mici propoziții; dar, înainte să le pun astfel la un loc, obișnuiam să fac din ele obiecte. Găseam cartonașele care reprezentau, spre exemplu, cuvintele «păpușă», «este», «pe», «pat», apoi plasam fiecare cartonaș pe obiectul pe care îl reprezenta; după aceea mi-am pus «păpușa» pe pat, alături de cuvintele «este», «pe», «pat», alcătuind astfel o propoziție și, în același timp, concretizând ideea cu ajutorul lucrurilor."[33] Pentru copilul orb, de vreme ce cuvintele erau obiecte concrete care puteau fi atinse, ele puteau fi înlocuite, ca elemente verbale, de obiectele pe care le reprezentau. Desigur, nu era cazul elevilor din Sélestat, pentru care cuvintele de pe pagină rămâneau semne abstracte.

Același caiet de notițe era folosit vreme de câțiva ani, poate din rațiuni economice, din cauza prețului hârtiei, dar probabil și pentru că Hofman a vrut ca elevii lui să păstreze o însemnare pe etape a lecțiilor lor. În textele copiate de-a lungul anilor nu se vede aproape nicio modificare în scrisul de mână al lui Rhenanus. Plasat în mijlocul paginii, lăsând margini mari și spații largi între rânduri, pentru glose și comentarii ulterioare, scrisul lui de mână imită cursivele gotice ale manuscriselor germane din secolul XV, grafia elegantă pe care avea s-o copieze Gutenberg când a gravat literele pentru Biblia sa. Ferm și clar, redat cu cerneală violet, scrisul de mână i-a permis lui Rhenanus să

---

[*] Hellen Keller (1880–1968), scriitoare americană care la vârsta de un an și șapte luni și-a pierdut vederea și auzul (n. red.).

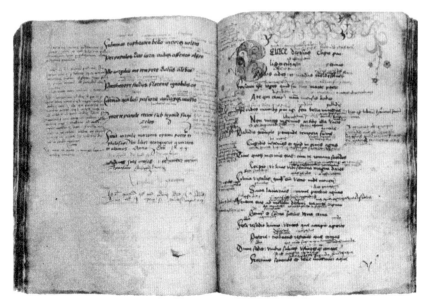

Caietul de școală al adolescentului Beatus Rhenanus, păstrat la Biblioteca Umanistă din Sélestat.

urmărească textul cu o ușurință din ce în ce mai mare. Inițiale împo-
dobite apar la fiecare câteva pagini (acestea îmi amintesc de literele
elaborate cu care obișnuiam să-mi ornez temele, în speranța unor note
mai mari). După rugăciuni și scurte citate din Părinții Bisericii – toate
însoțite de notițe gramaticale sau etimologice, scrise cu cerneală nea-
gră pe margine sau printre rânduri, uneori însoțite de comentarii
critice, probabil adăugate mai târziu în cariera elevului – caietele de
notițe merg până la studierea anumitor scriitori clasici.

Hofman ținea la perfecțiunea gramaticală a acestor texte, dar, din
când în când, le amintea studenților că ele trebuiau citite nu doar
pentru a fi analizate, ci și pentru a fi simțite. Deoarece el însuși găsise
frumusețe și înțelepciune în textele vechi, îi încuraja pe studenți să
caute în cuvintele lăsate de suflete de multă vreme dispărute ceva ce le
vorbea lor personal, în locurile și în timpul lor. În 1498, de exemplu,
când studiau cărțile a IV-a, a V-a și a VI-a din *Fastele* lui Ovidiu, sau
în anul următor, când au copiat pasajele introductive din *Bucolicele* lui
Virgiliu și apoi *Georgicele* în întregime, un cuvânt de prețuire ici și colo,

o glosă entuziastă adăugată pe margine ne permit să ne imaginăm că la acel vers anume îi oprise Hofman pe elevi ca să le împărtășească admirația și încântarea lui.

Privind notele lui Gisenheim, adăugate textului copiat atât în latină, cât și în germană, putem urmări lectura analitică, așa cum a avut aceasta loc în clasa lui Hofman. Multe dintre cuvintele pe care Gisenheim le-a scris pe marginea copiei sale în latină sunt sinonime sau traduceri; uneori, nota este o explicație distinctă. De exemplu, deasupra cuvântului *prognatos*, studentul scrisese sinonimul *progenitos*, iar apoi a explicat, în germană, „ceea ce e născut din tine". Alte note oferă etimologia unui cuvânt sau relația acestuia cu echivalentul lui german.

Un autor favorit la Sélestat a fost Isidor din Sevilla, teologul din secolul VII ale cărui *Etimologii*, o operă vastă, în douăzeci de volume, explică și discută înțelesurile și folosirea cuvintelor. Hofman pare să fi fost intens preocupat de dorința de a-și instrui elevii să folosească corect cuvintele, respectându-le sensurile și conotațiile, astfel încât să poată interpreta sau traduce cu temei. La sfârșitul caietelor, el i-a pus pe elevi să compileze un *Index rerum et verborum* („Index al lucrurilor și cuvintelor"), să noteze și să definească materiile studiate, un pas care nu încape îndoială că îi făcea să simtă progresul pe care îl realizaseră, oferindu-le și instrumente de interpretare a altor lecturi, pe care le-ar fi făcut pe cont propriu. Anumite pasaje sunt însoțite de comentariile lui Hofman asupra textelor. În niciunul dintre cazuri cuvintele nu sunt transcrise fonetic, ceea ce ne face să credem că, înainte de a copia un text, Gisenheim, Rhenanus și alți învățăcei îl repetaseră cu voce tare până când reținuseră pronunția cuvintelor. Propozițiile din caiete nu sunt nici accentuate, așa că nu știm dacă Hofman pretindea o anume cadență la citire, sau dacă aceasta era lăsată la latitudinea cititorului. În pasajele poetice, fără îndoială, era predată o cadență standard și ni-l putem imagina pe Hofman citind cu voce tunătoare versurile antice și vibrante.

Concluzia care se desprinde din aceste caiete este că, la mijlocul secolului XV, cititul, cel puțin în școlile umaniste, începea să devină responsabilitatea fiecărui cititor în parte. Autoritățile anterioare - traducători, comentatori, adnotatori, glosatori, cei care catalogau, antologiști, cenzori, cei care alcătuiseră canoanele - stabiliseră ierarhii oficiale și atribuiseră intenții diferitelor cuvinte. Acum, cititorilor li se cerea să citească pentru ei înșiși și, uneori, să stabilească singuri valoarea și sensul, în spiritul respectivelor autorități. Schimbarea, desigur, n-a fost una bruscă și nici nu poate fi asociată cu un loc sau cu o dată anume. Mai devreme, prin secolul XIII, un scrib anonim scrisese pe marginile unei cronici mănăstirești: „Trebuie să îți faci o obișnuință, când citești cărți, din a acorda mai multă atenție sensului decât cuvintelor, a te concentra mai degrabă asupra fructului decât asupra frunzișului."[34] Un asemenea sentiment răzbătea din felul în care preda Hofman.

La Oxford, la Bologna, la Bagdad, chiar și la Paris, metodele scolastice de predare erau puse sub semnul întrebării și, treptat, schimbate. Asta s-a datorat în parte accesibilității neașteptate a cărților, la scurtă vreme după inventarea presei de tipărit, dar și faptului că structura socială mai simplă a secolelor europene anterioare, a Europei lui Carol cel Mare și a sfârșitului lumii medievale, fusese fracturată din punct de vedere economic, politic și intelectual. Pentru noul elev – pentru Beatus Rhenanus, de exemplu – lumea părea să-și fi pierdut stabilitatea și evoluase spre o derutantă complexitate. De parcă lucrurile n-ar fi fost destul de grave, în 1543 a fost publicat controversatul tratat al lui Copernic, *De revolutionibus orbium coelestium* („Despre mișcarea corpurilor cerești"), care plasa Soarele în centrul universului – înlocuind *Almagest* de Claudiu Ptolemeu, care asigurase lumea că Pământul și umanitatea se aflau în centrul întregii creații.[35]

Trecerea de la metoda scolastică la sisteme ceva mai liberale a atras după sine alte schimbări. Până atunci, sarcina unui învățat fusese – asemenea profesorului – căutarea cunoașterii, aceasta din urmă fiind înscrisă în perimetrul anumitor reguli, canoane și sisteme dovedite de învățare; responsabilitatea profesorului fusese percepută ca fiind una publică, aceea de a facilita accesul la texte și la diferitele lor niveluri de înțelegere celui mai larg auditoriu posibil, afirmând o istorie socială comună a politicii, filozofiei și credinței. După Dringenberg, Hofman și alții, produsele acestor școli, noii umaniști, au abandonat sala de clasă și forumul public și, asemenea lui Rhenanus, s-au retras în spațiul închis al camerei de lucru sau al bibliotecii, ca să citească și să gândească în intimitate. Profesorii de la școala latină din Sélestat transmiteau precepte clasice, care presupuneau o lectură „corectă" și comună, prestabilită, dar ofereau elevilor și o mai vastă și mai personală perspectivă umanistă; elevii au reacționat în cele din urmă prin circumscrierea actului lecturii propriei lumi și experiențe personale și prin afirmarea autorității de cititori individuali asupra fiecărui text.

Elevul de liceu Franz Kafka, circa 1898.

PRIMA PAGINĂ LIPSĂ

În ultimul meu an de liceu la Colegio Nacional din Buenos Aires, un profesor al cărui nume n-am chef să mi-l amintesc stătea în fața clasei și ne citea cele ce urmează:

Tot ceea ce alegoriile intenționează să ne spună este doar că ceea ce este de neînțeles e de neînțeles, iar asta știm deja. Dar problemele cu care ne luptăm în fiecare zi sunt cu totul altceva. Despre acest subiect, un om a întrebat cândva:

„De ce atâta încăpățânare? Dacă ai urma alegoriile, ai deveni tu însuți alegorie și, astfel, ți-ai rezolva toate problemele de fiecare zi.“

Altul a spus: „Pariez că și asta este o alegorie.“

Primul a zis: „Ai câștigat.“

Al doilea a spus: „Dar, vai, numai la modul alegoric.“

Primul a zis: „Nu, în viața reală. La modul alegoric, ai pierdut.“[1]

Textul scurt, pe care profesorul nostru nu a încercat niciodată să-l explice, ne-a tulburat și a dat naștere multor discuții în afumata cafenea „La Puerto Rico“, aflată chiar după colțul școlii. Franz Kafka l-a scris în Praga, în 1922, cu doi ani înainte de moartea sa. Patruzeci și cinci de ani mai târziu, ne-a lăsat nouă, adolescenți curioși, neliniștitorul sentiment că orice interpretare, orice concluzie, orice impresie că am fi „înțeles“ textul și alegoriile sale erau greșite. Acele câteva rânduri sugerau nu doar că fiecare text poate fi citit ca o alegorie (și, aici, distincția dintre „alegorie“ și mai puțin dogmaticul concept de „simbol“ devine neclară)[2], care dezvăluie elemente din afara textului, dar și că fiecare lectură este alegorică în sine, obiect al altor lecturi. Fără să fi auzit de criticul Paul de Man, pentru care „narațiunile alegorice spun povestea *ratării* lecturii"[3], noi eram de acord cu faptul că nicio lectură nu poate fi vreodată categorică. Cu o singură diferență importantă: acolo unde de Man considera a fi o anarhică ratare, noi vedeam o dovadă a libertății noastre de cititori. Dacă în lectură nu există un „ultim cuvânt", atunci niciun fel de autoritate nu ne poate impune o lectură „corectă". Cu timpul, ne-am dat seama că unele lecturi sunt mai bune decât altele – mai informate, mai lucide, mai provocatoare, mai plăcute, mai tulburătoare. Dar proaspăt descoperitul sentiment al libertății nu ne-a părăsit niciodată și, chiar și acum, savurând o carte pe care un anume recenzent a condamnat-o sau dând la o parte o alta, care a fost pătimaș ridicată în slăvi, cred că-mi pot aminti cu claritate acel sentiment rebel.

Socrate a afirmat că doar ceea ce cititorul știe deja poate fi adus la viață prin citit și că nu se pot dobândi cunoștințe cu ajutorul literelor moarte. Primii învățați medievali căutau în lectură o mulțime de voci, care, în cele din urmă, erau ecoul uneia singure, *Logos*-ul lui Dumnezeu. Pentru învățații umaniști de la sfârșitul Evului Mediu, textul (inclusiv lectura pe care o face Platon argumentării lui Socrate) și comentariile succesive ale diverselor generații de cititori lăsau să se subînțeleagă posibilitatea unei infinități de lecturi, care se alimentau una din cealaltă. Lectura noastră din clasă a discursului lui Lysias era plină de lecturi ale altor secole, pe care Lysias nu și le-a imaginat niciodată – după cum e posibil să nu-și fi imaginat entuziasmul lui Phaidros sau comentariile șirete ale lui Socrate. Cărțile de pe rafturile mele nu mă cunosc până când nu le deschid, dar sunt sigur că ele mi se adresează – mie și oricărui alt cititor – pe nume; ele așteaptă comentariile și opiniile noastre. Existența mea este presupusă în Platon așa cum este presupusă în fiecare carte, chiar și în acelea pe care nu le voi citi niciodată.

În jurul anului 1316, într-o scrisoare faimoasă adresată vicarului imperial Can Grande della Scala, Dante arată că un text are cel puțin două interpretări, „pentru că dobândim un înțeles de la litere și un altul de la ceea ce înseamnă literele; și primul se numește literal, pe când celălalt alegoric sau mistic". Dante merge mai departe, sugerând că înțelesul alegoric presupune alte trei interpretări. Alegând ca exemplu versetul biblic

Dante ţinând deschisă Divina Comedie, *frescă de la mijlocul secolului XV, de Domenico di Michelino, în catedrala din Florenţa.*

„La ieşirea lui Israel din Egipt, a casei lui Iacob dintr-un popor barbar, Ajuns-a Iuda sfinţirea Lui, Israel stăpânirea Lui" (Psalmul 113), Dante explică: „Pentru că, dacă avem în vedere «doar litera», ce avem în faţă este exodul Fiilor lui Israel din Egipt în zilele lui Moise; dacă e «alegoria», atunci este vorba despre mântuirea noastră, durată de Hristos; dacă e sensul «analogic», atunci avem trecerea sufletului de la durere şi ticăloşia păcatului la starea de graţie; dacă e cel «anagogic», atunci ni se înfăţişează ieşirea sacrului suflet din servitutea corupţiei sale spre libertatea eternei glorii. Şi chiar dacă sensurile mistice sunt cunoscute sub nume diferite, toate pot fi numite în general alegorice, din moment ce diferă de cele literale şi istorice."[4]

Toate acestea sunt lecturi posibile. Unii cititori pot să le găsească, pe una sau mai multe dintre ele, drept false: se pot îndoi de lectura „istorică" dacă le lipseşte contextul pasajului; pot obiecta la adresa unei lecturi „alegorice", considerând anacronică referinţa la Hristos; pot cataloga interpretarea „analogică" (prin analogie) şi cea „anagogică" (prin interpretări biblice) prea fanteziste ori trase de păr. Chiar şi interpretarea „literală" poate părea suspectă. Ce înseamnă, exact, „a ieşit"? Sau „Casa"? Sau „stăpânirea"? S-ar părea că, pentru a putea citi, chiar şi la nivelul cel mai superficial, cititorul are nevoie de informaţii despre crearea textului, de contextul istoric, de un vocabular specializat şi chiar şi de cel mai misterios dintre lucruri, ceea ce Sfântul Toma d'Aquino numea *quem auctor intendit*, intenţia autorului. Şi totuşi, dacă lectorul şi textul împărtășesc un limbaj comun, orice cititor poate găsi *ceva* pe înțelesul său în orice fel de text: un text dadaist, un horoscop, un text hermetic, o poezie, instrucțiuni pentru computere, chiar și retorica bombastică a politicienilor.

În 1782, la exact patru secole și jumătate după moartea lui Dante, împăratul Iosif al II-lea a promulgat un edict de toleranță religioasă, *Toleranzpatent*, care abolea, teoretic, majoritatea barierelor dintre evrei și non-evrei în Sfântul Imperiu Roman, cu intenția de a-i asimila pe cei dintâi în sânul populației creștine. Noua lege îi obliga pe evrei să adopte nume și prenume germane, să folosească germana în toate documentele oficiale, să își satisfacă serviciul militar (de la care până atunci fuseseră excluși) și să urmeze școli laice germane. Un secol mai târziu, pe 15 septembrie 1889, Franz Kafka, în vârstă de șase ani, era luat din casa lui din Praga de bucătăreasa familiei și dus la Școala de băieți de pe strada Masná [5], o instituție de limbă germană condusă în mare măsură de evrei, în mijlocul unui mediu naționalist ceh, ca să-și înceapă studiile conform dorințelor de mult răposatului împărat Habsburg.

Kafka a urât atât școala primară, cât și, mai târziu, Altstädter Gymnasium sau liceul. El a simțit că, în ciuda succeselor sale (a absolvit cu ușurință toate clasele), reușise doar să-și dezamăgească strămoșii și să „se strecoare din prima clasă gimnazială într-a doua, apoi într-a treia și tot mai departe. Dar", a adăugat el, „acum că le atrăsesem atenția, fără îndoială că aveam să fiu imediat azvârlit afară, spre imensa satisfacție a tuturor oamenilor cinstiți, eliberați de un coșmar". [6]

Din cele zece luni ale anului liceal, o treime erau dedicate limbilor clasice și restul germanei, geografiei și istoriei. Aritmetica era considerată un obiect de mică importanță, iar ceha, franceza și educația fizică erau opționale. Din partea studenților se aștepta să-și învețe lecțiile pe de rost și apoi să le reproducă la cerere.

Filologul Fritz Mautner, contemporan cu Kafka, a notat că „din cei patruzeci de elevi din clasa mea, vreo trei sau patru au ajuns până la urmă la stadiul în care, străduindu-se din răsputeri, au putut să se descurce la traducerea silabă cu silabă a vreunui clasic antic. [...] Asta de bună seamă că nu le inducea nici cea mai vagă idee despre spiritul Antichității, despre incomparabila și inimitabila ei stranietate. [...]

Cât despre restul de 90% din clasă, aceștia au reușit să treacă examenele finale fără să se fi ales vreodată cu cea mai mică plăcere din firimiturile de greacă sau latină, prompt uitate imediat după absolvire".[7] Profesorii, la rândul lor, păreau să arunce vina asupra studenților pentru lipsa aceasta de înțelegere și, în general, îi tratau cu dispreț.

Într-o scrisoare adresată logodnicei sale, peste ani, Kafka scria: „Îmi amintesc de un profesor care, citindu-ne din *Iliada*, obișnuia să spună adesea: «Păcat că trebuie citită cu unii ca voi. N-aveți cum să înțelegeți și, chiar atunci când vă gândiți că înțelegeți, nu înțelegeți o iotă. Trebuie să fi trăit multe ca să înțelegeți fie și un fragment cât de mic»." Toată viața, Kafka a citit cu sentimentul că îi lipseau experiența și cunoașterea necesare ca să atingă măcar începutul unei înțelegeri.

Potrivit prietenului și biografului lui Kafka, Max Brod, învățământul religios la gimnaziu era lacunar. Deoarece elevii evrei îi depășeau ca număr pe protestanți și catolici, ei erau cei care rămâneau în sala de clasă pentru a parcurge un compendiu de istorie evreiască predat în germană și a recita rugăciuni în ebraică, o limbă despre care majoritatea nu știau nimic. Abia mai târziu a descoperit Kafka în propriile idei despre lectură un teren comun cu vechii talmudiști, pentru care Biblia conținea sensuri multiple, a căror continuă descifrare constituie scopul călătoriei noastre pământene. „Citim ca să punem întrebări", i-a spus odată Kafka unui prieten.[8]

Conform Midraș – o culegere de investigații savante a posibilelor sensuri ale textelor sacre –, Tora pe care Domnul i-a dat-o lui Moise pe Muntele Sinai era deopotrivă un text scris și o glosă orală. Pe durata celor patruzeci de zile pe care Moise le-a petrecut în pustie înainte de a se întoarce la poporul său, în timpul zilei a citit cuvântul scris, iar noaptea a studiat comentariul oral. Ideea acestui dublu text – cuvântul scris și glosa cititorului – presupune că Biblia a permis o revelație continuă, bazată pe, dar nu limitată la, Scripturi. Talmudul – compus din Mișna, o colecție scrisă a așa-ziselor legi orale care se adaugă celor cinci cărți centrale ale Vechiului Testament sau Pentateuhului, și din Ghemara, elaborarea acestor legi sub forma unei dezbateri – a fost conceput ca să păstreze diferitele niveluri ale interpretării de-a lungul multor sute de ani, începând cu secolele V și VI (în Palestina și, respectiv, Babilonia) și până în timpurile moderne, când ediția academică standardizată a Talmudului a fost publicată la Vilnius, la sfârșitul secolului XIX.

În rândurile învățaților evrei din secolul XVI s-au dezvoltat două moduri diferite de citire a Bibliei. Unul dintre ele, practicat în școlile sefarde din Spania și nordul Africii, prefera să rezume elementele unui pasaj și să acorde mai puțină atenție detaliilor care îl compuneau, concentrându-se asupra sensului literal și gramatical. Celălalt, prezent în școlile așkenazi aflate mai ales în Franța, Polonia și în țările germanice, analiza fiecare rând și fiecare cuvânt, căutând fiecare sens posibil. Kafka a aparținut acestei din urmă tradiții.

Din moment ce menirea învățatului, în concepția așkenazi, era să exploreze și să clarifice textul la fiecare nivel posibil de semnificație, apoi să interpreteze comentariile de tot felul, întorcându-se la textul original, literatura talmudică a început să dea naștere la texte autoregeneratoare, care se dezvăluie în urma unor lecturi progresive, incluzând mai degrabă decât înlocuind textele anterioare. Când citea, învățatul așkenaz se folosea de obicei de patru niveluri simultane de înțelegere, diferite de cele propuse de Dante. Cele patru niveluri erau codificate cu ajutorul acronimului *PaRDeS: Pșat* sau sens literal, *Remez* sau sens limitat, *Draș* sau proces rațional și *Sod* sau sens ocult, secret, mistic. Astfel, cititul era o activitate care nu putea fi niciodată completă. Rabinul Levi Yitzhak din Berdîciv, unul dintre marii maeștri ai hasidismului secolului XVIII, a fost întrebat de ce prima pagină a fiecăruia dintre tratatele asupra Talmudului babilonian lipsea, cititorul fiind obligat, prin urmare, să înceapă de la pagina a doua. „Pentru că oricâte pagini citește omul studios", a răspuns rabinul, „nu trebuie să uite niciodată că tocmai la prima pagină n-a ajuns încă."[9]

Pentru cărturarul preocupat de Talmud, lectura textului e posibilă prin mai multe metode. Putem să analizăm un mic exemplu. Urmând un sistem cunoscut drept *gematria*, în care literele textului sacru sunt traduse în echivalente numerice, unul dintre cei mai vestiți comentatori talmudici, rabinul din secolul XI Shlomo Itzhaki, cunoscut ca Rashi, explică lectura celui de-al șaptesprezecelea verset din Facerea, când Dumnezeu îi spune lui Avram că vârstnica lui soție, Sara, îi va purta în pântece un fiu numit Isaac. În ebraică, „Isaac" se scrie *Y.tz.h.q.* Rashi echivalează fiecare literă cu un număr:

Y: 10, de zece ori Avram și Sara au încercat fără succes să aibă un
copil.

TZ: 90, vârsta lui Sara la nașterea lui Isaac.

H: 8, a opta zi, când copilul trebuie circumcis.

Q: 100, vârsta lui Avram la nașterea lui Isaac.

Decodificat, unul dintre nivelurile la care e citit textul relevă răspunsul lui Avram pentru Dumnezeu:

Să avem un copil după zece ani de așteptare?

Ce! Ea are nouăzeci de ani!

Un copil care trebuie să fie circumcis după opt zile?

Eu, care am deja o sută de ani?[10]

La secole după moartea lui Rashi, la confluența culturilor germană, cehă și evreiască, unde înflorise cândva hasidismul, în ajunul Holocaustului care avea să încerce să șteargă toată înțelepciunea evreiască de pe fața pământului, Kafka a dezvoltat o metodă de lectură care îi permitea să descifreze cuvinte și, în același timp, punea sub semnul întrebării abilitatea sa de a le descifra, stăruind să înțeleagă cartea fără a confunda totuși particularitățile acesteia cu propriile particularități – de parcă ar fi răspuns atât profesorului de limbi clasice care rânjise văzând că lipsa lui de experiență îl împiedica să înțeleagă textul, cât și strămoșilor rabini, pentru care textul trebuie să îl ademenească permanent pe cititor cu revelațiile sale.

Care erau cărțile lui Kafka? Copil fiind, ni se spune,[11] citea basme, povestiri cu Sherlock Holmes, descrieri de călătorii în țări străine; tânăr, citea operele lui Goethe, Thomas Mann, Herman Hesse, Dickens, Flaubert, Kierkegaard, Dostoievski. În camera lui, unde forfota familiei se făcea constant simțită, sau în biroul lui de la etajul al doilea al Institutului de asigurări pentru accidentele de muncă, încerca adesea, rupându-se de la sarcinile de serviciu, să se concentreze asupra cărții pe care o avea la el: căutând înțelesuri, fiecare la fel de valid precum un altul; construind o întreagă bibliotecă de texte, desfășurate ca niște suluri pe pagina deschisă din fața lui; trecând, precum un cărturar talmudic, din comentariu în comentariu; permițându-și să se îndepărteze de textul original și, în același timp, să pătrundă în el.

Plimbându-se într-o zi priń Praga cu fiul unui coleg, s-a oprit în fața unei librării și s-a uitat în vitrină. Văzându-l pe tânărul însoțitor aplecându-și capul la stânga și la dreapta, încercând să citească titlurile de pe cotoarele cărților, a râs. „Deci și tu ești un nebun după cărți care-și clatină capul din cauză că citește prea mult?" Prietenul a recunoscut: „Nu cred că aș putea să exist fără cărți. Pentru mine, acestea sunt lumea întreagă." Kafka a devenit serios. „Asta-i o greșeală", a spus el. „O carte nu poate lua locul lumii. Asta-i imposibil. În viață, toate au propriul lor sens și propriul lor scop, pentru care nu poate fi niciun înlocuitor permanent. Un om nu poate, de exemplu, să dea un sens experienței sale prin intermediul altei personalități. Așa e lumea în raport cu cărțile. Unul încearcă să închidă viața într-o carte, ca pe o pasăre cântătoare în colivie, dar asta nu e bine."[12]

Intuiția lui Kafka – cum că, dacă lumea are logică, ea este una pe care noi n-o putem niciodată înțelege complet și că, dacă oferă speranță, aceasta (cum i-a replicat odată lui Max Brod) „nu e pentru noi" – l-a făcut să vadă, tocmai într-o astfel de lipsă de soluții, esența bogăției lumii.[13] Walter Benjamin a remarcat într-un eseu celebru că, pentru a înțelege viziunea lui Kafka asupra lumii, „trebuie să ai în vedere modalitatea lui Kafka de a citi",[14] pe care criticul a comparat-o cu aceea a Marelui Inchizitor al lui Dostoievski din povestirea alegorică din *Frații Karamazov*. „Dacă-i așa", spune Inchizitorul, vorbindu-i lui Hristos întors pe pământ, „atunci la mijloc este o taină pe care mintea noastră n-o poate pricepe. Și dacă există într-adevăr o taină, atunci avem tot dreptul să vorbim în numele ei, mărturisind în fața lumii că libertatea inimii de-a alege între bine și rău nu înseamnă mare lucru, că totul e taina căreia oamenii sunt datori să i se supună orbește, chiar împotriva conștiinței lor."[15] Un prieten care l-a văzut pe Kafka citind la biroul său a spus că i-a adus aminte de figura chinuită din tabloul *Un cititor al lui Dostoievski* al pictorului ceh expresionist Emil Filla, care pare să fi căzut în transă în timp ce citea din cartea pe care continua să o țină în mâna lui pământie.[16]

Kafka, după cum bine se știe, i-a cerut prietenului său Max Brod să-i ardă manuscrisele după moarte; tot la fel de bine se știe că Max Brod nu a făcut-o. Cererea lui Kafka a fost interpretată ca un gest de autodezaprobare, obligatoriul „Nu merit" al scriitorului care așteaptă ca Faima să-i răspundă: „Ba da, da, meriți." Poate există o altă explicație.

Un cititor al lui Dostoievski, *de Emil Filla.*

Poate că, odată ce Kafka și-a dat seama că, pentru un cititor, fiecare text trebuie să rămână neterminat (sau abandonat, cum sugerează Paul Valéry), că, de fapt, un text poate fi citit doar *pentru că* este neterminat, lăsând astfel loc contribuției cititorului, el și-a dorit pentru scrierile sale nemurirea pe care generații de cititori o asiguraseră volumelor arse din Biblioteca din Alexandria, celor 83 de piese pierdute ale lui Eschil, cărților pierdute ale lui Titus Livius, primei versiuni a *Revoluției Franceze* de Carlyle, pe care servitoarea unui prieten a scăpat-o în foc din nebăgare de seamă, celui de-al doilea volum din *Suflete moarte* de Gogol, pe care un preot fanatic l-a încredințat flăcărilor. Poate din același motiv Kafka nu și-a încheiat niciodată multe dintre scrieri: nu există ultima pagină a *Castelului*, pentru că eroul cărții, K., nu trebuie să ajungă niciodată acolo, astfel încât cititorul să poată rătăci o veșnicie prin textul cu niveluri multiple. Un roman de Judith Krantz sau Elinor Glyn se închide într-o singură lectură etanșă, unică, iar cititorul nu poate scăpa fără să depășească în mod conștient limitele bunului-simț (sunt puțini cei care au citit *Prințesa Daisy* ca pe o alegorie a călătoriei sufletului sau *Trei săptămâni* ca pe un fel de *Călătoria creștinului* din secolul XIX). De acest lucru mi-am dat seama încă din Buenos Aires, odată cu conștientizarea unui timpuriu sentiment de libertate: autoritatea cititorului nu este niciodată limitată. „Limitele interpretării", cum s-a exprimat Umberto Eco într-o maximă fericită, „coincid cu drepturile textului."[17]

Ernst Pawel, la sfârșitul lămuritoarei sale biografii a lui Kafka, scrisă în 1984, a remarcat că „literatura dedicată lui Kafka și operei sale este estimată în clipa de față la 15 000 de titluri în majoritatea limbilor de mare circulație în lume".[18] Kafka a fost citit literal, alegoric, politic, psihologic. Că lecturile depășesc întotdeauna ca număr textele care le-au generat este o observație banală și totuși ceva revelator despre natura creatoare a actului lecturii se regăsește în faptul că, la exact aceeași pagină, un cititor poate fi disperat, iar pe altul să-l pufnească râsul. Fiica mea Rachel a citit *Metamorfoza* la treisprezece ani și a găsit-o plină de umor; Gustav Janouch, prietenul lui Kafka, a citit-o ca pe o parabolă religioasă și etică;[19] Bertolt Brecht a citit-o ca pe o lucrare a „singurului adevărat scriitor bolșevic";[20] criticul maghiar György Lukács a citit-o ca pe un produs tipic al burgheziei decadente;[21] Borges a citit-o ca pe o repovestire a paradoxurilor lui Zenon;[22] criticul francez Marthe Robert a citit-o ca pe o mostră de limbă germană la maximul ei de claritate;[23] Vladimir Nabokov a citit-o (parțial) ca pe o alegorie a *angst*-ului adolescentin.[24] Adevărul este că povestirile lui Kafka, hrănite de experiența lui de cititor, oferă și iau, în același timp, iluzia înțelegerii; ele subminează, cum s-ar spune, arta lui Kafka scriitorul, ca să-l satisfacă pe Kafka cititorul.

„De fapt", i-a scris Kafka, în 1904, prietenului său Oskar Pollak, „eu cred că trebuie să citim numai cărțile care ne trec prin ciur și prin dârmon. Dacă o carte pe care o citim nu ne trezește ca o lovitură în țeastă, de ce drăcia dracului s-o citim pe asta înainte de toate? Doar pentru că asta ne poate face fericiți, cum spui tu? Bunule Dumnezeu, am fi tot atât de fericiți dacă n-am avea nicio carte; am putea, la o adică, să scriem noi înșine cărțile care ne fac fericiți. De ce avem nevoie de cărți care ne lovesc precum cea mai gravă nenorocire, ca moartea cuiva pe care l-am iubit mai mult decât ne iubim pe noi înșine, care ne fac să ne simțim de parcă am fi fost surghiuniți în pădure, departe de orice prezență omenească, ca o sinucidere? O carte trebuie să fie toporul pentru oceanul înghețat dinăuntrul nostru. Asta e ceea ce cred eu."[25]

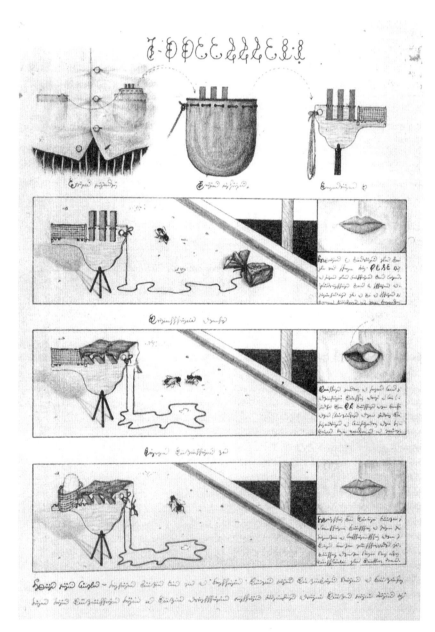

O pagină explicativă din Codex Seraphinianus.

LECTURA IMAGINII

Într-o după-amiază de vară din 1978, un pachet voluminos a sosit pe adresa birourilor editorului Franco Maria Ricci din Milano, unde lucram ca redactor pentru limbi străine. Când l-am deschis, am văzut că, în locul unui manuscris, acesta conținea o bogată colecție de pagini ilustrate înfățișând o serie de obiecte ciudate și acțiuni bizare, descrise în detaliu, fiecare având o legendă într-o scriere pe care niciunul dintre redactori n-a recunoscut-o. Scrisoarea însoțitoare explica faptul că autorul, Luigi Serafini, crease o enciclopedie a unei lumi imaginare, având ca model compendiile științifice medievale: fiecare pagină, fără excepție, deschidea o intrare autonomă, iar adnotările, într-un alfabet fără sens pe care tot Serafini îl inventase în răstimpul a doi ani lungi petrecuți într-un mic apartament din Roma, erau menite să explice labirintul ilustrațiilor. Ricci, spre lauda lui, a publicat lucrarea în două volume luxoase, cu o introducere încântătoare semnată de Italo Calvino; este unul dintre cele mai curioase exemple de carte ilustrată pe care îl știu. Alcătuit în întregime din cuvinte și desene inventate, *Codex Seraphinianus*[1] trebuie citit fără ajutorul unei limbi uzuale, prin semne pentru care nu există înțelesuri în afara celor furnizate de un cititor dispus și inventiv.

Este, desigur, o îndrăzneață excepție. De cele mai multe ori, o succesiune de semne urmează un cod stabilit și necunoașterea acestuia face imposibilă citirea lui. Chiar și așa, hoinăresc prin Muzeul Rietberg din Zürich, urmărind o expoziție de miniaturi indiene ce înfățișează scene mitologice din istorii cu care nu sunt familiarizat, și încerc să reconstitui poveștile; mă așez în fața picturilor preistorice de pe stâncile platoului Tessali din Sahara algeriană și mă străduiesc să-mi imaginez de ce fel de amenințare sunt urmărite în goana lor creaturile acelea care aduc cu niște girafe; răsfoiesc un album japonez de benzi desenate în aeroportul Narita și încropesc o poveste coerentă, cu personaje care comunică într-un limbaj scris pe care nu l-am învățat niciodată. Tentativa de a citi o carte într-o limbă pe care n-o cunosc – greacă, rusă, limba cree, sanscrită – nu îmi dezvăluie nimic, firește; dar, dacă e o carte ilustrată, chiar dacă nu pot citi legendele, le pot de obicei atribui un sens – deși nu neapărat acela explicat în text. Serafini s-a bazat tocmai pe capacitatea creatoare a cititorilor săi.

Serafini a avut un precursor ceva mai timid. La sfârșitul secolului IV, Sfântul Nil din Ancira (acum Ankara, capitala Turciei) a ctitorit o mănăstire lângă orașul lui natal. Despre Nil știm foarte puține lucruri: că ziua lui de praznuire este 12 noiembrie, că a murit în jurul anului 430, că a fost autorul câtorva tratate de maxime și asceză adresate călugărilor pe care îi avea în subordine și a mai bine de o mie de scrisori către superiori, prieteni și congregație, sau că, în zilele tinereții, a studiat cu faimosul Sfânt Ioan Gură de Aur la Constantinopol.[2] Secole de-a rândul, până când cărturarii detectivi au redus viața sfântului la aceste oase albe, Sfântul Nil a fost eroul unei povești cu totul și cu totul neobișnuite.[3] Conform *Septem narrationes de caede monarchorum et de Theodulo filio*, o compilație ce se întinde pe durata a șase secole, citită cândva ca o cronică hagiografică și acum așezată în raft printre povești romanțate și cărți de aventuri, Nil s-a născut în sânul unei familii nobile, la Constantinopol, și a fost numit demnitar și prefect la curtea împăratului Teodosie cel Mare. El s-a căsătorit și a avut un băiat și o fată, dar, cuprins de înflăcărări spirituale, și-a abandonat soția și fiica, iar în 390 sau 404 (variantele poveștii sale diferă în amănuntele imaginate)[4] a intrat în congregația de pustnici de pe Muntele Sinai, unde el și fiul său Theodulus au dus o viață pioasă și retrasă. Potrivit celor relatate în *Narrationes*, virtutea celor doi era atât de mare că „provoca demonii la ură și sfinții la invidie". Ca un rezultat al acestor resentimente îngerești și demonice, în anul 410 o hoardă de bandiți sarazini a atacat sihăstria, a masacrat câțiva călugări și pe alții i-a luat sclavi, printre cei din urmă aflându-se și tânărul Theodulus. Prin grația divină, Nil a scăpat de sabie și de lanțuri și a pornit în căutarea fiului său. L-a găsit într-un oraș undeva între Palestina și Petra arabă, unde episcopul local, mișcat de devoțiunea sfântului, i-a hirotonisit atât pe tată, cât și pe fiu.

Sfântul Nil s-a întors la Muntele Sinai, unde s-a stins ca un bătrân mulțumit, legănat de îngeri sfioși și demoni pocăiți.[5]

Nu știm cum era mănăstirea Sfântului Nil sau unde era exact așezată, dar, într-una dintre numeroasele sale scrisori[6], el descrie anumite trăsături ideale ale decorațiunilor ecleziastice, pe care putem presupune că le folosea în capela sa. Episcopul Olympidorus îl consultase în privința ridicării unei biserici pe care dorea s-o decoreze cu imagini de sfinți, scene de vânătoare, păsări și animale. Sfântul Nil, aprobând zugrăvirea sfinților, a condamnat scenele de vânătoare și fauna drept „ușuratice și nedemne de un suflet creștin bărbătos" și a sugerat înlocuirea lor cu scene din Vechiul și Noul Testament, „pictate de mâna unui artist dăruit". Acestea, a spus el, ridicate de o parte și de alta a Sfintei Cruci, ar servi drept „cărți pentru cei analfabeți, i-ar învăța istoria Scripturilor și le-ar întipări în minte pildele milosteniei Domnului".[7]

Sfântul Nil și i-a închipuit pe credincioșii analfabeți venind în fața acestor scene în biserica lui funcțională și citindu-le ca și cum ar fi fost cuvintele unei cărți. Și i-a închipuit uitându-se la ornamentele care încetaseră de mult a mai fi „neînsemnate podoabe"; și i-a închipuit identificând prețioasele imagini, legându-le una de cealaltă în mintea lor, inventând povești pentru fiecare sau recunoscând în imagini familiare asocieri cu predici pe care le ascultaseră sau, dacă se întâmpla să nu fie cu totul „nescoliți", tălmăciri ale Scripturilor. Două secole mai târziu, papa Grigore cel Mare a devenit ecoul punctelor de vedere ale Sfântului Nil: „Una este să admiri o pictură, alta să aprofundezi, prin mijlocirea picturilor, o istorisire demnă de venerație. Căci ceea ce scrisul aduce în fața cititorului, picturile aduc în fața analfabeților, acelora care percep doar vizual, pentru că în imagini neștiutorii văd povestea pe care trebuie s-o urmărească, iar cei care nu cunosc literele constată că pot, dintr-un anumit punct de vedere, citi. Astfel, mai ales pentru oamenii de rând, imaginile sunt echivalentul cititului."[8] În 1025, Sinodul de la Arras a hotărât că „ceea ce oamenii de rând nu pot prinde prin citirea Scripturilor poate fi învățat prin contemplarea imaginilor".[9]

Deși a doua poruncă dată de Dumnezeu lui Moise îi interzice în mod expres să-și facă chip cioplit „și niciun fel de asemănare a niciunui lucru din câte sunt în cer, sus, și din câte sunt pe pământ, jos, și din câte sunt în apele de sub pământ"[10], artiști evrei au decorat locașurile

Dintr-o Haggadah *germană din secolul XV, un cantor la un pupitru în sinagogă, fața fiindu-i înlocuită cu aceea a unei păsări, pentru a respecta restricția Vechiului Testament în privința reprezentării figurii omenești.*

și obiectele religioase încă de pe vremea Templului lui Solomon din Ierusalim.[11] Uneori însă interdicția a prevalat, iar artiștii evrei au recurs la compromisuri ingenioase, dând, de exemplu, interziselor reprezentări umane capete de păsări, ca să nu înfățișeze chipul omenesc. Controversa a renăscut în Bizanțul creștin, în secolele VIII și IX, iar împăratul Leon al III-lea și, mai târziu, împărații iconoclaști Constantin al V-lea și Teofil au interzis zugrăvirea de imagini în întregul imperiu.

Pentru romanii antici, simbolul unui zeu (vulturul lui Jupiter, de exemplu) era un substitut al divinității înseși. În rarele cazuri în care Jupiter este reprezentat împreună cu vulturul său, aceasta nu mai este o repetare a prezenței zeului, ci devine atributul său, precum trăsnetul. Pentru primii creștini, simbolurile aveau o astfel de dublă calitate, de a ține loc nu doar subiectului (mielul pentru Hristos, porumbelul pentru Sfântul Duh), ci și altor aspecte particulare ale subiectului (mielul pentru sacrificiul lui Hristos, porumbelul pentru promisiunea mântuirii de către Sfântul Duh).[12] Acestea nu erau menite să fie citite ca sinonime ale conceptelor sau simple duplicate ale zeităților. În schimb, ele au expus grafic anumite calități ale imaginii centrale, comentându-le, scoțându-le în evidență, transformându-le în subiecte de sine stătătoare.

Cu timpul, simbolurile de bază ale vechiului creștinism par să piardă ceva din funcția lor simbolică și devin, de fapt, un pic mai mult

Hristos înfățișat ca Mielul care spală păcatele lumii, pe vestitul altar din Ghent, realizat de Hubert și Jan van Eyck.

decât ideograme: coroana de spini simbolizează Patimile lui Hristos, porumbelul, Duhul Sfânt. Aceste imagini elementare au fost completate, treptat, cu unele mai vaste și mai complexe, astfel că episoade întregi din Biblie au devenit simboluri ale diferitelor aspecte ale lui Hristos, ale Sfântului Duh, ale vieții Fecioarei, dar și ilustrări ale anumitor lecturi ale altor episoade sacre. Probabil că Sfântul Nil avea în minte o asemenea bogăție de înțelesuri atunci când a sugerat un contrapunct între Noul și Vechiul Testament prin reprezentarea acestora de o parte și de alta a Sfintei Cruci.

Faptul că imagini din Vechiul și din Noul Testament se puteau completa unele pe altele și puteau alcătui o singură poveste, învățându-i pe „cei fără învățătură" Cuvântul Domnului, fusese sugerat chiar de evangheliști. În Evanghelia sa, Matei a legat în mod explicit Vechiul Testament de cel Nou de cel puțin opt ori: „Acestea toate s-au făcut ca să se împlinească ceea ce s-a zis de Domnul prin prorocul care zice."[13] Și Hristos însuși spusese că „trebuie să se împlinească toate cele scrise despre Mine în Legea lui Moise, în proroci și în psalmi."[14] În Noul Testament există 275 de citate preluate din Vechiul Testament, plus 235 de referiri precise.[15] Conceptul continuității spirituale nu era nou nici măcar pe vremea aceea; un contemporan al lui Hristos, filozoful evreu Filon din Alexandria, dezvoltase ideea unei minți atotștiutoare care își face cunoscută prezența de-a lungul timpului. Acest spirit unic și omniscient este prezent în cuvintele lui Hristos, care îl descrie ca pe un vânt ce „bate unde poftește" și leagă trecutul de prezent și de viitor. Origene, Tertullian, Sfântul Grigore din Nisa și Sfântul Ambrozie au scris cu toții, cu multă imaginație, despre imaginile comune celor două Testamente și au elaborat explicații complexe și poetice, în care niciun element al Bibliei nu a rămas neremarcat sau neexplicat.

„Noul Testament", scrie Sfântul Augustin într-un distih mult citat, „zace ascuns în cel Vechi, în timp ce Vechiul se dezvăluie în cel Nou."[16] Iar Eusebiu din Cezareea, care a murit în anul 340, a proclamat că „fiecare profet, fiecare scriitor din vechime, fiecare răzmeriță în stat, fiecare lege, fiecare ceremonie a Vechiului Testament arată numai spre Hristos, îl anunță numai pe El, îl reprezintă numai pe El. [...] El a fost în Tatăl Adam, strămoș al sfinților; El a fost nevinovat și fecioreic, ca un martir, în Abel; El a fost un înnoitor al lumii, în Noe, binecuvântat, în Avram, marele preot, în Melchisedec; El a fost cel gata de sacrificat, în Isaac; El a fost șeful celor aleși în Iacob; vândut de frații Săi, în Iosif; atotputernic la truda din Egipt, un dătător de legi, în Moise; suferind și părăsit, în Iov, urât și persecutat în cei mai mulți dintre profeți".[17]

Pe vremea când Sfântul Nil făcea asemenea recomandări, iconografia Bisericii creștine dezvoltase deja imagini convenționale ale ubicuității Sfântului Duh. Unul dintre cele mai vechi exemple îl constituie o ușă alcătuită din două panouri, sculptată în Roma secolului IV și montată în biserica Sfintei Sabina. Panourile înfățișează scene paralele din Vechiul și Noul Testament, care pot fi citite simultan. Execuția este oarecum rudimentară și detaliile au fost șterse de degetele a generații de pelerini, dar scenele pot fi identificate cu ușurință. Într-o parte sunt trei dintre miracolele atribuite lui Moise: îndulcirea apelor râului Mara, procurarea manei în timpul exodului din Egipt (ilustrat în două secvențe) și scoaterea apei din stâncă. În cealaltă parte sunt înfățișate trei dintre minunile lui Hristos: redarea vederii orbului, înmulțirea pâinilor și a peștilor și transformarea apei în vin pentru nunta din Cana.

Ce ar fi citit un creștin, privind ușile de la Sfânta Sabina, la mijlocul secolului XV? Lemnul cu care Moise îndulcește apele amare ale Marei ar fi fost recunoscut drept Crucea, simbolul lui Hristos însuși. Izvorul, asemenea lui Hristos, era o fântână cu apă vie, dând viață turmei creștine. Stânca din deșert pe care o lovește Moise era și ea citită ca o imagine a lui Hristos, Mântuitorul, din coasta căruia curge atât sângele, cât și apa.[18] Mana prevestește hrana din Cana și pe aceea a Cinei cea de Taină.[19] Cu toate acestea, un necredincios neinițiat în credința creștină ar fi citit imaginile de pe ușile Sfintei Sabina mai degrabă în modul în care Serafini dorea să-i fie înțeleasă de cititori fantastica enciclopedie: inventând,,din elementele înfățișate, o poveste și un vocabular proprii.

Ușile bisericii Sfânta Sabina din Roma, reprezentând, în stânga, trei miracole ale lui Hristos, și în dreapta, pe cele ale lui Moise.

Nu asta, evident, a fost ceea ce avea în minte Sfântul Nil. În 787, al doilea Conciliu de la Niceea (al șaptelea sinod ecumenic) a lămurit că nu doar congregației îi era interzis să interpreteze picturile expuse în biserică, dar nici artistul nu era liber să dea imaginilor pictate vreo semnificație sau interpretare anume. „Execuția picturilor nu este o invenție a pictorului", a declarat conciliul, „ci o proclamare recunoscută a legilor și tradițiilor din întreaga Biserică. Vechii Părinți au făcut ca acestea să fie executate pe pereții bisericilor: ceea ce vedem reprezintă gândirea și tradiția lor, nu ale pictorului. Artistului îi aparține meșteșugul, dar dispunerea elementelor aparține Părinților Bisericii."[20]

Când a început să înflorească arta gotică în secolul XIII, iar pictura de pe pereții bisericilor a fost abandonată în favoarea ferestrelor ilustrative și a coloanelor sculptate, iconografia biblică s-a transferat de la tencuială la vitralii, lemn și piatră. Lecțiile Scripturilor erau transpuse acum

Pagină secvenţială din Biblia pauperum *din Heidelberg.*

în lumină și s-au arătat în forme rotunjite, narând pentru cel credincios povești în care Noul și Vechiul Testament se oglindeau subtil unul în celălalt.

Apoi, cândva la începutul secolului XIV, imaginile pe care Sfântul Nil le-ar fi vrut citite de credincioși pe pereți au fost reduse în dimensiuni și adunate între copertele unei cărți. În regiunea Rinului Inferior, câțiva maeștri ai miniaturii și gravori în lemn s-au apucat să reprezinte evocatoarele imagini pe pergament și hârtie. Cărțile pe care le-au creat erau făcute aproape în întregime din scene alăturate, însoțite de doar câteva cuvinte, uneori ca note adiționale pe marginile paginii, alteori ieșind din gura personajelor în chenare ca niște flamuri, asemenea bulelor de text din benzile desenate de astăzi.

Pe la sfârșitul secolului XIV, cărțile cu imagini deveniseră extrem de populare și aveau să rămână astfel de-a lungul Evului Mediu, în diversele lor forme: volume cu desene ce umpleau întreaga pagină, miniaturi meticuloase, gravuri în lemn colorate de mână și, apoi, în secolul XV, tomuri tipărite. Primul astfel de volum care s-a păstrat datează din 1642.[21] Cu timpul, aceste extraordinare cărți au ajuns să fie cunoscute ca *Bibliae Pauperum* sau Bibliile Săracilor.

În principal, aceste „Biblii" erau volume mari, ilustrate, în care fiecare pagină era împărțită în așa fel încât să cuprindă două sau mai multe scene. De exemplu, în așa-zisa *Biblia Pauperum* din Heidelberg,[22] datând din secolul XV, paginile sunt împărțite în două jumătăți, cea de sus și cea de jos. Jumătatea de jos a primelor pagini descrie Buna Vestire și era arătată credincioșilor la întrunirea de la liturghie. În jurul scenei sunt cei patru profeți ai Vechiului Testament, care au prorocit venirea lui Hristos: David, Ieremia, Isaia și Iezechiel. Deasupra lor, în jumătatea de sus, sunt două scene din Vechiul Testament: Dumnezeu blestemând șarpele în Grădina Edenului, cu Adam și Eva stând rușinați într-o parte (Facerea, 3); și îngerul chemându-l pe Ghedeon să acționeze, în timp ce Ghedeon lasă blana de oaie pe jos, ca să afle dacă Dumnezeu are de gând să salveze Israelul (Judecători, 6).

Legată cu lanțul de un pupitru, deschisă la pagina potrivită, *Biblia Pauperum* înfățișa credincioșilor, zi de zi și lună de lună, imaginile sale duble, împărțite în secvențe. Mulți nu puteau citi cuvintele cu litere gotice care înconjurau personajele reprezentate; câțiva pătrundeau cele câteva înțelesuri ale fiecărei imagini, cu semnificațiile lor istorice,

morale și alegorice. Dar cei mai mulți recunoșteau majoritatea perso-
najelor și scenelor și erau capabili să „citească" în respectivele imagini
relația dintre poveștile Vechiului și Noului Testament pur și simplu
datorită alăturării lor pe pagină. Fără îndoială că predicatorii și preoții
aduceau lămuriri asupra imaginilor și repovesteau evenimentele înfățișate
acolo, legându-le într-o manieră edificatoare, brodând pe marginea
narațiunii sacre. Și textele sacre însele erau citite, zi de zi, pe parcursul
întregului an, astfel încât, în decursul vieții, oamenii auzeau probabil
multe pasaje din Biblie de mai multe ori. S-a sugerat că *Biblia Pauperum*
a avut drept scop principal nu acela de a asigura lectura pentru turma
analfabetă, ci de a constitui un fel de „prompter" sau ghid tematic pen-
tru preot, un punct de plecare pentru predici sau cuvântări, ajutându-l
să demonstreze unitatea Bibliei.[23] Dacă era așa (nu există documente
care să ateste vreunul dintre scopuri), atunci, ca majoritatea cărților,
și aceasta avea o varietate de utilizatori și întrebuințări.

Probabil că *Biblia Pauperum* n-a fost numele sub care asemenea cărți
au devenit cunoscute primilor cititori. S-a descoperit că li se spunea în
mod eronat astfel abia la sfârșitul secolului XVIII, de către scriitorul
german Gotthold Ephraim Lessing, el însuși un cititor devotat, care credea
despre cărți că „explică viața". În 1770, sărac și bolnav, Lessing a acceptat
prost plătitul post de bibliotecar al asprului duce de Braunschweig, la
Wolfenbüttel. Acolo a petrecut opt ani mizerabili, a scris piesa lui cea mai
faimoasă, *Emilia Galotti*, și, într-o serie de eseuri critice, a discutat despre
relația dintre diferitele forme de reprezentare artistică.[24] Una dintre cărțile

din biblioteca ducelui era o *Biblia
Pauperum*. Pe marginea uneia dintre pa-
gini, Lessing a găsit o însemnare făcută
de cineva dintr-o epocă anterioară: *Hic
incipitur bibelia* [sic] *pauperum* („Aici în-
cepe biblia pentru săraci"). El a dedus de
aici că, pentru a fi catalogată, cartea
avusese nevoie de un nume, iar un fost
bibliotecar, având în vedere numeroasele
ilustrații și zgârcenia textului, a conclu-
zionat că aceasta se adresa analfabeților,

Gotthold Ephraim Lessing

adică săracilor, dându-i astfel o denumire pe care generațiile următoare au considerat-o autentică.[25] Așa cum a remarcat Lessing, câteva exemplare din astfel de Biblii erau totuși mult prea împodobite și costisitoare ca să fie destinate săracilor. Probabil că nu proprietarul conta – ceea ce aparținea Bisericii putea fi considerat că aparținea tuturor –, ci accesibilitatea; deschizându-și copertele în zilele cuvenite și permițând tuturor să-i inspecteze paginile, cartea numită în mod întâmplător *Biblia Pauperum* a scăpat de soarta de a fi rezervată numai celor școliți și a devenit populară printre credincioși, care erau însetați de povești.

Lessing a mai atras atenția și asupra similitudinilor dintre iconografia paralelă a cărții și cea a vitraliilor Mănăstirii Hirschau. El a sugerat că ilustrațiile din carte erau copii ale acelor vitralii; de asemenea, le-a datat ca fiind de pe vremea abatelui Johan von Calw (între 1503 și 1524), cu aproape o jumătate de secol mai vechi decât copia de la Wolfenbüttel din *Biblia Pauperum*. Cercetări moderne au arătat că nu e vorba despre o copie,[26] dar este imposibil de spus dacă nu cumva atât iconografia cărții, cât și a ferestrelor urmau o modă care se instaurase treptat de-a lungul câtorva secole. Oricum, Lessing avea dreptate să observe că „lectura" ilustrațiilor din *Biblia Pauperum* și cea a vitraliilor reprezentau, în fond, un act similar și că ambele se deosebeau de citirea unei descrieri în cuvinte pe o pagină.

Pentru creștinul știutor de carte al secolului XIV, pagina unei Biblii obișnuite avea o multitudine de înțelesuri, printre care cititorul putea înainta cu ajutorul glosarului îndrumător al autorului sau al propriilor cunoștințe. Cititorul își organiza lectura după propria dorință, prelungind-o timp de o oră sau un an, cu întreruperi sau amânări, sărind pasaje sau devorând întreaga pagină dintr-odată. Dar citirea unei pagini ilustrate din *Biblia Pauperum* era aproape instantanee, de vreme ce „textul" era oferit din punct de vedere iconografic ca un întreg, fără gradații semantice, iar durata povestirii prin imagini coincidea în mod necesar cu cea a lecturii individuale a cititorului. „Este relevant să avem în vedere", a scris Marshall McLuhan, „că vechile tipărituri și gravuri în lemn, asemenea benzilor desenate moderne, dau foarte puține informații cu privire la un anume moment în timp sau aspect în spațiu sau cu privire la un anumit obiect. Privitorul sau cititorul e constrâns să participe, completând și interpretând cele câteva sugestii asigurate de liniile delimitatoare. Nu mult diferită de caracteristicile gravurii în lemn și ale benzii desenate este imaginea TV,

Reclamă din 1994 pentru votca Absolut.

cu gradul ei foarte redus de informații despre obiecte și înaltul grad de participare din partea privitorului, căruia i se cere să completeze ceea este doar sugerat în rasterul din puncte."[27]

Pentru mine, la secole distanță, cele două moduri de citire converg atunci când îmi arunc privirea peste ziarul de dimineață: pe de o parte, e vorba despre înaintarea înceată printre știri, continuate uneori pe o pagină mai din urmă, legate de alte subiecte ascunse prin diferite secțiuni, scrise în stiluri variate, de la aparenta lipsă de emoție la ironia ostentativă; pe de altă parte, aproape involuntara asimilare a reclamelor citite dintr-o singură privire, fiecare poveste fiind spusă în cadre limitate și precise, cu ajutorul unor personaje și simboluri familiare – nu supliciile Sfintei Ecaterina sau cina de la Emaus, ci schimbările făcute ultimului tip de Peugeot sau epifania votcii Absolut.

Cine au fost, atunci, înaintașii mei, acești îndepărtați cititori de imagini? Cei mai mulți, asemenea autorilor imaginilor pe care le citeau, erau tăcuți, anonimi, nelăudați, dar din mulțimile acelea în mișcare pot fi salvați câțiva indivizi.

În octombrie 1461, după ce fusese eliberat din închisoare datorită trecerii întâmplătoare a regelui Ludovic al XI-lea prin orașul Meung-sur-Loire, poetul François Villon a compus un potpuriu poetic pe care l-a numit *Testamentul* lui.[28] Unul dintre texte, o rugăciune către Fecioara Maria, scrisă (cum ne spune el) la cererea mamei lui, pune în gura Maicii aceste cuvinte:

> Bătrână sunt, muiere nevoiașă,
> Nimic nu știu, nici deslușire literi;
> La schit văz, unde sunt enoriașă,
> Un rai leit cu cînghii și cu țiteri,
> Și-un iad cu osândiți; ne spun presviteri
> Că-i unul spaimă, altul bucurie.[29]

Fiecare obiect al serviciului religios înfățișează o scenă. Credincioșii vor putea privi chinurile Judecății de Apoi când preotul se va întoarce cu spatele ca să se roage (ca pe felonul de pe pagina următoare) sau când trece în spatele altarului (panouri pictate de Jorg Kandel din Biberach, circa 1525).

Mama lui Villon văzuse imagini ale unui Paradis senin și muzical și un Infern cuprins de flăcări, clocotind, și știa că, după moarte, sufletul ei era menit să intre în unul sau în celălalt. Evident că n-avea cum, văzând imaginile – oricât de abil pictate, oricât de mult ar fi poposit ochii ei

Felon italian din secolul XV.

asupra nenumăratelor detalii înfiorătoare – să recunoască în ele laborioasele
argumente teologice aduse de Părinții
Bisericii în decursul ultimelor cincisprezece secole. Ea, probabil, știa versiunea franceză a maximei populare
latine *Salvandorum paucitas, damnandorum
multitudo* („Câțiva sunt salvați, mulți sunt
condamnați"); probabil nu știa că Sfântul
Toma d'Aquino stabilise că proporția
celor care aveau să fie salvați era echivalentă cu cea a lui Noe și a familiei
sale în raport cu restul umanității. Predicile din biserică lămuriseră câteva
din aceste imagini, iar imaginația ei trebuie să fi făcut restul.

Ca și mama lui Villon, mii de oameni și-au ridicat privirile la imaginile care împodobeau pereții bisericii și, mai târziu, ferestrele, coloanele,
amvoanele, chiar și locurile de unde preotul își rostea predica sau panourile din spatele altarului, unde se stătea în timpul confesiunii, văzând
o multitudine de povești ori o poveste unică, veșnică. Nu există motive
să credem că lucrurile ar fi stat altfel cu *Biblia Pauperum*. Dar câțiva
învățați de astăzi nu sunt de acord. După opinia criticului german
Maurus Berve, de exemplu, *Biblia Pauperum* a fost „absolut ininteligibilă
pentru oamenii fără știință de carte". Mai mult decât atât, sugerează Berve,
„acestea erau probabil destinate celor care știau carte sau clericilor care
nu-și puteau permite achiziționarea unei Biblii complete sau celor cărora,
fiind «săraci cu duhul» [*arme in Geiste*], le lipsea un nivel superior de
educație și se mulțumeau cu astfel de extrase".[30] Prin urmare, denumirea *Biblia Pauperum* n-ar fi însemnat „Biblia săracului", ci, mai degrabă,
Biblia Pauperum Praedicatorum sau „Biblia predicatorului sărac cu duhul."[31]

Fie că imaginile erau destinate săracilor sau predicatorilor lor, este
sigur că ele stăteau deschise pe pupitru, în fața mulțimii, zi de zi, pe durata întregului an liturgic. Analfabeților, excluși din tărâmul cuvântului
scris, vederea textelor sacre reprezentate într-o carte prin imagini pe care
le puteau recunoaște sau „citi" trebuie să le fi indus sentimentul de apartenență, de împărtășire cu cei culți și puternici a prezenței materiale

a cuvântului lui Dumnezeu. Vederea acestor scene într-o carte – în acel obiect aproape magic ce aparținea exclusiv preoților instruiți și învățaților din acea vreme – era foarte diferită de vederea lor în zugrăvelile obișnuite din biserici, așa cum se întâmplase întotdeauna în trecut. Era ca și cum, deodată, sfintele cuvinte, care până atunci păruseră a fi proprietatea câtorva și puteau fi împărțite sau nu cu turma, ar fi fost dintr-odată traduse într-un limbaj pe care oricine, chiar și o femeie lipsită de educație, „sărmană și bătrână" precum mama lui Villon, le putea înțelege.

Lectura în public îndeplinea o funcție socială în Franța secolului XVIII, așa cum se arată în această gravură contemporană de Marillier.

SĂ ȚI SE CITEASCĂ

Ilustrațiile Europei medievale ofereau o sintaxă fără cuvinte, căreia cititorul îi adăuga, în tăcere, o narațiune. În vremurile noastre, descifrând imaginile reclamelor, ale artei video, ale desenelor animate, noi împrumutăm poveștii nu doar o voce, ci și un vocabular. Trebuie să fi citit și eu așa atunci când am început să citesc, înainte de a mă fi întâlnit cu literele și sunetele acestora. Trebuie să fi construit, din cărticica *Peter Iepurașul* ilustrată în acuarelă, din obraznicii din *Petrică Ciuf-Zbârlit*, din uriașele, strălucitoarele creaturi din *La Hormiguita Viajera* („Furnicuța călătoare"), povestiri care să explice și să justifice diferitele scene, legându-le într-o narațiune verosimilă, care să țină cont de fiecare dintre amănuntele înfățișate în relatare. Nu știam asta pe atunci, dar îmi exercitam libertatea de a citi până aproape de limita posibilităților ei: nu numai că spunerea poveștii îmi revenea mie însumi, dar nimic nu mă obliga să repet, de fiecare dată, aceeași poveste pentru aceleași ilustrații. Într-o versiune eroul anonim era erou, în cealaltă era răufăcător, în a treia purta numele meu.

Cu alte ocazii, am renunțat de bunăvoie la toate aceste drepturi. Am dat uitării atât cuvintele, cât și vocea, am renunțat la posesia – și uneori chiar la alegerea – cărții și, cu excepția suplimentarei întrebări lămuritoare, am devenit exclusiv auz. Mă băgam în pat (noaptea, dar adesea și în timpul zilei, deoarece frecvente crize de astm mă țineau prizonier la pat săptămâni întregi) și, sprijinit de pernele ridicate, o ascultam pe dădaca mea care-mi citea din înspăimântătoarele basme ale Fraților Grimm. Uneori, vocea ei mă făcea să adorm; alteori, dimpotrivă, mă făcea să tremur de emoție și o zoream să aflu, ceva mai repede decât era intenția autorului, ce se întâmpla în poveste. Dar, de cele mai multe ori, nu făceam decât să savurez senzația voluptuoasă de a mă lăsa purtat de cuvinte și simțeam, la modul fizic, că într-adevăr călătoream într-un loc minunat de îndepărtat, la care abia dacă îndrăzneam să arunc o privire la tainica ultimă pagină a cărții. Mai târziu, când aveam nouă sau zece ani, directorul școlii mi-a spus că numai copiilor mici li se citea. L-am crezut, am renunțat la obicei – în parte pentru că îmi făcea o enormă plăcere să mi se citească și, pe vremea aceea, eram gata să cred că orice provoca plăcere era, cumva, nesănătos. Abia mult mai târziu, când împreună cu persoana iubită am hotărât să ne citim reciproc, pe durata unei veri, *The Golden Legend**, am recăpătat plăcerea de mult pierdută de a mi se citi. Pe atunci, nu știam că arta citirii cu voce tare avea o istorie lungă și itinerantă și că, acum mai mult de un secol, în Cuba spaniolă, aceasta se instaurase ca o instituție, pe fondul privațiunilor extreme ale economiei cubaneze.

Producția țigărilor de foi fusese una din ramurile principale ale industriei din Cuba încă din secolul XVII, dar în a doua jumătate a secolului XIX climatul economic s-a schimbat. Saturarea pieței americane, șomajul în creștere și epidemia de holeră din 1855 i-au convins pe mulți muncitori că, pentru îmbunătățirea condiției lor, era necesară constituirea unui sindicat. În 1857, s-a fondat o Societate de ajutor reciproc a muncitorilor cinstiți și a zilierilor, în beneficiul exclusiv al muncitorilor albi din branșă, iar în 1858, o Societate de ajutor reciproc similară, pentru lucrătorii negri liberi. Acestea au fost primele sindicate muncitorești cubaneze și precursoarele mișcării muncitorești cubaneze de la răscrucea secolului XX.[1]

În 1865, lui Saturnino Martínez, producător de trabucuri și poet, i-a venit ideea să publice un ziar pentru lucrătorii din industria țigărilor de foi, care să conțină nu doar chestiuni politice, ci și articole despre știință și literatură, poeme și scurte povestiri. Cu sprijinul câtorva intelectuali cubanezi, Martínez a scos primul număr din *La Aurora* pe 22 octombrie al acelui an. „Scopul său", anunța el în editorial, „va fi să iluminăm, pe orice cale posibilă, acea clasă a societății căreia publicația îi este adresată. Vom face totul ca fim acceptați de cât mai mulți. Dacă nu vom reuși, va fi din vina neputinței noastre, nu din lipsa noastră de voință." De-a lungul anilor, *La Aurora* a publicat lucrări ale unor

---

* *Legenda de aur*, poemul dramatic al lui Longfellow, apărut în 1851 (n. tr.).

importanți autori cubanezi ai zilei, ca și traduceri din scriitori europeni precum Schiller și Chateaubriand, recenzii ale unor cărți și piese de teatru și relatări despre tirania proprietarilor de fabrici și despre suferințele muncitorilor. „Știți", erau întrebați cititorii pe 27 iunie 1866, „că în apropiere de La Zanja, după cum spun oamenii, un proprietar de fabrică le pune lanțuri la picioare copiilor pe care-i folosește ca ucenici?"[2]

Dar, după cum și-a dat seama în scurtă vreme Martínez, piedica din cauza căreia La Aurora nu era cu adevărat populară era, evident, analfabetismul; la mijlocul secolului XIX, abia 15% din populația muncitoare a Cubei știa să citească. Pentru a face ziarul accesibil tuturor muncitorilor, i-a venit ideea lecturii publice. L-a contactat pe directorul liceului din Guanabacoa și i-a sugerat ca școala să organizeze lecturi la locurile de muncă. Plin de entuziasm, directorul s-a întâlnit cu muncitorii de la fabrica El Figaro și, după ce a obținut permisiunea proprietarului, i-a convins de utilitatea unei asemenea acțiuni. Unul dintre muncitori a fost ales să citească, lector oficial, iar ceilalți l-au plătit pentru eforturile sale din propriile buzunare. Pe 7 ianuarie 1866, La Aurora a anunțat: „Cititul în ateliere a început pentru prima oară, la noi, iar inițiativa aparține bravilor muncitori de la El Figaro. Asta constituie un pas enorm în marșul spre progres și propășirea muncitorilor, pentru că astfel ei se vor familiariza treptat cu cartea, sursă a unei prietenii eterne și a unei mari satisfacții."[3] Printre volumele citite erau compendiul de istorie Bătălii ale secolului, romane didactice ca Regele lumii, al lui Fernández y González, deja de mult uitat astăzi, și un manual de economie politică scris de Flórez y Estrada.[4]

Cu timpul, și alte fabrici au urmat exemplul lui El Figaro. Un atât de mare succes au avut lecturile publice, încât, în foarte scurtă vreme, acestea și-au dobândit reputația de-a fi „subversive". Pe 14 mai 1866, guvernatorul politic al Cubei a publicat următorul edict:

1. Este interzis a se distrage atenția lucrătorilor din prăvăliile de tutun, ateliere și magazine de tot felul, prin lecturi de cărți și ziare sau prin discuții străine de munca în care aceștia sunt angajați.

2. Poliția va exercita o permanentă supraveghere pentru a duce la îndeplinire prezentul decret și va pune la dispoziția autorității mele pe acei proprietari de magazine, reprezentanți sau directori care ignoră edictul, ca să fie judecați de lege în conformitate cu gravitatea cazului.[5]

În ciuda prohibiției, lecturi clandestine au mai avut loc o vreme, sub
o formă sau alta; oricum, până în 1870, acestea practic dispărusеră. În
octombrie 1868, odată cu izbucnirea Războiului de Zece Ani, ziarul
La Aurora și-a încetat apariția. Și totuși, lecturile n-au fost uitate. Din 1869
ele au fost readuse la viață pe pământ american, chiar de muncitori.

Războiul de Zece Ani a început pe 10 octombrie 1868, când un
moșier cubanez – Carlos Manuel de Céspedes – și două sute de oameni
slab înarmați au cucerit orașul Santiago și au proclamat independența
țării față de Spania. Până la sfârșitul lunii, după ce Céspedes le-a oferit
libertatea sclavilor care s-ar fi alăturat revoluției, armata lui recrutase
douăsprezece mii de voluntari; în luna aprilie a anului următor, Céspedes
a fost ales președinte al noului guvern revoluționar. Dar Spania nu a
cedat. Patru ani mai târziu, Céspedes a fost destituit *in absentia* de un
tribunal cubanez, iar în martie 1874 a fost prins și împușcat de soldații
spanioli.[6] În tot acest timp, dornic să pună capăt măsurilor comerciale
restrictive ale spaniolilor, guvernul Statelor Unite îi sprijinise explicit
pe revoluționari, iar orașele New York, New Orleans și Key West și-au

Stânga: *Prima schiță cunoscută a unui lector,* în Practical Magazine, *New York, 1873.*
Sus: El lector, *de Mario Sánchez.*

deschis porturile pentru miile de refugiați cubanezi. Drept urmare, Key
West s-a transformat, în doar câțiva ani, dintr-un mic sat de pescari
într-o importantă comunitate producătoare de țigări de foi, noua capi-
tală mondială a trabucurilor de Havana.[7]

Muncitorii care au emigrat în Statele Unite au luat cu ei, printre
altele, instituția *lectorului:* o ilustrație din publicația americană *Practical
Magazine* din 1873 ne arată un asemenea *lector,* purtând ochelari și pă-
lărie cu boruri largi, șezând cu picioarele încrucișate și cu o carte în
mâini, în timp ce un șir de muncitori (cu toții bărbați) în vestă și cămașă
răsucesc țigări, părând a fi absorbiți de ceea ce fac.

Materialul pentru aceste lecturi, stabilit dinainte de muncitori (care,
ca pe vremea lui El Figaro, plăteau *lectorul* din propriul buzunar), cuprindea
atât broșuri politice și istorice, cât și romane și colecții de poezii moderne
sau clasice.[8] Muncitorii își aveau favoriții lor: *Contele de Monte Cristo* al lui
Alexandre Dumas, de exemplu, a devenit o opțiune atât de populară,
încât un grup de muncitori i-a scris autorului puțin înainte de moartea
acestuia, în 1870, rugându-l să împrumute numele eroului său unui sorti-
ment de trabuc. Dumas a acceptat.

După spusele lui Mario Sánchez, un pictor din Key West care în 1991
încă își putea aminti *lectorii* citindu-le celor care rulau țigările de foi
la sfârșitul anilor 1920, lectura avea loc într-o liniște plină de concen-
trare, iar comentariile sau întrebările nu erau permise decât după înche-
ierea sesiunii. „Tatăl meu", își amintește Sánchez, „era *lector* în fabrica
de trabucuri Eduardo Hidalgo Gato de la începuturile anilor 1900

până după 1920. Dimineața, el citea știrile pe care le traducea din ziarele locale. Citea știrile internaționale direct din ziarele cubaneze, aduse zilnic cu vaporul de la Havana. De la prânz până la ora trei după-amiaza, citea dintr-un roman. Oamenii se așteptau ca el să interpreteze personajele imitându-le vocile, asemenea unui actor." Muncitorii care petrecuseră câțiva ani la ateliere puteau cita din memorie pasaje lungi de poezie și chiar de proză. Sánchez pomenea despre un bărbat care era capabil să-și amintească în întregime *Gânduri către sine însuși*, de Marcus Aurelius.[9]

Muncitorii cărora li se citea cu voce tare au constatat că puteau alterna activitatea mecanică și monotonă a rulării frunzelor puternic aromate cu urmărirea unor aventuri, a unor idei de luat în considerare, reflecții pe care să și le însușească. Nu știm dacă, în lungile ore petrecute în ateliere, ei au regretat că restul trupului lor era exclus de la ritualul citirii; nu știm dacă degetele acelora care știau să citească tânjeau să întoarcă pagina, să urmărească rândul; nu știm dacă cei care nu învățaseră niciodată să citească au simțit îndemnul să o facă.

Într-o noapte, cu câteva luni înaintea morții sale, survenite pe la 547 – cam cu treisprezece secole înaintea *lectorilor* cubanezi – Sfântul Benedict din Nursia a avut o viziune. În timp ce se ruga lângă fereastra deschisă, privind afară în întuneric, „întreaga lume a părut să se adune într-o

singură rază de soare, adusă astfel în fața ochilor săi".[10] Bătrânul trebuie să fi văzut, cu lacrimi în ochi, „acel obiect secret și ipotetic al cărui nume oamenii și-l însușiseră, dar pe care nimeni nu-l văzuse: universul de neconceput".[11]

Benedict renunțase la lume la vârsta de paisprezece ani și se lipsise de beneficiile și titlurile bogatei sale familii romane. În jurul anului 529,

Un manuscris anluminat din secolul XI, înfățișându-l pe Sfântul Benedict oferindu-și Regulile unui egumen.

el ctitorise o mănăstire pe Monte Cassino – o colină abruptă, care se ridica la vreo 450 de metri deasupra unui templu antic păgân, la jumătatea drumului dintre Roma și Neapole – și alcătuise o serie de reguli pentru călugării săi,[12] prin care autoritatea unui cod de legi a înlocuit voința absolută a starețului mănăstirii. Poate pentru că el căutase în Scripturi viziunea atotcuprinzătoare de care avea să aibă parte câțiva ani mai târziu sau poate pentru că era încredințat, asemenea lui Sir Thomas Browne, că Dumnezeu ne-a dăruit lumea în două chipuri: natură și carte,[13] Benedict a decretat că lectura avea să constituie o parte esențială a vieții zilnice din mănăstire. Procedura a fost stabilită prin regula 38 din *Regula* sa:

> În timp ce frații își iau prânzul, se va citi întotdeauna; nimeni nu va îndrăzni să ia cartea la întâmplare și să se apuce să citească acolo; dar cel care urmează să citească pe durata întregii săptămâni își va începe datoria duminica. Și, începându-și îndatorirea după Slujbă și Împărtășanie, le va cere tuturor să se roage pentru el, ca Dumnezeu să-l țină departe de spiritul exaltării. Și versul acesta va fi spus în oratoriu de trei ori de toți, cititorul fiind cel care-l rostește dintâi: „O, Doamne, deschide buzele mele, iar gura mea va da grai întru prețuirea Ta." Și astfel, fiind primită binecuvântarea, va purcede la îndatoririle sale de cititor. Și va fi cea mai mare liniște la masă, așa că nicio șoaptă sau vreo voce în afară de cea a cititorului să nu se audă. În ceea ce privește mâncarea, frații își vor trece unul altuia pe rând orice ar avea nevoie, așa ca nimeni să nu fie nevoit să ceară nimic.[14]

Ca și în fabricile cubaneze, cartea spre lectură nu era aleasă la întâmplare; dar, spre deosebire de fabrici, unde titlurile erau selectate prin consens, în mănăstire alegerea era făcută de autoritățile comunității. Pentru muncitorii cubanezi, cărțile puteau deveni (de multe ori chiar au devenit) proprietatea intimă a fiecărui ascultător; dar, pentru discipolii Sfântului Benedict, satisfacția, plăcerea personală și mândria erau de evitat, de vreme ce bucuria textului urma să fie comună, nu individuală. Cel care se ruga lui Dumnezeu, cerându-i să deschidă buzele cititorului, plasează actul lecturii în mâinile Atotputernicului. Pentru Sfântul Benedict, textul – Cuvântul Domnului – era dincolo de gustul personal, dacă nu dincolo de înțelegere. Textul era imuabil, iar autorul (ori Autorul) reprezenta autoritatea definitivă. Până la urmă, liniștea la masă, lipsa de reacție a auditoriului erau necesare nu doar pentru a asigura concentrarea, ci și pentru a exclude orice ar fi putut fi interpretat drept comentariu personal asupra cărților sfinte.[15]

Mai târziu, în mănăstirile cisterciene fondate de-a lungul și de-a latul Europei de la începutul secolului XII, *Regula Sfântului Benedict* a fost folosită pentru a asigura un flux ordonat al vieții monastice, în care suferințele și dorințele personale erau subordonate nevoilor comune. Încălcarea regulilor era pedepsită cu flagelarea, iar vinovații era separați de comunitate, izolați de frații lor. Singurătatea și recluziunea erau considerate pedepse; secretele erau știute de toată lumea; aspirațiile individuale de orice fel, intelectuale sau altminteri, erau sever descurajate; disciplina era răsplata celor care trăiau corect în sânul comunității. În viața de zi cu zi, călugării cistercieni nu erau niciodată singuri. La masa de prânz, spiritele lor erau abătute de la plăcerile cărnii și se solidarizau întru sfântul cuvânt prin lecturile prescrise de Sfântul Benedict.[16]

Adunarea destinată cititului a devenit o practică necesară și obișnuită în Evul Mediu. Până la inventarea tiparului, știința de carte nu era răspândită și cărțile rămâneau în proprietatea celor bogați, privilegiul unui grup restrâns de cititori. Atunci când unii dintre acești norocoși potentați își împrumutau ocazional cărțile, o făceau pentru un număr limitat de persoane din interiorul propriei clase sau familii.[17] Cei care doreau să ia cunoștință de o carte sau de un autor aveau adesea o mai bună șansă să audă textul recitat sau citit cu voce tare decât să țină prețiosul volum în propriile mâini.

Existau mai multe moduri diferite de a asculta un text. Începând cu secolul XI, străbătând regatele Europei, *jongleurii** nomazi recitau sau cântau propriile versuri sau pe cele compuse de maeștrii lor trubaduri, pe care *jongleurii* le depozitau în prodigioasa lor memorie.

---

* *Jongleurii* erau artiști populari itineranți, un fel de animatori buni la toate, care își câștigau existența prin diferite reprezentări artistice: recitau versuri, povesteau întâmplări, compuneau versuri și muzică ad-hoc, dansau, mimau, făceau acrobații. Erau văzuți diferit față de trubaduri sau truveri - considerați a fi pe o treaptă artistică superioară, în timp ce *jongleurii* erau oarecum marginalizați. Am păstrat în text denumirea „jongleur" („jogler" în lb. engleză în original) pentru a-l diferenția de termenul contemporan de „jongler", prin care este desemnat un artist specializat doar în acrobații (n. ed.).

Ei erau artiști ambulanți, care își făceau apariția la târguri, în piețe,
sau la curțile nobililor. În general, erau de origine modestă și, de obi-
cei, li se refuzau protecția legii și împărtășania Bisericii.[18] Trubadurii,
ca Guillaume de Aquitania, bunicul Eleonorei, și Bertran de Born,
care era Lord de Hautefort, erau de viță nobilă și scriau cântece so-
lemne, în care slăveau iubirea lor inaccesibilă. Dintre cei aproximativ
o sută de trubaduri cunoscuți după nume, de la începutul secolului XII
până în secolul XIII, perioadă în care au fost la modă, circa douăzeci
erau femei. Se pare că, în general, jonglerii erau mai populari decât
trubadurii, așa că artiști mai pretențioși, precum Peter Pictor, se
plângeau că „unii dintre înalții ecleziaști ascultă mai degrabă versurile
prostești ale unui *jongleur* decât stanțele minunate ale unui poet latin
serios"[19] – referindu-se la el însuși.

Să ți se citească dintr-o carte era o experiență oarecum diferită.
Recitalul unui *jongleur* avea toate caracteristicile evidente ale unui
spectacol, iar succesul sau insuccesul depindea, în mare măsură, de
expresivitatea acestuia, subiectul fiind destul de previzibil. În timp ce
o lectură în public depindea și de abilitatea cititorului de a „da un
spectacol", ea punea mai degrabă accentul pe text decât pe cititor.
Auditoriul unui recital îl privea pe *jongleur* interpretând cântecele unui
anumit trubadur, cum era faimosul Sordello; auditoriul unei lecturi
publice putea asculta anonimul *Roman de Renart* („Romanul Vulpoiului")
citit de un membru știutor de carte al familiei.

La curțile nobililor și uneori și în casele mai modeste, cărțile erau
citite cu voce tare familiei și prietenilor atât pentru instruire, cât și
pentru distracție. Lectura de la masa de prânz nu avea scopul să te
distragă de la plăcerile gustative; dimpotrivă, intenția era să le sporească
prin plăcerea imaginației, o practică păstrată de pe vremea Imperiului
Roman. Plinius cel Tânăr menționează într-una dintre scrisorile sale
că, în timp ce lua masa cu soția lui sau cu câțiva prieteni, îi plăcea să
i se citească dintr-o carte amuzantă.[20] La începutul secolului XIV,
contesa Mahaut de Artois călătorea cu toate cărțile din biblioteca sa
împachetate în geamantane mari din piele, iar o însoțitoare îi citea
seara lucrări filozofice sau relatări amuzante despre țări străine, precum
Cartea lui Messer Marco Polo.[21] Părinții știutori de carte le citeau copiilor.
În 1399, notarul toscan Ser Lapo Mazzei îi scria unui prieten, ne-
gustorul Francesco di Marco Datini, cerându-i să-i împrumute

Grup de lectură timpuriu, ilustrație din Les Évangiles des quenouilles, *secolul XV.*

Floricelele Sfântului Francisc, ca să le citească cu voce tare fiilor lui. „Băieţii ar savura-o în serile de iarnă", explica el, „pentru ei este, aşa cum ştii, foarte uşor s-o înţeleagă."[22] În Montaillou, la începutul secolului XIV, Pierre Clergue, preotul satului, le citea uneori cu voce tare din aşa-zisa *Livre de la foi des hérétiques* („Cartea credinţei ereticilor") celor strânşi în jurul focului în căminele lor; în satul Aix-les-Thermes, cam în aceeaşi perioadă, ţăranul Guillaume Andorran a fost descoperit citindu-i mamei lui o evanghelie eretică şi a fost judecat de Inchiziţie.[23]

Évangiles des quenouilles („Evangheliile torcătoarelor") din secolul XV demonstrează cât de fluide puteau fi aceste lecturi neoficiale. Naratorul, un om bătrân şi învăţat, „într-o seară, după cină, în vremea lungilor nopţi de iarnă dintre Crăciun şi Întâmpinarea Domnului", vizitează casa unei femei mai în vârstă, unde câteva dintre femeile din vecini se adunau adesea „să toarcă şi să vorbească despre multe lucruri vesele şi mărunte". Femeile, remarcând că bărbaţii din vremea lor „scriu neîncetat satire defăimătoare şi cărţi vicioase, împotriva onoarei sexului femeiesc", cer naratorului să participe la întâlnirile lor – un fel de grup de lectură *avant la lettre* – şi să facă pe copistul, în timp ce ele citeau cu voce tare anumite pasaje privind sexele, relaţiile amoroase, cele maritale, superstiţiile şi obiceiurile locului, comentând asupra acestora din punctul de vedere al femeii. „Una dintre noi va începe să citească şi va citi câteva capitole tuturor celorlalte prezente", explică una dintre torcătoare cu entuziasm, „ca să le reţinem şi să le statornicim pentru totdeauna în memoria noastră."[24] Timp de şase zile femeile au citit, au intervenit, comentat, obiectat şi explicat, părând să se distreze singure atât de copios, încât naratorul găseşte lejeritatea lor obositoare şi, deşi le înregistrează cu fidelitate cuvintele, apreciază comentariile drept „lipsite de poezie sau de judecată". Naratorul este, fără îndoială, obişnuit cu abordările mai formale şi scolastice ale bărbaţilor.

Lecturile publice informale, ocazionate de diverse întruniri, erau evenimente destul de obişnuite în secolul XVII. Oprindu-se la un han în căutarea rătăcitorului Don Quijote, preotul care arsese cu atâta râvnă cărţile de pe rafturile bibliotecii cavalerului le explică celor prezenţi cum lectura romanelor cavalereşti afectase minţile eroului lui Cervantes. Hangiul obiectează la această afirmaţie, mărturisind că lui îi place foarte mult să asculte poveştile în care eroul înfruntă cu temeritate uriaşii, sugrumă şerpi monstruoşi şi înfrânge de unul singur armate numeroase.

„La vremea secerișului", spune el, „se adună aici la clacă o grămadă de
secerători și-ntotdeauna se întâmplă să se afle și câte unul știutor de carte,
care pune mâna pe vreuna din cărțile astea și noi facem roată în jurul
lui câte treizeci și mai bine și stăm și-l ascultăm cu atâta plăcere, că parcă
ne-ar lua cine știe ce greutate de pe suflet!" Fiicei lui, care face și ea parte
din auditoriu, îi displac însă scenele de violență; preferă „văicărelile ca-
valerilor când lipsesc domnițele lor, care, să spun drept, câteodată mă
fac să le plâng de milă". Un tovarăș de drum, care se întâmplă să aibă la
el câteva cărți cavalerești (pe care preotul vrea să le ardă de îndată), poartă
la el în desagă și manuscrisul unui roman. Cumva împotriva voinței sale,
clericul acceptă să-l citească cu voce tare pentru toți cei prezenți. Titlul
romanului este, în mod adecvat, *Impertinentul curios*[25], iar citirea lui se
desfășoară de-a lungul următoarelor trei capitole, timp în care fiecare se
simte liber să întrerupă și să comenteze după voie.[26]

Atât de relaxate erau asemenea întruniri, atât de libere de constrân-
gerile lecturilor instituționalizate, încât ascultătorii (sau cititorul) puteau
transfera mental textul în vremea și în locurile lor. Două secole după
Cervantes, editorul scoțian William Chambers a scris biografia fratelui
său Robert, cu care fondase în 1832 faimoasa companie din Edinburgh
care le poartă numele, amintindu-și astfel de lecturi în orașul copilăriei
lor, Peebles. „Fratele meu și cu mine", a scris el, „găseam multă plăcere, ca
să nu spun învățăminte, în cântarea unor balade vechi sau în povestirea
de istorii legendare de către o femeie mai în vârstă, care ne era un fel de
rudă, nevasta unui negustor scăpătat, care locuia într-una din vechile anexe
ale bisericii. La focul ei modest, sub cornișa unui șemineu enorm, unde
soțul ei pe jumătate orb și neputincios din cauza bătrâneții ședea moțăind
într-un scaun, bătălia de la Corunna și alte asemenea precumpănitoare
noutăți se amestecau în mod bizar cu disertații asupra războaielor evreiești.
Aceste interesante conversații erau generate de un exemplar jerpelit din
traducerea lui L'Estrange a operelor lui Josephus Flavius, un mic *folio**

---

* *Folio* reprezintă atât denumirea dată în Evul Mediu paginii unui manuscris, cât
și denumirea unui anumit tip de dimensiune a cărții. Formatele *folio* erau cele obținute
prin plierea foii de tipar o singură dată, iar dimensiunea unui *folio* este de 30,5 × 48,3 cm.
Alte dimensiuni obișnuite ale formatelor cărților sunt *quarto* (plierea foii de tipar de
două ori, pentru a produce patru foi față-verso, adică opt pagini de text) care măsoară
24,1 × 30,5 cm, sau *octavo* (plierea în opt foi, adică șaisprezece pagini de text) care mă-
soară 16,5 × 25,4 cm (n. ed.).

datat în 1720. Invidiatul posesor al lucrării era Tam Fleck, «un copchil lunecos», cum era considerat, care, neținându-se conștiincios de treabă, își făcuse un fel de meserie din a ieși seara cu acel Josephus, pe care-l citea ca pe ceva de actualitate; singura lumină pe care o avea pentru lectură fiind, de obicei, cea răspândită de flacăra pâlpâitoare a unei bucăți de turbă. Tactica lui era să nu citească mai mult de două sau trei pagini la o ședință, împănate pe post de note de subsol cu agere comentarii care-i aparțineau și, așa, obținea un extraordinar interes din partea ascultătorului. Desfăcându-și marfa cu multă măsură în fiecare casă, Tam îi ținea pe toți la același nivel de informare și-i punea pe jar insuflându-le neliniștea ce însoțea vreun eveniment emoționant din analele evreiești. Deși, astfel, el ținea un curs Josephus în fiecare an, impresia de noutate părea, cumva, să nu se epuizeze niciodată."[27]

— Ei, Tam, care-s noutățile în noaptea iasta? spunea bătrânul Geordie Murray, când intra Tam cu Josephus al său sub braț și se așeza în fața șemineului familiei.

— Vești proaste, vești proaste, răspundea Tam. Titus a început s-asedieze Ierusalimul, o să hie daraveră mare.[28]

În timpul lecturii (sau al interpretării, sau al recitării), deținerea unei cărți căpăta, uneori, valoare magică. În nordul Franței, chiar și astăzi, povestitorii rurali folosesc cărțile ca pe niște proptele; ei memorează textul, dar autoritatea și-o câștigă pretinzând că-l citesc din carte, chiar dacă o țin uneori cu susul în jos.[29] Ceva în actul de a poseda o carte – un obiect care conține un infinit număr de fabule, vorbe de duh, cronici ale vremurilor trecute, anecdote sau revelații divine – îl înzestrează pe cititor cu puterea de a crea o poveste, iar pe ascultător cu senzația de a fi prezent la momentul creației. Ceea ce contează la astfel de recitaluri este ca momentul lecturii cu voce tare să fie integral pus în scenă – adică să existe un cititor, un auditoriu și o carte – fără de care reprezentația nu ar fi completă.

Pe vremea Sfântului Benedict, a ți se citi era considerat un act spiritual; secole mai târziu, acest nobil pretext putea fi folosit pentru a masca un altul, ce părea să „meargă" mai puțin. De exemplu, la începutul secolului XIX, când noțiunea de femeie cultivată încă mai făcea lumea să se încrunte în Anglia, a ți se citi devenise unul dintre modurile acceptate de societate pentru a studia. Romanciera Harriet Martineau s-a plâns în memoriile sale, publicate după moarte, în 1876, că „pe vremea când era tânără se considera că nu se cuvine ca o tânără domnișoară să studieze la vedere; se aștepta de la ea să șadă în salon cu lucrul de mână, să asculte citindu-i-se, cu voce tare, dintr-un volum și să fie gata să primească oaspeți. Când aceștia veneau, conversația se abătea, în mod firesc, asupra cărții care tocmai fusese lăsată din mână, care, prin urmare, trebuia să fie aleasă cu multă grijă, ca nu cumva vizitatorul șocat să povestească despre impardonabila permisivitate arătată de familia de la care tocmai plecase la vremea când poposea în următoarea casă, dând curs altei invitații“.[30]

Pe de altă parte, cineva putea să lectureze cu voce tare tocmai pentru a *provoca* această mult regretată permisivitate. În 1871, Diderot a scris amuzat despre cum a „lecuit-o“, supunând-o, timp de mai multe săptămâni, unei diete de literatură deocheată pe soția lui bigotă Nanette, care spunea că n-o să se atingă de nicio carte, decât dacă ar conține ceva care s-o înalțe spiritual.

Am devenit lectorul ei. Îi administram trei porții de *Gil Blas* în fiecare zi: una dimineața, una după masa de prânz și una seara. Când vom ajunge la sfârșitul lui *Gil Blas* vom continua cu *Diavolul șchiop* și *El estudiante de Salamanca* („Studentul din Salamanca“) și alte lucrări voioase din aceeași clasă. Câțiva ani și câteva sute de asemenea lecturi vor completa tratamentul. Dacă aș fi sigur de succes, nu m-aș plânge că n-a meritat efortul. Ceea ce mă amuză este că tratează pe oricine-i vine în vizită repetându-i ceea ce tocmai i-am citit și, astfel, conversația dublează efectul medicamentului. Am vorbit întotdeauna despre romane ca despre niște producții frivole, dar am descoperit până la urmă că sunt bune pentru nervi. Îi voi da doctorului Tronchin rețeta data viitoare când îl văd. Rețetă: opt pagini din *Le roman comique* („Romanțul comic“) al lui Scarron; patru capitole din *Don Quijote*; un paragraf bine ales din Rabelais; infuzie cu o cantitate rezonabilă din *Jacques Fatalistul* sau *Manon Lescaut*, iar aceste doctorii trebuie schimbate așa cum cineva schimbă ierburile, substituindu-le cu altele cu proprietăți similare, dacă e necesar.[31]

Citirea făcută de un altul îi oferă ascultătorului accesul confidențial la reacții care de obicei trebuie să aibă loc neauzite, o experiență catarthică pe care romancierul spaniol Benito Pérez Galdós o descrie într-unul din ale sale *Episodios nacionales* („Episoade naționale"). Doña Manuela, o cititoare din secolul XIX, se retrage în dormitor cu scuza că nu vrea să facă febră citind complet îmbrăcată sub lumina lămpii din salon, în timpul unei nopți călduroase de vară din Madrid. Galantul său admirator, generalul Leopoldo O'Donnell, se oferă să-i citească cu voce tare până când adoarme și alege una dintre scrierile de mântuială care o încântau pe doamnă, „una din acele intrigi complicate și încâlcite, prost traduse din franceză". Ghidându-și privirea cu degetul arătător, O'Donnell îi citește descrierea unui duel în care un tânăr blond îl rănește pe un anume Monsieur Massenot:

> — E minunat! exclamă Doña Manuela, extaziată. Tipul acela blond, nu-ți amintești, este artileristul care a venit din Bretania deghizat în negustor ambulant. După cum arată, trebuie să fie fiul din flori al unei ducese... Continuă... Dar după cele ce tocmai ai citit, vrei să spui că i-a tăiat lui Massenot nasul?
>
> — Așa se pare... Aici spune limpede: „Fața lui Massenot era acoperită de sânge, care curgea ca două pârâiașe peste mustața lui încărunțită."
>
> — Sunt încântată... Așa i se cuvine, iar dacă nu-i ajunge, să poftească din nou. Acum să vedem ce altceva ne va mai spune autorul.[32]

Pentru că lectura cu voce tare nu este un act privat, alegerea materialului de citit trebuie să fie acceptabilă din punct de vedere social atât pentru lector, cât și pentru auditoriu. La prezbiteriul Steventon, în Hampshire, cei din familia Austen își citeau unii altora în toate momentele zilei și comentau oportunitatea fiecărei selecții. „Tata ne citește Cowper dimineața și eu ascult de câte ori pot", scrie Jane Austen în 1808. „Am făcut rost de al doilea volum din *Espriella's Letters* („Scrisorile Espriellei") [de Southey] și l-am citit cu voce tare la lumina sfeșnicului." „Ar trebui oare să fiu foarte încântată de *Marmion* [al lui sir Walter Scott]? Deocamdată nu sunt. James [fratele mai mare] citește din el cu voce tare în toate serile - seri scurte, care încep pe la zece, și sunt întrerupte de cină." Ascultând *Alphonsine* de Madame de Genlis, Austen e revoltată: „Am fost cuprinși de dezgust după douăzeci de pagini, pentru că, pe lângă proasta traducere, avea grosolănii ce nu fac cinste unei pene altfel atât de pure; și am schimbat-o cu *Female Quixote* („Un Quijote feminin") [de Lennox], care acum constituie amuzamentul nostru de seară, pentru mine unul foarte mare, căci găsesc lucrarea întru totul egală celei pe care mi-o amintesc."[33] (Mai târziu, în scrierile lui Jane Austen se vor regăsi ecouri din aceste cărți pe care le auzise citite cu voce tare, în referiri directe făcute de personaje definite prin preferințele sau antipatiile lor literare: Sir Edward Denham îl cataloghează pe Scott drept „fad" în *Sanditon*, iar în *Mănăstirea Northanger* John Thorpe afirmă: „Nu citesc niciodată romane" – deși mărturisește imediat că găsește *Tom Jones* al lui Fielding și *Călugărul* lui Lewis „tolerabil de decente".)

Fie că ți se citește în scopul purificării trupului, fie că ți se citește pentru plăcere, fie că ți se citește pentru educare sau pentru a instaura supremația sunetelor asupra simțurilor, actul lecturii îmbogățește și sărăcește în același timp. A permite altcuiva să rostească cuvintele de pe pagină în locul nostru este o experiență cu mult mai puțin personală decât a ține cartea și a urmări textul cu propriii ochi. Acceptarea autorității vocii aceluia care citește – cu excepția situației când personalitatea celui care ascultă este una copleșitoare – ne privează de capacitatea de a stabili un anumit ritm al cărții, o tonalitate, o intonație care sunt unice fiecărei persoane. Urechea se supune limbii altcuiva și, printr-un asemenea act, se stabilește o ierarhie (uneori devenită vizibilă prin poziția privilegiată a cititorului, pe un scaun separat sau pe un podium), care îl pune pe ascultător la cheremul cititorului. Chiar și din punct de vedere fizic, ascultătorul va urma adesea indicațiile celui care citește. Descriind o lectură între prieteni, Diderot a scris în 1759: „Fără să-și dea seama, cititorul se comportă în modul pe care-l consideră cel mai adecvat, iar ascultătorul face așijderea. [...] Adăugați scenei un al treilea personaj, și el se va supune regulii instaurate de primii doi: este un sistem combinat de trei interese."[34]

În același timp, actul de a citi cu voce tare unui ascultător atent îl obligă adesea pe cititor să fie mai meticulos, să citească fără să sară sau să revină la unele pasaje, acordând textului o anumită formalitate rituală. Fie că ne aflăm într-o mănăstire benedictină sau în saloanele din vreme de iarnă de la sfârșitul Evului Mediu, în hanurile și bucătăriile din timpul Renașterii ori în atelierele și fabricile de țigări de foi ale secolului XIX – chiar și astăzi, ascultând înregistrarea vocii unui actor care lecturează o carte în timp ce noi conducem pe autostradă – ceremonialul de a asculta pe altcineva citindu-ne ne privează fără îndoială pe noi, ascultătorii, de o parte din libertatea inerentă actului lecturii – alegerea tonului, accentuarea unui element, întoarcerea la pasajul preferat – dar, în același timp, conferă textului fluctuant o identitate stabilă, un fel de unitate temporală și o existență spațială, pe care el rareori o capătă în mâinile capricioase ale cititorului solitar.

Maestrul tipograf Aldus Manutius.

FORMA CĂRȚII

Mâinile mele, când aleg o carte pe care s-o iau în pat sau la pupitru, pe care s-o citesc în tren sau s-o ofer în dar, iau în considerare atât forma, cât și conținutul. În funcție de ocazie, în funcție de locul unde am ales să citesc, prefer ceva mic și comod sau ceva amplu și substanțial. Cărțile își impun prezența prin titlu, autor, locul pe care îl ocupă într-un catalog sau pe un raft, ilustrațiile de pe supracopertă; cărțile își impun prezența și prin mărimea lor. În momente și în locuri diferite, mă aștept ca unele cărți să arate într-un fel anume și, ca în toate cele ce se supun modei, aceste trăsături schimbătoare impun o anume caracteristică în definirea unei cărți. Evaluez cartea după copertă; evaluez cartea după formă.

Chiar de la început, cititorii au cerut cărți în formate adaptate felului în care intenționau să le folosească. Primele tăblițe mesopotamiene erau, de obicei, pătrate, dar uneori și alungite, cu o diagonală de aproximativ 7,5 centimetri, și puteau fi ținute bine în mână. O carte consta din câteva tăblițe de acest fel, păstrate, probabil, într-o pungă din piele sau o cutie, astfel încât cititorul să poată scoate tăbliță după tăbliță, într-o ordine predeterminată. E posibil ca mesopotamienii să fi avut și cărți legate, în mare asemenea volumelor noastre; pe pietrele funerare neohitite sunt reprezentate obiecte asemănătoare codexurilor - poate fi vorba de o serie de tăblițe legate laolaltă în interiorul unei coperte - dar nicio astfel de carte nu s-a păstrat până în zilele noastre.

Nu toate cărțile mesopotamiene erau menite să fie ținute în mână. Există texte scrise pe suprafețe mult mai mari, precum Codul de Legi din Imperiul Asirian de Mijloc, găsit la Ashur și datând din secolul XII î.e.n., care măsoară 20 m^2 și al cărui text se desfășoară pe coloane, pe ambele fețe.[1]

În mod evident, o asemenea „carte" nu era menită să fie „mânuită", ci înălțată pe un suport și consultată ca o lucrare de referință. În cazul acesta, mărimea trebuie să fi avut și o semnificație ierarhică; o tăbliță putea sugera o tranzacție privată; o carte de legi în format atât de mare sugera, cu siguranță, în ochii cititorului mesopotamian, însăși autoritatea legilor.

Desigur, indiferent ce și-ar fi dorit cititorul, alegerea formatului unei cărți era limitată. Argila era potrivită pentru confecționarea de tăblițe, iar din papirus (tulpinile uscate și despicate ale unei plante asemănătoare cu trestia) puteau fi făcute suluri ușor de manevrat; ambele erau relativ ușor transportabile. Dar niciunul dintre aceste materiale nu era potrivit pentru confecționarea cărții ce avea să înlocuiască tăblița și sulul: codexul sau teancul de pagini legate. Un codex din tăblițe de argilă ar fi fost greu și incomod; cât despre papirus, cu toate că existau codexuri făcute astfel, materialul era prea fragil pentru a fi împăturit în fascicule. Pergamentul, pe de altă parte, și velinul (ambele confecționate din piei de animale, dar prin proceduri diferite) puteau fi tăiate și împăturite în orice formă sau dimensiune.

Potrivit lui Plinius cel Bătrân, regele Ptolemeu al Egiptului, dorind să păstreze ca secret național fabricarea papirusului, în avantajul Bibliotecii din Alexandria, a interzis exportul acestuia, forțându-l astfel pe rivalul lui, Eumenes, conducătorul Pergamului, să găsească un material nou pentru cărțile din biblioteca sa.[2] Dacă e să-i dăm crezare lui Plinius, edictul regelui Ptolemeu a dus la invenția pergamentului în Pergam, în secolul II î.e.n., deși primele astfel de cărți despre care știm astăzi au fost realizate cu un secol mai devreme.[3] Aceste materiale nu erau folosite exclusiv pentru un singur fel de carte: existau suluri făcute din pergament și, așa cum am mai spus, codexuri făcute din papirus, deși rar întâlnite și deloc practice, așa cum am menționat. Din secolul IV și până la apariția hârtiei în Italia, opt secole mai târziu, pergamentul a fost, în toată Europa, materialul preferat pentru confecționarea cărților. Era nu doar mai rezistent și mai moale decât papirusul, ci și mai ieftin, de vreme ce un cititor anonim care a cerut cărți scrise pe papirus (în pofida edictului regelui Ptolemeu) a trebuit să importe materialul din Egipt contra unor sume considerabile.

Codexul din pergament a devenit rapid forma uzuală a cărților pentru funcționari și pentru preoți, călători și studenți – de fapt, pentru toți cei care aveau nevoie să-și transporte, într-un mod convenabil, dintr-un loc în altul, ceea ce aveau de citit și să consulte, cu ușurință, orice secțiune a textului. Mai mult decât atât, ambele fețe ale filei puteau fi acoperite de text, iar cele patru margini ale filei codexului făceau mai ușoară adăugarea de glose și comentarii, permițând cititorului să intervină în text – o participare care era mult mai dificilă când citeai de pe sul. Însăși alcătuirea textelor, care obișnuiau să fie împărțite în conformitate cu mărimea unui sul (în cazul *Iliadei* lui Homer, de exemplu, împărțirea poemului în douăzeci și patru de cărți a rezultat probabil din faptul că acesta, în mod normal, ocupa douăzeci și patru de suluri), s-a schimbat.

Textul putea fi acum structurat, în funcție de conținut, în cărți sau capitole, sau putea deveni el însuși o componentă, atunci când un număr de lucrări mai scurte erau adunate, din motive de comoditate, sub o singură copertă. Sulul cel incomod poseda o suprafață limitată – un dezavantaj de care suntem cu atât mai mult conștienți astăzi, când suntem nevoiți să ne întoarcem la această metodă antică de structurare a textului pe ecranele computerelor noastre, care ne arată doar o porțiune din text, pe măsură ce îl „rulăm" în sus sau în jos. Codexul, pe de altă parte, permitea cititorului să se întoarcă aproape instantaneu la alte pagini și să rămână, astfel, cu o percepție a întregului – percepție dată de faptul că, pe parcursul lecturii, întregul text era ținut de obicei în mâinile cititorului. Codexul avea și alte extraordinare merite: menit inițial să fie transportat cu ușurință și, astfel, să fie cât mai mic, a crescut ulterior atât ca dimensiune, cât și ca număr de pagini, devenind, dacă nu nelimitat, cel puțin mult mai mare decât orice carte de până atunci. Marțial, poet ce a trăit în secolul I e.n., se minuna de puterile magice ale unui obiect destul de mic cât să poată fi luat în mână, dar care conținea, în același timp, o infinitate de minunății:

> Homer pe pagini de pergament!
> *Iliada* și toate aventurile
> Lui Ulise, dușmanul regatului lui Priam!
> Toate cetluite într-o bucată de piele
> Împăturită în câteva file mici![4]

Avantajele codexului au prevalat: în anul 400 e.n., clasicul sul fusese abandonat definitiv și majoritatea cărților erau confecționate din pagini adunate într-un format dreptunghiular. Îndoit o dată, pergamentul a devenit un *folio;* îndoit de două ori, un *quarto;* îndoit încă o dată, un *octavo.* Din secolul XVI, formatele colilor împăturite au devenit oficiale.

Gravură copiată după un basorelief, arătând o metodă de depozitare a sulurilor în Roma antică. Observați etichetele de identificare atârnând la capetele sulurilor.

În Franța, în 1527, Francisc I a decretat dimensiunile standard ale hârtiei în tot regatul său; oricine încălca legea era aruncat în închisoare.[5]

Dintre toate formele pe care le-au căpătat cărțile de-a lungul timpului, cele mai populare au fost acelea care i-au permis cititorului să țină comod în mână un volum. Chiar și în Grecia și Roma, unde sulurile erau folosite, în mod normal, pentru orice fel de text, misivele private erau scrise de obicei pe tăblițe mici din ceară, portabile și reutilizabile, protejate de rame în relief și de coperte împodobite. Cu timpul, tăblițele au lăsat locul câtorva file de pergament subțire, uneori de culori diferite, destinate notițelor făcute în grabă sau socotelilor.

În Roma, pe la începutul secolului III e.n., aceste cărticele și-au pierdut valoarea practică și au început să fie căutate, în schimb, pentru aspectul copertelor lor. Legate în plăci din fildeș frumos ornamentate, ele erau oferite în dar înalților oficiali cu ocazia numirii lor în funcție; mai târziu, au devenit și daruri personale, iar cetățenii bogați au început să-și ofere unii altora cărți în care scriau un poem sau o dedicație. Curând, librari întreprinzători s-au apucat să confecționeze mici colecții de poeme în această manieră – cărticele-cadou, a căror valoare consta mai puțin în conținutul lor, cât în decorațiunile complicate.[6]

Dimensiunea unei cărți, dacă era vorba despre un sul sau un codex, constituia criteriul de așezare în biblioteca unde era păstrată. Sulurile erau

puse fie în cufere de lemn (care semănau cu un fel de cutii pentru pălării),
cu etichete confecționate din argilă, în Egipt, și din pergament, în Roma,
fie în dulapuri, cu etichetele (*index* sau *titulus*) la vedere, astfel încât cartea
să fie ușor de identificat. Codexurile erau puse pe orizontală, pe rafturi
înălțate în acest scop. Descriind o vizită făcută într-o casă de țară din
Galia în jurul anului 470 e.n., Gaius Sollius Apollinaris Sidonius, episcop
de Auvergne, a pomenit de un număr de dulapuri pentru cărți a căror
mărime varia în funcție de cea a codexurilor pe care erau menite să le
adăpostească: „Și aici erau cărți din belșug; ai putea să-ți imaginezi că te
uiți la rafturile (*plantei*) înalte până la brâu ale grămăticilor sau la cutiile
de formă triunghiulară (*cunei*) ale Atheneumului, ori la dulapurile ticsite
(*armaria*) ale vânzătorilor de cărți."[7] După spusele lui Sidonius, cărțile pe
care le-a găsit acolo erau de două feluri: clasici latini pentru bărbați și
cărți de rugăciuni pentru femei.

Întrucât europenii din Evul Mediu își petreceau o mare parte a vieții
asistând la ceremonii religioase, nu e deloc surprinzător că unul dintre cele
mai populare volume ale vremii era cartea de rugăciuni personală sau *Cartea
Orelor*, care era, în mod obișnuit, reprezentată în imaginile înfățișând Buna
Vestire. De obicei scrisă de mână sau tipărită în format mic, în multe cazuri
împodobită cu ornamente excesiv de bogate de către maeștri ai picturii,
ea cuprindea o culegere de slujbe scurte, cunoscută drept „Ceremonia mică
a Binecuvântatei Fecioare Maria", recitate în diferite momente ale nopții
și zilei.[8] Concepută după modelul Ceremoniei divine – slujba completă
rostită zilnic de cler – Ceremonia
mică cuprindea psalmi și alte pasaje
din Scripturi, precum și imnuri,
slujba pentru morți, rugăciuni speci-
ale adresate sfinților și un calendar.

Aceste volumașe erau însemne
perfecte ale devoțiunii, pe care
credincioșii le foloseau atât la slujbele
publice din biserică, cât și în timpul

*O miniatură personalizată înfățișându-l
pe copilul Francesco Maria Sforza alături
de îngerul său păzitor, într-o* Carte a Orelor
făcută special pentru el.

rugăciunilor de acasă. Dimensiunile le făceau potrivite pentru copii; în jurul anului 1493, ducele Gian Galeazzo Sforza de Milano a comandat o *Carte a Orelor* concepută pentru fiul lui de trei ani, Francesco Maria Sforza, „Il Duchetto", înfățișat pe una dintre pagini ca fiind călăuzit de un înger păzitor, noaptea, în sălbăticie. *Cartea Orelor* era bogat, dar și variat împodobită, în funcție de identitatea clienților și de suma pe care își permiteau să o plătească. Pe multe dintre ele era pictat, la comandă, blazonul familiei sau un portret al cititorului. *Cartea Orelor* a devenit darul de nuntă convențional pentru nobilime și, mai târziu, pentru burghezia bogată. Pe la sfârșitul secolului XV, artiștii din Flandra care făceau miniaturi pentru manuscrise dominau piața europeană, trimițând delegații comerciale prin Europa ca să întocmească echivalentul listelor de cadouri de nuntă de azi.[9] Frumoasa *Carte a Orelor* comandată pentru nunta Annei de Bretania în 1490 a fost făcută pe mărimea mâinii ei.[10] Aceasta era proiectată pentru un singur cititor, absorbit atât de cuvintele rugăciunilor repetate lună după lună și an după an, cât și de veșnic surprinzătoarele ilustrații, ale căror detalii nu vor fi niciodată pe deplin descifrate și a căror urbanitate – scenele din Vechiul și Noul Testament au loc în peisaje moderne – aducea cuvintele sacre într-un context contemporan cititoarei înseși.

În același mod în care cărțile mici au servit unor scopuri anume, volumele mari au venit în întâmpinarea altor nevoi ale cititorilor. Cam prin secolul V, Biserica Romano-Catolică a început să facă, pentru slujbe, cărți uriașe – liturghiere, corale, antifonare – care, expuse pe un pupitru în mijlocul corului, permiteau cântăreților să urmărească notele muzicale sau cuvintele la fel de ușor cum ar fi citit o inscripție de mari dimensiuni.

Există, în biblioteca Mănăstirii St Gall, un frumos antifonar care conține o selecție de texte liturgice cu litere atât de mari, încât pot fi citite de la o distanță rezonabilă, în cadența psalmodierii melodice, de coruri de până la douăzeci de cântăreți;[11] stând în picioare, la câțiva pași de el, pot distinge notele cu toată claritatea și mi-aș dori ca propriile mele cărți de referință să poată fi consultate cu atâta ușurință de la distanță. Unele dintre aceste cărți pentru slujbe erau atât de mari, încât trebuiau puse pe rotile pentru a putea fi mișcate, ceea ce se întâmpla foarte rar. Cu ornamente din alamă sau fildeș, protejate cu colțare din metal, închise cu cleme gigantice, erau cărți de citit în comun și de la distanță, descurajând orice examinare în intimitate sau orice simț al proprietății individuale.

Stânga: *O reprezentare din secolul XV a unui grup de băieți de cor, citind notele pe paginile mari ale unui antifonar.*
Dreapta: *Pupitrul mecanic pentru citit al Sfântului Grigore, imaginat de un sculptor din secolul XIV.*

Pentru a putea citi confortabil, cititorii au adus îmbunătățiri ingenioase ale pupitrului și catedrei. Există o statuie a Sfântului Grigore cel Mare, din piatră vopsită, făcută în Verona cândva prin secolul XIV și aflată acum la Victoria and Albert Museum din Londra, înfățișându-l pe acesta la un fel de pupitru de citit cu articulații, care-i permitea să schimbe unghiul suportului sau să-l ridice ca să se scoale de pe scaun. O gravură din secolul XIV ne înfățișează un cărturar într-o bibliotecă, cu cărți de jur împrejur, scriind la o masă octogonală cu pupitru, care-i permitea să lucreze pe una dintre părți, apoi s-o rotească și să citească din volumele așezate unul câte unul pe cele șapte laturi rămase. În 1588, un inginer italian, Agostino Ramelli, slujind regelui Franței, a publicat o carte care descrie o serie de mașinării utile lecturii. Una dintre ele este „o masă de citit rotativă", pe care Ramelli o descrie drept o „mașinărie frumoasă și ingenioasă, care este foarte folositoare și convenabilă

Scaun de citit din mahon, cu tapiserie din piele, circa 1720.

pentru fiecare persoană căreia îi place să studieze, în special acelora care suferă de indispoziție sau sunt supuși gutei: căci, cu o astfel de mașină, un om poate vedea și citi un mare număr de cărți, fără să se miște de la locul lui: mai mult, ea are minunata calitate că ocupă un spațiu mic în locul în care e așezată, așa cum orice persoană rațională poate aprecia din desen".[12] (Un model la scara de unu pe unu al acestei minunate roți pentru citit apare în filmul din 1974 al lui Richard Lester, *Cei trei muschetari*.) Scaunul și masa de citit puteau fi combinate într-o singură piesă de mobilier. Ingeniosul scaun pentru luptele de cocoși (numit astfel pentru că apare în ilustrații reprezentând astfel de lupte) a fost făcut în Anglia la începutul secolului XVIII, special pentru biblioteci. Cititorul stătea călare pe scaun, având în față pupitrul fixat pe spătar, lăsându-se pe brațele largi ale acestuia ca să se sprijine confortabil.

Din când în când, avea să fie inventată câte o instalație de citit care să răspundă unor nevoi deosebite. Benjamin Franklin relatează că, în timpul domniei reginei Mary, strămoșii lui protestanți își ascundeau Biblia engleză, „fixată deschisă cu chingi sub și în tapiteria băncuței rabatabile". Ori de câte ori stră-străbunicul lui Franklin citea familiei, „el rabata jețul peste genunchi, întorcând apoi paginile pe sub chingi. Unul dintre copii stătea la ușă, ca să dea semnalul dacă vedea venind vreun slujbaș, ofiter al curții ecleziastice. Atunci jețul era întors din nou în poziția normală, iar Biblia rămânea ascunsă sub el, ca înainte".[13]

Confecționarea oricărei cărți, a volumelor elefantine legate cu lanțul de pupitre sau a elegantei cărticele făcute pentru mâna unui copil, era un proces lung, laborios. O schimbare care a avut loc în Europa la mijlocul secolului XV nu numai că a redus numărul orelor de muncă necesare pentru producerea unei cărți, dar a făcut să crească covârșitor

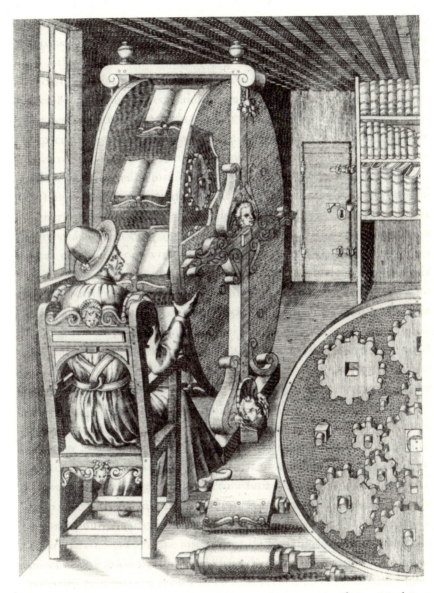

O ingenioasă mașinărie pentru citit apărută în cartea Diverse et Artificiose Machine del capitano Agostino Ramelli, *ediția din 1588.*

producția acestora, modificând pentru totdeauna relația cititorului cu ceea ce nu mai era, de-acum, obiectul unic ieșit din mâinile unui scrib. Schimbarea a fost, evident, inventarea tiparului.

Cândva prin anii 1440, un tânăr gravor și șlefuitor de pietre prețioase din arhiepiscopia Mainz, al cărui nume întreg era Johannes Gensfleisch zur Laden zum Gutenberg (pe care spiritul practic al lumii de afaceri l-a scurtat Johannes Gutenberg), și-a dat seama că rapiditatea și eficiența ar putea fi sporite dacă literele alfabetului ar fi tăiate în forme refolosibile și nu în blocurile de lemn care se utilizau ocazional la imprimarea ilustrațiilor. Gutenberg a experimentat vreme de câțiva ani, împrumutând mari sume de bani ca să-și finanțeze proiectul. El a reușit să conceapă toate elementele esențiale ale tiparului, așa cum au fost ele folosite până în secolul XX: prisme metalice pentru a modela fețele literelor, o presă care combina caracteristicile celor folosite la obținerea vinului, precum și la legarea cărților, dar și o cerneală pe bază de ulei – niciuna din acestea nu existase până atunci.[14] Până la urmă, între anii 1450 și 1455, Gutenberg a tipărit o Biblie cu 42 de rânduri pe fiecare pagină – prima carte care a fost imprimată vreodată cu o matriță[15] – și a luat paginile cu el la Târgul de Meserii de la Frankfurt. Printr-un extraordinar noroc, ne-a parvenit o scrisoare de la un anume Enea Silvio Piccolomini adresată cardinalului de Carvajal, datată 12 martie 1455, în Wiener Neustadt, prin care-i spunea Eminenței Sale că văzuse Biblia lui Gutenberg la târg:

> N-am văzut nicio Biblie completă, dar am văzut un anume număr de cărticele [fascicule] de câte cinci pagini, ale câtorva dintre cărțile Bibliei, cu litere scrise foarte clar și corect, fără niciun fel de greșeli, pe care Eminența Voastră ar fi putut să le citească ușor fără ochelari. Mai mulți martori mi-au zis că 158 de exemplare ar fi fost complete, pe când alții spuneau că ar fi fost 180. Nu sunt sigur în ce privește cantitatea, dar despre faptul că aceste cărți erau complete, dacă e să dăm crezare oamenilor, n-am niciun fel de îndoială. Dacă aș fi știut dorințele dumneavoastră, aș fi putut cumpăra cu siguranță un exemplar. Câteva dintre fasciculele de câte cinci pagini au fost trimise împăratului însuși. Voi încerca, după cât mă vor ține puterile, să fac ca una dintre aceste Biblii să fie scoasă la vânzare și voi cumpăra un exemplar pentru dumneavoastră. Dar mi-e teamă că asta s-ar putea să nu fie posibil, atât din cauza distanței, cât și pentru că, din câte se spune, chiar înainte ca acestea să fie terminate, există deja clienți gata să le cumpere.[16]

Efectele invenției lui Gutenberg au fost imediate și au ajuns extraordinar de departe, pentru că de îndată mulți cititori și-au dat seama de marile avantaje ale acesteia: rapiditatea, uniformitatea textelor și costul relativ scăzut.[17] La doar câțiva ani după ce prima Biblie fusese tipărită, prese de tipărit s-au instalat peste tot în Europa: în 1465 în Italia, în 1470 în Franța, în 1472 în Spania, în 1475 în Olanda și în Anglia, în 1489 în Danemarca. (Tiparului i-a luat ceva mai mult să ajungă în Lumea Nouă: primele prese au fost instalate în 1533 la Ciudad de México și în 1638 la Cambridge, Massachusetts.) S-a calculat că peste 30 000 de *incunabula* (un cuvânt latinesc din secolul XVII, însemnând „referitor la leagăn sau obârșie", folosit ca să descrie cărțile tipărite înainte de 1500) au fost fabricate cu aceste prese.[18] Având în vedere că tirajele în secolul XV erau de obicei mai mici de două sute cincizeci de exemplare și cu greu atingeau câteodată o mie, realizarea lui Gutenberg trebuie să fi fost considerată uimitoare.[19] Deodată, pentru prima oară de la inventarea scrisului, a devenit posibil să produci rapid și în cantități apreciabile material de citit.

Poate fi de folos să menționăm că tiparul nu a eradicat, în ciuda evidentelor preziceri ce aminteau de „sfârșitul lumii", gustul pentru textul scris de mână. Dimpotrivă, Gutenberg și cei care i-au urmat au încercat să imite meșteșugul scribilor și cele mai multe *incunabula* au un aspect de manuscris. La sfârșitul secolului XV, chiar dacă tiparul era de acum bine înrădăcinat, interesul pentru scrisul de mână elegant nu dispăruse cu totul, iar unele dintre cele mai memorabile exemple de caligrafie erau încă de domeniul viitorului. În timp ce cărțile deveneau tot mai ușor de procurat și tot mai mulți învățau să citească,

Un portret imaginar al lui Gutenberg.

creștea și numărul celor care învățau să și scrie, adesea elegant și cu multă distincție, iar secolul XVI a devenit nu doar o epocă a cuvântului tipărit, ci și secolul marilor manuale de scris de mână.[20] E interesant de observat cum, adeseori, o dezvoltare tehnologică – precum cea datorată lui Gutenberg – promovează mai degrabă decât elimină ceea ce își propunea să înlocuiască, făcându-ne conștienți de virtuțile obiectului de modă veche, pe care altfel le-am fi trecut cu vederea sau pe care le-am fi dat la o parte ca fiind de o importanță neglijabilă. În zilele noastre, tehnologia computerelor și proliferarea cărților pe CD-ROM n-au afectat – conform statisticilor – producția și vânzarea de carte sub învechita formă de codex. Cei care văd evoluția computerului drept diavolul întruchipat (cum îl portretizează Sven Birkerts în lucrarea sa spectaculos intitulată *Elegiile lui Gutenberg*)[21] permit ca nostalgia să prevaleze asupra experienței. De exemplu, 359 437 de cărți noi (fără a socoti broșurile, revistele și periodicele) s-au adăugat în 1995 deja vastelor colecții ale Bibliotecii Congresului.

Creșterea bruscă a producției de carte după Gutenberg a accentuat relația dintre conținutul unui volum și forma lui concretă. De exemplu, de vreme ce Biblia lui Gutenberg avea scopul de a imita costisitoarele exemplare scrise de mână ale epocii, aceasta a fost achiziționată în fascicule și legată de către cumpărători în tomuri vaste, impozante – de obicei *quarto*-uri care măsurau cam treizeci de centimetri pe patruzeci,[22] menite să fie expuse pe pupitre. Pentru o Biblie de o asemenea mărime pe pergament ar fi fost nevoie de pieile a mai mult de două sute de oi („un remediu sigur împotriva insomniei", a comentat librarul anticar Alan G. Thomas).[23] Dar producția ieftină și rapidă a dus la creșterea numărului celor care puteau să-și permită exemplare pe care să le citească acasă și care, din acest motiv, nu aveau nevoie de cărți în format mare, astfel încât, până la urmă, succesorii lui Gutenberg au început să producă volume mai mici, în format de buzunar.

În 1453 Constantinopolul a căzut în mâinile otomanilor și mulți dintre învățații greci care fondaseră școli pe malurile Bosforului au plecat în Italia. Veneția a devenit noul centru al învățământului clasic. După aproximativ patruzeci de ani, umanistul italian Aldus Manutius, care instruise în latină și greacă elevi străluciți precum Pico della Mirandola, constatând cât de dificil era să predea fără ediții critice din clasici editate în formate practice, a decis să preia meșteșugul lui Gutenberg și a fondat

Elegant exemplu al muncii lui Aldus: frumusețea sobră a paginilor din Cicero, Episolae
Familiares.

o tipografie pe cont propriu, în care să poată produce exact genul de
cărți de care avea nevoie pentru cursurile lui. Aldus a ales să-și stabi-
lească presa la Veneția, ca să profite de prezența învățăceilor răsăriteni
rămași fără slujbe, și probabil că a angajat, pe post de corectori și zețari,
și alți exilați, refugiați din Creta, care fuseseră înainte scribi.[24] În 1494,
Aldus a început ambițiosul său program editorial, printre ale cărui
roade se vor număra câteva dintre cele mai frumoase volume din istoria
tiparului: la început în greacă – Sofocle, Aristotel, Platon, Tucidide – și
apoi în latină – Virgiliu, Horațiu, Ovidiu. În viziunea lui Aldus, acești
iluștri autori trebuiau citiți „fără intermediari“ – în graiul original și,
în cea mai mare parte, fără adnotații sau glose; și, pentru a permite
cititorilor să „converseze liber cu glorioșii morți“, a publicat cărți de
gramatică și dicționare laolaltă cu textele clasice.[25] S-a folosit nu doar
de serviciile specialiștilor locali, ci a invitat și umaniști eminenți din
toată Europa – inclusiv cărturari străluciți precum Erasmus din Rotterdam –
să stea cu el la Veneția. O dată pe zi, acești învățați se întâlneau în casa

lui Aldus ca să discute ce titluri să fie tipărite și ce manuscrise să fie folosite ca surse de încredere, cernând colecțiile de clasici alcătuite în secolele anterioare. „Pe când umaniștii medievali acumulau, cei din Renaștere discerneau"[26] a remarcat istoricul Anthony Grafton. Aldus a stabilit diferențele cu un ochi fără greș. Listei de scriitori clasici i-a adăugat operele marilor poeți italieni, Dante și Petrarca printre alții.

Pe măsură ce creștea numărul bibliotecilor private, cititorii au început să găsească marile volume nu doar greu de mânuit și incomod de cărat, dar și nepotrivite pentru a fi depozitate. În 1501, încrezător în succesul primelor sale ediții, Aldus a răspuns cererilor celor care citeau și a scos o serie de cărți de buzunar în *octavo* – jumătate din dimensiunea unui *quarto* – elegant tipărite și meticulos editate. Ca să păstreze scăzute costurile de producție el a decis să imprime câte o mie de exemplare o dată și, pentru a folosi pagina în mod mai economic, a întrebuințat un nou tip de caracter, cel „italic", creat de gravorul matrițer bolognez Francesco Griffo, care a gravat și primele caractere romane ale căror majuscule sunt mai scurte decât înălțimea literelor mici ascendente din caseta de mai jos, ca să asigure o mai bună echilibrare a rândului. Rezultatul a fost o carte care avea un aspect mult mai simplu decât edițiile de manuscrise ornate, populare în Evul Mediu, un volum de o sobrietate elegantă. Ceea ce conta mai presus de orice, pentru posesorul unei cărți de buzunar „aldine", era textul, tipărit clar și într-o manieră erudită – nu un obiect decorat cu rafinament. Caracterele italice ale lui Griffo (prima

oară folosite într-o gravură în lemn ilustrând o colecție de scrisori ale Sfintei Ecaterina din Siena, tipărită în 1500) atrăgeau cu grație atenția cititorului asupra delicatei relații dintre litere; după spusele criticului modern englez Sir Francis Meynell, italicele au domolit mișcarea ochiului cititorului, „crescând capacitatea acestuia de-a absorbi frumusețea textului".[27]

Pe cartea deschisă și pe inima ținute de Sfânta Ecaterina, apare prima folosire a italicelor lui Griffo, într-o ediție aldină a scrisorilor sfintei.

Întrucât aceste cărți erau mai ieftine decât manuscrisele, mai ales cele anluminate, și de vreme ce puteau fi achiziționate exemplare identice care să le înlocuiască pe cele pierdute sau deteriorate, ele au devenit, în ochii noilor cititori, simboluri nu atât ale bunăstării, cât ale aristocrației intelectuale, precum și instrumente esențiale pentru studiu. Vânzătorii ambulanți de cărți și librarii produseseră, atât pe vremea Romei antice, cât și în Evul Mediu timpuriu, cărți comercializate ca marfă, dar costurile și ritmul producerii lor le confereau cititorilor un sentiment al privilegiului de a poseda ceva unic. După Gutenberg, pentru prima oară în istorie, sute de cititori posedau copii identice ale aceleiași cărți, iar (până când un cititor conferea volumului semne particulare și o istorie personală) cartea citită de cineva în Madrid era aceeași cu cartea citită de altcineva în Montpellier. Atât de încununată de succes a fost întreprinderea lui Aldus, încât edițiile sale au fost imitate în toată Europa: în Franța de Gryphius la Lyon, precum și de Colines și Robert Estienne la Paris, iar în Țările de Jos, de Plantin, la Anvers, și de Elzevir la Leiden, Haga, Utrecht și Amsterdam. În 1515, la moartea lui Aldus, umaniștii care au urmat cortegiul funerar au ridicat de jur împrejurul sicriului său, ca santinele erudite, cărțile pe care le alesese cu atâta dragoste pentru tipărire.

Exemplul lui Aldus și al altora ca el a stabilit standardul pentru cel puțin o sută de ani de tipar în Europa. Dar, în următoarele două secole, cerințele cititorilor s-au schimbat încă o dată. Numeroasele ediții ale cărților de toate felurile ofereau prea multe posibilități de alegere; competiția între editori, care până atunci doar stimulase îmbunătățirea edițiilor și creșterea interesului publicului, a început să genereze cărți de o calitate considerabil diminuată. Pe la mijlocul secolului XVI, un cititor putea să aleagă din cele cu mult peste opt milioane de cărți tipărite, „mai multe probabil decât produseseră toți scribii Europei de când Constantin a pus temeliile orașului său în 330 e.n.".[28] Evident, aceste schimbări n-au fost nici bruște și nici n-au pătruns peste tot, dar, în general, de la sfârșitul secolului XVI, „editorii-librari nu mai erau preocupați să patroneze lumea literelor, ci doar se străduiau să publice cărți a căror vânzare să fie garantată. Cei mai bogați și-au făcut averea din cărți care aveau vânzarea asigurată, retipăriri ale vechilor cărți de succes, lucrări religioase tradiționale și, mai ales, ale Părinților Bisericii".[29] Alții au acaparat vânzarea din școli, publicând glose ale prelegerilor savante, manuale de gramatică și planșe pentru alfabetizare.

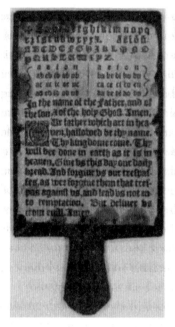

Stânga: un abecedar-tăbliță elisabetan, care a supraviețuit în mod miraculos timp de patru secole. Dreapta: *replica lui nigeriană din secolul XIX.*

Abecedarul-tăbliță, folosit din secolul XVI până în secolul XIX, era, în general, prima carte pusă în mâna unui elev. Foarte puține s-au păstrat până în vremurile noastre. Un astfel de abecedar consta dintr-o scândură subțire din lemn, de obicei de stejar, de aproximativ 23 cm lungime și 12,7 sau 15,24 cm lățime; pe ea se afla o coală pe care era tipărit alfabetul și, uneori, cele nouă cifre și rugăciunea Tatăl Nostru. Avea un mâner și era acoperit cu o folie transparentă din cheratină ca să-l protejeze; scândura din lemn și folia de cheratină erau prinse laolaltă cu un cadru subțire din alamă. Grădinarul peisa-gist și nehotărâtul poet englez William Shenstone descrie principiul în *Învățătoarea*, cu următoarele cuvinte:

> În mâini țineau aceste cărți pitice,
> Ce cu foaie de corn sunt protejate,
> S-apere de degetul ud claritatea literei.[30]

Cărți similare, cunoscute sub denumirea de „table de rugăciuni", erau folosite în Nigeria în secolele XVIII și XIX pentru învățarea Coranului. Acestea erau făcute din lemn șlefuit, cu un mâner în partea de sus; versetele erau scrise pe o coală de hârtie lipită direct pe scândură.[31]

Cărți pe care le poți strecura în buzunar; cărți cu o formă prietenoasă; cărți pe care cititorul simțea că le poate lectura în orice loc; cărți care să nu fie considerate nelalocul lor în afara unei biblioteci sau mănăstiri: ele apăreau sub tot felul de înfățișări. De-a lungul secolului XVII, negustori ambulanți vindeau cărticele și balade (descrise în *Poveste de iarnă* ca potrivite „pentru bărbat, sau femeie, de toate mărimile")[32] care aveau să devină cunoscute sub numele de *chap-books**[33] în secolul următor. De preferință, mărimea lor era *in octavo*, întrucât dintr-o singură coală putea rezulta o cărticică de 16 pagini. În secolul XVIII, cum

Negustor de broșuri, o librărie ambulantă din secolul XVII.

cititorii cereau de-acum transcrieri complete ale întâmplărilor narate în povestiri și balade, colile erau împăturite în 12 părți și cărticelele s-au mai împlinit, conținând acum 24 de pagini broșate.[34] Seriile de clasici produse de olandezul Elzevir în acest format au dobândit o asemenea popularitate printre cititorii cu mai puțină dare de mână, încât snobul conte de Chesterfield a ajuns să comenteze: „Dacă se întâmplă să ai un clasic Elzevir în buzunar, nu-l arăta și nici nu-l pomeni."[35]

Ediția broșată de buzunar, așa cum o știm noi acum, nu a apărut decât mult mai târziu. Epoca victoriană, care a asistat la formarea în Anglia a Asociației Editorilor, a Asociației Librarilor, a primelor agenții comerciale, a Societății Autorilor, a sistemului drepturilor de autor și a noului roman într-un singur volum, care costa șase șilingi, a fost de asemenea

---

* În română termenul ar putea fi echivalat cu cel de cărți populare sau broșuri, adică ediții ieftine realizate pentru publicul larg (n. ed.).

O caricatură de Gustave Doré, satirizând noua pasiune europeană pentru cărțile de format mare.

martoră la nașterea seriilor cărților de buzunar.[36] Dar cărțile de format mare continuau să împovăreze rafturile. În secolul XIX, atât de multe cărți erau publicate în format uriaș, încât o caricatură de Gustav Doré înfățișează un biet slujbaș al Bibliothèque Nationale din Paris încercând să mute din loc doar unul dintre tomurile gigantice. Coperta de pânză a înlocuit costisitoarea piele (editorul englez Pickering a fost primul care a folosit-o, în seria sa „Clasicii Diamond" din 1822) și, din moment ce pe pânză se putea tipări, aceasta a fost folosită în scurtă vreme ca suport pentru reclame. Obiectul pe care îl ținea acum cititorul în mână – un roman popular sau un manual de științe *in octavo* confortabil și legat în pânză albastră, uneori protejat cu o supracopertă din hârtie pe care se puteau de asemenea tipări reclame – era foarte diferit de volumele legate în marochin ale secolului precedent. Acum cartea era un obiect mai puțin aristocratic, mai puțin exclusivist, mai puțin măreț. Împărtășea cu cititorul o anumită eleganță a clasei mijlocii, economică și totuși agreabilă – un stil pe care designerul William Morris avea să îl transforme într-o

industrie populară, dar care până la urmă – în cazul de față – a devenit
noul lux: un stil bazat pe frumusețea convențională a lucrurilor de fiecare
zi. (Morris, de fapt, a conceput ideea cărții sale ideale pornind de la unul
dintre volumele lui Aldus.) În noile cărți pe care le aștepta cititorul de la
mijlocul secolului XIX, unitatea de măsură a excelenței era nu raritatea,
ci o combinație de plăcere și spirit practic sobru. Biblioteci personale
apăreau acum în garsoniere sau în case tip duplex, iar cărțile acestora se
potriveau cu statutul social al celorlalte piese de mobilier.

În Europa secolelor XVII și XVIII, cărțile – era de la sine înțeles –
erau menite să fie citite în interior, între zidurile protectoare ale unei
biblioteci personale sau publice. Acum, editorii produceau exemplare
care puteau fi folosite în aer liber sau special pentru călătorie. În Anglia
secolului XIX, burghezia proaspăt îmbogățită și expansiunea căilor ferate
și-au unit forțele pentru a crea o bruscă dispoziție pentru voiaje lungi,
iar călătorii cu știință de carte au constatat că ele necesitau material de
lectură cu conținut și dimensiuni adecvate. (Un secol mai târziu, tatăl
meu încă mai făcea deosebire între cărțile legate în piele verde din bi-
blioteca lui, pe care nimeni n-avea voie să le clintească din acel sanctuar,
și „cărțile broșate obișnuite", pe care le lăsa să se îngălbenească și să se
usuce pe masa de răchită de pe terasă, și pe care uneori le salvam și le
duceam în camera mea, ca și cum ar fi fost pisici fără stăpân.)

În 1792, Henry Walton Smith și soția lui, Anna, au deschis un mic
magazin de tipărituri pe Little Grosvenor Street în Londra. Cincizeci
și șase de ani mai târziu, firma H. Smith & Son a deschis primul stand
de cărți într-o gară, în Euston Station din Londra. În scurt timp, aici
aveau să se găsească serii precum „Routledge's Railway Library",
„Travellers' Library", „Run & Read Library", precum și „Romane ilus-
trate" și „Opere celebre". Formatul acestor cărți varia ușor, dar era în
principal *in octavo*, câteva (de exemplu *Poveste de Crăciun* de Dickens)
apărând în mai micul *demi-octavo* și cartonate. Standul de cărți (judecând
după o fotografie a standului lui W.H. Smith de la Blackpool North,
făcută în 1896) comercializa nu doar cărți, ci și reviste și ziare, astfel
încât călătorii să aibă o ofertă bogată de material pentru citit.

În 1841, Christian Bernhard Tauchnitz din Leipzig a lansat una din-
tre cele mai ambițioase serii broșate; cu un ritm de o carte pe săptămână,
au fost editate peste cinci mii de volume în prima sută de ani, punându-se
în circulație între cincizeci și șaizeci de milioane de exemplare. Dar în

Stand al lui W.H. Smith la Blackpool North Station, Londra, 1896.

timp ce alegerea titlurilor era excelentă, producția nu era la înălțimea conținutului. Cărțile erau pătrățoase, culese cu litere mici, cu coperte identice, care nu erau atrăgătoare nici pentru mână, nici pentru ochi.[37]

Șaptesprezece ani mai târziu, Reclam Publishers din Leipzig a publicat o ediție în douăsprezece volume a traducerilor din Shakespeare. Aceasta a avut un succes imediat, după care Reclam a continuat cu împărțirea ediției în douăzeci și cinci de volumașe ale pieselor, cu coperte din hârtie roz, la senzaționalul preț de un pfennig fiecare. Toate lucrările scriitorilor germani decedați de treizeci de ani au devenit proprietate publică în 1867, iar acest lucru a permis editurii Reclam să continue seria sub titlul „Universal-Bibliothek". Compania a început cu *Faust* al lui Goethe, după care au urmat Gogol, Pușkin, Bjørnson, Ibsen, Platon și Kant. În Anglia, imitațiile – seriile de retipărire a „clasicilor" – „New Century Library" a lui Nelson, „World's Classics" a lui Grant Richard, „Pocket Classics" a lui Collins, „Everyman's Library" a lui Dent – au concurat, fără să-i umbrească succesul, cu „Universal-Bibliothek", care a rămas ani de-a rândul standardul seriilor broșate.

Asta până în 1935. Un an mai devreme, după un weekend petrecut cu Agatha Christie și cel de-al doilea soț al ei la casa acestora din Devon, editorul englez Allan Lane, așteptând trenul ca să se întoarcă la Londra, s-a uitat la standurile din gară după ceva de citit. N-a găsit nimic care să-l atragă printre revistele populare, scumpele ediții legate și literatura de senzație, și și-a dat seama că ceea ce lipsea era o serie de cărți ieftine, dar bune, în format de buzunar. Întors la Bodley Head, unde lucra împreună cu cei doi frați ai săi, Lane a conceput un plan. Aveau să publice o serie de reeditări viu colorate și broșate ale celor mai buni autori. Aveau să se adreseze doar cititorului de rând; aveau să-i atragă pe toți cei care puteau citi, pretențioși și mai puțin pretențioși deopotrivă. Aveau să vândă cărți nu doar în librării, ci și în cafenele, papetării și tutungerii.

Proiectul a fost întâmpinat cu dispreț atât de colegii superiori ierarhic ai lui Lane de la Bodley Head, cât și de confrații săi editori, care nu aveau interesul să-i vândă drepturile de reeditare ale edițiilor lor elegante și de succes. Nici librarii n-au fost prea entuziasmați, de vreme ce urma ca profiturile lor să scadă, iar ele, cărțile, să fie „buzunărite“, în sensul reprobabil al cuvântului. Dar Lane a perseverat și, în cele din urmă, a obținut permisiunea să reediteze câteva titluri: două fuseseră deja editate la Bodley Head – *Ariel* de André Maurois și *Misterioasa afacere de la Styles* de Agatha Christie –, iar altele aparțineau unor autori vandabili precum Ernest Hemingway și Dorothy L. Sayers, plus câteva ale unor scriitori astăzi mai puțin cunoscuți, precum Susan Ertz și E.H. Young.

Ce-i trebuia acum lui Lane era un nume pentru seriile lui, „nu unul formidabil precum «Clasicii universali», niciunul oarecum condescendent, ca «Pentru toți».[39] Primele nume au fost alese din zoologie: un delfin, apoi un marsuin – porc-de-mare (folosit deja de Faber & Faber) – și, în cele din urmă, un pinguin. Așa s-a născut „Penguin“.

Pe 30 iulie 1935, erau lansate primele zece cărți Penguin la prețul de șase penny volumul. Lane calculase că avea să își acopere cheltuielile după ce avea să vândă o mie șapte sute de exemplare din fiecare titlu, dar primele vânzări nu s-au ridicat peste șapte mii. I-a făcut o vizită șefului achizițiilor pentru vastul lanț de magazine Woolworth, un oarecare domn Clifford Prescott, care a avut îndoieli; ideea de a vinde cărți ca pe oricare altă marfă, laolaltă cu duzini de ciorapi și cutii de ceai, i se părea cumva ridicolă. Din întâmplare, chiar în acel moment, doamna Prescott a intrat în biroul soțului ei. Întrebată ce crede, ea a răspuns cu entuziasm: „De ce nu?“ „De ce n-ar fi tratate cărțile ca obiecte de fiecare zi, tot atât de necesare și disponibile precum ciorapii și ceaiul?“ Datorită doamnei Prescott, s-a făcut afacerea.

Stânga: *Primele zece volume din seria „Penguin".* Dreapta: *O carte de madrigale din secolul XV, în formă de inimă.*

George Orwell și-a sintetizat reacția, atât în calitate de cititor, cât și de autor, în privința acestor noi apariții. „În calitatea mea de cititor", a scris el, „aplaud Penguin Books; în calitatea mea de scriitor îi anatemizez... Rezultatul poate fi un potop de reeditări ieftine, care vor duce de râpă bibliotecile care împrumută cărți acasă (mama adoptivă a romancierului) și va frâna producția de noi romane. Asta ar fi ceva bun pentru literatură, dar ceva foarte rău pentru comerț."[40] A greșit. Dincolo de ceea ce are ea meritoriu (vasta distribuție, costul scăzut, excelenta și larga gamă de titluri), cel mai mare câștig al cărților Penguin a fost de natură simbolică. Cunoașterea faptului că o imensă înșiruire de opere literare poate fi achiziționată aproape de oricine și aproape oriunde, din Tunis la Tucumán, din Insulele Cook la Reykjavik (unul dintre roadele expansionismului englez a fost acela că am cumpărat și am citit cărți apărute în seria „Penguin" în toate locurile menționate) a împrumutat cititorilor un simbol al propriei lor ubicuități.

Mereu vor fi inventate noi forme pentru cărți și totuși foarte puține formate ciudate au supraviețuit până azi. Cartea în formă de inimă confecționată prin 1475 de un cleric nobil, Jean de Montchenu, un manuscris anluminat conținând versuri de dragoste; cărticica ținută în mâna dreaptă de o tânără olandeză la mijlocul secolului XVII, pictată de Bartholomeus van der Helst; cartea cea mai mică din lume, *Bloemhofje* („Grădina de flori închisă între ziduri"), scrisă în Olanda în 1673 și măsurând 8,5 mm pe 12,7 mm, mai mică decât un timbru poștal obișnuit; elegantul folio *Birds of America* de John James Audubon, publicat între

Femeie olandeză din secolul XVII, portretizată de Bartholomeus van der Helst, ținând un volum miniatural în mâna dreaptă.

1827 și 1838, lăsând în urmă un autor care a murit sărac, singur și nebun; volumele pereche de mărime brobdingnagiană și liliputană ale *Călătoriilor lui Gulliver*, concepute de Bruce Rogers pentru Limited Editions Club din New York în 1950 – niciuna n-a supraviețuit decât în categoria de curiozități. Dar formele esențiale – acelea care le permit cititorilor să simtă greutatea fizică a cunoașterii, splendoarea ilustrațiilor bogate sau plăcerea de a putea lua cu ei o carte la plimbare sau în pat – se mențin.

Un calambur vizual: o ediție din 1950 a Călătoriilor lui Gulliver.

Pe la mijlocul anilor 1980, un grup internațional de arheologi din nordul Americii, săpând în uriașa oază Dakhleh din Sahara, a găsit, în colțul unei anexe cu un singur cat al unei case din secolul IV, două cărți întregi. Una era un manuscris timpuriu conținând trei eseuri politice ale filozofului atenian Isocrate; cealaltă era înregistrarea, pe durata a patru ani, a tranzacțiilor comerciale ale unui intendent local. Acest registru este

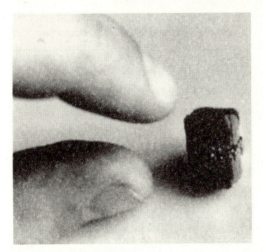

Sus: *Pagină supradimensionată din* Birds of America *de Audubon*. Stânga: *Cartea cea mai mică din lume, Bloemhofje, din secolul XVII*. Dreapta: *"Penguin de Sahara", descoperit în oaza Dakhleh*.

primul exemplar complet de codex sau de volum legat pe care-l avem și seamănă destul de bine cu edițiile noastre broșate, cu excepția faptului că nu-i pe hârtie, ci pe lemn. Fiecare filă de lemn, de 13 × 33 cm și groasă de 1,6 mm, are patru găuri pe partea stângă, pentru a fi legate cu un șnur câte opt file la un loc. Pentru că registrul era folosit pe durata a patru ani, trebuia să fie „robust, portabil, ușor de folosit și durabil".[41] Aceste exigențe ale cititorului anonim persistă, cu mici variații ce țin de împrejurări, și se potrivesc cu ale mele, cu șaisprezece amețitoare secole mai târziu.

Colette la optsprezece ani, citind în grădină la Chatillon Coligny.

LECTURA ÎN INTIMITATE

E vară. Cufundată adânc între pernele de puf ale patului moale, în timp ce prin fereastră răzbate zgomotul intermitent al trăsurilor pe pavajul de pe Rue de l'Hospice din mohorâtul Saint-Sauveur-en-Puisaye, o fetiță de opt ani citește în tăcere *Mizerabilii* de Victor Hugo. Nu citește multe cărți; le recitește pe aceleași, de mai multe ori. Adoră *Mizerabilii*, căci simte pentru această operă ceea ce va numi, mai târziu, „o pasiune rațională"; simte că se poate cuibări în paginile ei „ca un câine în coteț".[1] În fiecare noapte abia aștepta să-l urmeze pe Jean Valjean în chinuitoarele lui rătăciri, să-i reîntâlnească pe Cosette, pe Marius, chiar și pe temutul Javert. (De fapt, singurul personaj pe care nu-l poate suporta este micul Gavroche, cel obositor de eroic.)

Afară, în grădina din spate, printre pomișorii din ghivece și flori, ea trebuie să concureze în ale cititului cu tatăl ei, un militar de carieră care-și pierduse piciorul stâng în timpul campaniilor din Italia.[2] În drum spre bibliotecă (fieful lui personal), tatăl își ia ziarul – *Le Temps* – și revista – *La Nature* – și, „ochiul lui căzăcesc lucind sub sprânceana cânepie, culege de pe mese orice material tipărit care, astfel, îl va urma în bibliotecă și nu va mai vedea niciodată lumina zilei".[3] Cu timpul, fata a învățat să-și ascundă cărțile, să nu lase niciuna în calea lui.

Mama ei nu crede în ficțiune. „Atâtea complicații, atât de multă dragoste pasională în romanele alea", îi spune fiicei sale. „În viața reală, oamenii au altele în minte. Judecă și tu: m-ai auzit pe mine vreodată văitându-mă și jeluindu-mă după iubire, cum fac oamenii în cărțile alea? Și totuși mi s-ar cuveni și mie un capitol, aș zice! Am avut doi soți și patru copii!"[4] Dacă o găsea pe fiica ei citind din Catehism, pentru comuniunea care se apropia, se înfuria imediat: „Ah, cum mai urăsc obiceiul ăsta nesuferit de-a pune întrebări! «Ce e Dumnezeu?» «Ce-i asta?» «Ce-i aia?» Semnele astea de întrebare, această scormonire obsedantă, această curiozitate, găsesc toate astea atât de îngrozitor de indiscrete! Și toată dădăceala în legătură cu ele, te întreb! Cine a tradus cele Zece Porunci în această groaznică bolboroseală? Ah, în niciun caz nu-mi place să văd o asemenea carte în mâinile unui copil!"[5]

Certată de tatăl ei, supravegheată din dragoste de mamă, fata își găsește singurul refugiu în camera ei, în pat, noaptea. Toată viața ei de adult, Colette avea să caute acest spațiu retras pentru lectură. Fie *en ménage*, fie singură, în mici locuințe cu curte sau în conace de la țară, în garsoniere închiriate sau vaste apartamente pariziene, avea să-și creeze un refugiu (fără să reușească întotdeauna), o zonă în care singurii intruși să fie aceia pe care-i invita chiar ea. Acum, tolănită în patul ei pufos, ținând prețioasa carte cu ambele mâini și sprijinind-o de abdomen, ea și-a fixat nu doar propriul spațiu, ci și propria măsură a timpului. (Nu știa asta, dar, la mai puțin de trei ore distanță de acel loc, în abația Fontevrault, regina Eleonora de Aquitania, decedată în 1204, zace sculptată în piatră pe lespedea mormântului ei, ținând o carte exact în același mod.)

Și eu citesc în pat. În lunga succesiune de paturi în care mi-am petrecut nopțile copilăriei, în stranii camere de hotel, unde luminile mașinilor în trecere măturau lugubru tavanul, în case ale căror mirosuri și sunete

nu îmi erau familiare, în căsuțe de vară lipicioase din cauza stropilor pulverizați de apă de mare sau acolo unde aerul de munte era atât de uscat încât lângă mine era pus un vas cu apă aburindă, în care fusese picurată esență de eucalipt pentru a mă ajuta să respir mai bine, combinația dintre pat și carte îmi asigura un soi de cămin în care știam că pot să mă-ntorc, noapte de noapte, indiferent de locurile în care mă aflam.

Citind în eternitate: mormântul Eleonorei de Aquitania.

Nimeni nu avea să-mi ceară să fac una sau alta; trupul meu nu avea nevoie de nimic, nemișcat sub cearșafuri. Ceea ce se petrecea se petrecea în carte, iar eu eram cel care spunea povestea. Viața se întâmpla pentru că eu întorceam paginile. Nu cred că pot să-mi amintesc o bucurie mai mare decât aceea de a ajunge la ultimele câteva pagini și de a pune cartea jos, astfel încât sfârșitul să nu aibă loc, cel puțin până a doua zi, și să mă cufund la loc în pernă, cu senzația că, practic, am oprit timpul.

Știam că nu orice fel de carte era potrivită ca să fie citită în pat. Povestirile cu detectivi și poveștile despre întâmplări supranaturale erau cele mai potrivite ca să-mi asigure un somn liniștit. Pentru Colette, *Mizerabilii*, cu străzile și pădurile de acolo, cu evadările prin canale întunecoase și peste baricade luate cu asalt, era cartea perfectă pentru liniștea unui dormitor. W.H. Auden e de acord. El a sugerat ca o carte pe care cineva o citește să fie cumva în contradicție cu locul în care e citită. „Nu pot citi Jeffries pe Wiltshire Downs", s-a plâns el, „nici să răsfoiesc poezii umoristice într-o încăpere plină de fum."[6] S-ar putea să fie adevărat; s-ar putea să fie o senzație de repetare în explorarea pe pagina cărții a unei lumi cu totul asemănătoare celei care ne înconjoară în chiar momentul lecturii. Mă gândesc la André Gide citind Boileau în timp ce era transportat în aval pe fluviul Congo,[7] iar contrapunctul între vegetația luxuriantă, dezordonată, și versurile cizelate, convenționale, din secolul XVII, pare a fi exact ceea ce trebuie.

Dar, așa cum a descoperit Colette, anumite cărți cer nu numai un contrast între conținutul lor și ceea ce le înconjoară; unele par să aibă nevoie de *poziții* speciale pentru a fi citite, poziții ale trupului cititorului care, la rândul lui, caută locuri de lectură potrivite acelor poziții. (De exemplu, ea, una, nu putea citi *Istoria Franței* de Michelet până când nu se instala chircită în fotoliul tatălui ei cu Fanchette, „cea mai inteligentă dintre pisici".)[8] Adesea, plăcerea generată de lectură depinde de confortul fizic al cititorului.

„Am căutat fericirea pretutindeni", mărturisește Thomas à Kempis la începutul secolului XV, „dar n-am găsit-o nicăieri, decât refugiat într-un colțișor, cu o cărticică."[9] Dar care colțișor? Și care cărticică? Fie că alegem mai întâi cartea și apoi colțul potrivit, fie că la început găsim colțul și apoi decidem care carte s-ar potrivi cu atmosfera locului, fără îndoială că actul citirii în timp cere un act al lecturii într-un spațiu corespunzător, iar relația dintre cele două este de neexplicat. Sunt cărți

pe care le-am citit în fotoliu și sunt altele pe care le-am citit la masă;
sunt cărți pe care le-am citit în metrou, în tramvai și în autobuz. Constat
că volumele citite în tren au ceva în comun cu cărțile citite în fotoliu,
probabil pentru că în ambele cazuri mă pot ușor sustrage de la ceea ce
mă înconjoară. După cum spunea romancierul englez Allan Sillitoe:
„De fapt, o povestire bună scrisă cu eleganță cel mai bine e s-o citești
atunci când ești în tren și călătorești singur. Cu străini în jurul nostru
și scene care nu ne sunt familiare perindându-se prin fața geamului
(scene la care aruncăm câte-o privire din când în când), viața atrăgătoare
și contorsionată care iese din pagini produce propriile efecte ciudate și
memorabile.“[10] Cărțile citite în biblioteca publică nu au niciodată aceeași
aromă cu acelea citite la mansardă sau în bucătărie. În 1374, regele
Edward al III-lea a plătit 66 de lire și 4 penny pentru o carte cu
romanțuri cavalerești „care să fie păstrată în camera de dormit“,[11] unde el,
în mod evident, se gândea că trebuie să fie citită o astfel de literatură.
În *Viața Sfântului Grigore* din secolul XII, toaleta este descrisă drept
„un loc retras, în care pot fi citite tăblițe fără a fi întrerupt“.[12] Henry Miller
e de acord: „Toate lecturile mele bune au au avut loc la toaletă“, s-a con-
fesat el odată. „Există pagini din *Ulise* (de James Joyce) care pot fi citite
numai la toaletă – dacă vrei să extragi toată savoarea conținutului lor.“[13]
De fapt, cămăruța „destinată unei întrebuințări mai speciale și mai
triviale“ a fost pentru Marcel Proust un loc pentru „toate ocupațiile
mele care cer o singurătate inviolabilă: cititul, reveria, lacrimile și plă-
cerea senzuală“.[14]

Epicurianul Omar Khayyam recomanda citirea versurilor în aer liber,
sub crengile unui copac; secole mai târziu, pedantul Sainte-Beuve sfătuia
ca *Memoriile* Doamnei de Staël să fie citite „sub copacii lui noiembrie“.[15]
„Am obiceiul“, scrie Shelley, „să mă dezbrac și, așezat pe stânci, să citesc
Herodot, până când se duce transpirația.“[16] Dar nu oricine este capabil
să citească sub cerul liber. „Eu rareori citesc pe plaje sau în grădini“,
mărturisește Marguerite Duras. „Nu poți citi cu două lumini deodată,
lumina zilei și lumina cărții. Trebuie să citești la lumina electrică, cu
încăperea în umbră și doar cu pagina luminată.“[17]

Citind într-un loc, îl poți transforma. În timpul vacanței de vară,
Proust se strecura înapoi în sufragerie de îndată ce restul familiei pleca
să-și facă plimbarea de dimineață, încredințat că singurii lui tovarăși,
„foarte respectuoși față de actul cititului“, aveau să fie „farfuriile pictate

atârnate pe perete, calendarul din care pagina de ieri tocmai a fost smulsă, ceasul și șemineul, care vorbesc fără să aștepte un răspuns și al căror murmur, spre deosebire de cuvintele omului, nu încearcă să înlocuiască înțelesul cuvintelor pe care le citești cu un altul, diferit". Două ore întregi de beatitudine sub ochii bucătăresei îl fac să remarce că e „mult prea devreme pentru a pune masa; și dacă măcar ar pune-o fără să vorbească! Dar se simte obligată să spună «Nu stai deloc comod așa; și dacă ți-aș aduce un pupitru?» Și doar pentru că trebuie să răspunzi «Nu, mulțumesc foarte mult», ai fost nevoit să te oprești la un punct și să-ți aduci înapoi din depărtare vocea, care, ascunsă în spatele buzelor, a repetat fără sunet, și cu mare repeziciune, toate cuvintele citite de ochi; trebuie să pui piedică vocii, s-o aduci la suprafață și, ca să spui cum se cuvine «Nu, mulțumesc foarte mult», trebuie să-i dai o aparență de fiecare zi, o intonație corespunzătoare pe care a pierdut-o".[18] Doar mult mai târziu – noaptea, după cină – și când mai rămăseseră de citit doar câteva pagini din carte, avea să-și aprindă iarăși lumânarea, riscând să fie pedepsit dacă era descoperit, și avea să rămână treaz, pentru că, odată ajuns la sfârșitul cărții, din cauza pasiunii cu care urmărise subiectul și pe eroii acestuia, i-ar fi fost imposibil să doarmă; și avea să pășească prin cameră sau să zacă pe spate cu respirația tăiată, dorindu-și ca povestea să continue sau măcar să știe ceva mai mult despre personajele care îi plăcuseră atât de mult.

Spre sfârșitul vieții, prizonier al unei încăperi tapetate cu plută care îi ușura întru câtva crizele de astm, sprijinit cu spinarea de pernele patului și lucrând la lumina slabă a unei lămpi, Proust a scris: „Cărțile adevărate ar trebui să se nască nu din lumina strălucitoare a zilei și din conversații amicale, ci din obscuritate și tăcere."[19] În pat, noaptea, cu o lumină gălbuie și slabă care cade pe pagină, eu, cititor al lui Proust, pun din nou în scenă acel moment misterios al nașterii.

Geoffrey Chaucer – sau, mai degrabă, doamna din *Cartea ducesei* care nu avea somn – considera cititul în pat o distracție mai bună decât un joc de table:

> Deci dar, mai nopțile trecute,
> Văzând că a dormi chip nu-i,
> În capul oaselor șezui
> Și-o carte, un romanț am vrut –

> Și mi-au adus numaidecât
> Ca noaptea s-o alung cetind:
> De-asemenea desfăt mi-i jind –
> Șah, table, iată, nu mă-mbie.[20]

Dar din cititul în pat se obține și altceva decât simpla distracție: o calitate specială a intimității. Cititul în pat este un act care-și găsește rațiunea în el însuși, imobil, eliberat de convențiile sociale obișnuite, invizibil pentru lume și care, pentru că are loc între cearșafuri, pe tărâmul dorinței și al lenei păcătoase, are ceva din fiorul lucrurilor interzise. Probabil amintirea acestor lecturi nocturne este cea care dă romanelor polițiste ale lui John Dickson Carr, Michael Innes, Anthony Gilbert – toate citite în timpul vacanțelor de vară din adolescența mea – o anumită coloratură erotică. Expresia lejeră „a lua o carte în pat" mi s-a părut întotdeauna încărcată de-o anticipare senzuală.

Romancierul Josef Skvorecky a descris ce a citit când era copil în Cehoslovacia comunistă, „într-o societate guvernată de reguli destul de severe și constrângătoare, unde nesupunerea era pedepsită în buna și vechea manieră prespokiană*. Una dintre regulile de acest fel: lumina în dormitorul tău trebuie stinsă la nouă fix. Băieții trebuie să se scoale la șapte și au nevoie de zece ore de somn în fiecare noapte". Cititul în pat a devenit atunci ceva interzis. După ce se stingeau luminile, spune Skvorecky, „cuibărit în pat, mă acopeream, din cap până în picioare, cu o pătură, de sub saltea pescuiam o lanternă și apoi mă dedam plăcerii cititului, cititului, cititului. Până la urmă, deseori după miezul nopții, adormeam datorită prea plăcutei epuizări".[21]

Scriitoarea Annie Dillard își amintește cum cărțile copilăriei o scoteau din orașul ei din Middle West, „încât îmi puteam imagina, prin intermediul cărților, o viață în altă parte. [...] Așa că alergam în dormitoarele noastre și citeam cu fervoare și iubeam copacii mari cu lemn tare de dincolo de geam, și teribilele veri din Midwest și teribilele ierni din Midwest".[22] Cititul în pat închide și, în același timp, deschide lumea din jurul nostru.

---

* Aluzie la cartea de parenting *Îngrijirea sugarului și a copilului*, în care autorul ei, Benjamin Spock, îndeamnă părinții să-și trateze copiii cu afecțiune, nu cu severitate, pentru o creștere armonioasă (n. red.).

Ideea de a citi în pat nu este una din vechime. Patul grecesc, *kline*,
era o ramă de lemn pe picioare răsucite, dreptunghiulare sau în formă
de animale și împodobite cu ornamente prețioase, nu tocmai potrivit
pentru citit. Pe durata reuniunilor mondene, doar bărbaților și curte-
zanelor le era permis să-l folosească. Avea un suport pe care să-ți spri-
jini capul, dar nu avea tăblie la picioare; era prevăzut cu o saltea și
perne și era folosit atât pentru dormit, cât și pentru odihna din timpul
zilei. În această poziție se putea citi un sul, ținându-i unul dintre capete
cu mâna stângă, desfășurându-i celălalt capăt cu mâna dreaptă, în timp
ce trupul se sprijinea pe cotul drept. Dar procedeul, în cele mai bune
cazuri incomod, devenea de-a dreptul insuportabil în scurtă vreme și,
până la urmă, trebuia întrerupt.

Romanii aveau câte un pat (*lectus*) diferit pentru fiecare dintre sco-
purile ce le puteau fi asociate, inclusiv paturi pentru citit și scris. Forma
acestor paturi nu varia prea mult: picioarele erau răsucite și, în general,
erau decorate cu incrustații și monturi de bronz.[23] În întunericul dor-
mitoarelor (în *cubiculum*, de obicei în cel mai depărtat colț al casei),
patul roman destinat dormitului era folosit, uneori, ca un prea puțin
prietenos pat pentru citit; la lumina unei candele făcute dintr-o fâșie
de pânză înmuiată în ceară, *lucubrum*, romanii citeau și „elucubrau"[24]

Nobilul roman, portretizat pe peretele interior al sarcofagului său, își citea probabil
sulurile în această poziție culcată.

într-o relativă liniște. Trimalchio, parvenitul din *Satyricon* al lui Petronius, este adus în sala banchetului „sprijinit pe maldăre de perne miniaturale", pe un pat care servea mai multor scopuri. Lăudându-se că nu e dintre aceia care disprețuiesc învățătura – avea două biblioteci, „una în greacă și cealaltă în latină" – el se oferă să compună pe loc câteva versuri, pe care le citește apoi oaspeților prezenți.[25] Și când scrie, și când citește, Trimalchio stă întins pe un *lectus* somptuos.

În primii ani ai Europei creștine și până târziu în secolul XII, paturile obișnuite au fost obiecte simple, la care se putea renunța ușor, adesea lăsate în urmă în timpul retragerilor forțate determinate de război și foamete. De vreme ce doar bogații aveau paturi luxoase și puțini, în afară de cei avuți, dețineau cărți, paturile împodobite și cărțile au devenit simboluri ale bunăstării familiei. Eustathios Boilas, un aristocrat bizantin din secolul XI, a lăsat prin testament o Biblie, câteva cărți de hagiografie și istorie, o Cheie a Visurilor, un exemplar al popularului roman *Historia Alexandri Magni regis Macedoniae** și un pat aurit.[26]

Călugării aveau în chiliile lor paturi simple, pe care puteau citi ceva mai confortabil decât în băncile și la pupitrele lor dure. Un manuscris anluminat din secolul XIII înfățișează un călugăr tânăr, cu barbă, stând pe pat, înveșmântat în rasă, cu o pernă albă la spate și cu picioarele înfășurate într-o pătură gri. Perdeaua care separă patul de restul încăperii a fost ridicată. Pe o masă cu picioare încrucișate se află trei cărți deschise și alte trei îi stau călugărului la picioare, gata să fie consultate, în timp ce în mâini ține o tăbliță dublă de ceară și un instrument de scris. Aparent, s-a refugiat în pat din cauza unei răceli; cizmele îi sunt așezate pe-o bancă pictată și el citește concentrat într-o liniște ce pare plăcută.

În secolul XIV, cărțile, aflate până atunci exclusiv în mâinile nobilimii și ale clerului, au ajuns și în acelea ale burgheziei. Aristocrația a devenit modelul pentru *nouveau riches*: dacă nobilii citeau, atunci aveau să citească și ei (o aptitudine pe care burghezii și-o însușiseră ca negustori); dacă nobilii dormeau pe lemn sculptat între draperii împodobite,

---

* Roman popular despre viața lui Alexandru cel Mare (Alexandru Macedon), atestat din secolul III. Sub titlul de *Alixăndria*, el a circulat prin Țările Române, în traducere românească, încă din secolul XVII; cea mai veche copie datează din 1620 și este păstrată la Biblioteca Academiei (n. red.).

Un călugăr citind în pat într-o noapte rece de iarnă, într-un manuscris anluminat francez din secolul XIII.

atunci aveau să facă și ei așa. A poseda cărți și paturi lucrate meșteșugit, bogat ornamentate, era indiciul rangului social. Dormitorul a devenit mai mult decât încăperea în care burghezul dormea și făcea dragoste;

a devenit depozitul bunurilor adunate – inclusiv cărți – care, noaptea, puteau fi păzite din fortăreața întărită a patului.[27] În afară de cărți, puține alte obiecte erau expuse; majoritatea se aflau ascunse în cufere și lăzi, protejate de stricăciunile pricinuite de molii și rugină.

Din secolul XV până în secolul XVII, cel mai bun pat era considerat trofeul unui domeniu în caz de confiscare.[28] Cărțile și paturile constituiau un patrimoniu valoros (fapt notoriu, Shakespeare și-a lăsat prin testament „al doilea cel mai bun pat" soției sale, Anne Hathaway) care, spre deosebire de grosul averii, puteau fi proprietatea individuală a membrilor familiei. Într-o vreme în care femeilor li se permitea să dețină foarte puține bunuri personale, acestea aveau cărți, pe care le transmiteau fiicelor lor mai degrabă decât fiilor. Încă în 1432, o anume Joanna Hilton din Yorkshire i-a lăsat fiicei ei prin testament un *Romanț cu cele 10 Porunci*, un *Romanț al Celor Șapte Înțelepți* și un *Roman al Trandafirului*.[29] Erau exceptate cărțile scumpe de rugăciuni și Bibliile anluminate, acestea făcând parte, de obicei, din patrimoniul familiei și, astfel, din moștenirea fiului celui mai mare.[30]

Cartea Orelor din colecția Playfair, un volum anluminat francez din ultima parte a secolului XV, înfățișează pe una dintre paginile sale Nașterea Fecioarei. Moașa îi aduce pruncul Sfintei Ana, mama Fecioarei. Sfânta Ana este reprezentată ca fiind o doamnă nobilă, probabil nu cu mult diferită de Ducesa lui Chaucher (în Evul Mediu, familia Sfintei Ana dobândise reputația de a fi fost înstărită). Sfânta Ana stă dreaptă într-un pat cu jumătate de baldachin, care a fost drapat în pânză roșie cu modele aurii. Este complet îmbrăcată; poartă un veșmânt albastru cu broderii de aur, iar capul și gâtul îi sunt acoperite cuviincios cu o mantie albă. (Numai din secolul XI până în secolul XV oamenii obișnuiau să doarmă goi; un contract de căsătorie din secolul XIII stipula ca „o soție să nu doarmă în cămașă de noapte fără consimțământul soțului".)[31] Un cearșaf verde-azuriu – verdele fiind culoarea nașterii, triumful primăverii asupra iernii – atârnă pe ambele laturi ale patului. Deasupra cuverturii roșii care acoperă patul este împăturit un cearșaf alb; pe acesta, în poala Sfintei Ana, stă o carte deschisă. Și totuși, în ciuda intimității sugerate de un asemenea obiect (probabil o carte de rugăciuni), în ciuda perdelelor protectoare, camera nu arată ca un loc foarte intim. Moașa apare mergând natural; te gândești la toate celelalte reprezentări ale nașterii și morții Mariei, în care patul este înconjurat deopotrivă de urători de bine sau

Detaliu din Cartea Orelor *din colecția Playfair, din secolul XV, o cronică a vieții Fecioarei.*

de bocitoare, bărbați, femei și copii, uneori chiar de un câine bând, zăpăcit, dintr-un vas așezat într-un colț. Această cameră de naștere și viitoare moarte nu este un spațiu pe care Sfânta Ana să-l fi creat pentru sine.

În Europa, în secolele XVI și XVII, dormitoarele – asemenea fiecărei încăperi aproape – erau în același timp pasaje de trecere, așa că ele nu garantau în mod necesar pacea și liniștea pentru activități precum cititul. Chiar dacă trăgeai perdelele unui pat și îl umpleai cu obiectele personale, tot nu era de ajuns; un pat cere o încăpere proprie. (Chinezii înstăriți din secolele XIV și XV aveau două categorii de paturi, fiecare creându-și propriul spațiu intim: cel mobil, *k'ang*, care servea triplului scop de platformă pentru dormit, masă și scaun, fiind uneori încălzit prin tuburi care treceau pe sub el; și un altul, o construcție separată împărțită în compartimente, un fel de încăpere într-o încăpere.)[32]

Prin secolul XVIII, chiar dacă dormitoarele nu erau încă spații intime, statul în pat ca să citești – în Paris, cel puțin – devenise ceva suficient de obișnuit pentru ca Sfântul Jean-Baptiste de La Salle, filantropul educator francez canonizat în 1900, să avertizeze împotriva primejdiei acestei păcătoase distracții fără rost. „Este cu totul indecent și lipsit de maniere să trăncănești, să bârfești sau să-ți pierzi vremea în pat", a scris el în *Les règles de la bienséance et de la civilité chrétienne* („Reguli de bună-purtare în societatea creștină"), publicată în 1703. „Să nu imitați anumite persoane care își petrec timpul citind sau altele asemenea; nu stați în pat dacă nu o faceți ca să dormiți, iar virtutea voastră va profita mult din asta."[33] Și Jonathan Swift, cam în aceeași perioadă, a sugerat în mod ironic să se aerisească volumele citite în pat: „În momentul când lași ferestrele deschise pentru aerisire", o sfătuiește el pe camerista care se ocupă de curățenia dormitorului stăpânei, „pune cărțile sau altceva pe pervazul ferestrei, ca să se aerisească și acestea."[34] În New England, pe la mijlocul secolului XVIII, se presupunea că lampa Argand, îmbunătățită de Jefferson, ar fi dat un imbold cititului în pat. „S-a observat imediat că petrecerile de seară, luminate înainte cu lumânări, au încetat a mai fi tot atât de strălucitoare ca acelea din vechime", pentru că cei care excelau în discuții mergeau acum în dormitor ca să citească.[35]

Completa intimitate în dormitor, chiar intimitatea în pat, nu era încă ușor de obținut. Chiar dacă familia era destul de bogată ca să aibă paturi și dormitoare individuale, convențiile sociale cereau ca anumite ceremonii comune să aibă loc acolo. De exemplu, era obiceiul ca doamnele să „primească" în dormitoarele lor, complet îmbrăcate și întinse pe pat, sprijinindu-se de o mulțime de perne; vizitatorii stăteau în *ruelle*, sau „intervalul" dintre pat și peretele despărțitor. Antoine de Courtin, în *Nouveau traité de la civilité qui se pratique en France parmi les honnestes gens* („Noul tratat de bună purtare așa cum e aceasta practicată în Franța de oamenii cinstiți"),[36] a recomandat cu severitate ca „perdelele paturilor să fie ținute trase" ca să corespundă regulilor decenței și notează că „este necuviincios ca în prezența unei persoane căreia nu-i ești un superior să te arunci pe pat și de acolo să porți o conversație". La Versailles, ritualul trezirii regelui – faimosul *lever du Roi* – a devenit o procedură extrem de elaborată, în cursul căreia nobili din șase ranguri diferite treceau, pe rând, prin dormitorul regal și îndeplineau anumite onoruri, cum ar fi fost să-i tragă sau să-i scoată acestuia regala mânecă stângă sau dreaptă, ori să citească pentru regala ureche.

Chiar și secolul XIX a ezitat în a recunoaște dormitorul drept un spațiu intim. Cerând să se acorde atenție acestei „încăperi pentru dormit în care se petrece aproape jumătate din viață", Doamna Haweis, în capitolul „Case pentru cei fericiți" din influenta ei carte *The Art of Housekeeping* („Arta gospodăriei"), s-a plâns că „holteii – de ce nu miresele? – schimbă uneori înfățișarea dormitorului și-l împopoțonează, acolo unde spațiul e restrâns, cu sofale, cu lavoare Chippendale sau cu unele franțuzești, închise și de modă veche, cu plante tropicale și măsuțe rotunde, ca să poată servi de loc de trecere, fără a da, chipurile, de bănuit că altcineva decât canarul ar dormi vreodată acolo".[37] „Ne-a condus", a scris Leight Hunt în 1891, „într-un dormitor caracteristic clasei de mijloc, așa cum fusese mobilat cu vreo sută de ani în urmă", în care avea „ferestre cu locuri unde să te așezi, cu vedere spre vreo pajiște înverzită" și „două sau trei mici rafturi cu cărți".[38]

Pentru Edith Wharton, romanciera și aristocrata americană, dormitorul a devenit singurul refugiu în fața ceremoniilor secolului XIX, în acesta putând citi și scrie în voie. „Încercați să vă imaginați cum arăta patul ei", sugerează Cynthia Ozick într-o discuție despre arta literară a lui Warthon. „Folosea o tăblie pentru scris. Micul dejun i-l aducea Gross, menajera, care era aproape singura care avea acces în spațiul secret al dormitorului. (O secretară ridica paginile de pe podea ca să le dactilografieze.) Odată sculată din pat, ea trebuie să fi fost, conform propriului cod, complet îmbrăcată, ceea ce ar fi însemnat că avea să rămână așa. În pat, trupul ei era liber, și-i elibera pana."[39] Liber trebuie să-i fi fost și cititul; în acest spațiu intim, ea nu trebuia să explice oaspeților de ce alesese o anume carte sau ce părere avea despre ea. Atât de importantă era poziția orizontală în care scria, că odată, la Hotel Esplanade din Berlin, Warthon a avut „o ușoară criză de isterie pentru că patul din camera ei nu era situat unde trebuia; nu s-a liniștit până când acesta n-a fost mutat în așa fel încât să fie în dreptul ferestrei și atunci a apreciat Berlinul ca fiind «fără rival»".[40]

Constrângerile sociale erau altele pentru Colette decât pentru Warthon, dar societatea se amesteca în mod constant și în viața ei personală. În vremea ei, Warthon a fost văzută ca scriind – cel puțin parțial – din perspectiva autorității pe care i-o conferea rangul social; Colette era considerată a fi „mult mai scandaloasă, îndrăzneață, perversă",[41] așa că, la moartea sa, în 1954, Biserica Romano-Catolică

Colette sărbătorind împlinirea a optzeci de ani, în 1953.

a refuzat s-o înhumeze după ritualul religios. În ultimii ani ai vieții sale, Colette a fost nevoită să stea la pat din cauza bolii, dar și din dorința de a avea un spațiu în întregime al ei, în care să mediteze. Aici, în apartamentul ei de la cel de-al treilea etaj din Palais Royal, în acel *radeau-lit* – „patul-plută", cum îl botezase ea – dormea și mânca, își primea prietenii și cunoștințele, vorbea la telefon, citea și scria. Prințesa de Polignac îi dăruise o masă care se potrivea perfect pusă peste pat și care-i servea drept birou. Sprijinită de perne, ca atunci când fusese copilă în Saint-Sauveur-en-Puisaye, cu grădinile simetrice ale Palais Royal desfășurându-se în fața ferestrei din stânga ei și cu toate comorile pe care le strânsese – obiectele de sticlă, biblioteca ei, pisicile – adunate la dreapta,[42] Colette citea și recitea, în ceea ce numea ea *solitude en hauteur* („solitudine la înălțime"),[43] cărțile vechi pe care le iubea cel mai mult.

Există o fotografie a ei făcută cu un an înaintea morții, la cea de-a optzecea aniversare a zilei de naștere. Colette este în pat, iar mâinile menajerei au pus pe masa ei – care e acoperită cu reviste, cărți de joc și flori – un tort aniversar cu lumânările arzând; flăcările se înalță prea sus ca să pară că ar proveni de la niște simple lumânări, de parcă femeia aceasta în vârstă ar fi fost o bătrână călătoare în fața focului ritualic, de parcă tortul ar fi fost o carte în flăcări, izbucnind în acea întunecime căutată de Proust pentru creația literară. Patul a devenit, în sfârșit, atât de personal, de intim, încât e acum o lume în sine, unde totul este posibil.

Walt Whitman în casa lui din Camden, New Jersey.

METAFORE ALE LECTURII

Pe 26 martie 1892, Walt Whitman a murit în casa pe care o cumpărase, cu mai puțin de zece ani în urmă, în Camden, New Jersey - arătând ca un rege din Vechiul Testament sau, cum îl descrie Edmund Gosse, ca „un motan de Angora mare și bătrân". O fotografie făcută cu câțiva ani înaintea morții sale de artistul Thomas Eakins din Philadelphia ni-l arată cu coama lui albă și zburlită, stând lângă fereastră, privind gânditor lumea de afară, care era, după cum le spusese cititorilor lui, o glosă la cele scrise de el:

> Dacă vreți să mă înțelegeți, duceți-vă pe înălțimi sau la marginea mării,
> Și gâza își are un rost, ca și stropul de apă, și valul cel lung și mișcător dă o cheie.[1]
> Ciocanul dogarului, vâsla, ferăstrăul de mână la fel îmi pătrund cuvintele și vi le explică.

Whitman însuși i se oferă aici privirii cititorului. Doi Whitman, de fapt: cel din *Fire de iarbă*, „Walt Whitman, un cosmos, al Manhattanului fiu", dar născut în același timp pretutindeni („Sunt din Adelaide... sunt din Madrid... Moscovei aparțin");[2] și cel născut în Long Island, căruia îi plăcea să citească romane de aventuri și ai cărui iubiți erau tineri din oraș, soldați, șoferi de autobuz. Ambii au devenit acel Whitman care, la bătrânețe, își lăsa ușa deschisă pentru oaspeții care îl căutau pe „înțeleptul din Camden", și amândoi i se oferiseră cititorului, cam cu treizeci de ani mai devreme, în ediția din 1860 a *Firelor de iarbă*:

Camerado, nu-i doar o carte asta:

Cine-o atinge a atins un om.

(E noapte? Suntem aicea singuri împreună?)

Sunt eu cel ce te ține și cel pe care-l ții!

Zbucnesc din pagini în brațele-ți deschise – dar iată, moartea mă

tot duce mai departe.[3]

Ani mai târziu, în ediția „de pe patul de moarte" a des revizuitelor și adăugitelor *Fire de iarbă*, lumea nu „urmează" cuvintele lui, ci devine vocea primordială; nici Whitman, nici versul său nu contau; lumea însăși era de ajuns, din moment ce aceasta nu era nici mai mult, nici mai puțin decât o carte deschisă pe care noi toți s-o citim. În 1774, Goethe (pe care Whitman îl citea și-l admira) scrisese:

Vezi Natura-i de-acum o carte vie,

Neînțeleasă, dar nu dincolo de înțelegere.[4]

În 1892, cu câteva zile înaintea morții, Whitman este de aceeași părere:

În fiecare obiect, munte, copac, și stea – în fiecare naștere și viață,

Ca parte a fiecărui – rezultat din fiecare – înțeles, în spatele a ce

acestea par a fi,

Un mistic cifru a fost încredințat.[5]

Am citit poemul pentru prima oară în 1963, într-o traducere spaniolă cam nesigură. Într-o zi, la liceu, un prieten care voia să fie poet (abia dacă împlinisem cincisprezece ani, pe-atunci) a venit fuga la mine cu o carte pe care o descoperise, o ediție Austral cu coperte albastre a poemelor lui Whitman, tipărite pe hârtie aspră, îngălbenită și traduse de cineva al cărui nume l-am uitat. Prietenul meu era un admirator al lui Ezra Pound, căruia îi făcea complimentul de a-l imita și, întrucât cititorii nu au respect pentru cronologiile stabilite pătimaș de academicieni bine plătiți, era convins că Whitman nu era decât o copie palidă a lui Pound. Pound însuși a încercat să ne spună care e adevărul, propunând „un pact" cu Whitman:

Tu ești cel care a rupt lemnul cel nou,
Acum e vremea sculptatului.
Avem o singură sevă și-o singură rădăcină –
Hai, gata, să-ncepem să negociem.[6]

Dar prietenul meu nu se lăsa convins. I-am acceptat verdictul de dragul prieteniei noastre și la numai doi ani după aceea am dat peste un exemplar al *Firelor de iarbă* în engleză și am priceput că Whitman îmi destinase mie volumul:

Tu, cititorule, pulsezi de viață, de mândrie și de dragoste, asemeni mie,
De-aceea cântecele acestea-s pentru tine![7]

Am citit despre biografia lui Whitman mai întâi într-o serie destinată tinerilor, din care erau înlăturate orice referiri la sexualitatea lui și care-l banaliza până aproape de non-existență, și apoi în *Walt Whitman* de Geoffrey Dutton, lucrare instructivă, dar întru câtva prea sobră. Ani mai târziu, biografia scrisă de Philip Callow mi-a dat o imagine mai clară despre om și mi-a permis să reconsider două întrebări pe care mi le pusesem singur mai devreme: dacă Whitman îl privea pe cititor ca pe sine însuși, atunci cine era acest cititor pe care Whitman îl avea în minte? Și cum devenise Whitman cititor, la rândul lui?

Whitman a învățat să citească într-o școală a quakerilor din Brooklyn, după „metoda" cunoscută ca „lancasteriană" (de la quakerul englez Joseph Lancaster). Un singur profesor, ajutat de copii monitori, avea o clasă de câteva sute de elevi, câte zece într-o bancă. Cei mai mici învățau la subsol, fetele mai mari la parter și băieții mai mari la etaj. Unul dintre profesorii lui spunea despre el că era „băiat bun, care părea cam stângaci și șleampăt, dar care, altfel, nu se făcea remarcat prin nimic". La cele câteva manuale s-au adăugat cărțile pe care tatăl său, un democrat pătimaș care și-a botezat cei trei fii după numele fondatorilor Statelor Unite, le avea acasă. Multe dintre aceste cărți erau tratate politice ale lui Tom Paine, ale socialistei Frances Wright și ale filozofului din secolul XVIII Constantin-François, conte de Volney, dar mai erau și antologii de poezie și câteva romane. Mama lui era analfabetă, dar, potrivit lui Whitman, „povestea excelent" și „avea un mare talent de a imita".[8] Whitman a învățat primele litere în biblioteca tatălui său; sunetele acestora le-a deprins din povestirile pe care le ascultase spuse de mama lui.

Whitman a părăsit școala la unsprezece ani și s-a angajat la birourile avocatului James B. Clark. Fiului lui Clark, Edward, i-a plăcut băiatul cel isteț și i-a plătit un abonament la o bibliotecă volantă. Acesta, a spus Whitman mai târziu, „a fost cel mai important eveniment din viața mea de până atunci". De la bibliotecă a împrumutat și a citit *O mie și una de nopți* – „toate volumele" – și romanele lui Sir Walter Scott și ale lui James Fenimore Cooper. Câțiva ani mai târziu, când avea șaisprezece ani, a achiziționat „un volum zdravăn și bine-ndesat de vreo mie de pagini *in octavo* [...] conținând întreaga operă poetică a lui Walter Scott" și l-a devorat cu nesaț. „Mai târziu, periodic, verile și toamnele obișnuiam să ies, uneori pentru câte-o săptămână întreagă, în afara orașului sau pe țărmurile din Long Island – acolo, în prezența elementelor naturii, am parcurs Vechiul și Noul Testament și m-am delectat (probabil cu mai mare folos decât în orice bibliotecă sau încăpere închisă – face așa o mare diferență *unde* citești) cu Shakespeare, Ossian, cele mai bune traduceri pe care le-am putut găsi din Homer, Eschil, Sofocle sau din vechii Nibelungi germani, vechile poeme hinduse și alte câteva capodopere, printre care și cea a lui Dante. S-a întâmplat că l-am citit pe acesta din urmă mai mult într-o pădure bătrână." Și Whitman spune: „M-am întrebat de-atunci cum de n-am fost copleșit de-acești măreți maeștri. Probabil pentru că i-am citit, cum am spus, în prezența deplină a Naturii, sub soare, cu peisaje și panorame care se-ntindeau până departe sau în apropierea mării ce-și frământa valurile."[9] Locul în care se citește, după cum sugerează Whitman, este important, nu numai pentru că asigură un cadru material textului citit, ci și pentru că sugerează, prin juxtapunere cu locul din pagină, că ambele împărtășesc aceeași calitate hermeneutică, ambele îl provoacă pe cititor la elucidări.

Whitman n-a rămas multă vreme la biroul de avocatură; înainte de sfârșitul anului, a devenit ucenic tipograf la *Long Island Patriot*, învățând să lucreze la o tiparniță manuală, într-un subsol strâmt, sub supravegherea editorului ziarului și în același timp autor al tuturor articolelor. Acolo, Whitman a învățat despre „plăcutul mister al diferitelor litere și diviziunilor lor, caseta cu litera «E», caseta cu spațiu între litere, caseta cu litera «a», caseta cu «i», și tot restul", instrumentele meseriei sale.

Din 1836 până în 1838 a lucrat ca învățător de țară în Norwich, New York. Remunerația era mică și neregulată și probabil pentru că inspectorii școlari nu erau de acord cu gălăgia din clasele unde preda, a fost obligat să schimbe școala de opt ori în doi ani. Superiorii lui nu puteau fi prea încântați de ceea ce îi învăța el pe elevi:

> Să nu mai luați nimic la a doua sau a treia mână,
> Nici să nu mai priviți prin ochii morților, nici să nu vă mai hrăniți
>   din spectrele din cărți.[10]

Sau:

> Cel mai mult îmi onorează stilul acela care învață din el cum
>   să-l distrugă pe învățător.[11]

După ce a învățat de la alții să tipărească și i-a învățat pe alții să citească, Whitman a considerat că le putea combina pe amândouă, devenind editorul unui ziar: mai întâi *Long Islander*, în Huntington, New York, și mai târziu, *Daily Eagle* din Brooklyn. Aici a început să-i încolțească ideea despre democrație văzută ca o societate a „cititorilor liberi", neinfestați de fanatism și curente politice, pe care făcătorul de texte – poet, tipograf, profesor, editor de ziar – trebuie să-i servească fără ezitare. „Simțim cu adevărat dorința de-a vorbi despre multe subiecte", a explicat el într-un editorial din 1 iunie 1846, „tuturor oamenilor din Brooklyn; și nici cei nouă penny ai lor nu sunt ceea ce vrem atât de mult. Există un fel ciudat de simpatie (nu v-ați gândit vreodată la asta până acum?) care apare în mintea unui conducător de ziar pentru publicul pe care îl servește. [...] Comunicarea zilnică creează un fel de fraternitate între cele două părți."[12]

Cam în acea vreme, Whitman a dat peste scrierile lui Margaret Fuller, care a fost o personalitate extraordinară: prima femeie din Statele Unite care și-a făcut din recenzia de cărți o profesie, dar și prima femeie corespondent străin, o feministă lucidă, autoare a vehementei broșuri *Femeia în secolul XIX*. Emerson credea că „toată arta, gândirea și noblețea din New England [...] păreau să aibă legătură cu ea, și reciproc".[13] Cu toate astea, Hawthorne a numit-o „o mare impostoare"[14], iar Oscar Wilde a spus că Venus i-a dat „totul în afară de frumusețe" și Pallas

O cititoare pasionată, Margaret Fuller.

„totul în afară de înțelepciune".[15] Deși credea că experiența concretă nu poate fi înlocuită de cărți, Fuller a văzut în ele „un mijloc de a examina întreaga umanitate, un miez în jurul căruia s-ar putea aduna toată cunoașterea, toată experiența, toată știința, tot ce-i ideal și, în același timp, tot ce-i practic în natura noastră". Whitman a răspuns cu entuziasm concepțiilor ei, scriind:

Ne-am socotit noi mari, o, suflete, ca să pătrundem temele
    mărețelor cărți,
Sorbind adânc și deplin din gânduri, piese de teatru, speculații?
Dar acum, de la tine către mine, pasăre-n colivie, să-ți simt trilu-
    rile voioase
Umplând aerul, singuratica încăpere, în lunga dimineață,
Nu este la fel de măreț, o, suflete?[16]

Pentru Whitman, text, autor, cititor și lume se oglindesc unul în ce-
lălalt în actul lecturii, al cărui înțeles e extins până la a defini orice acti-
vitate umană vitală, precum și universul în care toate au loc. În această
conjugare, cititorul îl reflectă pe scriitor (el și cu mine suntem unul), lumea
e ecoul cărții (Cartea lui Dumnezeu, Cartea Naturii), cartea e făcută din
carne și sânge (carnea și sângele scriitorului, care, printr-o transsubstanțiere
literară, devin ale mele), lumea este o carte ce trebuie descifrată (poemele
scriitorului devin felul în care citesc eu lumea). Toată viața lui, Whitman
pare să fi căutat un înțeles și o definiție ale actului lecturii, considerat
atât în sine, cât și ca metaforă a tuturor părților componente.

„Metaforele", scrie criticul german Hans Blumenberg azi, „nu mai
sunt considerate, de multă vreme, ca reprezentând, înainte de toate,
sfera care ghidează ezitantele noastre concepții teoretice, ca o anticameră
pentru formarea conceptelor, ca un dispozitiv improvizat în cadrul
unor limbaje specializate care nu s-au consolidat încă, ci mai degrabă
ca un mijloc autentic de înțelegere a contextelor".[17] Să spui că un autor
este un cititor sau un cititor, un autor, să vezi o carte ca o ființă umană
sau o ființă umană ca o carte, să descrii lumea ca text sau un text ca
lume sunt tot atâtea moduri de a numi meșteșugul cititorului.

Astfel de metafore sunt foarte vechi, cu rădăcini în societatea
iudeo-creștină timpurie. Criticul german E.R. Curtius, într-un capitol
despre simbolismul cărții din monumentala lui *Literatura europeană și
Evul Mediu latin*, a amintit că metaforele cărții își fac apariția în Grecia
clasică, dar că există puține exemple, de vreme ce societatea greacă și,
mai târziu, societatea romană nu considerau cartea un obiect uzual.
Societățile iudaică, creștină și islamică au dezvoltat o profundă relație
simbolică legată de cărțile lor sfinte, care nu erau simboluri ale
Cuvântului lui Dumnezeu, ci însuși Cuvântul lui Dumnezeu. Așa cum
afirmă Curtius, „ideea că lumea și natura sunt cărți provine din retorica

Bisericii Romano-Catolice, preluată de filozofii mistici ai Evului Mediu timpuriu și, până la urmă, a devenit un loc comun".

Pentru călugărul mistic spaniol din secolul XVI Luis de Granada, dacă lumea e o carte, atunci lumea se compune din literele alfabetului cu care e scrisă aceasta. În *Introduccion al símbolo de la fé* („Introducere în simbolul credinței"), el se întreabă: „Ce altceva să fie toate creaturile acestei lumi, atât de frumoase și atât de bine făcute, decât litere separate și iluminate, care declară cu atâta îndreptățire delicatețea și înțelepciunea autorului lor? [...] Și noi la fel [...] așezați de tine în fața acestei minunate cărți a întregului univers, în așa fel încât prin creaturile lui, ca și prin intermediul unor litere vii, să citim desăvârșirea Creatorului nostru."[18]

„Degetul lui Dumnezeu", a scris sir Thomas Browne în *Religio Medici* („Religia unui medic"), reformulând metafora călugărului Luis, „a lăsat o Inscripție asupra tuturor lucrărilor sale, nu una grafică ori compusă din Litere, ci aceea a câtorva forme, structuri, părți și operații care, meșteșugit puse laolaltă, fac un singur cuvânt exprimând natura lor."[19] Câteva secole mai târziu, filozoful american de origine spaniolă George Santayana a adăugat: „Există cărți în care notele de subsol sau comentariile mâzgălite de mâna vreunui cititor pe margine sunt mult mai interesante decât textul. Lumea este una dintre aceste cărți."[20]

Sarcina noastră, așa cum a subliniat Whitman, este să citim lumea, de vreme ce această colosală carte e singura sursă a cunoașterii pentru muritori. (Îngerii, așa cum spune Sfântul Augustin, n-au nevoie să citească cartea lumii, pentru că ei îl pot vedea pe Însuși Autorul și să primească de la El Cuvântul în toată splendoarea lui. Adresându-i-se lui Dumnezeu, Sfântul Augustin se gândește că îngerii „n-au nevoie să se uite către ceruri sau să le citească pentru a citi cuvântul Tău. Pentru că ei întotdeauna Îți văd fața și în aceasta, fără silabele timpului, citesc voința Ta eternă. O citesc, o discern, o iubesc. Ei citesc permanent și ceea ce citesc nu ajunge niciodată la un sfârșit. [...] Cartea pe care ei o citesc nu se va închide, sulul nu va fi răsucit din nou. Pentru că Tu ești cartea lor și Tu ești veșnic".)[21]

Ființele umane, făcute după chipul Domnului, sunt și cărți de citit. Aici, actul citirii servește drept metaforă ca să ne ajute să înțelegem șovăitoarea noastră relație cu propriul trup, întâlnirea, atingerea și descifrarea semnelor în altă persoană. Noi citim expresii pe chipul unui om, urmărim gesturile persoanei iubite ca într-o carte deschisă. „Fața ta, Stăpânul meu", îi spune Lady Macbeth soțului ei, „este ca o carte în care oamenii pot citi lucruri ciudate",[22] iar poetul din secolul XVII Henry King i-a scris tinerei sale soții decedate:

Draga mea pierdută! De la moartea ta prematură
Sarcina mea a fost să meditez
La Tine, la Tine: Tu ești Cartea,
Biblioteca în care-mi arunc privirea
Deși aproape orb.[23]

Iar Benjamin Franklin, mare iubitor de cărți, și-a compus un epitaf (care, din nefericire, nu a fost inscripționat pe piatra lui de mormânt) în care imaginea cititorului ca o carte își află descrierea perfectă:

Trupul lui
B. Franklin, Tipograf,
Precum coperta unei cărți vechi,
Cu cuprinsul smuls,
Și jupuită de titlu și ornamentele din aur,
Zace aici, Hrană pentru Viermi.
Dar Opera nu se va pierde;
Căci, cum a crezut,
Va apărea încă o dată
Într-o nouă și mai elegantă Ediție
Corectată și îmbunătățită
De Autor.[24]

A spune că citim – lumea, o carte, trupul – nu-i de ajuns. Metafora lecturii atrage, la rândul ei, o altă metaforă, cere să fie explicată în imagini care se află în afara bibliotecii cititorului și totuși în trupul cititorului, astfel că funcția lecturii este asociată cu alte funcții corporale esențiale. Cititul – așa cum am văzut – servește drept un vehicul metaforic, dar, pentru a fi înțeles, și el trebuie să fie recunoscut prin metafore. Așa cum zic scriitorii că ei coc o povestire, întorcând un text pe toate părțile, dospind idei pentru o intrigă, condimentând o scenă sau garnisind oasele goale ale unui argument, transformând ingredientele din ceaun într-o proză apoasă, o felie de viață piperată cu aluzii în care cititorul își poate implânta dinții, și noi, cititorii, vorbim despre savurarea unei cărți, despre faptul că ne hrănim cu ea, că devorăm o carte pe nerăsuflate, că regurgităm sau vomităm un text, că rumegăm un pasaj, că plimbăm cuvintele poetului pe limbă, că ne infruptăm cu poezie, că facem o dietă de romane polițiste. Într-un eseu despre arta învățării, cărturarul englez din secolul XVI Francis Bacon a catalogat procedeul: „Unele cărți trebuie gustate, altele, înghițite și câteva, mestecate și digerate.„[25]

Printr-un noroc extraordinar știm la ce dată a fost prima oară înregistrată această metaforă ciudată.[26] Pe 31 iulie 593 î.e.n., pe malul râului Chebar din țara caldeenilor, preotul Iezechiel a avut viziunea unui foc în care a văzut „chipul strălucirii Domnului" poruncindu-i să vorbească gloatei de fii revoltați ai Israelului. „Deschide-ți gura și mănâncă ceea ce am să-ți dau", l-a îndemnat viziunea.

> Și privind eu, am văzut o mână întinsă spre mine și în ea, o hârtie strânsă sul;
> Și a desfășurat-o înaintea mea, și am văzut că era scrisă și pe o parte, și pe alta: plângere, tânguire și jale era scris în ea.[27]

Sfântul Ioan, consemnându-și viziunea apocaliptică de pe Insula Patmos, a avut aceeași revelație ca Iezechiel. În timp ce privea inspăimântat, un înger s-a pogorât din ceruri cu o carte deschisă și o voce tunătoare i-a spus să nu scrie cele ce a aflat, ci să ia cartea din mâna îngerului.

> Și m-am dus la înger și i-am zis să-mi dea cartea. Și mi-a răspuns: Ia-o și mănânc-o și va amărî pântecele tău, dar în gura ta va fi dulce ca mierea.
> Atunci am luat cartea din mâna îngerului și am mâncat-o; și era în gura mea dulce ca mierea, dar, după ce-am mâncat-o, pântecele meu s-a amărât.
> Și apoi mi-a zis: Tu trebuie să prorocești încă o dată la popoare și la neamuri și la limbi și la mulți împărați.[28]

Mai târziu, pe măsură ce cititul s-a dezvoltat și s-a extins, metafora gastronomică a devenit un procedeu retoric obișnuit. Pe vremea lui Shakespeare, era des întâlnită în discursurile literare și însăși regina

Sfântul Ioan gata să mănânce cartea Îngerului, reprezentat pe o foaie volantă rusească din secolul XVII.

Elisabeta I a folosit-o ca să-și descrie lecturile religioase: „M-am plimbat de multe ori prin câmpiile îmbietoare ale Sfintelor Scripturi, unde am cules dumnezeieștile ierburi verzi ale propozițiilor, le-am mâncat citindu-le, le-am mestecat reflectând și le-am așezat până la urmă în jilțul memoriei [...] așa ca să pot să simt mai puțin din amăreala acestei mizerabile vieți.“[29]

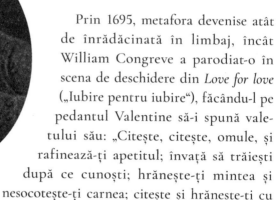

Nesățiosul cititor Dr Johnson, de Sir Joshua Reynolds.

Prin 1695, metafora devenise atât de înrădăcinată în limbaj, încât William Congreve a parodiat-o în scena de deschidere din *Love for love* („Iubire pentru iubire"), făcându-l pe pedantul Valentine să-i spună valetului său: „Citește, citește, omule, și rafinează-ți apetitul; învață să trăiești după ce cunoști; hrănește-ți mintea și nesocotește-ți carnea; citește și hrănește-ți cu asta ochii; închide gura și mestecă din nou, ca să înțelegi." „Te-ai îngrășa al naibii în cura asta de hârtie", este comentariul valetului.[30]

La mai puțin de un secol după aceea, Dr Johnson a citit o carte în același fel în care și-a luat masa. A citit, a spus Boswell, „cu lăcomie, de parcă ar fi devorat-o, ceea ce era, după toate aparențele, metoda lui de studiu". După spusele lui Boswell, Dr Johnson ținea o carte învelită în fața de masă, în poală, în timpul cinei, „din pofta de-a se delecta cu lectura, după ce termina cu mâncarea; semăna (dacă pot folosi o atât de grosieră comparație) cu un câine care ține un os de rezervă între labe, în timp ce roade altceva decât ce i-a fost aruncat".[31]

Indiferent de felul în care cititorii își apropriază o carte, până la urmă cartea și cititorul devin una. Lumea, care este o carte, e devorată de un cititor, care este o literă în textul lumii; astfel se creează o metaforă circulară pentru nemărginirea lecturii. Suntem ceea ce citim. Procesul prin care cercul devine complet nu este, a demonstrat Whitman, doar unul de natură intelectuală; citim intelectual la un nivel superficial al conștientului, prinzând câteva sensuri și devenind conștienți de anumite lucruri, dar, în același timp, pe nevăzute, în mod inconștient, textul și cititorul se îngemănează, creând noi niveluri de înțelegere, astfel că ori de câte ori extragem ceva dintr-un text pe care îl ingurgităm, simultan, altceva se naște în urma lui, ceva ce încă n-am apucat să gust. De aceea – așa cum a crezut Whitman, rescriindu-și și reeditându-și, iar și iar, poemele, nicio lectură nu poate fi, vreodată, definitivă. În 1876, el a scris, ca o explicație:

Să nu-mi închideți porțile, trufașe biblioteci,

Eu vă aduc ce lipsea din rafturile voastre

Mult ticsite și vă era de mare trebuință;

Iscat din bătălii am scris o carte,

Cuvintele-i nu sunt nimic, curenții ei sunt totul,

O carte care nu-i ca celelalte și nici făcută pentru intelect,

Dar voi, nespuse lucruri din adânc, veți vibra în toate paginile ei.[32]

PUTERILE CITITORULUI

„Ca să citeşti bine trebuie să fii inventator.“
RALPH WALDO EMERSON,
The American Scholar, 1837

Un cititor de acum 5 000 de ani, scribul sumerian Dudu.

ÎNCEPUTURI

În vara lui 1989, cu doi ani înainte de Războiul din Golf, am călătorit în Irak ca să văd ruinele Babilonului și ale Turnului Babel. A fost o călătorie pe care îmi dorisem s-o fac de multă vreme. Reconstruit între 1899 și 1917 de arheologul german Robert Koldewey,[1] Babilonul se află la aproape 64 de kilometri sud de Bagdad – un labirint enorm de ziduri de culoarea untului, cândva cel mai puternic oraș de pe pământ, în vecinătatea unei movile de argilă despre care ghidurile spun că e tot ce-a mai rămas din turnul blestemat de Dumnezeu să fie multicultural. Taximetristul care m-a dus acolo știa locul doar pentru că se afla în apropierea orașului Hillah, unde fusese o dată sau de două ori ca să-și viziteze o mătușă. Adusesem cu mine o antologie Penguin de proză scurtă și, după ce am făcut turul ruinelor a ceea ce pentru mine, ca un cititor occidental ce eram, a constituit punctul inițial al oricărei cărți, m-am așezat să citesc la umbra unui tufiș de oleandru.

Ziduri, tufe de oleandru, străzi pavate cu bitum, porți deschise, mormane de lut, turnuri prăbușite: o parte a secretului Babilonului e aceea că vizitatorul vede nu unul, ci mai multe orașe, succesive în timp, dar simultane în spațiu. Există Babilonul erei akkadiene, un sătuc de prin 2350 î.e.n. Există Babilonul în care *Epopeea lui Ghilgameș*, care include una dintre primele referiri la potopul lui Noe, a fost recitată pentru întâia oară într-o zi din mileniul II î.e.n. Există Babilonul regelui Hammurabi, din secolul XVIII î.e.n., al cărui sistem de legi a fost una dintre primele încercări din lume de a reglementa viața unei întregi societăți. Există Babilonul distrus de asirieni în 689 î.e.n. Există Babilonul reconstruit de Nabucodonosor, care în jurul anului 586 î.e.n. a asediat Ierusalimul, a devastat Templul lui Solomon și i-a dus pe evrei în robie, pricină din care ei au stat pe malurile râurilor și au plâns. Există Babilonul fiului sau nepotului lui Nabucodonosor (genealogiștii sunt indeciși), regele Belșațar, primul om care a văzut inscripția pe zid, în înspăimântătoarea caligrafie a degetului lui Dumnezeu. Există Babilonul pe care Alexandru cel Mare îl dorea capitala unui imperiu ce se întindea din nordul Italiei până în Egipt și Grecia – Babilonul în care cuceritorul lumii a murit la vârsta de treizeci și trei de ani, în 323 î.e.n., strângând în mâini un exemplar din *Iliada*, pe vremea când generalii știau să citească. Există Babilonul cel Mare, așa cum e evocat de Sfântul Ioan – Mama Târfelor și Scârba Pământului, Babilonul care a făcut ca toate națiunile să bea din vinul mâniei preacurviei sale. Și mai există Babilonul șoferului meu de taxi, un loc lângă orașul Hillah, unde trăia mătușa lui.

Aici (sau cel puțin undeva nu prea departe), au demonstrat arheologii, a început preistoria cărților. Spre mijlocul mileniului IV î.e.n., când clima Orientului Apropiat a devenit mai răcoroasă și aerul mai uscat, comunitățile de fermieri din sudul Mesopotamiei și-au abandonat satele dispersate și s-au regrupat în interiorul și în jurul centrelor urbane mai mari, care, în scurt timp, au devenit orașe-stat.[2] Ca să întrețină fertilitatea săracă a ogoarelor, au inventat noi tehnici de irigație și planuri arhitectonice extraordinare și, ca să organizeze o societate din ce în ce mai complexă, cu legile, edictele și regulile ei comerciale, spre sfârșitul mileniului IV, noii locuitori urbani au dezvoltat o artă care avea să schimbe pentru totdeauna natura comunicării între ființele umane: arta scrisului.

Cel mai probabil, scrisul a fost inventat din rațiuni comerciale, ca să consemneze că un anume număr de vite aparțineau unei anumite familii sau că au fost transportate într-un anume loc. Un semn scris servea drept procedeu mnemotehnic: imaginea unui bou însemna un bou, ca să amintească cititorului că tranzacția s-a făcut în boi, numărul exact și, posibil, numele cumpărătorului și al vânzătorului. Memoria, în forma aceasta, este și un document, înregistrarea unei astfel de tranzacții.

Inventatorul primelor tăblițe scrise se poate să-și fi dat seama de avantajul pe care aceste bucăți de lut îl aveau față de ținerea de minte: în primul rând, cantitatea de informație înmagazinabilă pe tăblițe era nesfârșită – se puteau face tăblițe *ad infinitum*, în timp ce capacitatea creierului de a-și aminti era limitată; în al doilea rând, tăblițele nu necesitau prezența unui ținător-de-minte care să recupereze informația. Brusc, ceva intangibil – un număr, o anume informație, un gând, un ordin – putea fi obținut fără prezența fizică a mesagerului; în mod miraculos, putea fi imaginat, notat și transmis în spațiu și timp. De pe vremea celor mai vechi vestigii ale civilizației preistorice, societatea omenească a încercat să depășească obstacolele geografice, finalitatea morții, eroziunea uitării. Printr-un singur act – inscripționarea unei figuri pe o tăbliță de argilă –primul scriitor anonim a izbutit deodată să facă toate aceste lucruri aparent imposibile.

Dar scrierea nu e singura invenție care a prins viață în momentul primei inscripționări: a avut loc simultan și o altă creație. Întrucât scopul actului de a scrie era ca textul să fie salvat – citit, adică – inscripționarea a creat concomitent un cititor – un rol a luat naștere înainte ca primul cititor să existe în carne și oase. Așa că atunci când primul scriitor a visat la o artă nouă notând niște semne pe o bucată de lut, o altă artă a apărut în mod tacit, una fără de care însemnările ar fi fost absolut de neînțeles. Scriitorul era un făuritor de mesaje, creatorul semnelor, dar semnele și mesajele cereau un mag care să le descifreze, să le recunoască înțelesul, să le dea glas. Scrisul cerea un cititor.

Relația primordială dintre scriitor și cititor prezintă un minunat paradox: prin crearea rolului cititorului, scriitorul decretează în aceeași măsură moartea scriitorului, de vreme ce, pentru ca un text să fie încheiat, scriitorul trebuie să se retragă, să înceteze să existe. Câtă vreme scriitorul rămâne prezent, textul este incomplet. Doar atunci când scriitorul dă drumul textului el începe să existe. În acel moment, existența textului este una tăcută, până în clipa în care un cititor îl lecturează. Practic, textul se trezește la viață abia atunci când ochiul priceput ia contact cu însemnările de pe tăbliță. Tot ce e scris depinde de generozitatea cititorului.

Această relație incomodă dintre scriitor și cititor are un început; a fost stabilită pentru totdeauna într-o misterioasă după-amiază mesopotamiană. Este o relație fructuoasă, dar anacronică, între un creator primordial care dă viață în momentul morții sale, și un creator post-mortem, sau mai degrabă generații de creatori post-mortem, care îngăduie creației înseși să vorbească și fără de care orice scriere este moartă. Chiar de la începutul său, cititul este apoteoza scrisului.

Scrisul a devenit repede recunoscut ca o îndeletnicire purtătoare de autoritate, iar scribul a urcat în ierarhia societății mesopotamiene. Evident, și priceperea de a citi îi era esențială, dar nici numele dat ocupației sale și nici percepția socială a activităților sale nu recunoșteau actul citirii, concentrându-se în schimb aproape exclusiv asupra abilității sale de a înregistra. Public, era mai sigur pentru scrib să fie privit nu ca individul care primește informații (pe care ar fi fost capabil să le încarce cu sens), ci ca unul care mai degrabă înregistrează informația pentru binele comun. Deși el putea fi ochii și limba unui general, sau chiar ale unui rege, o asemenea putere politică era mai bine să nu fie trâmbițată. Din acest motiv, simbolul lui Nisaba, zeița mesopotamiană a scribilor, era un stilus, nu tăblița ținută în fața ochilor.

Ar fi greu să exagerăm importanța rolului pe care-l avea scribul în societatea mesopotamiană. De scribi era nevoie ca să trimită mesaje, să transmită vești, să preia ordinele regelui, să înregistreze legile, să noteze datele astronomice necesare pentru ținerea calendarului, să calculeze numărul necesar de soldați sau muncitori sau provizii sau capete de vite, să țină evidența tranzacțiilor financiare și economice, să înregistreze diagnosticele medicale și rețetele, să însoțească expedițiile militare și să scrie dispozițiile și cronicile de război, să evalueze taxele, să redacteze contractele, să păstreze textele religioase canonizate și să-i amuze pe oameni cu lecturi din *Epopeea lui Ghilgameș*. Nimic din toate astea nu se putea face fără scrib. El era mâna și ochiul și vocea prin care se stabilea comunicarea și erau descifrate mesajele. Iată de ce autorii mesopotamieni se adresau direct scribului, știind că el era acela care avea să transmită mesajul: „Domnului meu spune-i următoarele: așa vorbește Cutare-și-cutare, servitorul tău.“[3] „Spune-i“ se adresează unei a doua persoane, acelui „tu“, primul strămoș al formulării „dragă cititorule“ din ficțiunile de mai târziu. Fiecare dintre noi, citind acel rând, devine peste epoci acest „tu“.

În prima jumătate a mileniului II î.e.n., preoții templului Șamaș din Sippar, în sudul Mesopotamiei, au ridicat un monument acoperit cu inscripții pe toate cele douăsprezece laturi ale sale, ce vorbesc despre renovarea templului și o creștere a veniturilor regale. Dar în loc să-l dateze ca fiind din vremea lor, acești strămoși ai politicienilor l-au datat ca fiind din timpul regelui Maniștușu din Akkad (circa 2276-2261 î.e.n.), stabilind astfel că pretențiile financiare ale templului erau mult mai vechi. Inscripțiile se încheie cu următoarea promisiune făcută cititorului: „Asta nu-i o minciună, este adevărul adevărat.“[4] Așa cum a descoperit, curând, scribul-cititor, arta lui i-a dat abilitatea de a modifica trecutul istoric.

Cu toată puterea pe care o aveau în mâna lor, scribii mesopotamieni alcătuiau o elită aristocratică. (Mulți ani mai târziu, în secolele VII și VIII ale erei creștine, scribii Irlandei încă beneficiau de pe urma statutului lor sus-pus: pedeapsa pentru uciderea unui scrib irlandez era egală cu aceea pentru uciderea unui episcop.)[5] În Babilon, numai anumiți cetățeni special instruiți puteau deveni scribi, iar funcția le conferea o poziție privilegiată față de ceilalți membri ai societății. Deoarece în majoritatea caselor mai bogate din Ur au fost descoperite manuale (tăblițe de școală), se poate trage concluzia că artele scrisului și cititului erau considerate activități aristocratice. Cei care erau aleși să devină scribi erau educați, de la o vârstă foarte fragedă, într-o școală particulară, o *e-dubba* sau „casa-tăblițelor“. O încăpere mărginită de bănci din argilă din palatul regelui Zimri-Lim din Mari,[6] deși n-a oferit tăblițe școlare pentru examinare arheologilor, e considerată a fi un model al acestor școli de scribi.

Proprietarul școlii, directorul sau *ummia*, era asistat de un *adda e-dubba* sau „tată al casei-tăblițelor“ și un *ugala* sau funcționar. Erau propuse câteva materii de studiu; de exemplu, într-una din aceste școli, un director pe nume Igmil-Sin[7] preda scrierea, religia, istoria și matematica. De disciplină răspundea un elev mai în vârstă, care îndeplinea, mai mult sau mai puțin, atribuțiile unui monitor. Era important pentru un scrib să aibă rezultate școlare bune și există dovezi că unii tați mituiau profesorii ca să obțină note bune pentru fiii lor.

După însușirea deprinderilor practice de confecționare a tăblițelor de argilă și mânuire a stilusului, elevul trebuia să învețe cum să deseneze și să recunoască semnele de bază. Prin mileniul II î.e.n., scrierea mesopotamiană s-a schimbat din pictografică – reprezentări mai mult sau mai puțin exacte ale obiectelor pe care fiecare cuvânt le simboliza – în ceea ce noi cunoaștem ca scriere „cuneiformă“ (de la latinul *cuneus*, „cui“), semne în formă de cui reprezentând sunete, nu obiecte. Primele pictograme (care erau mai mult de două mii la număr, din moment ce era nevoie de un semn pentru fiecare obiect reprezentat) au evoluat în semne abstracte, ce puteau simboliza nu doar obiectul pe care îl înfățișau, ci și idei asociate; cuvinte diferite și silabe pronunțate la fel

erau reprezentate de același semn. Semne auxiliare – fonetice sau gramaticale – duceau spre o mai ușoară înțelegere a textului și permiteau
nuanțări ale sensului și gradații ale înțelesului. În scurtă vreme, sistemul
a permis scribului să înregistreze o literatură complexă și extrem de
sofisticată: narațiuni, cărți de înțelepciune, anecdote, poeme de dragoste.[8] Scrierea cuneiformă, de fapt, a supraviețuit succedării imperiilor Sumerului, Akkadiei și Asiriei, înregistrând literatura a cincisprezece
limbi diferite și acoperind o suprafață ocupată în zilele noastre de Irak,
vestul Iranului și Siria. Astăzi, nu putem citi tăblițele pictografice ca
pe o limbă, pentru că nu cunoaștem valoarea fonetică a primelor semne;
putem doar *recunoaște* o capră, o oaie. Dar lingviștii au încercat să reconstituie timid pronunția scrierilor cuneiforme sumeriene și akkadiene
mai târzii, astfel încât putem, deși rudimentar, pronunța sunete
inscripționate cu mii de ani în urmă.

Învățarea meșteșugului scrisului și cititului începea prin exerciții de
legături între semne, de obicei pentru a forma un nume. Există numeroase tăblițe care atestă aceste faze timpurii, stângace, cu semne crestate
cu o mână nesigură. Elevul trebuia să învețe să scrie urmând convențiile
care aveau să-i permită și să citească. De exemplu, cuvântul akkadian
„către", *ana*, trebuia scris *a-na*, nu *ana* sau *an-a*, astfel încât învățăcelul
să pună accentul corect pe silabe.[9]

De îndată ce învățăcelul stăpânea aceste cunoștințe, i se dădea o
altfel de tăbliță de argilă, una rotundă, pe care dascălul scrisese o
propoziție scurtă, un proverb sau o listă de nume. Elevul studia inscripția
și apoi întorcea tăblița și copia cele scrise. Ca să facă asta, trebuia să
țină minte cuvintele, devenind pentru întâia oară un transmițător de
mesaje – de la cititorul celor scrise de dascăl la scriitorul a ceea ce citise.
Din acest mărunt gest s-a născut mai târziu o funcție a cititorului-scrib:
copierea unui text, adnotarea lui, glosarea lui, transmiterea, transformarea lui.

Le atribui scribilor mesopotamieni pronumele masculin „ei" întrucât
erau în majoritate bărbați. În acea societate patriarhală, cititul și scrisul
erau rezervate deținătorilor puterii. Există totuși excepții. Primul autor
al cărui nume e menționat în istorie este o femeie, prințesa Enheduanna,
născută pe la 2300 î.e.n., fiica regelui Sargon I din Akkad, mare preoteasă
a zeului lunii, Nanna, și compozitoarea unei serii de cântece în onoarea
Inannei, zeița iubirii și a războiului.[10] Enheduanna s-a semnat la sfârșitul

Tăblițele elevilor din Sumer. Învățătorul scria pe una dintre părți, elevul copia scrisul dascălului pe cealaltă.

tăblițelor scrise de ea. Asta era ceva obișnuit în Mesopotamia și mult din ceea ce știm despre scribi provine din astfel de semnături sau colofoane, care includ numele scribului, data și numele orașului în care a scris. Această identificare permitea cititorului să rostească textul cu o anume voce – în cazul imnurilor dedicate Inannei, vocea Enheduannei – identificând „eu“-ul din text cu o persoană anume și creând astfel un personaj pseudoficțional, „autorul“, căruia să i se adreseze cititorul. Procedeul, inventat la începuturile literaturii, este folosit și azi, la mai mult de patru mii de ani distanță.

Scribii trebuie să fi fost conștienți de extraordinara putere conferită de faptul că erau cititorii unui text și-și apărau cu zel acest privilegiu. Aroganți, majoritatea scribilor mesopotamieni își încheiau textele cu acest colofon: „Lasă-l pe înțelept să-l instruiască pe înțelept, pentru ca ignorantul să nu poată înțelege.“[11] În Egipt, în timpul celei de-a nouăsprezecea dinastii, în jurul anului 1300 î.e.n., un scrib a compus acest encomion al meseriei sale:

> Fii scrib! Inscripționează asta în inima ta
> Astfel ca numele tău să poată trăi ca ale lor!
> Sulul e mai bun decât piatra cioplită.
> Un om a murit: trupul lui e țărână,
> Și poporul lui a dispărut de pe pământ.
> O carte e cea care face să fie amintit
> În gura vorbitorului care-o citește.[12]

Un scriitor poate să construiască un text în oricâte feluri vrea, ale-
gând din stocul uzual de cuvinte pe acelea care par să-i exprime mai
bine mesajul. Dar cititorul care primește textul nu este limitat la o sin-
gură interpretare. Dacă, așa cum am spus, lecturile unui text nu sunt
infinite – acestea sunt îngrădite de convențiile gramaticii și de limitele
impuse de bunul-simț – ele nu sunt dictate cu strictețe de textul în sine.
Orice text scris, spune criticul francez Jacques Derrida,[13] „poate fi ci-
tit chiar dacă momentul producerii sale este irevocabil pierdut și chiar
dacă eu nu știu ce anume a vrut presupusul lui autor să spună cu bună
știință în momentul în care l-a scris, adică a abandonat textul derivei
lui fundamentale". Din acest motiv, autorul (scriitorul, scribul) care
dorește să păstreze și să impună un sens textului trebuie să-i fie și citi-
tor. Acesta este privilegiul secret pe care și-l asigura scribul mesopota-
mian și pe care eu, citind printre ruinele a ceea ce ar fi putut fi
biblioteca sa, l-am uzurpat.

Într-un eseu celebru, Roland Barthes propune să facem deosebire
între *ecrivain* („scriitor") și *ecrivant* („scriptor"): primul îndeplinește o
funcție, al doilea, o activitate; pentru *écrivain*, a scrie este un verb in-
tranzitiv; pentru *écrivant*, verbul întotdeauna conduce la un obiectiv – a
îndoctrina, a mărturisi, a explica, a învăța.[14] E posibil să se facă aceeași
deosebire și între două roluri ale cititului: cel al cititorului pentru care
textul își justifică existența în chiar actul lecturii, fără nicio motivație
ascunsă (nici măcar amuzament, de vreme ce noțiunea de plăcere este
subînțeleasă în îndeplinirea actului) și cel al cititorului cu o motivație
ascunsă (învățare, critică), pentru care textul e un vehicul spre altă
funcție. Prima activitate are loc într-o unitate de timp dictată de natura
textului; a doua există într-o unitate de timp impusă de cititor pentru
scopul respectivei lecturi. Ar putea fi ceea ce Sfântul Augustin credea
că e o deosebire pe care însuși Dumnezeu o făcuse. „O, omule, eu sunt
cel care spune ce spune Scriptura mea!" îl aude el pe Dumnezeu dez-
văluindu-i. „Numai că Scriptura vorbește în timp, iar Cuvântul meu
rămâne neatins de timp, deoarece el dăinuie în veșnicie, egal cu mine
pentru totdeauna. Și astfel, eu sunt cel ce vede ceea ce voi vedeți prin
Duhul meu, la fel cum eu sunt cel care vorbește când voi vorbiți prin
Duhul meu. Dar, pe când voi vedeți aceste lucruri în timp, eu nu le
contemplu în timp, și tot astfel, ceea ce voi spuneți în timp eu nu ros-
tesc în timp."[15]

Așa cum știa scribul, așa cum descoperise societatea, extraordinara invenție a cuvântului scris, cu toate mesajele sale, legile, listele, literatura sa, depindea de capacitatea scribului de a reface textul, de a-l citi. Odată pierdută această capacitate, textul se transformă din nou în semne mute. Vechii mesopotamieni credeau că păsările erau sacre pentru că urmele lor lăsau pe lutul proaspăt semne asemănătoare cu scrierea cuneiformă și își închipuiau că, dacă ei puteau descifra misterul acelor semne, puteau ști și ce gândeau zeii. Generații de cercetători au încercat să devină citi-tori ai unor scrieri ale căror coduri s-au pierdut: sumeriană, akkadiană, minoică, aztecă, mayașă...

Uneori au reușit. Uneori au eșuat, ca în cazul scrierii etrusce, a cărei taină nu a putut fi încă descifrată. Poetul Richard Wilbur sintetizează tragedia care se abate asupra unei civilizații care și-a pierdut cititorii:

POEȚILOR ETRUSCI

Visați fluent, frați încremeniți, care, tineri fiind,
Ați luat, odată cu laptele mamei, și limba maternă

În a cărei matrice pură, unind mintea cu lumea,
V-ați luptat să lăsați un vers în urma voastră

Ca o urmă proaspătă pe un câmp înzăpezit,
Fără să vă dați seama că totul s-ar putea topi și dispărea.[16]

O hartă fantezistă a Alexandriei de pe un manuscris din secolul XVI.

ORÂNDUITORII UNIVERSULUI

Alexandria a fost întemeiată în Egipt de Alexandru cel Mare, în anul 331 î.e.n. Quintus Curtius Rufus, un istoric roman care a trăit în timpul domniei lui Claudius și a scris la mai mult de patru secole după eveniment, menționează în *Istoria lui Alexandru* că întemeierea a avut loc imediat după vizita împăratului la altarul zeului egiptean Ammon, „Cel Ascuns", unde preotul i s-a adresat acestuia cu apelativul „fiu al lui Jupiter". În proaspăt dobândita stare de grație, Alexandru a ales pentru noul său oraș fâșia de pământ dintre lacul Mareotis și Mediterană și a ordonat oamenilor săi să migreze din orașele învecinate în noua metropolă. În cuvintele lui Rufus: „Circula versiunea că atunci când regele Alexandru, potrivit datinii macedonene, a făcut să se traseze cu mămăligă [de orz] incinta noilor ziduri, au zburat stoluri de păsări și au mâncat această mămăligă; deoarece cei mai mulți macedoneni tâlcuiau această întâmplare ca un semn de piază-rea, prezicătorii le-au răspuns că orașul va fi populat de un număr uriaș de străini și că Alexandria va produce hrană pentru numeroase țări."[1]

Într-adevăr, oameni din numeroase nații s-au îmbulzit în noua capitală, dar o altfel de imigrație a fost cea care a făcut, în cele din urmă, Alexandria vestită. În momentul morții lui Alexandru, în 323 î.e.n., orașul devenise ceea ce am numi astăzi o „societate multiculturală", împărțită în *politeumata* sau corporații bazate pe naționalitate, sub sceptrul Dinastiei Ptolemeilor. Dintre aceste naționalități, cea mai importantă, cu excepția băștinașilor egipteni, erau grecii, pentru care cuvântul scris devenise un simbol al înțelepciunii și al puterii. „Cei care pot citi văd de două ori mai bine", scria poetul Menandru din Attica în secolul IV î.e.n.[2]

Deși egiptenii aveau o tradiție în a-și rezolva prin scris cea mai mare parte a treburilor administrative, probabil că influența grecilor, care credeau că societatea avea nevoie de o înregistrare precisă și sistematică a tranzacțiilor, a fost cea care a transformat Alexandria într-un stat extrem de birocratic. Pe la mijlocul secolului III î.e.n., circulația documentelor devenise greoaie. Chitanțe, estimări, declarații și autorizații, toate erau emise în scris. Există exemple de documente pentru tot felul de treburi, oricât de mărunte: creșterea porcilor, vânzările de bere, comerțul cu linte prăjită, administrarea unei băi publice, efectuarea unei zugrăveli.[3] Un document datând din 258–257 î.e.n. arată că birourile de contabilitate ale ministrului de finanțe Apollonius au primit 434 de suluri de papirus în 33 de zile.[4] Foamea de hârtie nu implica o dragoste pentru cărți, dar familiaritatea cu cuvântul scris i-a obișnuit, fără îndoială, pe cetățenii Alexandriei cu actul lecturii.

Urmând gusturile întemeietorului său, Alexandriei îi era sortit să devină un oraș al cărții.[5] Tatăl lui Alexandru, Filip al Macedoniei, îl angajase pe Aristotel ca tutore privat al fiului său și, prin învățătura filozofului, Alexandru a devenit „un mare iubitor de tot felul de învățături și lecturi"[6] – un cititor atât de entuziast, încât rareori îl vedeai fără o carte. Odată, călătorind dincolo de Asia Mică și „fiind lipsit de orice fel de cărți", i-a ordonat unuia dintre comandanții săi să-i trimită câteva; prin urmare, a primit *Istoria* lui Philistos, câteva piese de Euripide, Sofocle și Eschil și poeme de Telestes și Philoxenos.[7]

S-ar putea ca Demetrios din Phalerum – un învățat din Atena, compilator al fabulelor lui Esop, critic al lui Homer și elev al vestitului Teofrast (el însuși student și prieten al lui Aristotel) – să fi fost cel care i-a sugerat succesorului lui Alexandru, Ptolemeu I, întemeierea bibliotecii care avea să facă Alexandria faimoasă; atât de faimoasă, încât la 150 de ani după ce biblioteca pierise, Atheneos din Naucratis considera că-i de prisos s-o mai descrie cititorilor. „Cât despre numărul de cărți, dispunerea rafturilor și colecția din Sala Muzelor, de ce-aș mai vorbi măcar, câtă vreme acestea sunt toate în memoria tuturor oamenilor?"[8] Ceea ce e regretabil, pentru că unde anume se afla biblioteca, câte cărți găzduia, cum era condusă și cine a fost responsabil de distrugerea ei sunt toate întrebări pentru care nu avem răspunsuri mulțumitoare.

Geograful grec Strabon, scriind pe la sfârșitul secolului I î.e.n., a descris destul de amănunțit Alexandria și muzeele sale, dar nu a menționat niciodată biblioteca. Potrivit istoricului italian Luciano Canfora,[9] „Strabon nu menționează biblioteca pentru că aceasta nu era o încăpere sau o clădire separată", ci mai degrabă un spațiu atașat colonadelor și încăperii comune a muzeului. Canfora presupune că *bibliothekai* sau rafturile cu cărți erau dispuse în intrânduri de-a lungul întinsului pasaj acoperit sau al coridorului. „Fiecare nișă sau intrând", precizează Canfora, „trebuie să fi fost dedicată unei anume categorii de autori, fiecare marcată cu o inscripție potrivită." Până la urmă, spațiul s-a lărgit într-atât încât s-a spus că biblioteca adăpostea aproape o jumătate de milion de suluri, plus alte patruzeci de mii depozitate într-o altă clădire, legată de Templul lui Serapis, în vechiul cartier egiptean Rhakotis. Dacă avem în vedere că, înainte de inventarea tiparului, biblioteca papală de la Avignon era singura din Occidentul creștin care conținea peste două mii de volume,[10] începem să înțelegem importanța colecției din Alexandria.

Se dorea strângerea unui număr mare de volume, întrucât magnificul scop al bibliotecii era acela de a cuprinde totalitatea cunoștințelor umane. Pentru Aristotel, a colecționa cărți era parte din munca învățatului, necesară „pentru a-ți face însemnări". Biblioteca orașului întemeiat de învățăcelul său trebuia, pur și simplu, să fie o versiune extinsă a colecției filozofului: memoria lumii. Potrivit lui Strabon, colecția de cărți a lui Aristotel i-a fost lăsată lui Teofrast, care a dat-o mai departe rudei și elevului său Neleus din Scepsis, iar de la Neleus (deși generozitatea acestuia din urmă a fost pusă sub semnul întrebării)[11] a ajuns până la urmă la Ptolemeu al II-lea, care a achiziționat-o pentru Alexandria. Până la domnia lui Ptolemeu al III-lea, nimeni nu putuse citi întreaga bibliotecă.

Prin decret regal, toate navele care opreau la Alexandria trebuiau să predea orice fel de cărți ar fi avut la bord; lucrările erau copiate și originalele (uneori copiile) erau înapoiate proprietarilor, în timp ce duplicatele (uneori originalele) se păstrau în bibliotecă. Textele consacrate ale dramaturgilor greci, păstrate în Atena pentru ca actorii să le transcrie și studieze, au fost împrumutate de către Ptolemei prin bunăvoința ambasadorilor și copiate cu mare grijă. Nu toate cărțile care au intrat în bibliotecă erau autentice; falsificatorii, observând pasiunea cu care Ptolemeii colecționau clasici, le-au vândut tratate aristotelice apocrife pe care secole de cercetare savantă le-au dovedit, mai târziu, a fi fost false.

Uneori, învățații înșiși comiteau falsuri. Sub numele unui contemporan al lui Tucidide, învățatul Cratipus a scris o carte intitulată *Tot ce-a lăsat Tucidide nespus*, în care se folosea cu încântare de un stil bombastic și de anacronisme – citând, de exemplu, un autor care trăise cu patru sute de ani după moartea lui Tucidide.

Acumularea de cunoștințe nu înseamnă cunoaștere. Poetul galic Decimus Magnus Ausonius, câteva secole mai târziu, a ironizat confuzia dintre cele două în *Opusculele* sale:

> Ai cumpărat cărți și ai umplut rafturi, O, Iubitor al Muzelor.
> Înseamnă asta că ești de-acum un învățat?
> Dacă îți cumperi instrumente cu coarde, pană și liră, astăzi,
> Crezi că până mâine tărâmul muzicii va fi al tău?[12]

În mod evident era necesară o metodă care să ajute oamenii să se folosească de această bogăție de cărți – o metodă care să dea oricărui cititor posibilitatea de a găsi o anumită lucrare, spre care îl mâna interesul. Nu încape îndoială că Aristotel a avut un sistem personal pentru reperarea unei cărți de care ar fi avut nevoie din biblioteca lui (un sistem despre care, din păcate, nu știm nimic). Dar numărul de cărți de pe rafturile bibliotecii din Alexandria ar fi făcut imposibil unui cititor individual să găsească un anume titlu, altfel decât printr-un nemaipomenit și neașteptat noroc. Soluția – și altă serie de probleme – a apărut sub înfățișarea unui

nou bibliotecar, epigramistul și învățatul Calimah din Cyrene.

Calimah s-a născut în nordul Africii pe la începutul secolului III î.e.n. și a trăit în Alexandria cea mai parte a vieții, mai întâi predând la o școală din afara orașului și apoi lucrând la bibliotecă. A fost un scriitor foarte prolific, critic, poet și enciclopedist. A început (sau a continuat) o dezbatere care nu s-a încheiat

Un portret imaginar din secolul XVI al lui Calimah.

nici în zilele noastre: credea că literatura trebuie să fie concisă și lipsită de înflorituri și i-a condamnat pe aceia care mai scriau epopei în maniera antică, catalogându-i drept limbuți și demodați. Inamicii săi l-au acuzat că nu ar fi capabil să scrie poeme lungi și că ar fi uscat ca praful în cele scurte. (Secole mai târziu, poziția lui avea să fie reluată de Moderni împotriva Anticilor, de Romantici împotriva Clasicilor, de Marii Romancieri Americani împotriva Minimaliștilor.) Principalul său inamic a fost șeful lui de la bibliotecă – bibliotecarul-șef, Apollonius din Rhodos, a cărui epopee de șase mii de versuri, *Călătoria Argonauților*, era un exemplu a tot ceea ce detesta Calimah. („Carte mare, plictiseală multă“, a fost concluzia lui laconică.) Niciunul dintre ei nu e de prea mare interes printre cititorii moderni: *Călătoria Argonauților* mai este (chiar dacă discret) pomenită; exemple ale artei lui Calimah au supraviețuit vag într-o traducere a lui Catul („Șuvița Berenicei“, folosită de Alexander Pope în poemul său „Rape of the Lock“ [„Răpirea buclei“]) și în versiunea lui William Cory a unei epigrame elegiace scrise la moartea prietenului lui Calimah, Heraclit din Halicarnas, care începe astfel: „Mi s-a spus, Heraclit, mi s-a spus că ești mort.“

Sub privirea fără îndoială vigilentă a lui Apollonius, Calimah (rămâne incert dacă acesta a ajuns vreodată bibliotecar-șef) a început dificila operațiune de catalogare a nesățioasei biblioteci. Catalogarea este o ocupație veche; există strămoși ai unor astfel de „orânduitori ai universului“ (cum erau numiți de sumerieni) printre cele mai vechi vestigii ale bibliotecilor. De exemplu, catalogul unei „case a cărților“ egiptene datând din circa 2000 î.e.n., găsit cu ocazia săpăturilor de la Edfu, începe prin inventarierea câtorva cataloage: *Cartea a ceea ce este de găsit în templu, Cartea domeniilor, Lista tuturor scrierilor inscripționate în lemn, Cartea tuturor pozițiilor Soarelui și Lunii, Cartea locurilor și ce-i în ele* și așa mai departe.[13]

Sistemul pe care Calimah l-a ales pentru Alexandria pare să se fi bazat mai puțin pe o enumerare ordonată a bunurilor bibliotecii, cât pe o configurație preconcepută a lumii în sine. Toate clasificările sunt, în ultimă instanță, arbitrare. Cea propusă de Calimah pare mai puțin astfel întrucât urmează sistemul de gândire acceptat de intelectualii și învățații vremurilor sale, moștenitori ai viziunii grecilor despre lume.

Calimah a împărţit biblioteca pe rafturi sau pe tăbliţe (*pinax, pinakes*)*
clasificate în opt categorii sau teme: dramă, oratorie, poezie lirică,
legislaţie, medicină, istorie, filozofie şi diverse. A separat operele mai
lungi, punând să fie copiate în câteva părţi mai scurte, numite „cărţi",
astfel încât să obţină suluri mai mici, care să fie mai uşor de mânuit.

Calimah nu avea să termine uriaşa întreprindere, care a fost dusă
la bun sfârşit de bibliotecarii ce i-au urmat. Un *pinax* – al cărui titlu
oficial era *Tăbliţe cu cei de frunte din fiecare perioadă a culturii şi scrierile
lor* – avea, după câte se pare, 120 de suluri.[14] Lui Calimah îi mai datorăm
şi un procedeu de catalogare care avea să devină o banalitate: obiceiul
de a aranja volumele în ordine alfabetică. Înainte de asta, doar câteva
inscripţii greceşti care înşirau o serie de nume (unele datând din seco-
lul II î.e.n.) au folosit ordinea alfabetică.[15] După opinia criticului fran-
cez Christian Jacob, biblioteca lui Calimah a fost primul exemplu de
„loc utopic al criticii, în care textele pot fi comparate, deschise unul
lângă altul".[16] Odată cu Calimah, biblioteca a devenit un spaţiu de
lectură organizat.

Toate bibliotecile pe care le ştiu eu reflectă imaginea acelei biblioteci
din Antichitate. Întunecata Biblioteca del Maestro („Biblioteca
Profesorului") din Buenos Aires, unde mă puteam uita pe fereastră, afară,
ca să văd cum strada e acoperită de florile albastre ale palisandrilor;
excelenta Huntington Library din Pasadena, California, înconjurată, ca
o vilă italiană, de grădini ordonate; venerabila British Library, unde am
şezut (după cum mi s-a spus) pe scaunul pe care Karl Marx şi-l alesese
când a scris *Das Kapital*; biblioteca de trei rafturi din Djanet, oraş din
Sahara algeriană, unde, printre cărţile arabe, am văzut un misterios
exemplar în franceză al lui *Candide* de Voltaire; Bibliothèque Nationale
din Paris, unde secţiunea rezervată literaturii erotice se numeşte Iadul;
frumoasa Metro Toronto Reference Library, unde, în timp ce citeşti,
poţi vedea cum cade zăpada pe sticla ferestrelor înclinate – toate acestea
copiază, cu variaţiuni, viziunea sistematică a lui Calimah.

---

* Sulurile de papirus din Biblioteca din Alexandria erau grupate în funcţie de
subiect şi păstrate în cufere. Fiecare cufăr era etichetat cu tăbliţe pictate, agăţate
deasupra papirusurilor depozitate. *Pinakes* au fost denumite după aceste tăbliţe şi
reprezentau liste de indici (n. red.).

Biblioteca din Alexandria și cataloagele sale au devenit mai întâi modele pentru bibliotecile Romei imperiale, apoi pentru cele ale Răsăritului bizantin și, mai târziu, pentru cele ale Europei creștine. În *De doctrina christiana*, scrisă la puțină vreme după convertirea sa din anul 387, Sfântul Augustin, încă sub influența gândirii neoplatonice, afirmă că unele lucrări ale clasicilor greci și romani sunt compatibile cu învățătura creștină, din moment ce autori precum Aristotel și Virgiliu „dețineau pe nedrept adevărul" (ceea ce Plotin numea „spirit" și Hristos „Cuvântul" sau *Logos*).[17] În același spirit eclectic, cea mai timpurie bibliotecă a Bisericii romane a cărei existență este cunoscută, întemeiată în anii 380 de papa Damasus I în biserica Sfântul Lorenzo, conținea nu doar cărțile creștine ale Bibliei, volume de comentarii și o selecție a apologeților greci, ci și câțiva clasici greci și latini. (Oricum, acceptarea anticilor era încă discriminatorie; comentând despre biblioteca unui prieten pe la mijlocul secolului V, Apollinaris Sidonius se plângea că autorii păgâni erau separați de cei creștini – păgânii lângă locurile pentru domni, creștinii lângă cele pentru doamne.)[18]

Dar cum ar trebui să fie catalogate lucrări atât de diverse? Custozii primelor biblioteci creștine au întocmit liste-inventar ca să-și înregistreze cărțile. Bibliile erau primele pe listă, apoi glosele, operele Părinților Bisericii (Sfântul Augustin în capul listei), filozofie, drept și gramatică. Cărțile de medicină erau uneori înregistrate la sfârșit. Din moment ce mai toate cărțile nu aveau un titlu oficial, pentru a denumi o lucrare erau folosite un titlu descriptiv sau primele cuvinte ale textului. Alfabetul era uneori utilizat ca un indicator pentru reperarea volumelor. În secolul X, de exemplu, marele vizir al Persiei, Abdul Kassem Ismael, care, în timpul călătoriilor, nu voia să se despartă de colecția lui de 117 000 de volume, le transporta cu o caravană de 400 de cămile, dresate să meargă în ordine alfabetică.[19]

Probabil că exemplul cel mai vechi de catalogare tematică din Europa medievală este acela al bibliotecii catedralei din Le Puy, din secolul XI, dar, pentru multă vreme, el nu a constituit standardul. În multe cazuri, clasificarea cărților era făcută în funcție de rațiuni practice. La Canterbury, în anii 1200, lista cărților din biblioteca arhiepiscopului a fost alcătuită în funcție de ceea ce îi era de folos acestuia din fiecare carte. În 1120, Hugues de Saint-Victor a propus un sistem de catalogare prin care conținutul fiecărei cărți era rezumat (ca în conspectele moderne)

Una dintre rarele reprezentări ale lui Richard de Fournival conversând cu iubita lui, într-un manuscris anluminat din secolul XIII.

și plasat într-una dintre cele trei categorii rezultate din împărțirea în trei a artelor liberale: teoretică, practică sau mecanică.

În anul 1250, Richard de Fournival, ale cărui teorii despre lectură și memorie le-am descris ceva mai devreme, a imaginat un sistem de catalogare bazat pe un model horticol. Comparându-și biblioteca cu o grădină „în care concetățenii lui puteau aduna roadele cunoașterii", el a împărțit-o în trei brazde de flori – corespunzând filozofiei, „științelor lucrative" și teologiei – și fiecare brazdă într-un număr de parcele mai mici sau *areolae*, fiecare conținând o tablă de materii sau *tabula* (ca și *pinakes* la Calimah) ce indica natura conținutului.[20] Brazda de flori a filozofiei, de exemplu, era împărțită în trei *areolae*:

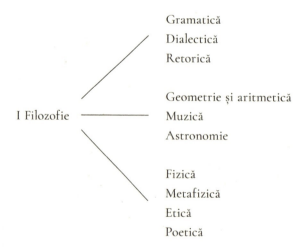

I Filozofie

Gramatică
Dialectică
Retorică

Geometrie și aritmetică
Muzică
Astronomie

Fizică
Metafizică
Etică
Poetică

„Științele lucrative" din a doua brazdă de flori conțineau doar două *areolae*, medicină și drept. A treia brazdă de flori era rezervată teologiei.

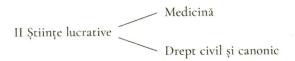

II Ştiinţe lucrative — Medicină

— Drept civil şi canonic

III Teologie

În cadrul unei *areolae*, fiecărei *tabula* îi era alocat un număr de litere egal cu numărul de cărţi pe care îl conţinea, astfel încât câte o literă să poată fi atribuită fiecărei cărţi şi înregistrată pe coperta ei. Pentru a evita confuzia provocată de existenţa mai multor cărţi cu aceeaşi literă, de Fournival s-a folosit de variaţiuni de caracter şi culoare pentru fiecare literă: o carte de gramatică putea fi identificată după un A mare, de un roşu-trandafiriu, alta după un A uncial, de un violet ca de panseluţă.

Chiar dacă biblioteca lui de Fournival era împărţită în trei „brazde de flori", *tabulae*, acestea nu erau alocate subcategoriilor neapărat în ordinea importanţei, ci în funcţie de numărul volumelor existente în fiecare subcategorie. Dialecticii, de exemplu, i se alocase o întreagă tablă de materii, deoarece existau mai mult de o duzină de cărţi pe această temă în biblioteca lui; în timp ce geometria şi aritmetica, reprezentate doar de câte şase cărţi fiecare, împărţeau între ele o singură tablă.[21]

Grădina lui de Fournival era modelată, cel puţin parţial, după cele şapte arte liberale în care era împărţit sistemul de educaţie medieval tradiţional: gramatică, retorică, logică, aritmetică, geometrie, astronomie şi muzică. Despre aceste şapte materii stabilite la începutul secolului V de către Martianus Capella se credea că întruchipau întregul spectru al înţelepciunii omeneşti, pe lângă medicină, drept şi teologie.[22]

Cu aproximativ un secol înainte ca de Fournival să fi propus un asemenea sistem, alţi oameni învăţaţi, precum tatăl dreptului canonic, Graţian, şi teologul Petrus Lombardus au sugerat noi catalogări ale cunoaşterii umane, bazându-se pe reexaminarea încercării de ierarhizare universală a existenţei concepută de Aristotel, pe care o găseau extrem de atrăgătoare, dar sugestiile lor n-au fost aplicate timp de mulţi ani. Însă, pe la mijlocul secolului XIII, numărul lucrărilor de Aristotel care au început să inunde Europa (oameni educaţi precum Michael Scot şi Hermannus Alemannus traducându-le în latină din arabă, iar acestea din urmă, la rândul lor, fiind traduse din greacă) i-au obligat pe învăţaţi să modifice împărţirea, considerată atât de firească, a lui de Fournival.

O bibliotecă islamică din secolul XIII. Un grup de cititori consultă unul dintre volumele atent catalogate, așezate pe micile rafturi din fundal.

Începând din 1251, Universitatea din Paris a încorporat oficial lucrările lui Aristotel în programa sa.[23] Asemenea bibliotecarilor din Alexandria, bibliotecarii Europei îl vânau pe Aristotel. L-au găsit meticulos editat și adnotat de cărturari musulmani ca Averroes și Avicenna, principalii săi exegeți în Orient și Occident.

Adoptarea lui Aristotel de către arabi a pornit de la un vis. Într-o noapte, la începutul secolului IX, califul al-Ma'mun, fiu al aproape legendarului Harun al-Rashid, a visat o conversație. Interlocutorul califului era un bărbat palid, cu ochi albaștri și cu fruntea lată, cu sprâncene încruntate, așezat regește pe un tron. Bărbatul (califul l-a recunoscut cu acea certitudine pe care o avem cu toții în vise) era Aristotel, iar cuvintele secrete pe care le-au schimbat între ei l-au inspirat pe calif să le ordone învățaților de la Academia din Bagdad ca, din acea noapte, să-și dedice eforturile traducerii filozofului grec.[24]

Bagdadul nu era singurul loc unde se colecționau lucrările lui Aristotel și ale celorlalți clasici greci. În Cairo, biblioteca fatimidă deținea, înainte de expurgările sunnite din 1175, peste 1,1 milioane de volume, catalogate tematic.[25] (Cruciații, cu exagerarea pricinuită de o invidie uimită, au raportat că necredincioșii dețineau mai mult de 3 milioane de cărți.) Urmând modelul Alexandriei, biblioteca fatimidă includea și ea un muzeu, o arhivă și un laborator. Cărturari creștini precum Jean de Gorze călătoreau în sud pentru a beneficia de aceste neprețuite resurse. Și în Spania islamică existau numeroase biblioteci importante; doar în Andaluzia erau peste 17, dintre care cea a califatului din Cordoba înregistra 400 000 de volume sub domnia lui al-Hakam al II-lea (961–976).[26]

Roger Bacon, scriind la începutul secolului XIII, a criticat noile sisteme de catalogare, derivate din traduceri la mâna a doua din arabă, care, în opinia sa, contaminaseră textele lui Aristotel cu învățături ale islamului. Om de știință experimentat, care studiase matematica, astronomia și alchimia la Paris, Bacon a fost primul european care a descris în detaliu fabricarea prafului de pușcă (care nu avea să fie folosit pentru arme până în secolul următor) și care a sugerat că, datorită energiei soarelui, într-o zi ar putea fi posibil să avem bărci fără vâslași, trăsuri fără cai și mașinării care să poată zbura. I-a acuzat pe cărturari precum Albert cel Mare și Sfântul Toma d'Aquino că au pretins a-l fi citit pe Aristotel în ciuda faptului că nu știau grecește și, în timp ce recunoaște că se putea învăța „ceva" de la comentatorii arabi (era de acord, de exemplu, cu Avicenna și, cum am văzut, a studiat cu asiduitate lucrările lui al-Haytham), el a considerat esențial ca lectorii să-și bazeze opiniile pe textele originale.

Un portret din secolul XVI al lui Roger Bacon.

Un scrib ocupat cu îndeletnicirea lui, sculptat în secolul XIII pe portalul dinspre apus al catedralei din Chartres.

Pe vremea lui Bacon, cele șapte arte liberale erau plasate alegoric sub protecția Fecioarei Maria, așa cum sunt reprezentate pe timpanul de deasupra portalului dinspre vest al catedralei din Chartres. Ca să poată ajunge la această reducție teologică, un cărturar adevărat – potrivit lui Bacon – are nevoie de o exhaustivă familiarizare cu știința și limba;

pentru prima, studiul matematicii era indispensabil, pentru a doua, studiul gramaticii. În sistemul lui Bacon de catalogare a cunoștințelor (pe care intenționa să îl detalieze într-un *Opus principale* uriaș, enciclopedic și niciodată terminat), științele naturale erau o subcategorie a științei lui Dumnezeu. Convins de asta, Bacon a luptat mulți ani ca predarea științei să poată fi integrată în programele universitare, dar, în 1268, moartea papei Clement al IV-lea, care arătase simpatie ideilor sale, a pus capăt planului. Tot restul vieții sale, Bacon a rămas nepopular în rândurile colegilor intelectuali; câteva dintre teoriile sale științifice au fost incluse în rechizitoriul de la Paris din 1277, iar el a fost închis până în 1292. Se crede că a murit la scurtă vreme după aceea, fără să știe că viitorii istorici aveau să îi acorde titlul de „Doctor Mirabilis", Profesorul Minune, un om pentru care fiecare carte avea un loc al ei care o definea, iar fiecare aspect posibil al cunoașterii umane aparținea unei categorii academice care-l încadra adecvat.

Categoriile pe care un cititor le aduce într-o lectură și categoriile în care lectura în sine se plasează – academicele categorii sociale și politice și categoriile convenționale în care e împărțită o bibliotecă – se modifică reciproc în moduri care apar, de-a lungul anilor, mai mult sau mai puțin arbitrare sau mai mult sau mai puțin imaginare. Fiecare bibliotecă este o bibliotecă a preferințelor și fiecare categorie aleasă implică o excludere. După ce ordinul iezuit a fost dizolvat în 1773, cărțile depozitate în casa lor de la Bruxelles au fost trimise la Biblioteca Regală Belgiană, care oricum nu avea spațiul necesar să le adăpostească. Volumele au fost prin urmare ținute într-o biserică iezuită goală. Cum biserica a fost infestată cu șoareci, bibliotecarii au trebuit să pună la punct un plan pentru protejarea cărților. Secretarul Societății Literare Belgiene a fost mandatat să aleagă cărțile cele mai bune și mai folositoare; acestea au fost puse pe rafturi în centrul navei, în timp ce toate celelalte au fost lăsate pe jos. S-a considerat că șoarecii aveau să roadă movila de la margini, lăsând interiorul intact.[27]

Există chiar și biblioteci ale căror categorii nu sunt în acord cu realitatea. Scriitorul francez Paul Masson, care a lucrat ca magistrat în coloniile franceze, a atras atenția că în Bibliothèque Nationale din Paris nu găseai cărți latine și italiene din secolul XV și a decis să remedieze o astfel de lipsă compilând o listă de lucrări corespunzătoare într-o nouă categorie, care „ar salva prestigiul catalogului" – o categorie care includea numai cărți ale căror titluri le născocise el însuși. Când Colette, o prietenă veche, l-a întrebat la ce-ar folosi niște cărți care nu există, răspunsul lui Masson a fost unul indignat: „Ei, nu se poate aștepta de la mine să mă gândesc chiar la toate!"[28]

Un spațiu organizat după categorii artificiale, cum este cel al unei biblioteci, sugerează un univers logic, un univers-incubator în care toate au locul lor și sunt definite de acesta. Într-o povestire celebră, Borges duce până la capăt raționamentul lui Bacon, imaginându-și o bibliotecă la fel de vastă precum însuși universul. În această bibliotecă (care, de fapt, multiplică la infinit arhitectura vechii Biblioteci Naționale din Buenos Aires de pe Calle Méjico, al cărei director orb a fost Borges) nu există două cărți identice. Din moment ce rafturile conțin toate combinațiile posibile ale alfabetului și, astfel, rânduri peste rânduri scrise într-o păsărească indescifrabilă, fiecare carte reală sau imaginară este reprezentată aici: „Istoria detaliată a viitorului, autobiografiile arhanghelilor, catalogul exact al bibliotecii, mii și mii de false cataloage, demonstrații ale falsității acestor cataloage, Evanghelia gnostică a lui Basilides, comentariile la acea Evanghelie, comentarii la comentariul acelei Evanghelii, adevărata dare de seamă asupra morții tale, o versiune a fiecărei cărți în fiecare limbă, interpolarea fiecărei cărți în toate celelalte cărți, tratatul pe care Beda Venerabilul l-ar fi putut scrie (și niciodată n-a făcut-o) despre mitologia saxonă, cărțile pierdute ale lui Tacit." La sfârșit, naratorul lui Borges (care e și bibliotecar), rătăcind prin epuizantele coridoare, își imaginează că biblioteca este ea însăși parte a altei categorii copleșitoare de biblioteci și că fondul aproape infinit de cărți este periodic repetat într-o eternitate livrescă. „Singurătatea mea", a tras el concluzia, „se consolează cu această speranță elegantă."[29]

Încăperi, coridoare, dulapuri cu cărți, rafturi, fișe și cataloage computerizate, toate presupun că subiectele asupra cărora zăbovesc gândurile noastre sunt de fapt entități și, drept urmare, unei anumite cărți i se pot împrumuta un ton și o valoare aparte. Catalogat la categoria Ficțiune, *Călătoriile lui Gulliver* de Jonathan Swift este un roman comic de aventuri; la Sociologie, un studiu caustic al Angliei din secolul XVIII; la Literatură pentru copii, o fabulă plină de haz despre pitici, uriași și cai vorbitori; la Literatură fantastică, un precursor al literaturii științifico-fantastice; la Călătorii, o călătorie imaginară; la Clasici, o parte a canonului occidental. Categoriile sunt exclusive, lecturile, nu – sau n-ar trebui să fie. Oricare dintre aceste clasificări ar fi fost aleasă, fiecare bibliotecă tiranizează actul lecturii și forțează cititorul – cititorul curios, cititorul alert – să *salveze* cartea de la categoria la care a fost condamnată.

Cap colosal al primului împărat creștin, Constantin cel Mare.

CITIREA VIITORULUI

În anul 1256, preaînvățatul cărturar Vincent de Beauvais a strâns la un loc opiniile unor autori clasici precum Lactanțiu și Sfântul Augustin și, pe baza scrierilor acestora, a înșiruit în vasta sa enciclopedie a lumii din secolul XIII, *Speculum majus*, locurile de naștere ale celor zece sibile din vechime – Cumae, Cyme, Delphi, Eritreea, Hellespont, Libia, Persia, Frigia, Samos și Tibur.[1] Sibilele, a explicat de Beauvais, erau femei-oracol ale căror răspunsuri veneau sub formă de ghicitori – cuvinte de inspirație divină pe care ființele omenești se presupune că trebuiau să le descifreze. În Islanda secolului X, într-un monolog poetic cunoscut sub numele de *Voluspa*[2], o sibilă e făcută să rostească aceste cuvinte obscure ca un refren adresat cititorului iscoditor: „Deci, înțelegi? Ori ce?"

Sibilele erau nemuritoare și aproape eterne: una declara că a început să vorbească cu vocea zeului ei în cea de-a șasea generație după Potop; alta susținea că ar fi existat de dinaintea Potopului. Dar ele îmbătrâneau. Sibila din Cumae, căreia „Nu-i rămăsese nici păru-mpletit; i se zguduie pieptul și-inima-n piept i se zbate turbând",[3] l-a condus pe Enea în Infern, a trăit timp de secole într-o sticlă care pendula în aer, iar când copiii o întrebau ce dorință avea, ea răspundea: „Vreau să mor."[4] Profețiile sibilinice – dintre care multe erau compuse cu acuratețe de inspirați poeți muritori după evenimentele prorocite – erau considerate a fi adevărate în Grecia, Roma, Palestina și Europa creștină. Adunate în nouă cărți, au fost oferite de însăși sibila din Cumae lui Tarquinius Superbus, al șaptelea și ultimul dintre regii Romei.[5] Suveranul a refuzat să plătească, iar sibila a dat foc la trei dintre volume. El a refuzat din nou; ea a mai ars trei. În cele din urmă, regele a cumpărat cele trei cărți rămase la prețul inițial al celor nouă, iar acestea au fost păstrate într-un cufăr aflat într-o grotă din stânca de sub Templul lui Jupiter, până când au fost mistuite de un incendiu, în 83 î.e.n. Peste secole, în Bizanț, douăsprezece texte atribuite sibilelor au fost găsite și adunate într-un singur manuscris; o versiune incompletă a fost publicată în 1545.

Cea mai veche și mai venerată dintre sibile era Herophile, cea care profețise Războiul Troiei. Apollo s-a oferit să-i împlinească orice dorință; ea i-a cerut să-i dea atâția ani de viață câte fire de nisip ținea în mâna ei. Din păcate, asemenea lui Tithonus, a uitat să-i ceară zeului și tinerețea veșnică. Herophile era cunoscută drept sibila din Eritreea[6] și cel puțin două orașe își disputau dreptul de a fi considerate locul ei de naștere: Marpessos, în ceea ce este astăzi provincia turcă Canakale (*erythrea* înseamnă „țărână roșie", iar pământul din Marpessos este roșu), și Eritreea, ceva mai la sud, în Ionia,[7] în ceea ce este astăzi, în linii mari, provincia Izmir. În anul 162 e.n., la începutul războaielor cu Partia, Lucius Aurelius Verus, care, timp de opt ani, a împărțit tronul imperial roman cu Marcus Aurelius, a tranșat, din câte se pare, diferendul. Ignorând pretențiile cetățenilor din Marpessos, el a intrat în așa-zisa Peșteră a Sibilei din Eritreea ioniană și a pus acolo două statui, una a sibilei și cealaltă a mamei sale, declarând în numele ei, în versuri cioplite în piatră: „Nicio alta nu-i țara mea, decât Eritreea."[8] Astfel a fost statornicit prestigiul sibilei din Eritreea.

În anul 330, Flavius Valerius Constantinus, pe care istoria avea să-l țină minte drept Constantin cel Mare, după ce cu șase ani înainte înfrânsese armata împăratului rival Licinius, și-a afirmat poziția de conducător al celui mai mare imperiu al lumii, mutându-și capitala de pe malurile Tibrului pe cele ale Bosforului, în Bizanț. Ca să accentueze semnificația strămutării, a schimbat numele orașului în Noua Romă; apoi vanitatea împăratului și lingușirile curtenilor au dus la o nouă modificare a numelui în Constantinopolis - Orașul lui Constantin.

Pentru a face orașul pe măsura împăratului, Constantin a lărgit vechiul Bizanț, atât fizic, cât și spiritual. Limba vorbită aici era greaca; organizarea politică era romană; religia - mai ales prin influența mamei lui Constantin, Sfânta Elena - era creștină. Crescut în Nicomedia, în Imperiul Roman de Răsărit, la Curtea lui Dioclețian, Constantin se familiarizase cu o mare parte din bogata literatură latină a Romei clasice. Cu greaca nu s-a simțit la fel de confortabil; când a fost obligat, mai târziu în viață, să țină discursuri în greacă, limba supușilor săi, el avea să le compună mai întâi în latină și avea să citească apoi traducerile pregătite de sclavi cu învățătură. Familia lui Constantin, originară din Asia Minor, se închinase Soarelui sub chipul lui Apollo, Zeul Neînfrânt, pe care împăratul Aurelian îl decretase ca zeitatea supremă a Romei în anul 274.[9] De la Soare a primit Constantin viziunea dinaintea bătăliei cu Licinius, când a văzut o Cruce pe care se afla deviza *In hoc vinces* („Prin aceasta vei învinge")[10] simbolul noului oraș al lui Constantin devenind coroana din raze solare, confecționată, cum se credea, din cuie ale Adevăratei Cruci, pe care mama lui o dezgropase din preajma dealului Golgota.[11] Atât de puternică era strălucirea zeului solar, încât la numai șaptesprezece ani după moartea lui Constantin, data nașterii lui Hristos – Crăciunul – a fost mutată la solstițiul de iarnă – ziua de naștere a Soarelui.[12]

În 313, Constantin și Licinius (cu care Constantin a împărțit guvernarea imperiului și pe care, mai târziu, avea să-l trădeze) s-au întâlnit la Milano ca să discute despre „bunăstarea și securitatea împărăției" și au declarat, într-un edict faimos, că „dintre toate lucrurile care sunt spre profitul întregii omeniri, adorarea lui Dumnezeu trebuie să fie prima și cea mai de seamă grijă, și e drept ca atât creștinii, cât și toți ceilalți să aibă libertatea de-a urma acea religie pe care o preferă".[13] Prin Edictul de la Milano, Constantin a pus în mod oficial capăt persecutării creștinilor în Imperiul Roman, deoarece până atunci aceștia fuseseră considerați proscriși și trădători și pedepsiți în consecință. Dar persecutații au devenit persecutori: ca să impună autoritatea noii religii de stat, câțiva lideri creștini au adoptat metodele foștilor dușmani. În Alexandria, de exemplu, unde se presupunea că legendara Ecaterina a fost martirizată pe o roată din lemn cu țepi de fier de împăratul Maxentius, în 361 episcopul însuși a condus asaltul asupra Templului lui Mitra, zeul persan preferat în rândul soldaților și care devenise singurul competitor realmente serios pentru religia lui Hristos; în 391, patriarhul Teofil a vandalizat Templul lui Dionisos – zeul fertilității, al cărui cult era celebrat prin rituraluri cunoscute doar de către inițiați – și a îndemnat mulțimea de creștini să distrugă marea statuie a zeului egiptean Serapis; în 415, patriarhul Chiril a poruncit unei mulțimi

formate din tineri creștini să intre în casa Hypatiei, filozoafă păgână
și matematiciană, s-o târască afară în stradă, s-o sfâșie în bucăți și să-i
ardă rămășițele în piața publică.[14] Trebuie spus și că însuși Chiril nu
era prea iubit. După moartea sa în 444, unul dintre episcopii din
Alexandria a rostit următorul elogiu funerar: „În sfârșit, omul ăsta odios
este mort. Plecarea lui e prilej de bucurie pentru cei care i-au supraviețuit,
dar e menită să-i tulbure pe morți. Nu va trece mult și se vor sătura de
el și ni-l vor trimite îndărăt. Așa că puneți o piatră foarte grea pe
mormântul lui, ca să nu existe riscul de a-l vedea din nou, nici măcar
ca fantomă."[15]

Creștinismul a devenit, asemenea religiei puternicei zeițe egiptene
Isis sau celei a lui Mitra al persanilor, o religie la modă, iar în biserica
creștină din Constantinopol, mai mică doar decât Sfântul Petru din
Roma, credincioșii bogați intrau și ieșeau laolaltă cu cei săraci, împodobiți
ca la paradă în veșminte de mătase și cu bijuterii (pe care povești creștine,
smălțuite sau brodate, înlocuiseră miturile zeilor păgâni), făcându-l pe
Sfântul Ioan Hrisostomul, patriarhul Bisericii, să stea pe trepte și să-i
urmărească cu priviri pline de repros. Bogații s-au plâns fără rezultat;
Sfântul Ioan Hrisostomul a trecut de la a-i fixa cu privirea la a-i sfichiui
cu limba, înfierând de la amvon excesele lor. Era o sfidare, tuna el cu
elocvență (numele „Hrisostom" înseamnă „Gură-de-Aur"), ca un singur
nobil să posede zece sau douăzeci de case și până la două sute de sclavi,
să aibă ușile incrustate în fildeș, podele din mozaicuri strălucitoare și
mobilă garnisită cu pietre prețioase.[16]

Dar creștinismul era încă departe de a fi o forță politică sigură.
Exista pericolul Persiei sasanide, care dintr-o națiune de parți săraci
devenise un aprig stat expansionist și care, trei secole mai târziu, avea
să cucerească aproape întregul Răsărit roman.[17] Exista pericolul erezi-
ilor: maniheiștii, de exemplu, care credeau că universul era controlat
nu de un zeu atotputernic, ci de două puteri antagonice, și care, ase-
menea creștinilor, aveau misionari și texte sfinte și câștigau adepți
până departe în Turkistan și China. Exista pericolul disensiunilor
politice: tatăl lui Constantin, Constantius, controlase doar partea
răsăriteană a Imperiului Roman, iar în colțurile cele mai depărtate ale
acestuia administratorii erau mai degrabă loiali propriilor interese
decât Romei. Exista problema unei inflații galopante, pe care Constantin
a amplificat-o saturând piața cu aurul confiscat din templele păgâne.

Mai erau evreii, cu cărțile și argumentele lor religioase. Și mai erau și păgânii. Constantin avea nevoie nu de toleranța declarată în Edictul de la Milano, ci de un creștinism strict, riguros, profund și autoritar, cu rădăcini adânci în trecut și o perspectivă clară pentru viitor, instaurat prin puteri pământești, legi și cutume, pentru o mai mare glorie atât a împăratului, cât și a lui Dumnezeu.

În mai 325, în Niceea, Constantin s-a prezentat episcopilor săi ca „episcop de externe" și a declarat că recentele sale campanii militare împotriva lui Licinius fuseseră „un război împotriva păgânismului corupt".[18] Ca răsplată pentru eforturile sale, Constantin avea să fie văzut începând de atunci drept un lider confirmat de puterea divină, un emisar al divinității înseși. (Când a murit, în 337, a fost îngropat la Constantinopol alături de cenotafele celor doisprezece apostoli, tâlcul fiind că devenise, postum, al treisprezecelea. După moarte, el a fost înfățișat de obicei în iconografia ecleziastică primind coroana imperială din mâinile lui Dumnezeu însuși.)

Constantin a înțeles că era necesar să consolideze exclusivitatea religiei pe care o alesese pentru statul lui și în acest scop a hotărât să-i folosească împotriva păgânilor pe chiar eroii acestora. În Vinerea Patimilor din anul 325, în Antiohia, împăratul s-a adresat unei congregații de adepți ai creștinismului, inclusiv episcopi și teologi, cărora le-a vorbit despre ceea ce el numea „eternul adevăr al creștinismului". „Dorința mea", a spus el adunării – pe care a numit-o „Adunarea Sfinților" – „este să obținem chiar din surse străine o mărturie a naturii divine a lui Hristos. Căci o asemenea mărturie dovedește clar că înșiși aceia care Îi iau numele în deșert trebuie să admită că El e Dumnezeu și Fiul lui Dumnezeu, dacă dau cu adevărat crezare cuvintelor acelora ale căror sentimente coincid cu cele ale lor."[19] În sprijinul vorbelor sale, Constantin a invocat-o pe sibila din Eritreea.

Constantin le-a relatat celor prezenți cum sibila, în vremuri de mult apuse, fusese dată „de nebunia părinților ei" în slujba lui Apollo și că, „în sanctuarul deșartei sale superstiții", ea răspunsese întrebărilor adepților lui Apollo. „Într-o împrejurare totuși", a explicat el, sibila „a fost realmente copleșită de-o inspirație de sus și a declarat în versuri profetice viitoarele intenții ale lui Dumnezeu, indicând limpede nașterea lui Iisus prin literele inițiale a o serie de versuri, care formau următorul acrostih: IISUS HRISTOS, FIU AL LUI DUMNEZEU, MÂNTUITOR, CRUCE". Apoi, Constantin a trecut la recitarea poemului sibilei.

În mod magic, poemul (care, în traducere începe cu „Judecată! Porii umezi ai pământului vor însemna ziua") conține, într-adevăr, divinul acrostih. Pentru a le închide gura posibililor sceptici, Constantin a admis prompt cea mai plauzibilă dintre explicații: și anume că „cineva de-o credință cu noi și nu chiar străin artei poetice a fost cel care a compus versurile." Dar a respins o asemenea posibilitate: „În cazul acesta totuși adevărul este evident, pentru că strădaniile concetățenilor noștri au scos la iveală o cronologie exactă a vremurilor, așa că nu putem să suspectăm că poemul ar fi fost scris după nașterea și condamnarea lui Hristos." În plus, „Cicero avea cunoștință despre acest poem, pe care l-a tradus în graiul latin și l-a încorporat în propria operă". Din păcate, pasajul în care Cicero o menționează pe sibilă – din Cumae, și nu din Eritreea – nu conține nicio referire la aceste versuri sau la acrostih și este, de fapt, o respingere a prezicerilor profetice.[20] În orice caz, atât de convenabilă a fost minunata revelație, încât, timp de multe secole după aceea, lumea creștină a acceptat sibila printre precursorii ei. Sfântul Augustin o găzduiește printre cei binecuvântați în Cetatea lui Dumnezeu.[21] La sfârșitul secolului XII, arhitecții catedralei din Laon

au sculptat, pe fațadă, sibila din Eritreea (decapitată în timpul Revoluției Franceze) ținându-și tablele oraculare, croite după forma celor ale lui Moise, iar la picioarele ei au incrustat al doilea vers al poemului apocrif.[22] Patru sute de ani mai târziu, Michelangelo a pictat-o pe plafonul Capelei Sixtine, una dintre cele patru sibile care sunt o completare a celor patru profeți ai Vechiului Testament.

O gravură în lemn a sibilei din Eritreea, într-o ediție din 1473 a cărții lui Boccaccio, De claris mulieribus.

Sibila a fost oracolul păgân, iar Constantin a făcut-o să vorbească în numele lui Iisus Hristos. Împăratul și-a îndreptat acum atenția spre poezia păgână și a anunțat că și „prințul poeților latini" a fost inspirat de un Mântuitor pe care n-avea cum să-l fi cunoscut. Virgiliu scrisese o eglogă în onoarea patronului său, Gaius Asinius Pollio, fondator al primei biblioteci publice din Roma; egloga anunța sosirea unui nou veac de aur, născut sub chipul unui copilaș:

Începe, dulce băiat, prin a-ți recunoaște, cu n surâs, mama,
Cea care, timp de zece luni lungi, povara ți-a purtat.
Părinți muritori n-au zâmbit la nașterea-ți:
Nici bucurie nupțială nu cunoști, nici sărbătoare pe pământ.[23]

În mod tradițional, profețiile erau considerate a fi infailibile, așa că era mai ușor să schimbi circumstanțele istorice decât să alterezi cuvintele unei preziceri. Un secol mai devreme, Ardașir, primul rege sasanid, rearanjase cronologia istorică pentru a face în așa fel ca o profeție a lui Zoroastru să fie în folosul imperiului său. Zoroastru profețise că imperiul și religia persană aveau să fie distruse după o mie de ani. El trăise cam cu 250 de ani înaintea lui Alexandru cel Mare, care murise cu 549 de ani înaintea domniei lui Ardașir. Ca să adauge două secole dinastiei sale, Ardașir a proclamat că domnia sa a început la doar 260 de ani după Alexandru. Constantin a preferat să nu modifice nici istoria și nici cuvintele profețiilor; în schimb, l-a tradus pe Virgiliu în greacă făcând uz de o libertate poetică flexibilă, ca să-și îndeplinească scopurile politice.

Împăratul a citit cu voce tare auditoriului său pasaje din poemul tradus și tot ceea ce istorisea Cartea lui Dumnezeu se regăsea acum acolo, în anticele cuvinte ale lui Virgiliu: Fecioara, mult-așteptatul rege Mesia, drept-alesul, Sfântul Duh. În mod discret, Constantin a preferat să treacă peste pasajele în care Virgiliu îi menționează pe zeii păgâni Apollo, Pan și Saturn. Personaje străvechi care nu aveau cum să fie omise au devenit metafore ale venirii lui Hristos. „Altă Elenă alte războaie va crea / Și marele Ahile soarta troienilor grăbește", scrisese Virgiliu. Acesta, a spus Constantin, a fost Hristos „pornind război împotriva Troiei, înțelegând prin Troia însăși lumea". În alte cazuri, a grăit împăratul către auditoriu, referințele păgâne sunt stratageme prin care Virgiliu a înșelat vigilența autorităților romane. „Presupun", a spus el (și ni-l putem imagina coborând vocea după declamarea sonoră a versurilor), „că s-a reținut pentru că a simțit pericolul care îl amenința pe acela care aducea atingere credibilității practicării vechii religii. Precaut, așadar, și punându-se la adăpost pe cât posibil, el prezintă adevărul celor care au înzestrarea să-l înțeleagă.“

„Celor care au înzestrarea să-l înțeleagă“: textul devine un mesaj cifrat, care poate fi citit doar de câțiva aleși care au înzestrarea „necesară“. Nu era deschis mai multor interpretări; pentru Constantin, o singură lectură era cea adevărată și doar el și ceilalți creștini dețineau cheia. Edictul de la Milano oferise libertate de credință tuturor cetățenilor romani; Conciliul de la Niceea limitează această libertate, acordând-o numai acelora de credința lui Constantin. După doar doisprezece ani, unor oameni cărora, la Milano, li se garantase dreptul public de a citi cum le plăcea și ce le plăcea li se spunea, sub amenințarea pedepsei legiferate, în Antiohia și din nou în Niceea, că doar o singură lectură era adevărată. În concepția lui Constantin despre un imperiu armonios era necesară impunerea unei singure interpretări pentru un text religios; mai originală și mai greu de înțeles este noțiunea unei unice interpretări ortodoxe a unui text lumesc, cum sunt poemele lui Virgiliu.

Fiecare cititor asociază anumitor cărți o anumită interpretare, deși ea nu este atât de exagerată sau atât de încărcată de consecințe precum aceea propusă de Constantin. Să vezi în *Vrăjitorul din Oz* o parabolă a exilului, așa cum o face Salman Rushdie,[24] e ceva foarte deosebit de a citi în Virgiliu o prevestire a venirii lui Hristos. Și, totuși, aproximativ aceeași dibăcie a meșteșugului sau aceeași expresie a credinței își găsește locul în ambele lecturi, ceva ce le permite cititorilor, dacă nu să fie convingători, cel puțin să se arate convinși. De la vârsta de treisprezece sau paisprezece ani, în mine a crescut un dor literar pentru Londra și am citit povestirile cu Sherlock Holmes cu certitudinea absolută că încăperea plină de fum din Baker Street, cu punga turcească pentru tutun și masa pătată de chimicale urât mirositoare, era imaginea fidelă a locuinței pe care urma s-o am într-o zi, când aveam să fiu și eu în Arcadia. Toate acele dezgustătoare ființe pe care le întâlnește Alice de cealaltă parte a oglinzii, artăgoase, ciorovăindu-se constant și neînduplecat, au prefigurat atâția din adulții vieții mele de adolescent. Și când Robinson Crusoe a început să-și ridice coliba, „un cort sub buza unei stânci, înconjurat cu o îngrăditură zdravănă din pari și frânghii“, am știut că o descria pe aceea pe care eu însumi aveam s-o construiesc într-o vară, pe plaja din Punta del Este. Romanciera Anita Desai, care, copilă fiind în India, era cunoscută în familie drept *Lese Ratte* sau „șobolanul cititor", un șoarece de bibliotecă, își amintește cum, atunci când a descoperit *La răscruce de vânturi* la vârsta de nouă ani, propria lume, aceea a „unui bungalow din vechiul Delhi, verandele acestuia, pereții tapetați și ventilatoarele din plafon, grădinile cu arbori de papaya și guava plini de papagali mici cu coada lungă țipând strident, colbul care se așternea peste pagina unei cărți înainte de a trece la următoarea, toate au pălit. Ce a devenit real, orbitor de real, prin puterea și magia penei lui Emily Brontë, au fost mlaștinile din Yorkshire, câmpul bătut de furtuni, suferințele chinuiților care sălășluiau acolo și care hălăduiau prin ploaie și zloată, țipând din străfundul inimilor frânte și auzind răspunsuri doar de la fantome".[25] Cuvintele pe care Emily Brontë le-a așternut pe hârtie pentru a descrie o tânără din Anglia, în 1847, au folosit pentru a lumina mintea unei tinere din India, în 1946.

Utilizarea unor pasaje alese la întâmplare din cărți pentru a prezice viitorul este o activitate care are o lungă tradiție în Occident și, cu mult înainte de Constantin, Virgiliu a fost sursa preferată a divinației păgâne în imperiu; cópii ale poemelor sale erau păstrate pentru a fi consultate în câteva din templele închinate zeiței Fortuna.[26] Prima referire[27] la un asemenea obicei, cunoscut ca *sortes Vergilianae*, apare în scrierea lui Aelius Spartianus despre viața lui Hadrian: conform acesteia, tânărul Hadrian, dorind să știe ce credea împăratul Traian despre el, a consultat *Eneida* lui Virgiliu la întâmplare și a găsit versurile în care Enea îl vede pe „împăratul romanilor, ale cărui legi vor fonda Roma din nou". Hadrian a fost mulțumit; într-adevăr, s-a adeverit mai târziu că Traian l-a adoptat ca fiu și el a devenit astfel noul împărat al Romei.[28]

Încurajând o nouă versiune a *sortes Vergilianae*, Constantin a urmat tendința vremii sale. Pe la sfârșitul secolului IV, prestigiul acordat oracolelor și profețiilor orale se transferase asupra cuvântului scris, al lui Virgiliu, dar și asupra Bibliei, și se dezvoltase o formă de divinație cunoscută drept „cleromanția evangheliilor".[29] Patru sute de ani mai târziu, arta divinației, care, pe vremea profeților, fusese proscrisă ca „o urâciune înaintea Domnului"[30], devenise atât de populară, încât, în 829, Conciliul de la Paris a condamnat-o oficial. Fără efect însă – scriindu-și în latină amintirile ce aveau să fie publicate în 1434 într-o traducere în franceză, cărturarul Gaspar Peucer mărturisește cum, copil fiind, își făcuse „o carte cu pagini goale și în ea scrisesem principalele versuri divinatorii ale lui Virgiliu, cu care făceam presupuneri – în joacă sau ca simplă distracție – în privința a ceea ce-mi trecea prin cap, cum ar fi viața și moartea prinților, aventurile mele și alte asemenea lucruri, ca să-mi întipăresc mai bine și mai viu acele versuri în minte".[31] Peucer insistă că rostul jocului era unul mnemonic și nu divinatoriu, dar contextul ne determină să nu-i prea dăm crezare.

În secolul XVI, jocul divinatoriu era încă atât de bine înrădăcinat încât Rabelais l-a putut parodia în sfatul pe care Pantagruel i-l dă lui Parnuge în privința căsătoriei. Parnuge, spune Pantagruel, trebuie să apeleze la *sortes Vergilianae*. Metoda corectă, explică el, este aceasta: se alege o pagină deschizând cartea la întâmplare, apoi se aruncă trei zaruri, iar suma acestora indică un rând pe pagină.[32] Când metoda e pusă în practică, Pantagruel și Parnuge vin cu interpretări opuse, dar la fel de posibile ale versurilor.

Bomarzo, vastul roman despre Renașterea italiană scris de argentinianul Manuel Mujica Láinez, se referă și la cât de încetățenită era, în societatea secolului XVII, divinația prin versurile lui Virgiliu: „Îmi voi încredința soarta deciziei altor zei, mai puternici decât Orsini, prin *sortes Vergilianae*. La Bomarzo obișnuiam să practicăm această formă populară de divinație, care încredința rezolvarea unor probleme dificile sau mărunte oracolului fortuit al unei cărți. Nu curgea sângele magicienilor prin venele lui Virgiliu? Nu-l consideram oare, mulțumită farmecului lui Dante, a fi un vrăjitor, un prevestitor? Eu aș da ascultare hotărârilor *Eneidei*."[33]

Probabil cel mai faimos exemplu de *sortes* este acela al regelui Carol I al Angliei, care a vizitat o bibliotecă din Oxford în timpul războiului civil, la sfârșitul anului 1642 sau la începutul anului 1643. Ca să-l amuze, lordul Falkland a sugerat ca regele să „facă o încercare a sorții sale prin *sortes Vergilianae*, despre care toți știu c-a fost un mod obișnuit de prezicere în acele vremuri trecute". Suveranul a deschis cartea la un pasaj din Cartea a V-a a *Eneidei* și a citit: „Să fie târât în război de triburi cutezătoare și exilat din propria țară."[34] Marți, 30 ianuarie 1649, condamnat ca trădător de propriul său popor, Carol I a fost decapitat la Whitehall.

Cam șaptezeci de ani mai târziu, Robinson Crusoe apela la aceeași metodă pe inospitaliera lui insulă: „Într-o dimineață", scria el, „fiind foarte trist, am deschis Biblia la următoarele cuvinte: «Nu te voi părăsi niciodată și niciodată nu te voi uita»; imediat mi-am dat seama că ele mi se adresau, de ce altceva s-ar fi orânduit ele astfel, chiar în momentul în care îmi deplângeam condiția, ca unul uitat de Dumnezeu și de om?"[35] Și la peste o sută cincizeci de ani după aceea, Bathsheba încă se mai apleacă aupra Bibliei, ca să decidă dacă să se căsătorească sau nu cu domnul Boldwood, în *Departe de lumea dezlănțuită.*[36]

Robert Louis Stevenson a notat, cu perspicacitate, că în privința darurilor oraculare ale unui scriitor ca Virgiliu ai mai puțin de-a face cu înzestrări supranaturale, cât mai ales cu calitățile mimetice ale poeziei, care permit unui vers să se adreseze, subiectiv și cu putere, cititorului de peste epoci. În *The Ebb Tide* („Refluxul"), unul dintre personajele lui Stevenson, pierdut pe-o insulă îndepărtată, caută să-și afle soarta într-un exemplar ferfeniţit din Virgiliu, iar poetul, răspunzând din pagini „cu voce nu prea fermă și nici încurajatoare", îi provoacă naufragiatului viziuni despre ținutul lui natal. „Căci este destinul acelor gravi și reținuți scriitori clasici", scrie Stevenson, „cu care am făcut forțat și adesea în mod dureros cunoștință la școală, să ne intre în sânge și să ne sălășluiască în memorie; așa că o frază din Virgiliu nu vorbește neapărat despre Mantua sau August, ci despre locuri din Anglia și propria tinerețe irevocabilă a elevului."[37]

Constantin a fost primul care a găsit sensuri profetice creștine în Virgiliu și, prin lectura sa, poetul a devenit cel mai prestigios dintre scriitorii oraculari. De la poet imperial la vizionar creștin, Virgiliu a căpătat un rol important în mitologia creștină, ceea ce i-a dat posibilitatea, la zece secole după elogiul lui Constantin, să-l călăuzească pe Dante prin Infern și Purgatoriu. Prestigiul lui s-a extins chiar și în sens invers în timp; o istorisire păstrată în versuri în liturghia medievală latină spune că Sfântul Pavel însuși a călătorit la Neapole ca să plângă la mormântul poetului antic.

Ceea ce a descoperit Constantin în acea îndepărtată Vinere Mare, o dezvăluire ce rămâne valabilă pentru toate timpurile, a fost că înțelesul unui text e amplificat de capacitățile și dorințele cititorului. Având în față un text, cititorul poate transforma cuvintele în mesaje care-i descifrează, lui sau ei, o întrebare fără legătură din punct de vedere istoric cu textul însuși sau cu autorul acestuia. Această transmigrație a înțelesului poate îmbogăți sau sărăci textul în sine; impregnându-l, invariabil, cu particularitățile celui care îl citește. Prin intermediul ignoranței, credinței, inteligenței, prin viclenie și istețime, prin vizionarism, cititorul rescrie textul folosindu-se de cuvintele originalului, dar dându-i un alt înțeles, recreându-l, cum se spune, prin chiar actul aducerii lui la viață.

Azilul din Beaune, *de André Kertész.*

CITITORUL SIMBOLIC

În 1929, în azilul din Beaune, Franța, fotograful maghiar André Kertész, care învățase meseria în timpul serviciului militar în armata austro-ungară, a fotografiat o femeie bătrână ridicată în capul oaselor în pat, citind.[1] E o compoziție perfect încadrată. În centru se află femeia mărunțică, înfășurată într-un șal negru și purtând o scufie de noapte neagră care, în mod neașteptat, lasă să i se vadă părul adunat la ceafă; stă sprijinită pe perne albe și o cuvertură albă îi acoperă picioarele. În jurul și în spatele ei, draperii albe, strânse, atârnă printre stâlpii din lemn negru în stil gotic ai patului. Examinând în continuare imaginea, descoperim, pe rama superioară a patului, o plăcuță cu numărul 19, un cordon cu noduri atârnând din plafonul acestuia (pentru a chema asistenta? pentru a trage draperia din față?) și o măsuță de noapte pe care se află o cutie, o cană și o carafă. Pe podea, sub masă, se găsește un lighenaș din tablă. Am văzut totul? Nu. Femeia citește, ținând cartea deschisă la o distanță rezonabilă de ochii ei, evident încă buni. Dar *ce anume* citește? Pentru că e o femeie bătrână, pentru că se află în pat, pentru că patul este într-un cămin de bătrâni din Beaune, în inima Burgundiei catolice, credem că putem ghici ce fel de carte este: un volum religios, o culegere de predici? Dacă ar fi așa – o examinare atentă, cu o lupă, nu ne spune nimic – imaginea ar fi oarecum coerentă, completă, cartea definindu-și cititorul și identificând patul drept un loc spiritual și liniștit.

Dar dacă am descoperi că, de fapt, cartea este altceva? Dacă, de exemplu, ea ar citi Racine, Corneille – un cititor sofisticat, cultivat – sau, și mai surprinzător, Voltaire? Sau dacă s-ar dovedi a fi cartea *Les Enfants terribles* („Copiii teribili") a lui Cocteau, acel roman scandalos al vieții burgheze publicat în același an în care Kertész a făcut fotografia? Brusc, bătrâna banală nu mai este banală; ea devine, prin măruntul fapt că ține în mâini o anumită carte și nu alta, cineva care pune întrebări, o minte în care încă arde curiozitatea, o rebelă.

Așezată paralel cu mine, pe bancheta opusă, în metroul din Toronto, o femeie citește o ediție Penguin a povestirilor lui Borges. Vreau să-i atrag atenția, să-i fac semn cu mâna și să-i semnalez că și eu, la rândul meu, aparțin aceleiași credințe. Ea, a cărei față am uitat-o, ale cărei veșminte abia dacă le-am observat, tânără sau bătrână, îmi este mai apropiată prin simplul fapt că ține în mână acea carte, decât mulți alții cu care mă văd în fiecare zi. O verișoară a mea din Buenos Aires era profund convinsă, în ce privește cărțile, că ele pot funcționa ca o insignă, un semn de înrudire, și întotdeauna alegea cartea pe care o lua cu ea în călătorii cu aceeași grijă cu care își alegea poșeta. Nu călătorea cu Romain Rolland, considerând că o făcea să pară pretențioasă, și nici cu Agatha Christie pentru că o făcea să pară prea de rând. Camus era potrivit pentru o călătorie scurtă, Cronin pentru una lungă; o poveste cu detectivi de Vera Caspary sau Ellery Queen era acceptabilă pentru un weekend la țară; un roman de Graham Greene se potrivea pentru a călători cu vaporul sau cu avionul.

Asocierea cărților cu cititorii lor este diferită de orice altă asociere între obiecte și utilizatorii lor. Instrumente, mobilă, haine – toate au o funcție simbolică, dar cărțile le imprimă cititorilor lor un simbolism cu mult mai complex decât cel al unei simple ustensile. A avea cărți în posesie implică un anumit statut social și o anume bogăție intelectuală; în Rusia secolului XVIII, în timpul domniei Ecaterinei cea Mare, un anume domn Klostermann a făcut avere vânzând lungi șiruri de cotoare în spatele cărora nu se afla nimic altceva decât hârtie goală, dar care permiteau curtenilor să creeze iluzia unei biblioteci, iar prin asta să atragă favorurile savantei lor împărătese.[2] În zilele noastre, decoratorii de interioare garnisesc pereții cu metri întregi de cărți, pentru a da încăperilor o atmosferă „sofisticată", sau oferă tapet care creează iluzia unei biblioteci,[3] iar producătorii de talk-show-uri de televiziune cred că niște rafturi cu cărți în fundal adaugă o notă de inteligență unui decor. În aceste cazuri, ideea generală de cărți e suficientă pentru a indica activități elevate, așa cum un mobilier tapițat cu catifea roșie a ajuns să sugereze plăceri senzuale. Atât de important este simbolul cărții, încât prezența sau absența sa poate, în ochii privitorului, să înzestreze sau să priveze un personaj de putere intelectuală.

Buna Vestire, *de Simone Martini, în Galeria degli Uffizi, Florența.*

În anul 1333, pictorul Simone Martini a terminat lucrarea *Buna Vestire* pentru panoul central al unui altar pictat pentru Domul din Siena – primul altar occidental dedicat acestui subiect care s-a păstrat până în zilele noastre.[4] Scena este cuprinsă sub trei arce gotice: în centru, un arc înalt, ce adăpostește un grup de îngeri de un auriu-întunecat,

adunați în jurul porumbelului ce întruchipează Sfântul Duh, și câte un
arc mai mic de fiecare parte. Sub arcul din stânga privitorului, un înger
îngenuncheat, în veșminte brodate, ține o ramură de măslin în mâna
stângă; acesta ridică degetul arătător al mâinii drepte, cerând astfel
liniște printr-un gest retoric des întâlnit în arta statuară a Greciei și
Romei antice. Sub arcul din dreapta, pe un tron aurit incrustat cu
fildeș, stă Fecioara, înfășurată într-o mantie purpurie, tivită cu aur.
Lângă ea, în mijlocul panoului, este o vază cu crini. Imaculata floare
albă, cu bobocii ei asexuați și lipsiți de stamine, servește ca simbol
perfect al Mariei, a cărei puritate e comparată de Sfântul Bernard cu
„inviolabila castitate a crinului".[5] Crinul, *fleur-de-lis*, era și simbolul
orașului Florența și, spre sfârșitul Evului Mediu, a înlocuit toiagul
vestitorului, purtat de înger în Bunele Vestiri florentine.[6] Pictorii sienezi,
dușmani de moarte ai florentinilor, n-au putut îndepărta în totalitate
tradiționala *fleur-de-lis* din reprezentările Fecioarei, dar ei n-aveau să
onoreze Florența permițându-i îngerului să poarte floarea-simbol a
orașului. Prin urmare, îngerul lui Martini poartă o ramură de măslin,
planta-simbol a Sienei.[7]

Pentru privitorul din vremea lui Martini, fiecare obiect și fiecare
culoare aveau o anumită semnificație. Deși albastrul avea să devină,
mai târziu, culoarea Fecioarei (culoarea iubirii cerești, culoarea adevă-
rului văzut după ce norii se împrăștie),[8] pe vremea lui Martini, pur-
puriul, culoarea autorității, și pe lângă asta, a durerii și penitenței,
atrăgea atenția asupra necazurilor ce aveau să se abată asupra Fecioarei.
Într-o biografie populară timpurie a Mariei, în apocriful *Protoevangelion*
al lui Iacob din secolul II[9] (remarcabil bestseller pe durata Evului
Mediu, cu care publicul lui Martini era familiarizat), se spune că sfatul
preoților a cerut un nou văl pentru templu. Șapte fecioare neîntinate
din tribul lui David au fost alese și, prin tragere la sorți, s-a decis cine
va toarce lâna pentru fiecare dintre cele șapte culori necesare; purpu-
riul i-a revenit Mariei. Înainte de-a începe să toarcă, ea s-a dus la
fântână să scoată apă și acolo a auzit o voce care i-a spus: „Bucură-te,
căci ești plină de har, Domnul este cu tine, tu ești binecuvântată între
femei." Maria s-a uitat în dreapta și în stânga (protoevanghelistul no-
tează ca un romancier), n-a văzut pe nimeni și, tremurând toată, a
intrat în casă și s-a așezat să lucreze la lâna ei purpurie. „Și iată, înge-
rul lui Dumnezeu apăru lângă ea și spuse: Nu-ți fie teamă, Maria,

pentru că de partea ta este bunăvoința lui Dumnezeu.“[10] Astfel, înaintea lui Martini, îngerul vestitor, țesătura purpurie și crinul - reprezentând, pe rând, acceptarea cuvântului lui Dumnezeu, a suferinței și a preacurăției Fecioarei - evidențiau calitățile pentru care Biserica creștină dorea ca Maria să fie cinstită.[11] Apoi, în 1333, Martini i-a pus în mâini o carte.

Conform tradiției, în iconografia creștină cartea sau sulul aparțineau zeității masculine, fie lui Dumnezeu Tatăl, fie lui Hristos cel biruitor, noul Adam, în care cuvântul lui Dumnezeu se întrupase.[12] Cartea era depozitarul legii lui Dumnezeu; când guvernatorul Africii romane a întrebat un grup de prizonieri creștini ce au adus cu ei ca să se apere la tribunal, aceștia au răspuns: „Texte ale lui Pavel, un om drept.“[13] Cartea conferea, de asemenea, autoritate morală și, încă de la primele reprezentări, Hristos a fost adesea înfățișat exercitând funcția rabinică de învățător, interpret, cărturar, cititor. Femeii îi aparținea Pruncul, afirmând rolul ei de mamă.

Nu toată lumea a fost de acord. Cu două secole înainte de Martini, Pierre Abélard, călugărul de la Notre-Dame din Paris ce fusese castrat ca pedeapsă pentru seducerea elevei sale Héloïse, a început o corespondență cu vechea sa iubită, acum stareță la Paraclete, corespondență care avea să devină faimoasă. În aceste scrisori, Abélard, care fusese condamnat de conciliile din Sens și Soissons și căruia papa Inocențiu al II-lea îi interzisese să predea și să scrie, a sugerat că, de fapt, femeile sunt mai aproape de Hristos decât orice bărbat. Obsesiei masculine pentru război, violență, onoare și putere, Abélard îi contrapune rafinamentul sufletesc și inteligența femeii, „capabilă de a conversa cu Dumnezeu Sfântul Duh în împărăția interioară a sufletului, în termeni de intimă prietenie“.[14] O contemporană a lui Abélard, stareța Hildegard din Bingen, una dintre cele mai mari figuri intelectuale ale secolului ei, susținea că slăbiciunea Bisericii a fost una masculină și că femeile trebuiau să facă uz de puterea sexului lor în aceste *tempus muliebre*, această Epocă a Femeii.[15]

Dar puternica ostilitate la adresa femeii nu avea cum să fie învinsă ușor. Reproșul pe care Dumnezeu i-l face Evei în Facerea 3:16 a fost folosit în repetate rânduri pentru a predica virtuțile umilinței și blândeții feminine: „Dorința ta să fie pentru soțul tău și acesta va fi domnul tău.“ „Femeia a fost făcută pentru a fi reazemul bărbatului“, a parafrazat Sfântul Toma d'Aquino.[16] În vremea lui Martini, Sfântul Bernardin din Siena, probabil cel mai popular predicator al vremurilor sale, a văzut-o pe Maria lui Martini nu dialogând cu Dumnezeu Sfântul Duh, ci ca un exemplu de femeie supusă, îndatoritoare. „Mie mi se pare", a scris el, comentând pictura, „de departe cea mai frumoasă, cea mai reverențioasă, cea mai modestă atitudine pe care ați văzut-o într-o Bună Vestire. Ea nu se uită țintă la înger, ci stă așezată în atitudinea aceea aproape temătoare. Știa bine că era un înger, așa că de ce-ar fi fost tulburată? Ce-ar fi făcut dacă ar fi fost bărbat? Luați-o ca un exemplu, fetelor, a ceea ce trebuie să faceți. Nu vorbiți niciodată cu un bărbat decât în prezența tatălui sau a mamei voastre."[17]

Într-un asemenea context, a o asocia pe Maria cu puterea intelectuală era un act curajos. În introducerea unui manual scris pentru învățăceii lui din Paris, Abélard lămurește valoarea curiozității intelectuale: „Prin îndoială ajungem să ne întrebăm, și întrebându-ne învățăm adevărul."[18] Puterea intelectuală vine din curiozitate, dar pentru detractorii lui Abélard – Sfântul Bernardin fiind ecoul vocilor misogine ale acestora – curiozitatea, în special la femei, era un păcat, cel care a împins-o pe Eva să guste din fructul interzis al cunoașterii. Inocența virginală a femeilor trebuia păstrată cu orice preț.[19]

În opinia Sfântului Bernardin, educația era primejdiosul rezultat al curiozității și cauza creșterii acesteia. Așa cum am văzut, majoritatea femeilor în decursul secolului XIV – de fapt, în decursul celei mai mari părți din Evul Mediu – erau educate numai atât cât să poată face menajul unui bărbat. În funcție de poziția lor în societate, educația intelectuală a tinerelor fete cunoscute de Martini era limitată sau inexistentă. Dacă ele crescuseră într-o familie de aristocrați, erau educate ca doamne de onoare sau erau învățate să administreze o moșie, chestiuni pentru care aveau nevoie doar de o instrucție sumară, constând în scris și citit, deși multe dintre fete deveneau destul de cultivate. Dacă aparțineau clasei negustorești, urmau să-și dezvolte unele aptitudini pentru afaceri, pentru care era esențial să învețe să citească, să scrie și să socotească. Negustorii și artizanii își instruiau uneori în meseria lor fiicele, de la care se așteptau apoi să devină ajutoare fără simbrie. Copiii de țărani, atât băieți, cât și fete, nu primeau de obicei niciun fel de educație.[20]

În cadrul ordinelor religioase, femeile își urmau câteodată năzuințele intelectuale, dar o făceau sub permanenta cenzură exercitată de superiorii lor religioși de sex masculin. Cum școlile și universitățile erau, în cea mai mare parte, închise pentru femei, înflorirea artistică și savantă de la sfârșitul secolului XII și până în secolul XIV s-a centrat în jurul bărbaților.[21] Femeile a căror remarcabilă operă a ieșit la iveală în acea perioadă – Hildegard din Bingen, Julian din Norwich, Christine de Pisan și Marie de France – au reușit în pofida sorții potrivnice.

În acest context, Maria lui Martini cere o a doua examinare, mai puțin grăbită. Ea stă într-o poziție incomodă, ținând cu mâna dreaptă pelerina, pe care o strânge sub bărbie, cu trupul întors din fața straniei prezențe, cu ochii ațintiți nu spre angelica privire, ci (contrar descrierii părtinitoare a Sfântului Bernardin) la buzele îngerului. Cuvintele pe care îngerul le pronunță curg de pe buzele sale spre ochii Mariei, scrise cu litere mari de aur; Maria nu doar aude, ci și vede Buna Vestire. În mâna stângă ține deschisă cu degetul cartea pe care o citea. E un volum de dimensiuni normale, probabil un *in octavo*, legat în roșu.

Dar ce carte e?

Cu douăzeci de ani înainte ca pictura lui Martini să fi fost terminată, într-una din frescele Capelei Arena din Padova, Giotto o reprezentase pe Maria din a sa *Buna Vestire* cu o *Carte a Orelor* mică și albastră. Din secolul XIII, *Cartea Orelor* (desăvârșită, se pare, în secolul VIII de către Benedict de Aniane, ca anexă a slujbei canonice) a fost cea mai răspândită carte personală de rugăciuni a celor bogați, iar popularitatea ei s-a menținut până târziu în secolele XV și XVI – așa cum se vede în multe reprezentări ale Bunei Vestiri,

Detaliu din Buna Vestire *de Giotto din Capela Arena din Padova.*

în care Fecioara e înfățișată citind *Cartea Orelor*, cum ar fi făcut mare parte dintre doamnele de sorginte regală sau nobilă. În multe dintre casele mai bogate, *Cartea Orelor* era singura carte, iar mamele și doicile o foloseau pentru a-și învăța copiii să citească.[22]

E posibil ca Maria lui Martini să citească, pur și simplu, o *Carte a Orelor*. Dar s-ar putea și să fie o altă carte. Conform tradiției care vedea în Noul Testament împlinirea profețiilor făcute în cel Vechi – o credință răspândită în vremea lui Martini – Maria și-ar fi dat seama, după Buna Vestire, că întâmplările din viața ei și a Fiului ei fuseseră prevestite în Isaia și în așa-zisele Cărți ale Înțelepciunii din Biblie: Pilde, Cartea lui Iov și Ecleziastul, precum și cele două cărți ale Apocrifelor: *Înțelepciunea lui Iisus, fiul lui Sirah* și *Înțelepciunea lui Solomon*.[23] Într-una din acele paralele literare care încântau auditoriul medieval, Maria lui Martini ar fi putut citi, chiar înainte de sosirea îngerului, tocmai capitolul din Isaia care îi anunță soarta: „Iată, Fecioara va lua în pântece și va naște fiu și vor chema numele lui Emanuel."[24]

Dar e și mai relevant să presupunem că Maria lui Martini citește Cărțile Înțelepciunii.[25]

În capitolul 9 al Pildelor lui Solomon, Înțelepciunea este prezentată ca o femeie care „și-a zidit casă rezemată pe șapte stâlpi [...]. Ea a trimis slujnicele sale să strige pe vârfurile dealurilor cetății: «Cine este neînțelept să intre la mine!» Și celor lipsiți de bună-chibzuială le zice: «Veniți și mâncați din pâinea mea și beți din vinul pe care eu l-am amestecat cu mirodenii!»"[26] Și în alte două secțiuni ale Pildelor, Doamna Înțelepciune e descrisă ca trăgându-se din Dumnezeu. Prin ea, El a „întemeiat pământul" (3:19) la începutul tuturor lucrurilor: „Eu am fost din veac întemeiată de la început, înainte de a se fi făcut pământul" (8:23). Secole mai târziu, rabinul din Lublin a explicat că Înțelepciunii i se spunea „Mamă" pentru că „atunci când un om se spovedește și se căiește, când inima lui primește Înțelegerea și este schimbat de aceasta, el devine asemenea unui prunc nou-născut și întoarcerea lui la Dumnezeu este ca întoarcerea la mama lui".[27]

Doamna Înțelepciune este protagonista uneia dintre cele mai populare cărți din secolul XV, *L'Horloge de Sapience* („Orologiul Înțelepciunii"), scrisă în (sau tradusă în) franceză în 1389 de un preot franciscan din Lorena,

Fecioara înfățișată cu însemnele Înțelepciunii într-un manuscris anluminat al Horologium Sapientiae, *de Suso.*

Henri Suso[*].[28] Cândva între 1455 și 1460, un artist cunoscut nouă drept Maestrul lui Jean Rolin, a făcut pentru volumul amintit o serie de miniaturi superbe. Una dintre ele înfățișează Înțelepciunea așezată pe tron, înconjurată de o ghirlandă de îngeri purpurii, ținând în mâna stângă globul pământesc și în cea dreaptă o carte deschisă. Deasupra ei, de-o parte și de alta, îngeri mai mari îngenunchează pe cerul înstelat; dedesubtul ei, în partea dreaptă, cinci călugări comentează cu două tomuri docte în față; în stânga lor, un donator încoronat, cu o carte deschisă pe un pupitru drapat, i se roagă. Poziția ei este identică aceleia a lui Dumnezeu Tatăl, care stă întocmai pe un astfel de tron de aur în nenumărate alte manuscrise anluminate, de obicei ca o imagine care însoțește scena Răstignirii, ținând o sferă în mâna stângă și o carte în dreapta, încercuit de îngeri la fel de înflăcărați.

Carl Jung, asociind-o pe Maria conceptului creștin răsăritean al Sophiei sau Înțelepciunii, a sugerat că Sofia-Maria „se arată singură bărbaților ca un ajutor prietenesc și un sprijin împotriva lui Iahve, și le arată partea luminoasă, dimensiunea blândă, dreaptă și înțelegătoare a Dumnezeului lor".[29] Sofia, Doamna Înțelepciune a Pildelor și a *Orologiului* lui Suso, se trage din vechea tradiție a Zeiței Mamă, ale cărei imagini sculptate, așa-zisele figurine Venus, s-au descoperit în toată Europa și în nordul Africii, datând din perioada cuprinsă între 25 000 și 15 000 î.e.n.,

---

* *Lapsus memoriae* al autorului: este vorba, de fapt, despre călugărul dominican Heinrich Suso (1295–1366), unul dintre cei trei reprezentanți de seamă ai misticii renane alături de Meister Eckhart și Johannes Tauler; lucrarea *Horologium Sapientiae*, scrisă în latină pe la 1334, a fost tradusă la scurtă vreme în franceză, engleză sau italiană (n. red.).

sau din perioade mai recente, în alte colțuri ale lumii.[30] Când spaniolii
și portughezii au sosit în Lumea Nouă purtându-și săbiile și crucile,
aztecii și incașii (și alte popoare băștinașe) și-au transferat credințele
în diferite zeități-mame ale pământului, cum ar fi Tonantzin și Pacha
Mama, către un Hristos androgin, încă prezent în arta religioasă de
astăzi a Americii Latine.[31]

În jurul anului 500, împăratul francilor, Clovis, după convertirea
la creștinism și întărirea rolului Bisericii, a interzis venerarea Zeiței
Înțelepciunii în diversele sale ipostaze – Diana, Isis, Atena – și a închis
ultimele temple dedicate ei.[32] Decizia lui Clovis a urmat cuvânt cu
cuvânt declarația Sfântului Pavel (I Corinteni 1:24), care susținea că
doar Hristos este „înțelepciunea lui Dumnezeu". Atributul înțelepciunii,
acum uzurpat de la zeitățile feminine, începe să fie exemplificat prin
vasta și vechea iconografie care îl înfățișează pe Hristos purtând în
mână cartea. Cam la douăzeci și cinci de ani după moartea lui Clovis,
împăratul Iustinian participă la sfințirea recent terminatei catedrale
din Constantinopol, biserica Sfânta Sofia („Sfânta Înțelepciune") –
unul dintre cele mai mari edificii ridicate de mâna omului în
Antichitate. Aici, spune tradiția, a exclamat împăratul: „Solomon,
te-am depășit!"[33] Niciunul dintre faimoasele mozaicuri ale bisericii
Sfânta Sofia – nici măcar maiestuoasa Întronare a Fecioarei din 867 –
nu permite Mariei să țină o carte în mână. Chiar în propriul templu,
Înțelepciunea rămâne aservită.

Pe un asemenea fundal istoric, faptul că Martini o înfățișează pe
Maria ca moștenitoarea – probabil întruparea – Sfintei Înțelepciuni
trebuie privit ca un efort de restaurare a puterii intelectuale refuzate
divinității feminine. Cartea pe care o ține Maria în pictura lui Martini,
al cărei text ne este ascuns privirii și al cărei titlu îl putem doar ghici,
poate reprezenta ultima expresie a zeiței detronate, o zeiță mai veche
decât istoria, redusă la tăcere de o societate care a ales să-și făurească
zeul sub chip de bărbat. Brusc, în această lumină, *Buna Vestire* a lui
Martini devine subversivă.[34]

Nu se știu prea multe despre viața lui Simone Martini. Aproape
sigur a fost un discipol al lui Duccio di Buoninsegna, tatăl picturii sie-
neze; prima operă datată a lui Martini, *Maestà* din 1315, se bazează pe
modelul lui Duccio. A lucrat la Pisa, Assisi și, desigur, la Siena, iar în 1340

Iisus copil rupând paginile Vechiului Testament și arătând prin aceasta că unul nou e pe cale să apară, în Fecioara cu pruncul *a lui Rogier van Weyden, circa 1450.*

s-a mutat la Avignon, la curtea papală, unde două fresce deteriorate de pe portalul catedralei sunt tot ce-a rămas din opera sa.[35] Nu știm nimic despre educația lui, despre influențele intelectuale care l-au modelat, despre discuțiile pe care trebuie să le fi purtat despre femei și putere, despre Maica Domnului și Doamna Noastră cea Înțeleaptă, dar în cartea cu coperte roșii pe care a pictat-o cândva în anul 1333 pentru catedrala din Siena a lăsat probabil un indiciu pentru rezolvarea acestor probleme, posibil chiar o declarație.

Buna Vestire a lui Martini a fost copiată de cel puțin șapte ori.[36] Din punct de vedere tehnic, le-a oferit pictorilor alternativa la realismul sobru promovat de Giotto în *Buna Vestire* din Padova; din punct de vedere filozofic, pare să fi lărgit spectrul lecturilor Mariei, de la micuța *Carte a Orelor* a lui Giotto la un întreg compendiu teologic, cu rădăcini în primele credințe în înțelepciunea zeiței. În imagini mai târzii ale Mariei,[37] pruncul Iisus mototolește sau rupe o pagină a cărții pe care ea o citește, afirmându-și superioritatea intelectuală. Gestul Pruncului reprezintă Noul Testament adus de Hristos pentru a-l înlocui pe cel Vechi, dar pentru observatorii de la sfârșitul Evului Mediu, cărora relația Mariei cu Cartea Înțelepciunii trebuie să le fi fost mai bine cunoscută, imaginea servea și ca o aducere aminte a maximei misogine a Sfântului Pavel.

Fundamentaliști islamici arzând un exemplar din Versetele satanice *de Salman Rushdie.*

Când văd pe cineva citind, în mintea mea se produce o curioasă metonimie, identitatea cititorului conturându-se în funcție de carte și de locul în care aceasta este citită. Pare firesc că Alexandru cel Mare, care aparține în imaginația populară peisajului mitic al eroilor lui Homer, purta întotdeauna cu el câte un exemplar din *Iliada* și din *Odiseea*.[38] Mi-ar plăcea să știu ce carte ținea Hamlet în mână când a dat răspuns întrebării lui Polonius – „Ce citiți acolo, prințe?" – și a zis: „Vorbe, vorbe, vorbe"; titlul acela evaziv mi-ar putea spune mai multe despre caracterul înnegurat al prințului.[39] Preotul care a salvat *Tirant lo Blanc* a lui Joanot Martorell de rugul căruia el și bărbierul îi sortiseră biblioteca înnebunitoare a lui Don Quijote[40] a salvat pentru generațiile viitoare un extraordinar roman cavaleresc; știind exact *ce anume* citea Don Quijote, putem înțelege o părticică din lumea care-l fascinase pe întristatul cavaler – o lectură prin care putem deveni, pentru o clipă, Don Quijote.

Uneori, procesul se desfășoară invers și a ști cine e cititorul determină opinia noastră despre o carte: „Obișnuiam să-l citesc la lumina lumânării sau la lumina lunii, cu ajutorul unei lupe uriașe", spunea

Adolf Hitler despre Karl May,[41] condamnându-l astfel pe autorul unor romane despre Vestul Sălbatic, precum *Comoara din Lacul de Argint*, la soarta lui Richard Wagner, a cărui muzică n-a fost interpretată în public în Israel ani la rândul pentru că Hitler o prețuise.

În timpul primelor luni după ce a fost dată *fatwa* împotriva lui Salman Rushdie, când a devenit cunoscut faptul că un autor fusese amenințat cu moartea pentru că scrisese un roman, reporterul american de televiziune John Innes a ținut un exemplar din *Versetele satanice* pe birou ori de câte ori comenta în direct asupra vreunui subiect. Nu făcea niciun fel de referire la carte sau la Rushdie sau la ayatollah, dar prezența romanului lângă cotul lui indica solidaritatea unui cititor cu soarta cărții și a autorului ei.

Curtezane din vremuri medievale, într-o gravură pe lemn de Hishikawa Moronobu, într-o ediţie din 1681 a Ukiyo Hyakunin Onna *(„O sută de femei ale Lumii Plutitoare").*

A CITI ÎN INTERIOR

La papetăria de după colț de casa în care stăteam în Buenos Aires exista o colecție atrăgătoare de cărți pentru copii. Aveam (și am încă) o patimă nesățioasă pentru carnete de notițe (care în Argentina aveau, de regulă, pe copertă profilul unuia dintre eroii noștri naționali și, uneori, o pagină detașabilă cu abțibilduri înfățișând scene de istorie naturală sau de bătălie) și adesea poposeam vreme îndelungată în prăvălie. Articolele de papetărie erau în față, iar rândurile de cărți, în spate. Erau cărți mari, ilustrate, de la Editorial Abril, cu litere mari și desene în culori vii, cărți scrise pentru copii mici de Constancio C. Vigil (după moartea lui, s-a descoperit că avea una dintre cele mai mari colecții de cărți pornografice din toată America Latină). Erau acolo (așa cum am menționat) cărțile cu coperte galbene din seria Robin Hood. Și mai erau rânduri duble de cărți în format de buzunar, cu coperte cartonate, unele legate în verde și altele în roz. În seriile verzi erau aventurile Regelui Arthur, groaznice traduceri în spaniolă ale cărților lui Just Williams, *Cei trei muschetari*, povestirile cu animale ale lui Horacio Quiroga. În seria roz erau romane de Louisa May Alcott, *Coliba unchiului Tom*, povestirile contesei de Ségur, întreaga saga Heidi. Uneia dintre verișoarele mele îi plăcea să citească (mai târziu, într-o vară, am împrumutat de la ea *Ochelarii negri* de John Dickson Carr și am fost prins în mrejele literaturii polițiste pentru tot restul vieții) și amândoi citeam romanele de aventuri cu pirați ale lui Salgari, legate în galben. Uneori împrumuta ea câte-o carte de Just Williams de la mine, din seriile legate în verde. Dar seriile legate în roz, pe care ea le citea nepedepsită, mie (la zece ani, știu cu precizie) îmi erau interzise. Copertele acestora erau un avertisment, mai viu decât orice semnal luminos, că erau cărți pe care niciun băiat cuminte nu trebuia să le citească. Acestea erau cărți pentru fete.

Ideea că unele cărți sunt destinate anumitor grupuri este aproape tot atât de veche ca literatura însăși. Unii cărturari au sugerat că, așa cum epopeile grecești și teatrul erau destinate în primul rând bărbaților, romanele timpurii grecești erau menite mai degrabă cititoarelor.[1]

Deși Platon a scris că în Republica lui ideală învățământul ar fi fost obligatoriu atât pentru băieți, cât și pentru fete,[2] unul dintre discipolii săi, Teofrast, susținea că femeilor trebuia să li se predea doar atât cât era necesar să știe pentru ținerea casei, deoarece educația avansată „transformă o femeie într-o bârfitoare certăreață și leneșă". Întrucât știința de carte era rară printre femeile din Grecia (deși – s-a sugerat – curtezanele erau „deosebit de culte"),[3] sclavii cu educație le citeau, cu voce tare, romane. Din cauza limbajului sofisticat al autorilor și numărului relativ mic de fragmente care s-au păstrat, istoricul William V. Harris a afirmat că aceste romane nu erau extrem de populare, ci mai degrabă lecturi ușoare pentru un public feminin limitat și cu un anumit grad de educație.[4]

Subiectul era dragostea și aventura; eroul și eroina erau întotdeauna tineri, frumoși și de origine aleasă; cădeau pradă nenorocirilor, dar sfârșitul era mereu unul fericit; se aștepta de la ei să aibă încredere în zei, precum și să fie virgini sau caști (cel puțin eroina).[5] De la primele romane, conținutul îi era adus clar la cunoștință cititorului. Autorul primelor romane grecești care s-au păstrat integral, care a trăit pe la începutul erei creștine,[6] se prezintă pe sine și subiectul în primele două rânduri: „Numele meu este Chariton, din Aphrodisias [un oraș în Asia Minor], și sunt funcționar la avocatul Athenagoras. O să vă spun o poveste de dragoste care a avut loc în Siracuza." „Poveste de dragoste" – *pathos erotikon*: chiar de la primele rânduri, cărțile menite femeilor erau asociate cu ceea ce mai târziu avea să se numească dragoste romantică. Citind această ficțiune permisă, din societatea patriarhală a Greciei secolului I până în Bizanțul secolului XII (când au fost scrise ultimele astfel de romanțuri), femeile trebuie să fi găsit în prostioarele astea o anumită formă de stimulare intelectuală: în chinurile, necazurile și suferințele perechilor de îndrăgostiți, femeile au descoperit uneori o nebănuită hrană pentru minte. Secole mai târziu, copilă fiind și citind romane cavalerești (uneori inspirate de romanțurile grecești), Sfânta Tereza a găsit bună parte dintre imaginile pe care avea să le dezvolte în scrierile sale religioase. „Eu mă obișnuisem

Fructul oprit, *gravură din 1865 după o pictură de Auguste Toulmouche.*

să citesc aceste cărți și acea neînsemnată greșeală pe care o văzusem la mama începu să-mi slăbească dorințele de virtute de mai înainte și să mă facă să greșesc; și nu mi se părea un lucru rău că-mi iroseam atât de multe ceasuri din zi și din noapte cu atât de puțin rost și pe ascuns de tata. Atât de mult ajunseseră să-mi placă astfel de cărți, încât, dacă nu citeam una nouă, eram nefericită."[7] Îndeletnicirea o fi fost deșartă, dar povestirile

Margaretei de Navarra, *La Princesse de Clèves* de Doamna de La Fayette, precum și romanele surorilor Brontë și ale lui Jane Austen datorează mult lecturii romanțurilor. Așa cum subliniază criticul englez Kate Flint, lectura acestor romane dă femeii cititoare nu doar ocazia ca uneori să se „retragă în pasivitatea indusă de opiul ficțiunii. Mult mai palpitant, i-a permis să-și afirme simțul identității de sine și să știe că nu e singura care face asta".[8] Încă de la începuturi, femeile cititoare au găsit moduri de abordare subversivă a materialului pe care societatea îl punea pe rafturile lor.

Atribuirea unei categorii de cărți sau a unui gen pentru un anume grup de cititori (că e vorba despre romane grecești sau seriile cu coperte roz din copilăria mea) nu doar creează un spațiu literar închis pe care respectivii cititori sunt încurajați să-l exploreze; ci, de asemenea și adesea, îi situează pe alții în afara lui. Mi s-a spus că acele cărți legate în roz erau pentru fete și că, dacă aș fi fost văzut cu una dintre ele în mână, aș fi fost etichetat drept un efeminat; îmi amintesc expresia de repros mirat de pe fața vânzătorului din Buenos Aires când am cumpărat odată una dintre cărțile roz și cum a trebuit repede să-i explic că era un cadou pentru o fată. (Mai târziu, m-am confruntat cu o prejudecată asemănătoare când, după ce-am fost coeditor la o antologie de povestiri pentru homosexuali, prietenii heterosexuali mi-au spus că ar fi fost jenați să-i vadă cineva cu o astfel de carte în public, de teamă să nu fie considerați ei înșiși homosexuali.) Aventurându-te să guști din literatura pe care societatea a atribuit-o, cu condescendență, grupurilor „mai puțin privilegiate" sau „mai puțin acceptate", riști să fii maculat prin asociere, în schimb avertismentul nu i se aplica și verișoarei mele, ea putând da iama în seriile verzi fără să provoace alt comentariu decât o remarcă acidă din partea mamei sale despre gusturile ei „eclectice".

Dar, uneori, materialul desemnat unui anume grup este creat, deliberat, chiar de cititorii acelui grup. Un astfel de fenomen s-a petrecut în colectivitatea femeilor de la curtea japoneză, cândva prin secolul XI.

În 894 – la o sută de ani după întemeierea unei noi capitale, Heian-Kyo, astăzi Kyoto – guvernul japonez a decis să sisteze trimiterea delegațiilor oficiale în China. Vreme de trei secole, ambasadorii japonezi aduseseră acasă arta și învățăturile uriașului vecin milenar, iar moda în Japonia era dictată de obiceiurile din China; acum, rupându-se de influența chineză, Japonia a început să-și dezvolte un stil de viață imaginat chiar de ea, care

Femei spionate în încăperile lor, după o ilustrație de Tosa Mitsuyoshi pentru Povestea lui Genji.

și-a atins apogeul în secolul X, sub domnia regentului Fujiwara no Michinaga.[9]

Ca în orice societate aristocratică, cei care s-au bucurat de beneficiile acestei renașteri au fost foarte puțini. Femeile de la curtea japoneză, chiar dacă erau foarte privilegiate în comparație cu suratele lor din clasele de jos,[10] erau supuse unui număr considerabil de reguli și îngrădiri. Departe de cea mai mare parte a lumii de afară, obligate să se supună unei rutine monotone, limitate chiar și prin limbaj (de vreme ce erau, cu foarte puține excepții, neinstruite în limbajul istoriei, dreptului, filozofiei „și oricărei alte forme de educație",[11] și interacționau între ele mai degrabă prin scrisori decât prin conversație), femeile au fost obligate să găsească pe cont propriu – în ciuda multitudinii de restricții – metode ingenioase de a explora și de a citi despre lumea în care trăiau, ca și despre lumea de dincolo de pereții lor de hârtie. Referindu-se la o tânără prințesă, Genji, eroina lui Murasaki Shihibu din *Povestea lui Genji*, observă următoarele: „Nu cred că trebuie să ne îngrijorăm în privința educației sale. Femeile trebuie să aibă o cunoaștere generală a câtorva subiecte, dar face o proastă impresie dacă se arată preocupate de o anumită ramură a educației. N-o voi face cu totul ignorantă în niciun domeniu. Important este ca ea să apară având o abordare blândă și lejeră chiar și în privința acelor subiecte pe care le consideră deosebit de serioase."[12]

Aparențele erau de cea mai mare însemnătate și, atâta vreme cât afișau o vădită indiferență față de cunoaștere și o ignoranță lipsită de agresivitate, femeile de la curte puteau să descopere căi de a-și depăși condiția. În asemenea circumstanțe, este totuși uimitor că au reușit să creeze literatura cea mai evoluată a acestei perioade, totodată inventând ele însele unele genuri. Să fii deopotrivă creatorul și apreciatorul literaturii – formând, cum ar veni, un cerc închis, care produce și consumă ceea ce produce, totul petrecându-se sub constrângerea unei societăți care dorește ca acest cerc să rămână aservit – este un lucru care trebuie privit ca un extraordinar act de curaj.

La curte, femeile își petreceau zilele mai ales „privind în gol", într-o agonie a statului degeaba („suferind de statul degeaba" e una dintre frazele repetate), ceva ce aducea cu melancolia europeană. Încăperile mari și goale, cu paravanele și draperiile lor de mătase, erau aproape permanent în întuneric. Dar asta nu asigura intimitatea. Pereții subțiri și panourile cu grilaj lăsau să se audă totul și sute de picturi înfățișează voyeuri spionând activitățile femeilor.

Lungile ore de stat degeaba pe care acestea erau obligate să le îndure, întrerupte din când în când de festivitățile anuale sau de vizite ocazionale în templele la modă, le-au făcut să practice muzica și caligrafia, dar, înainte de toate, să citească cu voce tare sau să li se citească. Nu toate cărțile erau permise. În Japonia perioadei Heian, ca în Grecia antică, în lumea islamică, în India postvedică și în atâtea alte societăți, femeile nu aveau voie să citească ceea ce se numea literatură „serioasă": se aștepta din partea lor să se rezume la tărâmul distracției banale și frivole, pe care învățații confucianiști o dezaprobau, astfel încât s-a făcut o deosebire clară între literatura și limba considerate „masculine" (temele fiind eroice și filozofice, iar vocea, publică) și cele „feminine" (mărunte, domestice și intime). Deosebirea se făcea în diferite domenii: de exemplu, pentru că deprinderile chinezești au continuat să fie încă admirate, pictura chineză era numită „masculină", în timp ce aceea japoneză, mai simplă, era numită „feminină".

Chiar dacă toate bibliotecile de literatură chineză și japoneză le-ar fi fost deschise, femeile din perioada Heian nu ar fi regăsit în cele mai multe dintre cărțile de atunci sunetul particular al vocii lor. Prin urmare, pe de-o parte pentru a îmbogăți stocul literar, și pe de alta pentru a obține acces la o colecție care să corespundă preocupărilor lor specifice, femeile și-au creat propria literatură. Ca s-o consemneze, ele au elaborat o transcripție fonetică a limbii pe care o puteau vorbi, *kanabungaku*, o japoneză din care fuseseră excluse aproape toate construcțiile chinezești. Această limbă scrisă a ajuns să fie cunoscută drept „scrisul femeilor" și, fiind destinată mâinii feminine, a căpătat în ochii bărbaților care le conduceau o încărcătură erotică. Ca să fie atrăgătoare, o femeie din epoca Heian trebuia să fie nu doar frumoasă, ci și să scrie într-o caligrafie elegantă și, de asemenea, să aibă o educație muzicală și să fie capabilă să citească, să interpreteze și să compună poezii. Totuși, asemenea realizări nu au fost considerate niciodată comparabile cu acelea ale artiștilor și eruditilor bărbați.

„Dintre toate modalitățile de-a face rost de cărți", a comentat Walter Benjamin, „cea de a le scrie singur e considerată ca metoda cea mai demnă de prețuire."[13] În unele cazuri, după cum au descoperit femeile din perioada Heian, e singura metodă. În noua lor limbă, femeile Heian au scris unele dintre cele mai importante lucrări ale literaturii japoneze și, probabil, ale tuturor timpurilor. Cea mai faimoasă dintre acestea este monumentala *Poveste a lui Genji* de Murasaki Shihibu, pe care cărturarul și traducătorul englez Arthur Waley a considerat-o ca fiind primul roman adevărat al lumii, început probabil în 1001 și încheiat nu înainte de 1010; sau *Însemnările de căpătâi ale lui Sei Shonagon*, numite așa pentru că fuseseră concepute, cam în aceeași perioadă ca și *Povestea lui Genji*, în camera de dormit a autoarei și ținută, probabil, în sertarele pernei ei de lemn.[14]

În cărți precum *Povestea lui Genji* și *Însemnări de căpătâi*, viața culturală a femeilor și a bărbaților este explorată în detaliu, dar nu se acordă prea multă atenție manevrelor politice care ocupau atât de mult din timpul oficialităților masculine de la curte. Waley consideră că, în aceste cărți, e deconcertantă „extraordinar de vaga pricepere a femeilor în privința activităților pur masculine"[15]; fiind ținute departe atât de limbajul, cât și de exercițiul politicii, nu încape îndoială că femei precum Murasaki Shihibu și Sei Shonagon n-ar fi putut face mai mult decât o descriere din auzite a unor astfel de activități. În orice caz, aceste femei scriau, în primul rând, pentru ele însele – ca într-o oglindă care să le reflecte viața. Ele doreau de la literatură nu imaginile pe care le cultivau omologii lor masculini și de care erau ei interesați, ci o reflecție a celeilalte lumi, în care timpul se scurgea lent și conversația era sărăcăcioasă și peisajul se modifica doar odată cu schimbarea anotimpurilor. *Povestea lui Genji*, desfășurând o panoramă a vieții contemporane, era menită să fie citită mai ales de femei asemenea autoarei înseși, care-i împărtășeau inteligența și perspicacitatea în materie de psihologie.

Însemnări de căpătâi de Sei Shonagon este, aparent, o înregistrare în-tâmplătoare de impresii, descrieri, bârfe, liste de lucruri plăcute și neplă-cute – plină de idei închipuite, prejudecăți și vanități, profund dominată de ideea ierarhizării. Comentariile ei au un ton tranșant, care provine din faptul că (s-o credem oare?) „niciodată nu m-am gândit că notele acestea ar fi citite de altcineva, așa că am scris tot ce mi-a venit în minte, oricât de ciudat sau neplăcut ar fi fost". În această inocență stă o mare parte din farmecul ei. Iată aici două exemple de „lucruri care sunt încântătoare":

> Să găsești un mare număr de povestiri pe care nu le-ai citit până atunci. Sau să faci rost de al doilea volum al unei povești care ți-a plăcut în primul volum. Dar, adesea, e o dezamăgire...
>
> Scrisorile sunt ceva destul de banal, totuși ce splendide sunt! Când cineva e într-o provincie de departe și ești îngrijorat în privința lui, și sosește, deodată, o scrisoare, te simți ca și cum te-ai vedea cu el față-n față. Și e o mare ușurare că ți-ai exprimat simțămintele într-o scrisoare – chiar dacă știi că încă nu se poate să-i fi ajuns.[16]

Ca și *Povestea lui Genji*, *Însemnări de căpătâi*, cu paradoxala sa adorare a puterii imperiale alături de disprețul pentru firea bărbaților, dă valoare petrecerii silnice a statului degeaba și plasează viața domestică a femeii pe același plan literar cu viețile „epice" ale bărbaților. Murasaki Shihibu însă, pentru care narațiunile femeilor trebuiau să fie aduse la lumină în cadrul narațiunilor „eroice" ale bărbaților și nu, cu frivolitate, în spațiul închis al pereților de hârtie, a considerat că scrisul lui Sei Shonagon e „plin de imperfecțiuni": „Este o femeie talentată, e lucru cert. Totuși, dacă dai frâu liber emoțiilor chiar în circumstanțele cele mai nepotrivite, dacă exemplifici fiecare lucru interesant care-ți vine în minte, oamenii din jur tind să te considere frivolă. Și cum se pot sfârși lucrurile cu bine pentru o astfel de femeie?"[17]

Într-un grup segregat par să aibă loc cel puțin două moduri diferite de citire. În primul, cititorii, ca niște arheologi cu imaginație, trebuie să-și croiască drum prin literatura oficială, pentru a salva de undeva, dintre rânduri, prezența tovarășilor lor urgisiți, pentru a găsi reflectări ale propriilor vieți în poveștile Clitemnestrei, ale Gertrudei, ale curtezanelor lui Balzac. În cel de-al doilea, cititorii devin scriitori, inventând pentru ei înșiși noi modalități de a spune povești, astfel încât să înregistreze pe pagină cronicile de fiecare zi ale vieților lor exilate în laboratorul bucătăriei, în atelierul de cusut, în jungla camerei copiilor.

Există probabil o a treia categorie, undeva între acestea două. Multe secole după Sei Shonagon și Murasaki Shihibu, peste mări, scriitoarea engleză George Eliot, scriind despre literatura din zilele ei, a descris ceea ce a numit ea „romanele stupide ale Doamnelor Romanciere [...] un gen cu multe specii, determinat de calitatea specifică a stupizeniei care predomină în ele – cea spumoasă, cea prozaică, cea pioasă ori cea pedantă. Dar există un amestec din toate acestea – o clasă compozită a prostiei feminine, care produce cea mai largă categorie de astfel de romane, pe care am putea-o caracteriza ca specia «mintea-și-pălăria». [...] Scuza obișnuită a femeilor care au devenit scriitoare fără nicio dăruire deosebită este aceea că societatea le-a refuzat alte sfere de preocupare. Societatea este o entitate foarte culpabilă și va trebui să răspundă pentru fabricarea multor produse dăunătoare, de la murături proaste la poezie proastă. Dar societatea, la fel ca «materia», ca guvernarea Maiestății Sale și alte înalte abstracțiuni, are partea ei de blam excesiv și de laudă excesivă". Ea încheie: „Din orice muncă e ceva de câștigat; dar stupidele romane feminine, ne imaginăm, sunt mai puțin un rezultat al muncii cât al lenei harnice."[18] Ceea ce descria George Eliot era o ficțiune care, deși scrisă în interiorul grupului, nu era nimic altceva decât ecoul stereotipurilor și al prejudecăților oficiale – cele care, în primul rând, duseseră la crearea grupului.

Neghiobia a fost și defectul pe care Murasaki Shihibu, în calitate de cititoare, l-a sesizat în proza lui Sei Shonagon. Deosebirea evidentă era totuși aceea că Sei Shonagon nu le oferea cititoarelor ei o versiune ridiculizată a propriei lor imagini, așa cum fusese consacrată de către bărbați. Ceea ce Murasaki Shihibu a găsit frivol a fost chiar conținutul cărții lui Sei Shonagon: lumea de zi cu zi, în perimetrul căreia se mișca ea însăși, despre a cărei trivialitate scriitoarea aducea dovezi cu tot atât de multă atenție de parcă ar fi fost lumea strălucitoare a lui Genji însăși. În ciuda criticilor lui Murasaki Shihibu, stilul intim, aparent banal, al literaturii scrise de Sei Shonagon a înflorit printre cititoarele vremii ei. Primul exemplu cunoscut din această perioadă este jurnalul unei doamne de la curte din perioada Heian, cunoscută numai ca „Mama lui Michitsuna", *Jurnal al sfârșitului de vară* sau *Jurnal efemer*, în care autoarea a încercat să consemneze, cât mai fidel cu putință, realitatea existenței ei. Vorbind despre ea însăși la persoana a treia, ea scrie: „În timp ce ziua se scurgea monoton, ea citea din romane vechi și considera că majoritatea erau o adunătură de invenții gogonate. Probabil, își spunea ea, povestea monotonei sale existențe, scrisă sub formă de jurnal, ar putea stârni ceva interes. Probabil c-ar putea chiar să răspundă la întrebarea: este aceasta o viață potrivită pentru o doamnă de origine nobilă?"[19]

În ciuda criticilor lui Murasaki Shihibu, e ușor să înțelegi de ce forma confesivă, pagina în care femeia își putea da „frâu liber propriilor emoții", a devenit lectura preferată printre doamnele acelei vremi. *Genji* a prezentat ceva din viața femeilor prin personajele care-l înconjurau pe prinț, dar *Însemnări de căpătâi* le-a permis femeilor care citeau să devină propriii istorici.

„Există patru feluri de a scrie despre viața unei femei", a afirmat criticul american Carolyn G. Heilbrun. „Femeia însăși o poate spune, în ceea ce ea a ales să numească autobiografie; o poate spune în ceea ce ea a ales să numească ficțiune; un biograf, femeie sau bărbat, poate descrie viața femeii în ceea ce se numește o biografie; sau femeia poate scrie despre viața ei înainte de a o fi trăit, fără să-și dea seama și fără să conștientizeze sau să numească procedeul."[20]

Etichetarea prudentă făcută de Carolyn G. Heilbrun acestor forme corespunde vag și literaturii în mișcare a scriitoarelor perioadei Heian – *monogatari* („romane"), cărți de căpătâi și altele. În aceste texte, cititoarele și-au regăsit propriile vieți trăite sau netrăite, idealizate sau imaginate, ori istorisite cu prolixitate documentară și onestitate. Aceasta este, de obicei, situația cititorilor izolați: literatura de care au nevoie este una confesivă, autobiografică, chiar didactică, pentru că cititorii cărora le este refuzată o identitate nu-și pot găsi povestea decât în literatura pe care ei înșiși o produc. Într-o discuție privind lecturile homosexualilor - care poate fi destul de bine aplicată lecturilor femeilor sau oricărui alt grup exclus din tărâmul puterii - scriitorul american Edmund White notează că, imediat ce observă cineva că el (putem adăuga „sau ea") este altfel, respectiva persoană trebuie să dea socoteală pentru asta, iar genul acesta de a da socoteală e un fel de ficțiune primitivă, „narațiunile orale povestite și repovestite ca vorbe de alcov, de cafenea sau de pe canapeaua psihanalistului". Spunând „unul altuia - sau lumii ostile din jurul lor - povești ale vieții lor, nu relatează doar trecutul, ci prefigurează și viitorul, făurindu-și o identitate la fel de mult pe cât o dezvăluie".[21] În opera lui Sei Shonagon, ca și în cea a lui Murasaki Shihibu, se găsesc prefigurările literaturii feminine pe care o citim astăzi.

La o generație după George Eliot, în Anglia victoriană, Gwendolen a lui Oscar Wilde din *Ce înseamnă să fii onest* a declarat că nu călătorește niciodată fără jurnalul ei, pentru că „e bine să ai totdeauna în tren ceva senzațional de citit"; nu a exagerat. Perechea ei, Cecily, a definit un jurnal ca fiind „simple însemnări despre gândurile și impresiile personale ale unei fete foarte tinere, și deci sunt destinate tiparului".[22] Tipărirea - adică reproducerea unui text în scopul de a lărgi numărul cititorilor prin realizarea unor copii ale manuscriselor, prin citire cu voce tare sau prin tipar - a permis femeilor să găsească voci similare cu ale lor, să descopere că situația lor nu era singulară, să afle în confirmarea experienței o bază solidă, pe care să-și construiască o imagine autentică a lor însele. Acest lucru a fost la fel de adevărat pentru femeile perioadei Heian, cât și pentru George Eliot.

Spre deosebire de papetăria din copilăria mea, o librărie găzduiește, astăzi, nu doar cărțile destinate femeilor din rațiuni explicit comerciale, determinând și limitând aria lecturilor unei cititoare, ci și pe cele care își au originea în interiorul grupului, în care femeile scriu pentru ele însele ceea ce lipsește din textele oficiale. Asta clarifică sarcina cititorului, pe care scriitoarele epocii Heian par să o fi anticipat: să escaladeze zidurile, să ia orice carte care îl atrage, s-o dezbrace de supracopertele colorate care-i marchează destinația și s-o plaseze printre volumele pe care șansa și experiența le-au adus pe noptiera lor.

Un cititor pătimaş, contele Guglielmo Libri.

SĂ FURI CĂRȚI

Sunt din nou pe cale să mă mut în altă casă. În jurul meu, acoperite de praful secret ieșit din nebănuite colțuri, scos la iveală de mobilierul clintit din loc, se ridică stive nesigure de cărți, asemenea stâncilor modelate de vânt dintr-un peisaj deșertic. Pe măsură ce stivuiesc teancuri peste teancuri de volume familiare (recunosc câteva după culoarea lor, altele după formă, multe după un detaliu de pe copertele ale căror titluri încerc să le citesc cu susul în jos sau dintr-un unghi incomod), mă întreb, așa cum m-am întrebat de fiecare dată, de ce păstrez atât de multe cărți pe care știu că nu le voi mai citi și a doua oară. Îmi spun că, ori de câte ori mă descotorosesc de o carte, constat, câteva zile mai târziu, că era exact cartea pe care o căutam. Îmi spun că nu există cărți (sau foarte, foarte puține) în care n-am găsit absolut nimic care să mă intereseze. Îmi spun că le-am adus în casa mea în primul rând pentru un motiv și că s-ar putea ca motivul acela să redevină valabil în viitor. Invoc ca scuze minuțiozitatea, raritatea, o subtilă erudiție. Dar știu că principalul motiv pentru care mă agăț de această grămadă în permanentă creștere este un fel de lăcomie voluptuoasă. Mă bucură vederea rafturilor ticsite cu cărți, pline de nume mai mult sau mai puțin familiare. Sunt încântat să mă știu înconjurat de un soi de inventar al vieții mele, cu aluzii la propriul viitor. Îmi place să descopăr, în volume aproape uitate, urme ale cititorului care am fost odată – mâzgălituri, bilete de autobuz, bucățele de hârtie cu numere și nume misterioase, data și locul înscrise ocazional pe pagina albă de la început și care mă duc înapoi în timp la o anume cafenea, o cameră de hotel de hăt departe, o vară îndepărtată. Puteam, la nevoie, să abandonez aceste cărți ale mele și s-o iau de la început, în altă parte; am mai făcut așa, de câteva ori, neavând încotro. Dar atunci ar trebui și să recunosc o gravă, ireparabilă pierdere. Știu că moare ceva când renunț la cărțile mele și că memoria mea continuă să se întoarcă la ele cu nostalgie îndoliată. Iar acum, odată cu trecerea anilor, îmi amintesc din ce în ce mai puțin de ele și memoria îmi pare o bibliotecă jefuită: multe dintre încăperi au fost închise, iar în cele încă deschise pentru lectură sunt uriașe goluri pe rafturi. Scot la nimereală una dintre cărțile rămase și observ că niște pagini i-au fost smulse de vandali. Cu cât mi se deteriorează mai mult memoria, cu atât mai mult îmi doresc să protejez acest tezaur a ceea ce-am citit, această colecție de țesături, voci și miresme. Să posed aceste cărți a devenit tot ce e mai important pentru mine, pentru că am ajuns să fiu gelos pe trecut.

Revoluția Franceză a încercat să abolească ideea că trecutul era proprietatea unei singure clase. A reușit în cel puțin o privință: dintr-un amuzament aristocratic, colecționarea de antichități a devenit un hobby burghez, mai întâi sub Napoleon, care avea o pasiune pentru obiectele decorative din Roma antică, și apoi în timpul Republicii. La răscrucea secolului XIX, expunerea unei vechituri mucegăite, a picturilor vechilor maeștri, a celor dintâi cărți, devenise o distracție la modă în Europa. Magazinele de curiozități au înflorit. Negustorii de antichități au adunat grămezi de comori prerevoluționare, care erau cumpărate și apoi expuse în muzeele private ale așa-numiților *nouveaux riches*. „Colecționarul", scria Walter Benjamin, „visează că se află nu doar într-o lume îndepărtată sau trecută, ci, în același timp, și într-una mai bună, în care, deși oamenii sunt lipsiți de cele necesare, ca și în lumea de fiecare zi, obiectele sunt eliberate de corvoada de a fi folositoare."[1]

În 1792, Palatul Luvru a fost transformat într-un muzeu pentru popor. Exprimându-și protestul vehement față de ideea de trecut comun, romancierul viconte François-René de Chateaubriand a pretins că lucrările de artă adunate astfel „nu mai au nimic de spus, nici imaginației, nici inimii". Atunci când, câțiva ani mai târziu, artistul și anticarul Alexandre Lenoir a fondat Muzeul Monumentelor Franceze pentru a conserva statuile și zidăria conacelor și mănăstirilor, palatelor și bisericilor jefuite în timpul Revoluției, Chateaubriand l-a descris batjocoritor ca pe „o colecție de ruine și morminte din fiecare secol, adunate fără nicio noimă sau rațiune în mănăstirile de la Petits-Augustins".[2]

Criticile lui Chateaubriand au fost ignorate cu desăvârșire în cercurile oficiale sau private ale colecționarilor de ruine ale trecutului.

În urma Revoluției au rămas foarte multe cărți. Bibliotecile particulare ale Franței secolului XVIII erau comori de familie, păstrate și îmbogățite din generație în generație în rândul nobilimii, iar cărțile pe care ele le conțineau erau simboluri ale poziției sociale în aceeași măsură ca podoabele și manierele. Să ni-l închipuim pe contele d'Hoym,[3] unul dintre cei mai vestiți bibliofili ai timpurilor sale (a murit la vârsta de patruzeci de ani, în 1736), scoțând dintr-unul din rafturile sale burdușite un volum din *Discursurile* lui Cicero, pe care nu-l privea ca pe unul dintre sutele sau miile de exemplare identice dispersate în numeroase biblioteci, ci ca pe un obiect unic, legat după propriile instrucțiuni, adnotat de mâna lui și purtând blazonul familiei gravat în aur.

De la sfârșitul secolului XII, cărțile au început să fie recunoscute drept articole vandabile, iar în Europa valoarea comercială a cărților a crescut îndeajuns pentru ca zarafii să le accepte ca garanție; note care înregistrează asemenea puneri în gaj pot fi găsite în numeroase cărți medievale, în special în cele care au aparținut studenților.[4] Până în secolul XV, comerțul acesta devenise destul de important pentru ca manuscrisele să fie trecute pe anexele bunurilor vândute la târgurile din Frankfurt și Nördlingen.[5]

Desigur, unele cărți, care erau considerate unice datorită rarității lor, au fost evaluate la prețuri exorbitante (rarele *Epistolae* ale lui Petrus Delphinus, din 1524, au fost vândute cu 1 000 de livre în 1719 – aproximativ 30 000 de dolari americani, la cursul de astăzi),[6] dar majoritatea aveau valoare de obiecte personale – moșteniri de familie, obiecte pe care doar mâinile membrilor familiei și ale copiilor acestora aveau să le atingă vreodată. Din acest motiv, bibliotecile au devenit unele dintre țintele predilecte ale Revoluției.

Bibliotecile vandalizate ale clerului și aristocrației, simboluri ale „dușmanilor Republicii", au sfârșit în depozitele uriașe din câteva orașe franceze – Paris, Lyon, Dijon și altele – unde au așteptat, pradă umezelii, prafului și paraziților, ca autoritățile revoluționare să le hotărască soarta. Problema depozitării unei asemenea cantități de cărți a devenit atât de serioasă, încât autoritățile au început să organizeze vânzări ca să se descotorosească de o parte din pradă. Oricum, cel puțin până la crearea Băncii Franței ca instituție privată în 1800, majoritatea bibliofililor francezi (cei care nu muriseră sau nu erau în exil) sărăciseră prea mult ca să devină cumpărători și numai străinii, mai ales englezi și germani, au putut să profite de situație. Pentru a satisface această clientelă străină, librarii locali au început să acționeze ca iscoade și agenți. În timpul uneia dintre ultimele vânzări de epurare, în Parisul anului 1816, librarul și editorul Jaques-Simon Merlin a cumpărat destule cărți cât să umple din pivniță până la mansardă două case de câte cinci etaje, pe care le achiziționase special pentru acest scop.[7] Asemenea volume, multe dintre ele prețioase și rare, au fost vândute la kilogram, la valoarea hârtiei, iar asta în vremuri în care cărțile noi erau încă foarte scumpe. De exemplu, în timpul primului deceniu al secolului XIX, un roman nou publicat costa o treime din salariul pe o lună al unui ajutor de fermier, în timp ce o primă ediție din *Le Roman comique* de Paul Scarron (1651) putea fi achiziționată pentru o zecime din această valoare.[8]

Cărțile pe care Revoluția le-a rechiziționat și care n-au fost nici distruse și nici vândute în străinătate au fost, până la urmă, distribuite pentru fondul documentar al bibliotecilor publice, dar puțini cititori s-au folosit de ele. Pe parcursul primei jumătăți a secolului XIX, orele de acces în aceste *bibliothèques publiques* erau restricționate și a fost impus chiar un cod vestimentar, iar prețioasele cărți au început să se umple iarăși de praf pe rafturi,[9] uitate și necitite.

Dar nu pentru multă vreme.

Guglielmo Bruto Icilio Timoleone, conte Libri-Carruci della Sommaia, s-a născut în Florența în 1803, într-o veche și nobilă familie toscană. A studiat atât dreptul, cât și matematica, iar în acest din urmă domeniu a avut parte de succese atât de mari, încât la vârsta de douăzeci de ani i s-a oferit catedra de matematică de la Universitatea din Pisa. În 1830, susținând că se afla sub amenințarea unei organizații naționaliste, carbonarii, a emigrat la Paris și, la scurtă vreme după aceea, a devenit cetățean francez. Răsunătorul său nume a fost redus la contele Libri, iar el a fost bine primit de lumea academică franceză, ales membru al reputatului Institut de France, numit profesor de științe la Universitatea din Paris și i s-a acordat Legiunea de Onoare pentru meritele sale academice. Dar Libri era interesat nu doar de științe; dezvoltase și o pasiune pentru cărți, iar prin 1840 adunase deja o colecție impresionantă și comercializa manuscrise și volume rare. De două ori a încercat să obțină un post la Biblioteca Regală, dar n-a reușit. Apoi, în 1841, a fost numit secretar al unei comisii însărcinate cu supravegherea oficialului „Catalog general și detaliat al tuturor manuscriselor, în limbile atât vechi, cât și moderne, existente astăzi în toate bibliotecile publice departamentale".[10]

Iată cum descrie Sir Frederic Madden, custode al Departamentului de manuscrise de la British Museum, prima lui întâlnire cu Libri, pe 6 mai 1846, la Paris: „În ce privește înfățișarea lui exterioară, [el] părea ca și cum n-ar fi folosit niciodată apa și săpunul sau peria. Camera în care am fost conduși nu avea mai mult de cinci metri lățime, dar era plină de manuscrise pe rafturi până sus în tavan. Geamurile aveau cercevele duble și în șemineu ardea un foc de cocs și cărbune, a cărui căldură, adăugându-se mirosului stivei de pergamente de-aici, era într-atât de greu de suportat, că mi-am pierdut respirația. Domnul Libri a sesizat neplăcerea de care sufeream și a deschis o fereastră, dar era ușor de văzut că până și să respire aer îi era dezagreabil, iar urechile îi erau înfundate cu vată, ca să prevină orice sensibilitate față de acesta! Domnul Libri este o persoană destul de corpolentă, cu umor, dar cu trăsături grosolane."[11] Ceea ce nu știa Sir Frederic - atunci - era că Libri era unul dintre cei mai versați hoți de cărți ai tuturor timpurilor.

Potrivit unui bârfitor vestit din secolul XVII, Tallemant des Réaux, furtul de cărți nu este un delict decât dacă acestea sunt vândute.[12] Plăcerea de a ține în mâini o carte rară, de a întoarce pagini pe care nimeni nu le va mai întoarce fără permisiunea ta fără îndoială că l-a îndemnat pe Libri, într-o oarecare măsură, la furt. Dar dacă vederea atâtor volume frumoase a fost cea care l-a dus pe neașteptate în ispită pe învățatul bibliofil sau dacă în primul rând patima pentru cărți l-a îmboldit spre această activitate, nu vom ști niciodată. Înarmat cu împuterniciri oficiale, învesmântat într-o pelerină uriașă, sub care își dosea comorile, Libri a ajuns să aibă acces în bibliotecile din toată Franța, unde cunoștințele lui de specialitate l-au ajutat să culeagă perlele ascunse. În Carpentras, Dijon, Grenoble, Lyon, Montpellier, Orléans, Poitiers și Tours, nu numai că a furat volume întregi, dar a și tăiat și sustras pagini separate, pe care apoi le-a expus și, uneori, le-a vândut.[13] Doar în Auxerre nu i-a mers să prade. Slugarnicul bibliotecar, dornic să-l servească pe oficialul ale cărui documente îl acreditau ca *Monsieur le Secrétaire* și *Monsieur l'Inspecteur Général*, l-a autorizat din proprie voință pe Libri să lucreze în bibliotecă pe timpul nopții, dar a insistat ca un paznic să-i stea la îndemână ca să-l servească cu tot ce acesta poftea.[14]

Primele acuzații împotriva lui Libri datează din 1846, dar – probabil pentru că sunau atât de neverosimil – acestea au fost ignorate, iar contele a continuat să prade bibliotecile. A început, de asemenea, să organizeze vânzări importante pentru unele dintre cărțile furate, vânzări pentru care a pregătit cataloage excelente și detaliate.[15] De ce vindea acest pasionat bibliofil cărțile pe care le furase asumându-și un risc atât de mare? Poate a crezut, ca Proust, că „dorința face ca toate lucrurile să înflorească, iar posesiunea ofilește totul".[16] Poate că a păstrat doar câteva manuscrise prețioase, pe care le-a selectat ca pe niște perle rare. Poate că le-a vândut din pură lăcomie – dar aceasta este o supoziție mult mai puțin interesantă. Indiferent de motive, vânzarea cărților furate n-a mai putut fi ignorată. Acuzațiile s-au înmulțit și, un an mai târziu, procurorul public a inițiat cercetări discrete – care au fost mușamalizate de președintele Consiliului Ministerial, M. Guizot, un prieten al lui Libri și martor la nunta acestuia. Probabil că afacerea n-ar fi avut niciun fel de urmări dacă Revoluția din 1848, care a pus capăt Monarhiei din Iulie și a proclamat A Doua Republică, n-ar fi descoperit dosarul lui Libri ascuns în biroul lui Guizot. Libri a fost avertizat și atât el, cât și soția lui au fugit în Anglia, dar nu fără a lua cu ei 18 cufere cu cărți, evaluate la 25 000 de franci.[17] În vremea aceea, un lucrător calificat câștiga aproximativ patru franci pe zi.[18]

O armată de politicieni, artiști și scriitori s-a ridicat (în zadar) în apărarea lui Libri. Unii profitaseră de pe urma matrapazlâcurilor lui și nu voiau să fie implicați în scandal; alții îl priviseră ca pe un cărturar onorabil și nu voiau să fie luați drept fraieri. Mai ales scriitorul Prosper Mérimée l-a apărat cu înflăcărare pe Libri.[19] Contele îi arătase lui Mérimée, în apartamentul unui prieten, celebrul Pentateuh de la Tours, un volum cu miniaturi din secolul XVII; Mérimée, care călătorise mult prin Franța și vizitase numeroase biblioteci, și-a amintit că văzuse acest Pentateuh chiar în Tours; Libri, foarte abil, i-a explicat lui Mérimée că ceea ce văzuse era o copie franțuzească a originalului, achiziționat de Libri însuși în Italia. Mérimée l-a crezut. Scriindu-i lui Édouard Delessert pe 5 iunie 1848, Mérimée insista: „Pentru mine, care întotdeauna am spus că patima de a colecționa îi împinge pe oameni la delicte, Libri este cel mai onest dintre colecționari și nu cunosc pe nimeni altcineva în afară de el care să înapoieze bibliotecilor cărţile pe care alţii le-au furat.“[20] Până la urmă, la doi ani după ce Libri a fost găsit vinovat, Mérimée a publicat în *Revue des Deux Mondes*[21] o apărare atât de vehementă a prietenului său, încât a fost chemat în judecată sub acuzaţia de sfidare.

Sub povara dovezilor, Libri a fost condamnat *in absentia* la zece ani de închisoare şi pierderea funcţiilor publice. Lordul Ashburnham, care cumpărase de la Libri, prin intermediul librarului Joseph Barrois, un alt Pentateuh rar, decorat cu miniaturi (pe acesta îl furase din biblioteca publică din Lyon), a acceptat dovada vinovăţiei contelui şi a înapoiat cartea ambasadorului francez din Londra. Pentateuhul a fost singura carte pe care lordul Ashburnham a returnat-o. „Felicitările adresate de pretutindeni autorului unui asemenea gest generos nu l-au făcut totuşi să repete gestul cu alte manuscrise din biblioteca sa“, a comentat Léopold Delisle,[22] care în 1888 a întocmit catalogul jafurilor lui Libri.

Dar pe-atunci Libri întorsese de mult pagina finală a ultimei lui cărţi furate. Din Anglia a plecat în Italia şi s-a stabilit la Fiesole, unde a murit pe 28 septembrie 1869, în sărăcie, fără să fi fost reabilitat. Şi totuşi, până la urmă, a avut ocazia să se răzbune pe cei care l-au acuzat. În anul morţii lui Libri, matematicianul Michel Chasles, care fusese ales să ocupe cate-dra lui Libri la institut, a achiziţionat o fabuloasă colecţie de autografe, despre care era convins că avea să-i aducă invidia multora şi faimă. Aceasta includea scrisori ale lui Iulius Caesar, Pitagora, Nero, ale Cleopatrei, ale misterioasei Maria Magdalena, însă toate s-au dovedit mai târziu a fi falsuri, opera faimosului falsificator Vrain-Lucas, căruia Libri îi ceruse să-i facă succesorului său o vizită.[23]

Furtul de cărţi nu era un delict nou pe vremea lui Libri. „Istoria bi-blio-cleptomaniei“, a scris Lawrence S. Thompson, „merge înapoi în timp până la începuturile bibliotecilor din Europa Occidentală şi fără îndoială poate fi urmărită chiar mai departe, în istoria bibliotecilor greceşti şi orientale.“[24] Primele biblioteci romane erau compuse mai ales din volume greceşti, pentru că romanii scotociseră amănunţit Grecia. Biblioteca regală din Macedonia, biblioteca lui Mitridate din Pont, biblioteca lui Apellicon din Teos (mai târziu folosită de Cicero) au fost toate prădate de romani şi transferate pe pământ roman. Nici primele secole ale creştinismului nu au fost cruţate: călugărul copt Pachomius, care alcătuise o bibli-otecă în mănăstirea egipteană din Tabennisi în primele câteva decenii ale secolului III, făcea inventarul în fiecare seară pentru a fi sigur că toate cărțile fuseseră înapoiate.[25] În raidurile lor în Anglia anglo-saxonă, vikingii au furat manuscrisele anluminate ale călugărilor, probabil pentru aurul din legături. Unul dintre aceste bogate manuscrise, *Codex Aureus*, a fost furat cândva prin secolul XI, dar a trebuit să fie înapoiat prin răscumpărare primilor proprietari, întrucât hoții n-au găsit cumpărător în altă parte. Hoții de cărți au reprezentat un flagel al Evului Mediu și al Renașterii; în 1752, papa Benedict al XIV-lea a decretat printr-o bulă că hoții de cărți aveau să fie pedepsiți cu excomunicarea.

Alte amenințări au fost ceva mai lumești, cum dovedește această admonestare inscripționată pe un valoros tom al Renașterii:

> Numele stăpânului mai sus îl vezi,
>
> Așadar ia aminte, nu mă fura;
>
> Căci dac-o faci, fără-ntârziere
>
> Gâtul tău... pentru mine o să plătească.
>
> Uită-te mai jos și-o să vezi
>
> Imaginea 'nălțată a spânzurătorii;
>
> Așadar ia aminte de asta la vreme,
>
> Altminteri în copacul acela sus vei atârna![26]

Sau aceasta, inscripționată în biblioteca Mănăstirii San Pedro din Barcelona:

> Pentru cel care fură sau împrumută și nu înapoiază o carte de la proprietarul ei, fie ca aceasta să se preschimbe-n șarpe în mâna lui și să-l sfâșie. Lovit fie de paralizie și toți ai lui să fie vătămați. Să zacă în dureri țipând după milă, și chinul lui să nu găsească ostoi până când în moarte se va stinge. Viermii cărților să muște în viscerele lui sub semnul Viermelui ce n-are moarte. Și când va ajunge la Judecata de Apoi, flăcările Iadului să-l distrugă pentru veșnicie.[27]

Și totuși, niciun blestem nu pare să-i descurajeze pe acei cititori care, asemenea îndrăgostiților care-și pierd firea, sunt hotărâți ca o anumită carte să devină a lor. Nevoia de a poseda o carte, de a fi unicul ei proprietar, este un soi de poftă nesățioasă, ca nicio alta. „Cartea care se citește cel mai bine", a mărturisit Charles Lamb, contemporanul lui Libri,

„e cea care ne aparține și ne e cunoscută de atât de multă vreme, încât știm topografia oricărei pete de cerneală și colțurile îndoite și putem găsi urma murdăriei rămase de când am citit-o la ceai cu brioșe unse cu unt".[28]

Actul lecturii stabilește o relație intimă, fizică, în care toate simțurile au un rol: ochii disting cuvintele de pe pagină, urechile se fac ecoul sunetelor citite, nasul inhalează mirosul familiar de hârtie, lipici, cerneală, carton sau piele, degetele mângâie pagina aspră sau fină, legătura moale sau tare; chiar și gustul, uneori, când degetele cititorului se ridică la limbă (acesta fiind modul în care asasinul își otrăvește victimele în *Numele trandafirului* de Umberto Eco). Mulți cititori nu doresc să împartă toate acestea – și dacă tocmai cartea pe care doresc s-o citească e în posesia altcuiva, legile proprietății sunt tot atât de greu de respectat ca și cele ale fidelității în dragoste. La fel, proprietatea materială devine câteodată sinonimă cu un simț al înțelegerii intelectuale. Ajungem să simțim că volumele pe care le avem sunt cele pe care le cunoaștem, de parcă posesia ar fi, în biblioteci, ca și la tribunal, nouă zecimi din conținutul legii; că, aruncând o privire la cotoarele cărților pe care le numim ale noastre și care se aliniază ascultătoare de-a lungul pereților încăperii, dorim să ne vorbească nouă și numai nouă la simpla întoarcere a paginii și ne permitem să spunem: „Toate astea sunt ale mele", de parcă simpla lor prezență ne umple cu înțelepciunea ce-o conțin, fără să mai trebuiască neapărat să ne luptăm cu conținutul lor.

În această privință am fost tot atât de vinovat precum contele Libri. Chiar și astăzi, când suntem invadați de zeci de ediții și mii de exemplare identice ale unui titlu, știu că volumul pe care îl țin în mână, volumul ăsta și nu altul, devine Cartea. Adnotări, pete, semne de un fel sau altul, un anume moment și loc caracterizează acel volum în aceeași măsură ca un manuscris neprețuit. Putem avea rezerve în a justifica furturile lui Libri, dar impulsul subconștient de a fi, chiar și pentru o clipă, singurii îndreptățiți de a numi o carte „a noastră" este comun mai multor femei și bărbați cinstiți decât suntem dispuși să recunoaștem.

Pliniu cel Tânăr, sculptură de pe faţada catedralei din Como.

AUTORUL CA CITITOR

Într-o seară de la sfârșitul secolului I e.n., Gaius Plinius Cecilius Secundus (cunoscut viitorilor cititori ca Plinius cel Tânăr, pentru a-l deosebi de eruditul său unchi, Plinius cel Bătrân, care a murit la erupția Vezuviului în 79 e.n.) ieșea din casa unui prieten din Roma într-o stare de furie justificată. Imediat ce-a ajuns în camera lui de lucru, Pliniu s-a așezat și, ca să-și adune gândurile (și, probabil, cu un ochi la numeroasele scrisori pe care, într-o zi, avea să le adune și să le publice), i-a scris despre întâmplările din acea noapte avocatului Claudius Restitutus. „Tocmai am plecat indignat de la o lectură care avea loc la un prieten al meu și, pentru că nu pot să ți-o spun prin viu grai, simt că trebuie să-ți scriu imediat. Textul care s-a citit era foarte cizelat din toate punctele de vedere posibile, dar doi sau trei oameni de spirit – sau așa credeau ei și alte câteva persoane că sunt – ascultau de parcă ar fi fost niște surdomuți. Niciodată nu și-au deschis buzele, nu și-au mișcat mâinile, nici măcar nu și-au întins picioarele pentru a-și schimba poziția în care ședeau. Care-i rostul sobrietății și erudiției ori, mai degrabă, al lenei și îngâmfării, al lipsei de tact și de bun-simț, care te îndeamnă să-ți petreci toată ziua nefăcând altceva decât să provoci supărare și să-l transformi într-un dușman pe omul pe care ai venit să-l asculți ca pe cel mai drag prieten?"[1]

E oarecum greu pentru noi, la o distanță de douăzeci de secole, să înțelegem consternarea lui Plinius. În vremea lui, lecturile ținute de autor deveniseră o ceremonie socială la modă[2] și, ca în cazul altor ceremonii, exista o anume etichetă stabilită atât pentru ascultători, cât și pentru autori. Din partea ascultătorilor se aștepta o reacție critică, pe baza căreia autorul să îmbunătățească textul – acesta fiind motivul pentru care inerția auditoriului l-a înfuriat atât de tare pe Plinius; el însuși încerca, uneori, să citească o primă variantă a unui discurs unui grup de prieteni și apoi făcea schimbări în conformitate cu reacția lor.[3] Ba mai mult, din partea ascultătorilor se aștepta să participe la toate lecturile din ciclu, indiferent cât ar fi durat, ca să nu le scape nicio parte a lucrării citite, iar Plinius a simțit că aceia care se foloseau de asemenea lecturi ca de un simplu divertisment de societate nu erau altceva decât niște scandalagii. „Majoritatea erau așezați de jur împrejur în camera de așteptare", și-a exprimat el mânia unui alt prieten, „pierzându-și timpul în loc să fie atenți și poruncindu-le servitorilor să le spună cât mai des dacă lectorul sosise cumva și terminase introducerea sau dacă a ajuns la sfârșit. Doar atunci, și cu multe rezerve, intrau unul câte unul. Dar nu stăteau mult și plecau înainte de încheiere, unii încercând să se strecoare neobservați, alții ieșind fără rușine. [...] Și mai multă prețuire și onoare merită aceia a căror dragoste pentru scris și citit nu este afectată de proastele maniere și de aroganța auditoriului."[4]

Și autorul era obligat să respecte anumite reguli pentru ca lectura lui să fie un succes, scop pentru care trebuiau depășite tot felul de obstacole. Înainte de toate, trebuia găsit un spațiu adecvat. Oamenilor bogați le plăcea să se considere poeți și își recitau lucrările în fața unui public numeros alcătuit din cunoștințe la vilele lor opulente, în *auditorium* – o încăpere special construită în acest scop. O parte dintre poeții înstăriți, precum Titinius Capito,[5] erau generoși și își împrumutau *auditoria* pentru prestațiile celorlalți, dar în general astfel de spații pentru recitaluri erau destinate uzului exclusiv al proprietarilor. Odată adunați prietenii în locul stabilit, autorul trebuia să li se înfățișeze pe un scaun pus pe-o estradă, purtând o togă nouă și etalându-și toate inelele.[6] După spusele sale, respectivul obicei îl deranja pe Plinius din două motive: „El este puternic dezavantajat prin simplul fapt că e așezat, chiar dacă s-ar putea să fie tot atât de înzestrat ca vorbitorii care stau în picioare"[7] și are „ochii și mâinile, cele două principale ajutoare ale sale atunci când citește", ocupate cu a privi și a ține textul. Talentul oratoric era, prin urmare, esențial. Lăudând un cititor pentru interpretarea lui, Plinius a notat că acesta „a arătat că și-a însușit dibăcia de a-și ridica și coborî tonul vocii și o lejeritate similară în a trece de la subiecte elevate la cele de rând, de la simplu la complex, de la subiecte mai ușoare la cele mai serioase. Vocea lui remarcabil de plăcută era alt avantaj și era potențată de modestie, îmbujorare și nervozitate, care întotdeauna adaugă farmec unei lecturi. Nu știu de ce, dar sfiala i se potrivește mai bine unui autor decât încrederea în sine".[8]

Cei care se îndoiau de talentul lor de lectori puteau apela la anumite strategii. Plinius însuși, încrezător în el când își citea discursurile, dar nesigur în privința priceperii lui de a citi versuri, a venit cu următoarea idee pentru o seară de lectură a unor poezii de-ale sale. „Plănuiesc o lectură într-un cadru intim pentru câțiva prieteni", i-a scris el lui Suetonius, autorul *Vieților celor doisprezece Cezari*, „și mă gândesc să-l folosesc pe unul dintre sclavii mei. Nu mă voi arăta prea politicos cu prietenii mei, de vreme ce omul pe care l-am ales nu e cu adevărat un bun cititor, dar mă gândesc că se va descurca mai bine decât mine, câtă vreme nu va fi prea nervos. [...] Întrebarea este: ce voi face eu în timp ce el citește? Să stau nemișcat și tăcut ca un spectator sau să fac cum fac unii oameni, să-i urmăresc vorbele și să i le repet cu buzele, ochii și gesturile mele?" Nu știm dacă nu cumva, prin mișcarea buzelor, Plinius a dat în noaptea aceea prima reprezentație de sincron din istorie.

Multe dintre asemenea lecturi trebuie să fi părut interminabile; Plinius a participat la una care a durat trei zile. (Această lectură deosebită nu pare să-l fi deranjat, probabil pentru că cititorul înștiințase audiența: „Dar ce-mi pasă mie de poeții trecutului, câtă vreme îl cunosc pe Plinius?")[9] Întinzându-se de la câteva ore la o jumătate de săptămână, lecturile publice au devenit practic de neevitat pentru oricine dorea să fie cunoscut ca autor. Horațiu s-a plâns că lectorii educați nu mai păreau interesați de opera propriu-zisă a unui poet, ci „și-au transferat toată plăcerea de la ureche la mișcarea și goala delectare a ochiului".[10] Marțial se săturase atât de tare să fie bătut la cap de poetașii nerăbdători să-și citească operele cu voce tare încât s-a plâns:

Te-ntreb, cine poate suporta aceste eforturi?
Îmi citești când stau în picioare,
Îmi citești când stau jos,
Îmi citești în timp ce alerg,
Îmi citești în timp ce mă cac.[11]

Totuși, Plinius era de acord cu lecturile făcute de autori și vedea în ele semnele unei noi epoci de aur pentru literatură. „Aproape că n-a fost zi în toată luna aprilie în care să nu fi ținut cineva o lectură publică", a remarcat el, foarte mulțumit. „Sunt încântat să văd literatura înflorind și talentul îmbobocind."[12] Generațiile viitoare vor fi în dezacord cu verdictul lui Plinius și vor prefera să uite numele celor mai mulți dintre acești poeți-interpreți.

Și totuși, dacă îi era sortit să devină faimos, datorită unor asemenea lecturi cu public un autor nu mai trebuia să aștepte până după moarte consacrarea. „Opiniile diferă", i-a scris Plinius prietenului său Valerius Paulinus, „dar ideea mea este că un om pe deplin fericit este acela care se bucură anticipat de o bună și durabilă reputație și, încrezător în verdictul posterității, trăiește conștient de faima ce va să vină."[13] Faima din prezent era importantă pentru el. A fost încântat când, la curse, cineva a crezut că scriitorul Tacit (pe care îl admira mult) ar putea fi Plinius. „Dacă Demostene a avut dreptul să se arate încântat când bătrâna aceea din Attica l-a recunoscut spunând: «Ăsta-i Demostene!», cu siguranță pot fi bucuros atunci când numele meu este bine-cunoscut. De fapt, sunt bucuros și recunosc asta."[14] Opera lui a fost publicată și citită chiar și în sălbăticia din Lugdunum (Lyon). I-a scris altui prieten: „Nu credeam să existe librari în Lugdunum, așa că am fost cu atât mai încântat să aflu din scrisoarea ta că eforturile mele se vând. Sunt bucuros că ele își păstrează și peste graniță popularitatea pe care au cucerit-o la Roma și încep să cred că opera mea trebuie să fie destul de bună, dacă opinia publică din locuri atât de diferite e de acord în privința asta."[15] Totuși, el a preferat mai mult ceremonialul lecturii în fața unui auditoriu atent decât aprobarea silențioasă a cititorilor anonimi.

Plinius a sugerat câteva motive pentru care cititul în public era un exercițiu benefic. Celebritatea era, fără îndoială, un factor foarte important, dar mai era și încântarea de a-ți auzi propria voce. El a justificat această îngăduință față de sine prin observația că ascultarea unui text citit duce auditoriul la cumpărarea lui după publicare, provocând astfel o cerere care satisface atât pe autor, cât și pe librarii-editori.[16] În opinia lui, pentru un autor lectura publică era cea mai bună metodă de a obține audiență. De fapt, citirea în public era în sine o formă rudimentară de publicare.

După cum corect a remarcat Plinius, cititul în public era o interpretare, un act întreprins cu tot corpul, ca să fie perceput de ceilalți. Autorul care citește în public – atunci, ca și acum – accentuează cuvintele cu anumite sunete și le joacă cu anumite gesturi; o astfel de interpretare dă textului un ton care (se presupune) este acela pe care autorul l-a avut în minte în momentul conceperii lui și, astfel, dă ascultătorului sentimentul de a fi aproape de intențiile creatorului; de asemenea, conferă textului pecetea autenticității. Dar, în același timp, lectura autorului distorsionează textul, îmbogățindu-l (sau sărăcindu-l) prin interpretare. Romancierul canadian Robertson Davies insera noi și noi nuanțe artei exprimării în lecturile sale, jucându-și mai degrabă decât recitându-și proza. Romanciera franceză Nathalie Sarraute, în schimb, citește cu o monotonie care prejudiciază lirismul textelor sale. Dylan Thomas își cânta poezia, bătând accentele ca niște clopote fără limbă și lăsând pauze enorme.[17] T.S. Eliot și-o murmura pe a sa, de parcă ar fi fost un vicar posac care-și afurisea turma.

Citit cu voce tare unui auditoriu, un text nu este în exclusivitate determinat de relația dintre caracteristicile sale intrinseci și cele ale publicului arbitrar, veșnic altul, din moment ce ascultătorii nu mai au de multă vreme libertatea (pe care ar avea-o cititorii obișnuiți) să se întoarcă, să recitească, să amâne și să îi dea textului intonația conotativă specifică. În schimb, devine dependent de autorul-interpret, care își asumă rolul de cititor al cititorilor, o prezumtivă încarnare a fiecăruia dintre membrii auditoriului captiv pentru care se ține lectura, învățându-i cum anume să citească. Lecturile cu public ale autorilor pot deveni întru totul dogmatice.

Lecturi publice nu erau numai la Roma. Și grecii citeau astfel. Cinci secole înaintea lui Plinius, de exemplu, Herodot, ca să nu mai călătorească din oraș în oraș, a citit din propria operă la festivitățile olimpice, unde se aduna un auditoriu mare și entuziast de pe tot cuprinsul Greciei. Dar, în secolul VI, lecturile publice au încetat, deoarece impresia era că nu mai exista un „public educat". Ultima descriere cunoscută nouă a unui auditoriu roman la o lectură publică se află în epistolele poetului creștin Apollinaris Sidonius, scrise în a doua jumătate a secolului V. Pe atunci, așa cum se lamentează Sidonius însuși în scrisorile sale, latina devenise o limbă specializată, străină, „limba liturghiei, a cancelariilor și a câtorva cărturari".[18] În mod ironic, Biserica creștină, care adoptase latina pentru răspândirea evangheliilor „la toți oamenii din toate locurile", a constatat că limba era de neînțeles pentru majoritatea enoriașilor. Latina a devenit parte a „tainei" Bisericii, iar în secolul XI au apărut primele dicționare latine, ca să-i ajute pe studenții și pe novicii pentru care latina nu mai era de mult limba maternă.

Dar autorii au avut nevoie în continuare de stimulul unui public nemijlocit. Pe la sfârșitul secolului XIII, Dante a sugerat că „limba populară" – adică cea vernaculară – era chiar mai nobilă decât latina, din trei motive: pentru că a fost prima limbă vorbită de Adam în Rai; pentru că era „naturală", în timp ce latina era „artificială", fiind învățată doar în școli; și pentru că era universală, din moment ce toți oamenii vorbeau un grai popular și numai câțiva cunoșteau latina.[19] Deși această apărare a limbii populare a fost scrisă, paradoxal, în latină, este probabil ca pe la sfârșitul vieții, la curtea lui Guido Novello da Polenta din Ravenna, Dante însuși să fi citit cu voce tare pasaje din *Commedia* lui în „limba populară" pe care o apărase cu atâta elocvență. Cert este că, în secolele XIV și XV, lecturile făcute de autori erau din nou ceva obișnuit; există multe dovezi, atât în literatura profană, cât și în cea religioasă. În 1309, Jean de Joinville a dedicat *Viața Sfântului Ludovic* „ție și fraților tăi și altora care o vor asculta citită".[20] La sfârșitul secolului XIV, Froissart, istoricul francez, a înfruntat furtuna în miez de noapte timp de șase săptămâni lungi de iarnă pentru a-i citi romanul *Méliador* insomniacului conte du Blois.[21] Prințul și poetul Charles d'Orléans, luat prizonier de englezi la Agincourt în 1415, a scris numeroase poezii în lunga sa captivitate, iar după eliberare, în 1440, și-a citit versurile curtenilor de la Blois, în timpul serilor literare la care erau invitați și alți poeți, precum François Villon. În romanul *La Celestina*, Fernando de Rojas lămurește în Introducerea din 1499 că piesa excesiv de lungă (sau romanul în forma unei piese) este menită să fie citită cu voce tare „când vreo zece oameni se-adună ca s-asculte această comedie";[22] probabil că autorul (despre care știm foarte puține, exceptând faptul că era un evreu convertit și deloc nerăbdător să atragă atenția Inchiziției asupra operei lui) încercase „comedia" pe prietenii lui.[23] În ianuarie 1507, Ariosto a citit al său încă neterminat *Orlando Furioso* convalescentei Isabella Gonzaga, „făcând să treacă două zile nu numai fără plictiseală, ci și cu cea mai mare plăcere".[24] Și Geoffrey Chaucer, ale cărui cărți sunt pline de referiri la lectura cu voce tare, mai mult ca sigur că și-a citit opera în fața unui public de ascultători.[25]

Fiu al unui prosper negustor de vinuri, Chaucer a fost, probabil, educat la Londra, unde a descoperit operele lui Ovidiu, Virgiliu și ale poeților francezi. După cum se întâmpla de obicei cu copiii familiilor înstărite, a intrat în serviciul unei case nobile – cea a Elisabetei, contesă de Ulster, căsătorită cu cel de-al doilea fiu al regelui Edward al III-lea. Conform tradiției, unul dintre primele lui poeme a fost un imn închinat Fecioarei, scris la cererea unei nobile doamne, Blanche de Lancaster (pentru care mai târziu a scris *Cartea Ducesei*) și citit cu voce tare în fața ei și a suitei sale. Ni-l putem imagina pe tânăr, emoționat la început, apoi prinzând curaj, bâlbâindu-se puțin, citindu-și cu voce tare poemul, așa cum un elev de astăzi și-ar citi lucrarea în fața clasei. Chaucer trebuie să fi perseverat; lecturile din poezia sa au continuat. Un exemplar din *Troilus și Cresida*, aflat acum la Corpus Christi College, la Cambridge, înfățișează un bărbat stând la un amvon, cu o carte deschisă în față și adresându-se unui auditoriu format din domni și doamne. Bărbatul este Chaucer; lângă el se află familia regală, regele Richard al II-lea și regina Ana.

Stilul lui Chaucer combină mijloace împrumutate de la retorii clasici cu expresii colocviale și „cârlige" din tradiția menestrelilor, astfel că un cititor de peste secole care-i urmărește cuvintele aude textul la fel de bine cum îl vede. Întrucât auditoriul lui Chaucer urma să „citească" poemele lui auzindu-l, mijloace precum rima, cadența, repetiția și vocile diferitelor personaje erau elemente esențiale ale compoziției poetice; citind cu voce tare, el putea alterna aceste mijloace în funcție de reacțiile auditoriului. Când textul a fost așternut în formă scrisă, fie pentru ca altcineva să-l citească cu voce tare, fie ca să fie citit în gând, era, evident, important să se rețină efectele unor asemenea stratageme pentru urechi. Din acest motiv, exact așa cum anumite semne de punctuație fuseseră create pentru cititul în gând, semne la fel de practice au început să fie întrebuințate pentru cititul cu voce tare. De exemplu, cel cunoscut sub numele de *diple* – un semn făcut de scrib, în formă de vârf de săgeată pe orizontală, plasat pe margine, ca să atragă atenția asupra unui element din text – a devenit semnul pe care îl recunoaștem astăzi drept ghilimele, încadrând la început citatul, apoi pasajele de vorbire directă. La fel, scribul care a copiat *Povestirile din Canterbury* în manuscrisul Ellesmere de la sfârșitul secolului XIV a recurs la liniuțe oblice (*solidus*) ca să marcheze ritmul versului spus cu voce tare:

> În Southwerk / la Tabard / unde zac
> Gata / să mă pornesc la drum.[26]

Prin 1387, însă, contemporanul lui Chaucer, John de Trevisia, care traducea din latină un poem epic extrem de popular, *Polychronicon*, a ales să-l redea în engleză în proză și nu în versuri – o modalitate mai puțin adaptată lecturilor publice – pentru că știa că auditoriul lui nu aștepta să asculte un recital, ci prefera, mai degrabă, să citească manuscrisul. Moartea autorului, se considera, îi dădea cititorului posibilitatea interacțiunii directe cu textul.

Și totuși, autorul, magicul creator al textului, și-a păstrat prestigiul incantatoriu. Ceea ce i-a intrigat pe noii cititori a fost întâlnirea cu meșterul, cu trupul ce găzduia mintea care i-a imaginat pe Dr Faust, pe Tom Jones, pe Candide. Și pentru autori a existat un act paralel de magie: să întâlnească acea invenție literară, publicul, pe „iubitul cititor", pe cei care pentru Plinius erau oameni cu bună sau cu proastă creștere, cu ochi și urechi, care, câteva secole mai târziu, deveniseră o simplă speranță de dincolo de pagină. „S-au vândut șapte exemplare", reflectează protagonistul romanului lui Thomas Love Peacock, *Nightmare Abbey* („Mănăstirea de coșmar"), de la începutul secolului XIX. „Șapte este un număr mistic și e un semn bun. Să-i găsesc pe cei șapte cumpărători ai celor șapte exemplare ale mele, și aceștia vor fi cele șapte sfeșnice cu care voi lumina lumea."[27] Pentru a-i întâlni pe cei șapte cititori ai lor (și de șapte ori șapte, dacă stelele erau norocoase), autorii au început, încă o dată, să-și citească opera în public.

După cum explicase Plinius, lecturile publice făcute de autor sunt menite să aducă textul nu doar publicului, ci, în același timp, să-l readucă autorului. Nu încape îndoială că Chaucer a făcut îndreptări *Povestirilor din Canterbury* după lecturile publice (punând probabil, în gura pelerinilor săi, unele dintre observațiile pe care le auzise – precum în cazul Notarului, care consideră pretențioase rimele lui Chaucer). Molière, trei secole mai târziu, obișnuia să își citească piesele cu voce tare menajerei. „Dacă Molière i-a citit vreodată", a comentat romancierul englez Samuel Butler în *Carnetele* sale, „a făcut asta pentru că

Chaucer citind în fața regelui Richard al II-lea, într-un manuscris de la începutul secolului XV (Troilus și Cresida).

simplul act al lecturii cu voce tare îi punea opera într-o nouă lumină și concentrarea atenției asupra fiecărui vers în parte îi dădea posibilitatea să-l judece cu mai multă rigoare. Simt întotdeauna pornirea să citesc, iar în general citesc cuiva cu voce tare ceea ce-am scris; mă mulțumesc aproape cu oricine, doar să nu fie într-atât de deștept încât să-mi fie teamă de el. Simt punctele slabe imediat ce citesc cu voce tare pasajul pe care îl considerasem bun atunci când îl citisem în gând."[28]

Uneori, nu dorința de a se îmbunătăți, ci cenzura este aceea care a adus autorul înapoi la lecturile în public. Fiindu-i interzis de autoritățile franceze să-și publice *Confesiunile*, Jean-Jacques Rousseau le-a citit pe durata lungii ierni a lui 1768 în diferite case de aristocrați din Paris. Una dintre aceste lecturi a durat de la nouă dimineața până la trei după-amiaza. După cum mărturisea unul dintre ascultători, când Rousseau ajungea la pasajul în care descria cum își abandonase copiii, auditoriul, la început stânjenit, începea să verse lacrimi de durere.[29]

În toată Europa, secolul XIX a fost epoca de aur a lecturilor de autor. În Anglia, vedeta a fost Charles Dickens. Întotdeauna interesat de teatrul de amatori, Dickens – care, de fapt, a jucat de câteva ori pe scenă în mod remarcabil în piesa pe care o scrisese în colaborare cu Wilkie Collins, *The Frozen Deep* („Adâncurile înghețate"), din 1857 – făcea uz de talentul său histrionic atunci când își citea în public lucrările. Aceste lecturi cu auditoriu, ca ale lui Plinius, erau de două feluri: lecturi în fața prietenilor, ca să stilizeze variantele finale și să măsoare efectul ficțiunii în rândul ascultătorilor; și lecturi publice, reprezentări pentru care a devenit faimos spre sfârșitul vieții. Scriindu-i soției lui, Catherine, despre cum mergeau lecturile cu cea de-a doua povestire de Crăciun, *Clopotele*, el jubila: „Dacă l-ai fi văzut pe Macready [unul dintre prietenii lui Dickens] noaptea trecută – suspinând în văzul tuturor și plângând pe sofa în timp ce citeam – ai fi simțit (așa cum am simțit eu) ce înseamnă să ai Putere." „Putere asupra celorlalți", adaugă unul dintre biografii săi. „Putere să emoționeze și să domine. Puterea scrisului său. Puterea vocii sale." Cu privire la lectura lui din *Clopotele*, Dickens i-a scris doamnei Blessington: „Am mari speranțe că vă voi face să plângeți amarnic."[30]

Cam în același timp, Lordul Alfred Tennyson a început să bântuie saloanele londoneze, citind din cel mai faimos (și cel mai lung) poem al său, *Maud*. Prin lecturile sale, Tennyson nu căuta puterea, cum o făcea Dickens, ci mai degrabă aplauzele continue, confirmarea că opera sa găsea,

Dickens citind Clopotele *unui grup de prieteni.*

cu adevărat, o audienţă. „Allingham, ai fi dezgustat dacă ţi-aş citi *Maud*? Te-ar lăsa nervii?" şi-a întrebat un prieten în 1865.[31] Jane Carlyle şi l-a amintit întrebându-i pe toţi la o petrecere dacă le plăcuse *Maud*, citind *Maud* cu voce tare, „vorbind despre *Maud, Maud, Maud*" şi „atât de sensibil la critici, de parcă acestea ar fi fost reproşuri care i-ar fi vizat onoarea".[32] Ea fusese un ascultător răbdător; în casa lui Carlyle din Chelsea, Tennyson o forţase să îi laude poemul, citindu-i-l cu voce tare de trei ori la rând.[33] Potrivit altui martor, Dante Gabriel Rossetti, Tennyson îşi citea opera cu emoţia pe care o căuta la auditoriul său, vărsând lacrimi şi „cu o asemenea intensitate a sentimentului încât, fără să-şi dea seama, prinsese şi răsucea în mâinile lui puternice o pernă mare de brocart".[34] Emerson n-a încercat nici pe departe aceeaşi intensitate a sentimentului atunci când a citit el însuşi cu voce tare poemele lui Tennyson. „Este un test destul de bun pentru o baladă, ca de altfel pentru toată poezia", a mărturisit el în carnetele sale, „uşurinţa de-a o putea citi cu voce tare. Chiar în cazul celei a lui Tennyson, vocea devine solemnă şi letargică."[35]

Dickens a fost un interpret mult mai bun. Textul în versiunea lui – tonul, accentuarea, chiar eliminările şi îmbunătăţirile menite să şlefuiască în aşa fel povestea încât să fie mai potrivită unei expuneri orale – făcea să-i fie clar oricui că exista doar o interpretare şi numai una.

Asta a devenit evident în faimoasele lui turnee de lectură. Primul turneu lung, care a început la Clifton și s-a încheiat la Brighton, a inclus cam optzeci de lecturi în mai mult de patruzeci de orașe. El „citea în antre-pozite, în săli de conferințe, în librării, în birouri, în holuri, în hoteluri și în băi publice". Așezat la un pupitru înalt și, mai târziu, la unul mai jos, care să permită ascultătorilor să-i vadă mai bine gesturile, îi ruga să pretindă c-ar fi un „mic grup de prieteni adunat să asculte o poveste". Publicul reacționa așa cum își dorea Dickens. Un om plângea în hohote și apoi „își acoperea fața cu ambele mâini și se apleca peste spătarul fotoliului din față, zguduindu-se de emoții". Altul, de câte ori simțea că era pe cale să apară un anume personaj, „râdea și se ștergea la ochi, iar când acesta apărea, scotea un țipăt, de parcă nu i-ar fi venit să creadă". Plinius ar fi fost încântat.

Efectul a fost obținut cu multă grijă, Dickens petrecând cel puțin două luni lucrând la expunere și gesturi, notându-și indicații regizorale pentru propria persoană. Pe marginile „cărților sale de lectură" - exem-plare ale operelor pe care le editase special pentru aceste turnee - își făcuse însemnări ca să-și amintească tonul pe care să-l folosească, precum „Vesel... Sobru... Patetic... Misterios... Grăbit", sau gesturile potrivite: „Semn cu mâna în jos... Punctez... Mă cutremur... Privesc speriat în jur..."[36] Pasajele erau revizuite în funcție de efectul produs asupra ascul-tătorilor. Dar, după cum notează unul dintre biografii săi, „nu juca scenele, ci le sugera, le evoca, le lăsa să se înțeleagă. Rămânea un cititor, cu alte cuvinte, și nu un actor. Fără manierism. Fără artificii. Fără afectare. Cumva își create uluitoarele efecte printr-o economie de mijloace care-i era unică, încât chiar aveai impresia că înseși romanele lui vorbeau prin el".[37] După lectură, niciodată nu primea aplauzele. Făcea o plecăciune, părăsea scena și își schimba hainele, care erau leoarcă de transpirație.

Iată, în parte, pentru ce venea auditoriul lui Dickens și ce aduce pu-blicul de astăzi la lecturile publice: să vadă scriitorul interpretând, nu ca un actor, ci ca un scriitor; să audă vocea pe care scriitorul a avut-o în minte când a fost creat un personaj; să suprapună vocea scriitorului peste text. Unii cititori vin din superstiție. Ei vor să vadă cum arată un scriitor, deoarece cred că scrisul ar fi un act de magie; vor să vadă fața cuiva care poate crea un roman sau un poem, tot așa cum ar dori să vadă fața unui zeu mai mic, creator al unui mic univers. Vânează autografe, vârând cărțile sub nasul autorului în speranța că se vor alege cu binecuvântata inscripție:

„Lui Polonius, cele mai bune urări, Autorul." Entuziasmul lor l-a făcut
pe William Golding să spună (în timpul festivalului literar de la Toronto,
din 1989) că „într-o zi, cineva va da peste un exemplar nesemnat al unui
roman de William Golding și acesta o să valoreze o avere". Sunt mânați
de aceeași curiozitate care îi face pe copii să arunce o privire în spatele
scenei la teatrul de păpuși sau să demonteze un ceasornic. Ei vor să
sărute mâna care a scris *Ulise*, chiar dacă, așa cum a remarcat Joyce,
„aceasta a făcut și o mulțime de alte chestii".[38] Scriitorul spaniol Dámaso
Alonso nu a fost impresionat. El considera lecturile publice „o expresie
a snobismului și a superficialității incurabile a vremurilor noastre".
Făcând deosebire între descoperirea treptată a unei cărți citite în gând,
în singurătate, și o rapidă familiarizare cu scriitorul într-un amfiteatru
arhiplin, el o descrie pe aceasta din urmă ca fiind „adevăratul fruct al
grabei noastre subconștiente. Adică, altfel spus, al barbariei noastre.
Căci cultura este lentoare".[39]

La lecturile publice ale autorilor, la festivalurile scriitorilor din
Toronto, Edinburgh, Melbourne sau Salamanca, cititorii se așteaptă
să devină parte a procesului artistic. Ceva neașteptat, ceva nerepetat,
întâmplarea care se va dovedi cumva de neuitat, s-ar putea, speră ei,
petrece în fața ochilor lor, făcându-i martorii unui proces de creație –
o bucurie refuzată până și lui Adam – așa că, atunci când cineva îi va
întreba, la vârsta clevetitoare a bătrâneții, așa cum Robert Browning
a întrebat cu ironie: „Și chiar l-ai văzut cândva pe Shelley?", răspunsul
să fie da.

Într-un eseu despre situația grea a ursului panda, biologul Stephen
Jay Gould a scris că „grădinile zoologice se schimbă din instituții ale
capturării și expunerii în paradisuri ale conservării și înmulțirii".[40] La
cele mai bune festivaluri literare, la cele mai de succes lecturi publice,
scriitorii sunt atât conservați, cât și înmulțiți. Sunt conservați pentru
că ajung să simtă (cum a mărturisit Plinius) că au un auditoriu care cer-
tifică importanța muncii lor; sunt conservați, în cel mai dur sens al cu-
vântului, pentru că sunt plătiți (cum Plinius nu a fost) pentru munca lor;
și sunt înmulțiți pentru că scriitorii nasc scriitori, care, la rândul lor,
nasc scriitori. Ascultătorii care cumpără cărți după o lectură multiplică
acea lectură; autorii care își dau seama că, dacă scriu pe-o pagină goală,
cel puțin nu vorbesc în fața unui zid gol, ar putea fi încurajați de o astfel
de experiență și ar putea scrie mai mult.

Rilke la fereastră, în hotelul Biron din Paris.

TRADUCĂTORUL CA CITITOR

Într-o cafenea aflată nu departe de Muzeul Rodin din Paris, parcurg cu greu o ediție de buzunar a sonetelor lui Louise Labé, o poetă din secolul XVI din Lyon, traduse în germană de Rainer Maria Rilke. Poetul a lucrat ca secretar al lui Rodin vreme de câțiva ani și, mai târziu, a devenit prietenul sculptorului, scriind un admirabil eseu despre măiestria bătrânului. A trăit o vreme în clădirea care avea să devină Muzeul Rodin, într-o cameră însorită, decorată cu ornamente modelate în ipsos, cu vedere spre grădina franceză năpădită de bălării, sălbăticită, deplângând lipsa a ceva ce-și imagina că avea să se afle întotdeauna dincolo de atingerea sa – un anumit adevăr poetic, pe care generații de cititori de-atunci încoace au crezut că ar putea fi găsit în scrierile originale ale lui Rilke. Încăperea era una dintre multele locuințe temporare pe care le-a avut, rătăcind din hotel în hotel și din castel în alt castel somptuos. „Să nu uiți niciodată că singurătatea este cea care mi-e sortită", îi scrie din casa lui Rodin uneia din iubitele lui, tot atât de efemeră ca încăperile în care a stat. „Îi implor pe aceia ce mă iubesc să-mi iubească singurătatea."[1] De la masa mea de cafenea pot să văd singuratica fereastră de la fosta cameră a lui Rilke; dacă ar fi acolo astăzi, m-ar putea vedea în depărtare, jos, citind cartea pe care urma s-o scrie într-o zi. Sub ochiul vigilent al fantomei sale, repet sfârșitul *Sonetului XIII*.

Er küßte mich, es mundete mein Geist
auf seine Lippen; und der Tod war sicher
noch süßer als das dasein, seliglicher.

("M-a sărutat, sufletul mi s-a metamorfozat
Pe buzele lui; și moartea a fost cu siguranță
Mai dulce ca viața, chiar mai binecuvântată.")

Zăbovesc multă vreme asupra ultimului cuvânt, *seliglicher*. *Seele* este „suflet"; *selig* înseamnă „binecuvântat", dar și „bucuros", „fericit". Augmentativul *-icher* permite însuflețitului cuvânt să alunece ușor pe limbă de patru ori înainte de-a se sfârși. Pare să extindă acea binecuvântată bucurie dată de sărutul iubitului; rămâne, asemenea sărutului, în gură, până când *-er* îl expiră înapoi pe buze. Toate celelalte cuvinte din aceste trei versuri sună monocord, unul câte unul; doar *seliglicher* se agață de voce vreme mai îndelungată, ezitând să plece.

Caut sonetul original în altă carte, de data asta *Oeuvres poétiques* de Louise Labé,[2] care, prin miracolul editării, a devenit contemporana lui Rilke pe masa mea de cafenea. Ea scrisese:

Lors que souef plus il me baiserait,
Et mon esprit sur ses lèvres fuirait,
Bien je mourrais, plus que vivante, heureuse.

("Când blând mă sărută mai departe,
Și sufletul meu scapă între buzele lui,
Voi muri cu siguranță, mai fericită decât am trăit.")

Lăsând la o parte conotația modernă a cuvântului *baiserait* (care, în vremea Louisei Labé, nu însemna nimic altceva decât sărut, dar a căpătat, de-atunci, sensul de act sexual complet), originalul francez mi se pare convențional, deși plăcut de direct. A fi mai fericit în spasmele mortale ale iubirii decât în suferințele vieții este una dintre cele mai vechi aserțiuni poetice; sufletul expirat într-un sărut e ceva tot atât de vechi pe cât este de banal. Ce a descoperit Rilke în poemul lui Labé care să-i permită să convertească banalul *heureuse* în memorabilul *seliglicher*? Ce anume i-a dat posibilitatea să-mi dăruiască mie, care altfel aș fi frunzărit distrat poemele lui Labé, această complexă și tulburătoare lectură? În ce măsură ne îngrădește lectura unui traducător atât de dăruit precum Rilke accesul la original? Și ce s-a întâmplat în acest caz cu încrederea cititorului în autoritatea autorului? Cred că un răspuns a început să capete contur de la sine, în mintea lui Rilke, într-o iarnă la Paris.

Carl Jacob Burckhardt – nu celebrul autor al *Civilizației Renașterii în Italia*, ci un domn mai tânăr, un elvețian mult mai puțin faimos, istoric și acesta – lăsase Baselul său natal ca să studieze în Franța, iar la începutul anilor 1920 și-a găsit de lucru la Bibliothèque Nationale din Paris. Într-o dimineață, a intrat într-o frizerie de lângă biserica Madeleine și a cerut să fie spălat pe cap.[3] Cum stătea cu ochii închiși în fața oglinzii, a auzit în spatele lui izbucnind o ceartă. Cu voce gravă, cineva țipa:

— Domnule, asta ar putea fi scuza oricui!

O voce de femeie a piuit:

— De necrezut! Și a cerut chiar loțiunea Houbigant!

— Domnule, nu vă cunoaștem. Sunteți complet străin pentru noi. Nouă nu ne plac lucrurile astea aici!

O a treia voce, slabă și plângăcioasă, care părea să vină dintr-o altă dimensiune – rustică și cu accent slav –, încerca să explice:

— Dar vă rog să mă iertați, mi-am uitat portofelul, trebuie doar să mă duc să-l iau de la hotel...

Cu riscul de a-i intra săpun în ochi, Burckhardt s-a uitat în jur. Trei frizeri gesticulau cu aprindere. În spatele măsuței lui, casierul se uita, cu buzele roșii strânse pungă, cu o îndreptățită indignare. În fața lor, un bărbat mărunțel, timid, cu fruntea largă și mustața lungă încerca să-i convingă:

— Vă asigur, puteți da telefon la hotel ca să verificați. Sunt... sunt... poetul Rainer Maria Rilke.

— Evident. Așa spune *toată lumea*, a mârâit bărbierul. Evident, nu ești cineva cunoscut *nouă*.

Burckhardt, cu părul șiroind de apă, a sărit de pe scaun și, ducându-și mâna la buzunar, a rostit cu voce tare:

— *O să plătesc eu!*

Burckhardt se mai întâlnise cu Rilke și cu ceva timp înainte, dar nu aflase că poetul se întorsese la Paris. Pentru un moment lung, Rilke nu și-a recunoscut salvatorul; când a făcut-o, a izbucnit în râs și s-a oferit să aștepte până când Burckhardt era gata, apoi să-l ia la o plimbare pe celălalt mal al fluviului. Burckhard a fost de acord. După o vreme,

Louise Labé, portret făcut de un contemporan

Rilke a spus că e obosit și, pentru că era prea devreme pentru masa de prânz, a sugerat să viziteze amândoi o librărie de mâna a doua aflată nu departe de Place de l'Odéon. Când cei doi bărbați au intrat, bătrânul librar i-a întâmpinat ridicându-se de pe scaun și fluturând spre ei volumașul legat în piele din care citise. „Aceasta, domnilor", le-a spus el, tare, „este ediția lui Blanchemin din 1867 a lui Ronsard." Rilke a răspuns cu încântare că el iubește poemele lui Ronsard. Cum pomenirea unui autor duce la altul, până la urmă, librarul a citat câteva versuri din Racine, despre care credea că erau traducerea cuvânt cu cuvânt a Psalmului 36.[4] „Da", a fost de acord Rilke. „Sunt aceleași cuvinte omenești, aceleași concepte, aceeași experiență și aceleași intuiții." Și apoi, de parcă ar fi făcut brusc o descoperire: „Traducerea este cel mai pur procedeu prin care poate fi recunoscut talentul poetic."

Acesta avea să fie ultimul sejur la Paris al lui Rilke. Avea să moară doi ani mai târziu, la vârsta de cincizeci și unu de ani, pe 29 decembrie 1926, de o formă rară de leucemie, despre care nu s-a încumetat să pomenească niciodată, nici măcar celor care îi erau foarte apropiați. (Cu libertatea specifică poetului, în ultimele zile și-a încurajat prietenii să creadă că murea pentru că se înțepase în spinul unui trandafir.) Prima oară când venise să se stabilească la Paris, în 1902, era sărac, tânăr și aproape necunoscut; acum era cel mai cunoscut poet al Europei, prețuit și faimos (deși, evident, nu și pentru frizeri). Între timp, se întorsese la Paris de câteva ori, cu fiecare ocazie încercând să „pornească din nou" în căutarea „inefabilului adevăr". „Începutul aici este întotdeauna o osândă",[5] i-a scris despre Paris unui prieten, la scurtă vreme după ce își finalizase *Însemnările lui Malte Laurids Brigge*, sarcină care, simțea el, îl golise de seva creatoare. Într-o tentativă de a-și relua scrisul, a decis să-și încerce puterile cu câteva traduceri: o nuvelă romantică de Maurice de Guérin, o predică anonimă despre iubirea Mariei Magdalena și sonetele lui Louise Labé, a cărei carte o descoperise în hoinărelile lui prin oraș.

Sonetele fuseseră scrise în Lyon, un oraș care în secolul XVI rivaliza cu Parisul, ca centru al culturii franceze. Louise Labé – Rilke a preferat pronunția de modă veche, „Louize" – „era cunoscută în tot Lyonul și mai departe nu doar pentru frumusețe, ci și pentru realizările ei. Era tot atât de pricepută la exercițiile și jocurile militare pe cât erau și frații ei și călărea cu atâta îndrăzneală, încât prietenii, în glumă și din admirație, i-au spus Capitaine Loys. Era renumită pentru felul cum cânta la acel instrument dificil, lăuta, dar și pentru glasul său. Era o femeie cultivată, ce a lăsat în urma ei un volum publicat de Jean de Tournes în 1555, care conținea o Epistolă-dedicație, o piesă de teatru, trei elegii, douăzeci și patru de sonete, dar și poeme scrise în onoarea ei de câțiva dintre cei mai distinși bărbați ai vremurilor sale. În biblioteca ei, pe lângă cărțile franțuzești, se puteau găsi cărți în spaniolă, italiană și latină".[6]

La vârsta de șaisprezece ani, s-a îndrăgostit de un militar și a plecat călare să lupte alături de el în armata Delfinului, în timpul asediului Perpignanului. Legenda spune că din acea iubire (deși se știe că a atribui surse de inspirație unui poet este o îndeletnicire riscantă) au țâșnit cele douăzeci și patru de sonete pentru care e cunoscută. Culegerea, închinată altei femei de litere din Lyon, domnișoara Clémence de Bourges, poartă o inspirată dedicație: „Trecutul", a scris Labé, „ne dă plăcere și ne e mai de folos decât prezentul; dar plăcerea pe care am simțit-o cândva s-a pierdut în mod misterios, ca să nu se mai întoarcă niciodată, iar amintirea ei este tot atât de tulburătoare pe cât au fost de plăcute evenimentele însele cândva. Celelalte voluptuoase simțiri sunt atât de puternice, încât, indiferent ce ne înapoiază amintirea, ea nu poate recupera dispoziția de-atunci și, indiferent de cât de puternice sunt imaginile pe care ni le întipărim în minte, știm totuși că nu sunt altceva decât umbre ale trecutului, care ne chinuie și ne înșală. Dar când ni se întâmplă să ne punem gândurile pe hârtie, cât de ușor, mai târziu, aleargă mintea noastră printr-o infinitate de întâmplări, dintr-odată vii, așa că atunci când, la multă vreme după aceea, luăm acele pagini scrise, ne putem întoarce în același loc și la aceeași stare în care ne-am aflat cândva."[7] Pentru Louise Labé, abilitatea cititorului e aceea de a recrea trecutul.

Dar al cui trecut? Rilke a fost unul dintre acei poeți care în lecturile sale își amintea constant de sine și propria biografie: copilăria lui nefericită, tatăl lui dominator, care l-a forțat să intre la școala militară, mama lui snoabă, care regreta că nu avea o fiică și-l îmbrăca în haine femeiești, incapacitatea lui de a-și păstra relațiile amoroase, faptul că era sfâșiat între seducțiile societății mondene și viața de pustnic. A început s-o citească pe Labé cu trei ani înainte de izbucnirea Primului Război Mondial, într-un moment de cumpănă al propriei creații, când i s-a părut că recunoaște ruina și groaza ce aveau să vină.

> Căci de privesc până când dispar
> În propria-mi privire, par a purta moartea.[8]

Într-o scrisoare a scris: „Nu mă gândesc la muncă, ci doar să-mi recâștig treptat sănătatea prin citit, recitit, reflectat."[9] A fost o activitate vastă.

Reconstituind sonetele lui Labé în limba germană, Rilke s-a angajat în mai multe lecturi deodată. El recupera – așa cum sugerase Labé – trecutul, deși nu pe acela al lui Labé, despre care nu știa nimic, ci pe al lui. În „aceleași cuvinte omenești, aceleași concepte, aceleași experiențe și intuiții", el a putut citi ceea ce Labé nu evocase niciodată.

Citea pentru sens, descifrând textul într-o limbă care nu era a lui, dar în care devenise suficient de fluent pentru a-și scrie propria poezie. Sensul este adesea dictat de limba folosită. Ceva este spus nu neapărat pentru că autorul alege s-o spună într-un anumit mod, ci pentru că, în acea limbă, o anumită secvență de cuvinte este potrivită să dea formă unui sens, o anumită muzicalitate este considerată agreabilă, anumite construcții sunt evitate pentru că sunt cacofonice sau au un dublu înțeles sau par să fie ieșite din uz. Toate gătelile la modă ale limbii conspiră pentru a favoriza un set de cuvinte înaintea altuia.

Citea pentru semnificație. Traducerea este actul suprem al înțelegerii. Pentru Rilke, cititorul care citește pentru a traduce se implică în „cea mai pură procedură" de întrebări și răspunsuri, prin care este spicuită cea mai evazivă dintre noțiuni, semnificația literară. Spicuită, dar niciodată făcută explicită, pentru că, prin alchimia particulară a acestui fel de lectură, semnificația e imediat transformată în altceva, un text echivalent. Iar semnificația dată de poet înaintează de la cuvânt la cuvânt, acestea metamorfozându-se dintr-o limbă în cealaltă.

Citea lunga ascendență a cărții lecturate, întrucât cărțile pe care le citim au fost citite și de alții. Nu mă gândesc la acea plăcere intermediată de a ține în mâinile noastre un volum care a aparținut odată altui cititor, invocat ca o fantomă prin șoptirea unor cuvinte mâzgălite pe margine, printr-o semnătură pe prima pagină, printr-o frunză uscată lăsată ca semn, printr-o pată de vin trădătoare. Vreau să spun că fiecare carte atrage după sine o lungă succesiune de alte cărți, ale căror coperte s-ar putea să nu le vezi niciodată și ai căror autori s-ar putea să nu-i știi, dar al căror ecou se află în aceea pe care o ai acum în mână. Ce cărți se aflau la loc de cinste în impunătoarea bibliotecă a lui Labé? Nu știm exact, dar putem ghici. De exemplu, nu încape îndoială că îi erau cunoscute edițiile în spaniolă ale unor cărți de Garcilaso de la Vega, poetul care a făcut cunoscut sonetul italian în Europa, de vreme ce opera lui fusese tradusă în Lyon. Iar editorul ei, Jean de Tournes, scosese ediții franceze din Hesiod și Esop și publicase ediții din Dante și Petrarca în italiană, precum și lucrări ale altor câtorva poeți lyonezi,[10] iar ea probabil că primise exemplare din aceste cărți. În sonetele lui Labé, Rilke citea și lecturile ei din Petrarca, Garcilaso, din contemporanul ei, marele Ronsard, despre care Rilke avea să discute cu anticarul de la Odéon într-o după-amiază de iarnă la Paris.

Ca fiecare cititor, Rilke citea și prin prisma propriei experiențe. Dincolo de sensul literal și semnificația literară, textul pe care-l citim capătă proiecția propriei noastre experiențe, umbra, cum ar veni, a ceea ce suntem. Soldatul care i-ar fi putut inspira lui Louise Labé versurile arzătoare este, ca poeta însăși, un personaj ficțional pentru Rilke, care o citește în încăperea lui, patru secole mai târziu. Despre pasiunea ei nu putea ști nimic: despre nopțile agitate, despre zadarnica așteptare de lângă ușă și despre simularea fericirii, despre cum își ținea respirația când auzea numele soldatului rostit la întâmplare, despre teama care o încerca atunci când îl vedea trecând prin dreptul ferestrei și despre povara care i se lua de pe suflet când își dădea seama aproape imediat că nu era el, ci altcineva, care amintea de figura-i unică – toate astea lipseau din cartea pe care Rilke o ținea pe masa de lângă pat. Tot ceea ce Rilke putea înțelege din cuvintele tipărite pe care Labé le scrisese la câțiva ani după povestea ei de iubire – când avea deja o căsnicie fericită alături de Ennemond Perrin, un producător de frânghii între două vârste, iar soldatul ei devenise un pic mai mult decât o amintire oarecum stânjenitoare – era propria lui dezolare. A fost suficient, desigur, pentru că nouă, cititorilor, ca și lui Narcis, ne place să credem că textul în care privim ne oglindește și pe noi. Chiar înainte de a se gândi la a-și însuși textul prin traducere, Rilke trebuie să fi citit poemele lui Labé ca și cum persoana I singular a ei ar fi fost și a lui.

Recenzând traducerile lui Rilke din Labé, George Steiner îl dojenește *din cauza* perfecțiunii lor, aliindu-se aici cu Samuel Johnson. „Un traducător trebuie să fie ca autorul", a scris Johnson; „nu-i treaba lui să-l depășească." Iar Steiner a adăugat: „Când face asta, originalul este în mod subtil prejudiciat. Și cititorul e jefuit de o imagine corectă."[11] Cheia criticii lui Steiner stă în epitetul „corectă". Citind azi Louise Labé – în franceza originală, în afara timpului și a spațiului ei –, această lectură împrumută textului, în mod necesar, punctul de vedere al cititorului. Etimologia, sociologia, studiile despre modă și istoria artei – toate acestea îmbogățesc înțelegerea unui text de către cititor, dar, până la urmă, o mare parte din asta e simplă arheologie. *Sonetul XII* de Louise Labé, cel care începe cu *Luth, compagnon de ma calamité* („Lăută, tovarășă a nefericirii mele"), se adresează lăutei, în al doilea catren, în acești termeni:

> *Et tant le pleur piteux t'a molesté*
> *Que, commençant quelque son délectable,*
> *Tu le rendais tout soudain lamentable,*
> *Feignant le ton que plein avais chanté.*

O traducere *mot-à-mot* ar putea suna astfel:

> Și plânsul jalnic te tulbură atât de mult
> Încât, când încep (să cânt) vreun sunet plăcut,
> Brusc tu-l întorni într-unul de jale,
> Pretinzând (că ar cânta ca minoră) cheia pe care
>   eu o cântasem ca majoră.

Aici Labé face uz de un limbaj muzical ascuns pe care ea, ca interpretă la lăută, trebuie să-l fi stăpânit bine, dar care este de neînțeles pentru noi, fără un dicționar istoric al termenilor muzicali. *Plein ton* însemna, în secolul XVI, cheia majoră, opusul lui *ton feint* – cheia minoră. *Feint* înseamnă, literal, „fals, pretins". Versul sugerează că lăuta cântă într-o cheie minoră ceea ce poetul cântase într-o cheie „deplină" (adică majoră). Pentru a înțelege asta, cititorul contemporan trebuie să acumuleze cunoștințe care-i erau familiare lui Labé, trebuie să devină (în termeni echivalenți) mult mai instruit decât Labé, doar pentru a ține pasul cu ea, în vremea ei. Exercițiul este, desigur, zadarnic, dacă scopul este acela de a-ți asuma rolul auditoriului lui Labé: noi nu putem deveni cititorii cărora le era destinat poemul. Rilke totuși citește:

> [...] Ich riß
> dich so hinein in diesen Gang der Klagen,
> drin ich befangen bin, daß, wo ich je
> seligen Ton versuchend angeschlagen,
> da unterschlugst du ihn und tontest weg.

> ([...] „Te-am dus
> Atât de departe pe poteca tristeții
> În care-s prins, că oriunde
> Am încercat să scot un ton fericit,
> L-ai ascuns și l-ai stins pân-a murit.")

Nu se cere aici o cunoaștere specializată a limbii germane și totuși fiecare metaforă muzicală din sonetul lui Louise Labé este fidel păstrată. Dar limba germană permite explorări aprofundate, iar Rilke încarcă acest catren cu o lectură mai complexă decât ar fi putut percepe Labé, scriind în franceză. Omofonia care se realizează între anschlagen („a atinge" - coarda) și unterschlagen („a sustrage, a buzunări, a pune deoparte") îi servește pentru a compara cele două atitudini amoroase: cea a lui Labé, îndrăgostita întristată, încercând să „scoată un ton fericit", și cea a lăutei ei, tovarășul credincios, martora adevăratelor ei sentimente, care n-o va lăsa să scoată un ton „necinstit", „fals" și care, în mod paradoxal, îl va „sustrage", „ascunde", ca să-i permită, până la urmă, să tacă. Rilke (și aici vedem cum intervine experiența cititorului asupra textului) citește, în sonetul lui Labé, imagini de călătorie, tristețe claustrată, tăcere preferată falsei exprimări a sentimentelor, supremația fermă a instrumentului poetic asupra oricăror drăgălășenii sociale, precum pretenția fericirii, și care sunt trăsături ale propriei vieți. Decorul poeziei lui Labé este un spațiu închis, precum acela al îndepărtatelor ei surori din Japonia perioadei Heian; este o femeie singură, jelindu-și iubirea; în vremea lui Rilke, imaginea, loc comun în Renaștere, nu mai are de mult rezonanță și cere o explicație despre cum a ajuns ea să fie „prinsă" în acest loc al tristeții. Ceva din simplitatea pe care o găsim la Labé (să îndrăznim să-i spunem banalitate?) se pierde, dar se câștigă mult în profunzime, în sentiment tragic. Nu este vorba despre faptul că lectura lui Rilke ar distorsiona poemul lui Labé mai mult decât oricare altă lectură ulterioară secolului ei; e o lectură mai bună decât aceea de care suntem capabili cei mai mulți dintre noi, una care face lectura noastră posibilă, din moment ce orice altă lectură a poeziei lui Labé trebuie să rămână, pentru noi, de această parte a timpului, la nivelul sărăcitelor noastre capacități intelectuale.

Întrebându-se de ce, dintre operele tuturor poeților secolului XX, poezia dificilă a lui Rainer Maria Rilke a căpătat o asemenea popularitate în Occident, criticul Paul de Man a sugerat că aceasta s-ar putea datora faptului că „mulți l-au citit de parcă s-ar fi adresat părții celei mai ascunse a propriului lor sine, relevând profunzimi pe care greu le-ar fi bănuit sau permițându-le să împărtășească un calvar pe care i-a ajutat să-l înțeleagă și să-l lase în urmă".[12] Lectura lui Rilke din Labé nu „rezolvă" nimic, în sensul de a face mai explicită simplitatea ei; în schimb, sarcina lui pare să fi fost aceea de a face mai profundă gândirea ei poetică, ducând-o mai departe decât era pregătit originalul să meargă, văzând, adică, mai mult în cuvintele lui Labé decât a văzut ea însăși.

Chiar de dinainte de vremea Labé, respectul acordat autorității unui text era de multă vreme neclar. În secolul XII, Abélard denunțase obiceiul atribuirii propriilor opinii altor persoane, lui Aristotel sau arabilor, cu scopul de a evita criticile directe;[13] acesta – „argumentul autorității", pe care Abélard îl compara cu lanțul de care animalele sunt legate și duse orbește – a devenit posibil pentru că, în mintea cititorului, textul clasic și autorul lui recunoscut erau considerate infailibile. Și, dacă lectura acceptată era infailibilă, ce spațiu mai rămânea pentru interpretări?

Chiar și textul socotit a fi cel mai infailibil dintre toate – Cuvântul Domnului însuși, Biblia – a trecut printr-o serie lungă de transformări în mâinile cititorilor ei succesivi. De la canonul Vechiului Testament, stabilit în secolul II e.n. de rabinul Akiba ben Joseph, până la traducerea în engleză a lui John Wycliffe din secolul XIV, cartea numită Biblie a fost, pe rând, Septuaginta grecească în secolul III î.e.n. (și bază pentru următoarele traduceri în latină), așa-zisa Vulgata (versiunea în latină a Sfântului Ieronim, de la sfârșitul secolului IV-lea) și toate Bibliile de mai târziu din Evul Mediu: gotică, slavă, armeană, cea scrisă în engleză veche, în saxonă occidentală, anglo-normandă, franceză, frigiană, germană, irlandeză, olandeză, italiană, provensală, spaniolă, catalană, poloneză, galeză, cehă, maghiară. Fiecare dintre acestea a fost, pentru cititorii ei, *Biblia*, deși fiecare permitea o lectură diferită. În această mulțime de Biblii unii vedeau împlinirea visului umaniștilor. Erasmus scria: „Îmi doresc ca până și cea mai umilă dintre femei să poată citi Evanghelia – să citească Epistolele lui Pavel. Și îmi doresc ca acestea să fie traduse în toate limbile, ca să poată fi citite și înțelese nu doar de scoțieni și irlandezi, ci și de turci și sarazini. [...] Îmi doresc ca gospodarul să îngâne fragmente din Epistole în urma plugului, ca țesătorul să le murmure în ritmul suveicii."[14] Acum era șansa lor.

În fața unei asemenea explozii de multiple lecturi posibile, autoritățile au căutat un mod în care să păstreze controlul asupra textului – o singură carte autorizată, în care cuvântul lui Dumnezeu să poată fi citit așa cum a vrut el. Pe 15 ianuarie 1604, la Hampton Court, în prezența regelui Iacob I, puritanul dr John Rainolds „a îndemnat-o pe Maiestatea Sa să fie din nou tradusă Biblia, întrucât cele permise sub domnia regilor Henric al VIII-lea și Edward al VI-lea erau corupte și nu corespundeau adevărului celei originale" – la care episcopul Londrei a răspuns că „dacă ne-am lua după toanele fiecăruia, traducerile ar fi nenumărate".[15]

În pofida avertismentului înțelept al episcopului, regele a fost de acord și le-a poruncit vicarului de Westminster și profesorilor emeriți de ebraică de la Cambridge să întocmească o listă de cărturari capabili să se angajeze într-o asemenea teribilă întreprindere. Pe Iacob nu l-a mulțumit prima listă prezentată, deoarece câțiva dintre cei aflați pe ea nu aveau „niciun fel de demnitate ecleziastică, fie una cât de mică", și i-a cerut episcopului de Canterbury să solicite alte sugestii din partea colegilor episcopi. Un nume nu apărea pe nicio listă: cel al lui Hugh Broughton, un foarte bun cunoscător de ebraică, care deja finalizase o nouă traducere a Bibliei, dar care din pricina temperamentului său irascibil nu-și făcuse prea mulți prieteni. Totuși, Broughton nu a așteptat să fie invitat, ci a trimis el însuși regelui o listă de recomandări pentru însărcinarea dorită.

Pentru Broughton, fidelitatea față de text putea fi obținută printr-un vocabular care să conțină și să actualizeze acei termeni specifici folosiți de cei care transcriseseră Cuvântul Domnului pe vremea păstorilor din pustie. Broughton a sugerat că, pentru a reda exact termenii de factură tehnică din text, era nevoie să fie solicitat ajutorul unor artizani „asemenea acelora care au brodat efodul lui Aaron, geometri, tâmplari, zidari de la Templul lui Solomon și Iezechiel; și grădinari pentru toate crengile și ramurile din copacul lui Iezechiel".[16] (Un secol și jumătate mai târziu, Diderot și d'Alembert aveau să procedeze într-o manieră similară ca să pună la punct detaliile tehnice din extraordinara lor *Encyclopédie*.)

Broughton (care, așa cum am menționat, tradusese deja Biblia pe cont propriu) a afirmat că era nevoie de o mulțime de învățați pentru a rezolva nenumăratele probleme de sens și semnificație, păstrând, în același timp, coerența întregului. Pentru a realiza asta, el a propus ca regele „să aibă mai mulți cărturari care să traducă o parte, iar când ei au ajuns la un stil potrivit în engleză și la sensul adevărat, alții să facă o uniformizare, în așa fel încât să nu fie folosite cuvinte diferite atunci când cuvântul original este același".[17] Aici a început probabil tradiția anglo-saxonă a redactării, obiceiul de a avea un supracititor care să revizuiască textul înainte de publicare.

Unul dintre episcopii din erudita comisie, episcopul Bancroft, a întocmit o listă de cincisprezece reguli pentru traducători. Aceștia aveau să urmeze, cât de fidel cu putință, versiunea mai veche a Bibliei Episcopilor din 1568 (o ediție revizuită a așa-numitei Biblii Mari, care era la rândul ei o revizuire a Bibliei lui Matthew, ea însăși o mixtură din Biblia incompletă a lui William Tyndale și prima ediție tipărită complet a Bibliei în engleză, scoasă de Miles Coverdale).

Traducătorii, lucrând cu Biblia Episcopilor în față, apelând când și când la alte traduceri în engleză și la o mulțime de Biblii în alte limbi, au încorporat toate aceste lecturi anterioare în a lor.

Biblia lui Tyndale, canibalizată în ediții succesive, le-a oferit mult material pe care l-au luat de bun. William Tyndale, cărturar și tipograf, fusese condamnat de Henric al VIII-lea pentru erezie (îl ofensase pe rege criticându-l pentru divorțul său de Catherine de Aragon) și în 1536 a fost mai întâi strangulat și apoi ars pe rug pentru traducerea Bibliei din greacă și ebraică. Înainte de a-și începe traducerea, Tyndale scrisese: „Pentru că mi-am dat seama din proprie experiență cât a fost de dificil să-i convingi pe laici de vreun adevăr, și asta doar dacă le sunt puse în fața ochilor scripturile traduse în limba lor maternă, ca ei să poată vedea evoluția, ordinea și semnificația textului." Pentru a realiza acest lucru, el a transpus cuvintele vechi într-un limbaj deopotrivă simplu și artistic. A introdus în limba engleză cuvintele „Paștele Evreiesc" (*passover*), „împăciuitorul" (*peace-maker*), „îndelung-suferindul" (*long-suffering*) și (pe acesta îl găsesc inexplicabil de mișcător) adjectivul „frumos" (*beautiful*). A fost primul care a folosit numele *Iehova* într-o Biblie engleză.

Miles Coverdale întregise și completase munca lui Tyndale, publicând în 1535 prima Biblie engleză integrală. Cărturar la Cambridge și călugăr augustin care, spun unii, l-a ajutat pe Tyndale la unele părți ale traducerii lui, Coverdale a întreprins o versiune engleză sponsorizată de Thomas Cromwell, Lord Cancelar al Angliei, extrasă nu din originalele ebraice și grecești, ci din alte traduceri. Biblia lui este cunoscută și ca „Biblia cu melasă", pentru că în Ieremia 8:22 spune „Află-se melasă în Galaad" în loc de „mângâiere", sau „Biblia cu gândaci" pentru că al cincilea vers din Psalmul 90 a devenit „Nu trebuie să te temi de niciun gândac al nopții" în loc de „spaima nopții". Lui Coverdale îi datorează noii traducători expresia „valea umbrei morții" (Psalmul 22).

Dar traducătorii regelui Iacob au făcut mai mult decât să copieze vechi lecturi. Episcopul Bancroft indicase să fie păstrate formele populare ale numelor și cuvintelor ecleziastice; chiar dacă originalul sugera o traducere mult mai precisă, folosirea cuvintelor conform tradiției a prevalat asupra exactității. Cu alte cuvinte, Bancroft a recunoscut că o lectură cu autoritate prevalează asupra celei a autorului. Înțelept, a sesizat că a restaura forma originală a unui nume ar fi însemnat să se introducă o noutate izbitoare, care lipsea în original. Din același motiv, a eliminat notele marginale, recomandând ca ele să fie „scurt și potrivit" incluse chiar în text.

Traducătorii regelui Iacob au lucrat în șase grupuri: două la Westminster, două la Cambridge și două la Oxford. Acești 49 de oameni au obținut, prin interpretările lor personale și soluții asupra cărora s-au pus de acord, un extraordinar echilibru între acuratețe, respect pentru exprimarea tradițională și un stil general care permitea lectura nu a unei opere noi, ci a ceva ce exista de multă vreme. Atât de desăvârșit a fost rezultatul, încât câteva secole mai târziu, când Biblia Regelui Iacob („King James Bible") era recunoscută de toată lumea ca una dintre capodoperele prozei engleze, Rudyard Kipling și-a imaginat o poveste în care Shakespeare

și Ben Johnson colaborează la traducerea câtorva versete din Isaia pentru
mărețul proiect.[18] Cu siguranță, Biblia Regelui Iacob are o profunzime
poetică ce extinde textul dincolo de orice simplă tălmăcire a sensului.
Diferența dintre o lectură corectă, dar seacă, și una precisă și sonoră,
poate fi judecată comparând, de exemplu, faimosul Psalm 22 din Biblia
Episcopilor cu versiunea din Biblia Regelui Iacob. Biblia Episcopilor zice:

> Dumnezeu e păstorul meu, prin urmare nu-mi poate lipsi nimic;
> el mă va face să adăst în pășuni pline de iarbă,
> și mă va călăuzi spre ape liniștite.

Traducătorii Bibliei Regelui Iacob l-au transformat în:

> Domnul e păstorul meu; nimic nu-mi va lipsi,
> El mă sălășluiește pe pășuni verzi:
> și mă duce lângă apa odihnei.

Oficial, traducerea regelui Iacob trebuia să clarifice și să restaureze
semnificația. Cu toate astea, orice traducere bună este, în mod necesar,
diferită de original, de vreme ce își asumă textul original ca pe ceva deja
digerat, dezbrăcat de fragila lui ambiguitate, interpretat. În traducere,
inocența pierdută după prima lectură este restaurată sub altă înfățișare,
întrucât cititorul este încă o dată pus în fața unui text nou și a misterului
care îl însoțește. Acesta este paradoxul inevitabil al traducerii și, de ase-
menea, ceea ce o îmbogățește.

Pentru regele Iacob și traducătorii lui, scopul colosalei întreprinderi
era unul recunoscut în mod fățiș politic: de a edita o Biblie pe care oame-
nii s-o poată citi singuri și totuși, pentru că era un text popular, împreună.
Tiparul le-a dat iluzia că puteau produce aceeași carte *ad infinitum*; actul
traducerii a potențat o asemenea iluzie, dar a înlocuit diferitele versiuni
ale textului cu una singură, oficial recunoscută, însușită de națiune,
acceptabilă din punct de vedere religios. Biblia Regelui Iacob, publicată
în 1611, după patru ani de muncă grea, a devenit versiunea „autorizată",
„Biblia Tuturor" (*Everyman's Bible*) în engleză, aceeași pe care, călătorind
astăzi într-o țară în care se vorbește limba engleză, o găsim pe măsuța
de lângă pat în camerele de hotel, într-un istoric efort de a crea un
commonwealth al cititorilor printr-un text unificat.

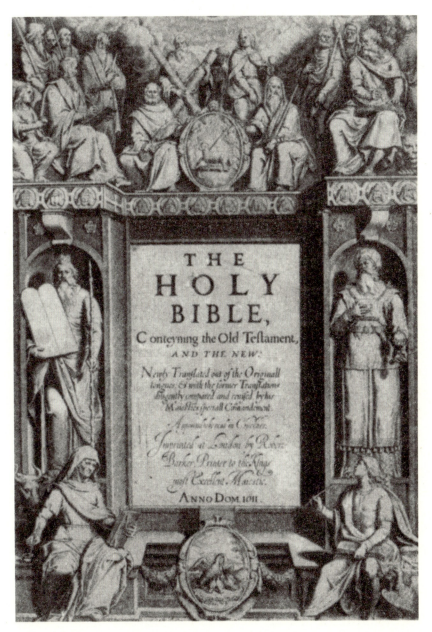

Pagina de titlu a primei ediții din Biblia Regelui Iacob.

În „Prefața pentru cititor", traducătorii Bibliei Regelui Iacob au scris: „Traducerea este cea care deschide fereastra, ca să lase să intre lumina; cea care sparge coaja, ca să putem mânca miezul; cea care trage cortina, ca să putem privi în cel mai sfânt loc; cea care scoate capacul fântânii, ca să putem ajunge la apă." Asta înseamnă că nu trebuie să ne temem de „lumina Scripturilor" şi să-i încredinţăm cititorului posibilitatea iluminării; nu apucându-ne, în manieră arheologică, să îi redăm textului un iluzoriu stadiu originar, ci eliberându-l din constrângerile date de timp şi spaţiu; nu simplificând de dragul explicitării superficiale, ci permiţând profunzimilor de semnificaţie să răzbată la suprafaţă; nu glosând textul în maniera scolastică, ci construind un text nou şi echivalent. „De ce împărăţia Domnului devine cuvinte sau silabe?" se întreabă traducătorii. „De ce să fim în lanţurile acestora dacă putem fi liberi...?" Câteva secole mai târziu, întrebarea încă era valabilă.

Pe măsură ce Rilke, în prezenţa tăcută a lui Burckhardt, se angaja într-o discuţie literară tot mai aprinsă cu librarul de la Odéon, un bătrân, pesemne un client fidel, a intrat în prăvălie şi, aşa cum se ştie că fac cititorii când subiectul îl reprezintă cărţile, a intrat neinvitat în vorbă. Discuţia lor s-a orientat curând spre meritele poetice ale lui Jean de la Fontaine, ale cărui *Fabule* Rilke le admira, şi spre scriitorul alsacian Johann Peter Hebel, pe care anticarul îl considera „un fel de frate mai tânăr" al lui La Fontaine. „Poate fi citit Hebel în traducere franceză?" a întrebat Rilke, cu şiretenie. Bătrânul a smuls cartea din mâinile poetului. „O traducere a lui Hebel!" a strigat el. „O traducere franceză! Ai citit vreodată o traducere franceză a unor texte germane care să fie măcar suportabilă? Cele două limbi sunt diametral opuse. Singurul francez care l-ar fi putut traduce pe Hebel, presupunând că ar fi ştiut germana, iar atunci n-ar mai fi fost acelaşi om, a fost La Fontaine."

„În Paradis", i-a întrerupt anticarul, care până atunci stătuse tăcut, „ei fără îndoială discută unul cu celălalt într-o limbă pe care noi am uitat-o."

La care bătrânul a mormăit furios: „O, în Iad cu Paradisul!"

Dar Rilke a fost de acord cu librarul. În capitolul XI al Facerii, traducătorii ediţiei regelui Iacob au scris că, înainte ca Dumnezeu să fi amestecat limbile oamenilor ca să împiedice construirea turnului Babel, „întregul pământ a fost de-o singură limbă şi o singură vorbire". Această limbă primordială, despre care cabaliştii au crezut că era şi limba Paradisului, a fost stăruitor căutată de multe ori de-a lungul istoriei noastre – întotdeauna fără succes.

În 1836, cărturarul german Alexander von Humboldt[19] a sugerat că fiecare limbă are o „formă lingvistică internă" care exprimă universul specific al poporului care o vorbește. Acest lucru presupune că niciun cuvânt din nicio limbă dată nu este identic cu un alt cuvânt din altă limbă, transformând traducerea într-un obiectiv imposibil, ca imprimarea pe o monedă a vântului sau împletirea unei frânghii din nisip. Traducerea poate să existe doar ca înțelegere dezordonată și informală, prin intermediul graiului traducătorului, a ceea ce se ascunde, irecuperabil de fapt, în original.

Când citim un text în propria noastră limbă, textul însuși devine o barieră. Putem pătrunde în el doar în măsura în care ne permit cuvintele, îmbrățișând toate definițiile lor posibile; putem aduce alte texte de care să se lege și care să-l reflecte, ca într-o sală a oglinzilor; putem construi un alt text, critic, care îl va extinde și-l va ilumina pe cel pe care l-am citit; dar nu putem evita faptul că limba în care este scris este limita universului nostru. Traducerea propune un fel de univers paralel, un alt spațiu și timp în care textul relevă alte, extraordinar de posibile, sensuri. Pentru aceste sensuri totuși nu există cuvinte, de vreme ce ele există într-un ținut intuitiv al nimănui între limba originalului și limba traducătorului.

Conform lui Paul de Man, poezia lui Rilke promite un adevăr despre care, până la urmă, poetul trebuie să mărturisească faptul că nu-i decât o minciună. „Rilke", spunea de Man, „poate fi înțeles doar dacă îți dai seama de necesitatea acestei promisiuni alături de cerința la fel de necesară și de poetică a retractării ei, chiar în clipa în care pare să fie pe punctul de a ne-o oferi."[20] În acel loc ambiguu în care Rilke aduce versurile lui Labé, cuvintele (ale lui Labé sau ale lui Rilke - posesivul autor de drept nu mai contează) devin atât de exorbitant de bogate, încât nicio altă traducere nu mai e posibilă. Cititorul (eu sunt acel cititor, șezând la masa mea din cafenea, cu poemele în franceză și germană deschise în față) trebuie să perceapă acele cuvinte în mod intim, de data aceasta nu printr-un limbaj explicativ, ci ca pe o experiență copleșitoare, nemijlocită, *fără cuvinte*, care recreează și, deopotrivă, redefinește lumea, prin pagină și dincolo de ea - ceea ce Nietzsche a numit „mișcarea stilului" într-un text. Traducerea poate fi o imposibilitate, o trădare, o fraudă, o invenție, o minciună optimistă - dar, în desfășurarea ei, face din cititor un ascultător mai înțelept, mai bun: mai puțin sigur, mult mai sensibil, *seliglicher*.

Una dintre rarele fotografii care înfățișează o sclavă citind, realizată în jurul anului 1856, în Aiken, Carolina de Sud.

LECTURA INTERZISĂ

În 1660, Carol al II-lea al Angliei, fiul regelui care consultase, cu atâta lipsă de noroc, oracolul lui Virgiliu, cunoscut supușilor săi drept Monarhul Vesel pentru că-i plăceau petrecerile și îi era silă de orice muncă, a emis un decret conform căruia Consiliul Plantațiilor Străine trebuia să-i educe după preceptele creștine pe băștinașii, servitorii și sclavii din coloniile britanice. Samuel Johnson, care, din perspectiva avantajoasă a secolului ce avea să vină, l-a admirat pe rege, a spus că „acesta are meritul de a se fi străduit să facă ceea ce a crezut că e bine pentru salvarea sufletelor supușilor săi, până când a pierdut un mare imperiu".[1] Istoricul Macaulay,[2] care, de la o distanță de două secole, nu-l admira, susținea că pentru Carol „iubirea pentru Dumnezeu, iubirea pentru țară, iubirea pentru familie, iubirea pentru prieteni erau cuvinte de același soi, sinonime delicate și convenabile ale iubirii de sine".[3]

Nu e clar de ce a emis Carol acest decret în primul an al domniei sale, numai dacă nu cumva și l-a imaginat ca pe o modalitate de a pune noi baze pentru toleranța religioasă, căreia Parlamentul i s-a opus. Carol, care în pofida tendințelor sale pro-catolicism s-a declarat loial credinței protestante, a crezut (în măsura în care putea crede ceva) că, după cum gândise Luther, salvarea sufletului depindea de capacitatea fiecărui individ de a citi singur cuvântul lui Dumnezeu.[4] Dar proprietarii de sclavi britanici nu erau convinși. Le era teamă chiar și de ideea „unei populații negre știutoare de carte", care ar fi putut găsi în cărți periculoase idei revoluționare. Ei nu dădeau crezare acelora care susțineau că o alfabetizare limitată la Biblie ar întări legăturile din societate;

își dădeau seama că dacă sclavii puteau citi Biblia, puteau la fel de bine citi broșuri aboliționiste și că până și în Scripturi sclavii pot găsi idei instigatoare despre revoltă și libertate.[5] Opoziția față de decretul lui Carol a fost mai puternică în coloniile americane, dar și mai puternică decât oriunde în Carolina de Sud, unde, un secol mai târziu, au fost promulgate legi stricte, interzicând tuturor negrilor, sclavi sau oameni liberi, să învețe să citească. Aceste legi au rămas în vigoare până târziu, pe la mijlocul secolului XIX.

Timp de secole, sclavii afro-americani au învățat să citească în pofida unor bariere extraordinare, riscându-și viața pentru a duce la bun sfârșit un proces care, din cauza greutăților întâlnite în cale, dura uneori ani buni. Relatările despre instruirea lor sunt multe și eroice. Belle Myers Carothers, în vârstă de nouăzeci de ani – interievată în cadrul Federal Writers' Project, o comisie constituită în 1930 ca să înregistreze, printre altele, mărturiile personale ale foștilor sclavi – își amintește că a învățat să citească în timp ce avea grijă de copilul mic al proprietarului plantației, care se juca cu cuburi inscripționate cu litere. Proprietarul, observând ce făcea, a lovit-o cu cizmele. Myers a perseverat, studiind în secret literele copilului, precum și câteva cuvinte pe care le găsise într-un alfabetar. Într-o zi, a spus ea, „am găsit o carte de imnuri [...] și am silabisit «Când îmi pot citi limpede numele». Am fost atât de fericită când am văzut că puteam cu adevărat să citesc, încât am dat fuga să le spun tuturor celorlalți sclavi".[6] Stăpânul lui Leonard Black l-a găsit odată pe acesta cu o carte și l-a biciuit atât de tare, „încât a biruit setea mea de cunoaștere și am abandonat împlinirea ei până după ce am fugit".[7] Doc Daniel Dowdy și-a amintit că „prima oară când erai prins încercând să citești sau să scrii erai biciuit cu un bici pentru vite, data următoare se folosea un bici cu nouă noduri și a treia oară ți se tăia prima falangă a arătătorului".[8] În tot Sudul era ceva obișnuit pentru toți proprietarii de plantații să spânzure orice sclav care încerca să-i învețe pe ceilalți cum să scrie și să citească pe litere.[9]

În aceste împrejurări, sclavii care voiau să știe carte erau obligați să găsească metode ingenioase ca să învețe, fie de la ceilalți sclavi, fie de la învățători albi mai înțelegători, fie recurgând la șiretlicuri care le permiteau să studieze neobservați. Scriitorul american Frederick Douglass, care s-a născut în sclavie și a devenit unul dintre aboliționiștii cei mai convingători ai zilelor sale, precum și fondator al câtorva ziare politice, își amintește în autobiografia sa: „Auzind-o des pe stăpâna mea citind Biblia cu voce tare [...] mi-a trezit curiozitatea, impresionat fiind de *misterul* cititului, și în mine a crescut dorința de-a învăța. Până în clipa aceea nu știusem absolut nimic în privința acestei minunate arte, iar ignoranța și necunoașterea mea despre ce-ar fi putut face ea pentru mine, precum și încrederea în stăpâna mea, m-au îmboldit să-i cer să mă învețe să citesc. [...] Într-un interval incredibil de scurt, sub blânda ei îndrumare, am stăpânit alfabetul și am putut citi cuvinte din trei sau patru litere. [...] [Stăpânul meu] i-a interzis să-mi mai dea alte lecții [...] [dar] hotărârea pe care a dovedit-o în a mă ține în ignoranță n-a făcut decât să mă împingă către și mai multă cunoaștere. Nu sunt sigur dacă nu cumva datorez faptul că am învățat să citesc în aceeași măsură împotrivirii stăpânului meu, cât și blândei îndrumări din partea binevoitoarei stăpâne."[10] Thomas Johnson, un sclav care mai târziu a devenit un bine-cunoscut preot misionar în Anglia, a explicat că el a învățat să citească studiind literele dintr-o Biblie pe care o furase. Întrucât stăpânul lui citea cu voce tare câte un capitol din Noul Testament în fiecare seară, Johnson l-a convins să citească același capitol de mai multe ori, până când l-a învățat pe de rost și a fost capabil să găsească aceleași cuvinte pe pagina tipărită. De asemenea, când studia fiul stăpânului, Johnson îi sugera băiatului să citească o parte din lecție cu voce tare. „Domnu' e stăpânul meu", spunea Johnson ca să-l încurajeze, „mai citește asta o dată", ceea ce băiatul a făcut adesea, crezând că Johnson nu făcea decât să-i admire performanța. Prin repetiții, a învățat destul încât să poată citi ziarele când a izbucnit Războiul Civil și, mai târziu, a deschis o școală pe cont propriu, ca să-i învețe pe alții să citească.[11]

Știința cititului nu a fost, pentru sclavi, un pașaport instantaneu către libertate, ci mai degrabă o cale de acces la unul dintre puternicele instrumente ale opresorilor lor: cartea. Proprietarii de sclavi (asemenea dictatorilor, tiranilor, monarhilor absolutiști și altor iliciți deținători ai puterii) credeau cu fermitate în puterea cuvântului scris. Ei știau, mult mai bine decât unii cititori, că cititul este o putere care nu necesită mai mult de câteva cuvinte ca să devină irezistibilă. Cine e capabil să citească o propoziție e capabil să le citească pe toate; mai important decât atât, cititorul are astfel posibilitatea de a reflecta asupra propoziției,

Gravură chinezească din secolul XVI înfățișând arderea cărților de către primul împărat Qin Shi Huangdi.

de a acționa conform ei, de a-i da o semnificație. „Poți face pe prostul cu o propoziție", a spus dramaturgul austriac Peter Handke. „Poți susține această propoziție împotriva altor propoziții. Să numești ce-ți stă în cale și să-l muți din calea ta. Să te familiarizezi cu toate obiectele. Să transformi toate obiectele într-o propoziție, cu ajutorul propoziției. Poți transforma toate obiectele în propoziția ta. Cu această propoziție, toate obiectele îți aparțin. Cu această propoziție, toate obiectele sunt ale tale."[12] Din toate aceste motive, cititul a trebuit să fie interzis.

Așa cum au știut secole întregi de dictatori, o mulțime analfabetă e mai ușor de stăpânit; din moment ce, odată dobândit, meșteșugul citirii nu poate fi dezvățat, o a doua soluție la îndemână este să-i limitezi întinderea. De aceea, ca nicio altă creație a omului, cărțile au fost pacostea dictaturilor. Puterea absolută pretinde ca toate lecturile să fie lecturi oficiale. În locul tuturor bibliotecilor pline cu opinii, cuvântul dictatorului trebuie să fie de ajuns. „Cărțile", a scris Voltaire într-un pamflet satiric intitulat „Privind oribila primejdie a lecturii", „risipesc ignoranța – custodele și paznicul statelor polițienești."[13] Prin urmare, cenzura, într-o formă sau alta, este corolarul oricărei puteri, iar istoria lecturii este luminată de flăcările unui șir aparent nesfârșit de ruguri alimentate de cenzori, de la primele suluri de papirus la cărțile zilelor noastre.

Scrierile lui Protagoras au fost arse în 411 î.e.n., în Atena. În anul 213 î.e.n., împăratul chinez Qin Shi Huangdi a încercat să pună capăt cititului, dând foc tuturor cărților din regatul său. În 168 î.e.n., Biblioteca Evreiască din Ierusalim a fost distrusă intenționat în timpul revoltei macabeilor. În primul secol după Hristos, Octavianus Augustus i-a exilat pe poeții Cornelius Gallus și Ovidiu și le-a interzis operele. Împăratul Caligula a ordonat ca toate cărțile lui Homer, Virgiliu și Titus Livius să fie arse (dar edictul său n-a fost pus în practică). În anul 303, Dioclețian a condamnat la ardere toate cărțile creștine. Și era doar începutul. Tânărul Goethe, văzând cum este arsă o carte în Frankfurt, s-a simțit martor la o execuție. „Să vezi că este pedepsit un obiect neînsuflețit", a scris el, „este în și prin sine ceva cu adevărat îngrozitor."[14] Iluzia nutrită de cei care ard cărți este că, făcând asta, ei pot să anuleze istoria și să abolească trecutul. Pe 10 mai 1933, la Berlin, cu aparatele de filmat înregistrând, în timp ce erau arse peste 20 000 de cărți în

Naziști arzând cărți în Berlin, 10 mai 1933.

fața unei mulțimi entuziaste de mai bine de 100 000 de oameni, mi-
nistrul propagandei, Paul Joseph Goebbels, a spus: „Ați procedat bine
c-ați încredințat în noaptea asta focului toate aceste obscenități ale
trecutului. Este o întreprindere de forță, uriașă și simbolică deopotrivă,
care va comunica lumii întregi că vechiul spirit a murit. Din această
cenușă se va înălța pasărea Phoenix a noului spirit." Un băiețaș de
doisprezece ani, Hans Pauker, care mai târziu avea să conducă Institutul
Leo Baeck de Studii Evreiești din Londra, a asistat la ardere, și-și
amintește cum, în timp ce cărțile erau aruncate în flăcări, se țineau
discursuri care să sporească solemnitatea evenimentului.[15] „Acționând
împotriva supraevaluării nevoilor subconștiente care se bazează pe
distructive analize ale psihicului și pentru noblețea sufletului omenesc,
încredințez flăcărilor scrierile lui Sigmund Freud", avea să declame unul
dintre cenzori înainte de-a arde cărțile lui Freud. Steinbeck, Marx,
Zola, Hemingway, Einstein, Proust, H.G. Wells, Heinrich și Thomas
Mann, Jack London, Bertolt Brecht și numeroși alții au primit omagiul
unor epitafuri similare.

În 1872, la mai puțin de două secole după optimistul decret al lui Carol al II-lea, Anthony Comstock – un descendent al vechilor colonialiști care obiectaseră împotriva pornirilor educative ale conducătorului lor – a fondat, în New York, Societatea pentru Suprimarea Viciului, prima comisie efectivă de cenzură din Statele Unite. Una peste alta, Comstock ar fi preferat să nu fi fost niciodată inventat cititul („Părintele nostru Adam nu putea citi în Paradis", a afirmat el la un moment dat), dar, dacă tot fusese inventat, era hotărât să reglementeze folosirea lui. Comstock s-a văzut pe sine ca pe un cititor al cititorului, care știa să deosebească literatura bună de cea rea, astfel că făcea tot ce-i stătea în puteri să le impună celorlalți principiile lui. „În ce mă privește", a scris în jurnalul său, cu un an înainte de înființarea Societății, „sunt hotărât, cu ajutorul Domnului, să nu cedez în fața opiniei altora, ci să rămân ferm, dacă simt și cred că am dreptate. Iisus nu a fost niciodată clintit de pe calea datoriei sale, oricât de grea a fost ea, de opinia publică. Eu de ce aș fi?"[16]

Anthony Comstock s-a născut în New Canaan, Connecticut, pe 7 martie 1844. Era un bărbat masiv, iar în timpul carierei lui de cenzor s-a folosit nu de puține ori de statura sa pentru a-și înfrânge fizic oponenții. Unul dintre contemporanii săi l-a descris astfel: „Înalt cam de un metru șaptezeci, își poartă cele 110 kilograme de mușchi și oase atât de bine, încât ai zice că nu cântărește mai mult de 90. Umerii lui de Atlas, enormi în circumferință, deasupra cărora se ridică un gât de taur, se potrivesc cu bicepșii și pulpele

Caricatură americană contemporană, înfățișându-l pe autointitulatul cenzor Anthony Comstock.

O justificare a cenzurii în benzi desenate americane din secolul XIX, intitulată „Influența presei".

de-o excepțională dimensiune și tari ca fierul. Picioarele-i sunt scurte și-ți amintesc cumva de trunchiurile de copac."[17]

Comstock avea douăzeci și ceva de ani când a venit la New York, cu 3,45 dolari în buzunar. A găsit o slujbă ca vânzător într-o băcănie și în scurt timp a putut să strângă 500 de dolari, cu care să-și cumpere o căsuță în Brooklyn. Câțiva ani mai târziu, a întâlnit-o pe fiica unui pastor prezbiterian și s-a căsătorit cu ea. În New York, Comstock a descoperit multe lucruri pe care le considera discutabile. În 1868, după ce un prieten i-a spus cum fusese „dus în ispită, corupt și îmbolnăvit" de-o anumită carte (titlul acestei puternice lucrări nu ne-a parvenit), Comstock a cumpărat un exemplar de la magazin și apoi, însoțit de un polițist, a pus ca vânzătorul să fie arestat și stocul confiscat. Succesul primului său raid a fost atât de mare încât l-a determinat să continue, ducând în mod regulat la arestarea unor mici editori și tipăritori de material „stimulator".

Cu ajutorul prietenilor din YMCA (Young Men's Christian Association), care i-au dat opt mii cinci sute de dolari, Comstock a putut pune bazele Societății pentru care a devenit faimos. Cu doi ani înainte de moarte, a declarat unui intervievator în New York: „În cei 41 de ani cât am fost aici, am condamnat destule persoane cât să fie umplut un tren de 61 de vagoane, 60 de vagoane conținând câte 60 de pasageri fiecare și vagonul 61 aproape plin. Am distrus 160 de literatură obscenă."[18]

Zelul lui Comstock a fost, de asemenea, responsabil pentru cel puțin 15 sinucideri. După ce l-a aruncat în pușcărie pentru „publicarea a 165 de feluri diferite de literatură licențioasă" pe un fost chirurg irlandez, William Haynes, acesta din urmă s-a sinucis. Puțin după aceea, Comstock era pe cale să prindă feribotul din Brooklyn (și-a amintit el mai târziu) când o „Voce" i-a spus să se ducă la casa lui Haynes. A sosit tocmai când văduva descărca plăcile de zinc ale cărților interzise dintr-un furgon de transport. Cu mare agilitate, Comstock a sărit pe locul vizitiului și a dus în goană furgonul la YMCA, unde plăcile au fost distruse.[19]

Ce cărți a citit Comstock? El a fost un adept fără voie al sfatului spiritual dat de Oscar Wilde: „Nu citesc niciodată o carte pe care trebuie să o recenzez; îți influențează opinia." Uneori totuși frunzărea cărțile înainte de a le distruge și era șocat de cele ce citea. Considera literaturile Franței și Italiei „puțin mai bune decât istoriile cu borde-luri și prostituate ale acestor națiuni libidinoase. Deseori, în asemenea infame istorii poți găsi eroine frumoase, excelente, cultivate, bogate și atrăgătoare din toate punctele de vedere, care își aleg iubiți din rândurile bărbaților căsătoriți; or, după căsătorie, iubiții se îngrămă-desc în jurul încântătoarei și tinerei soții, bucurându-se de privilegii menite doar soțului!" Nici măcar clasicii nu erau scutiți de reproșuri. „Să luăm, de exemplu, o foarte cunoscută carte a lui Boccaccio", scria el în cartea lui, *Traps for the Young* („Capcane pentru tineret"). Cartea era atât de obscenă, încât ar fi făcut orice „să prevină ca aceasta să scape, asemenea unei fiare sălbatice, și să distrugă tineretul țării".[20] Balzac, Rabelais, Walt Whitman, Bernard Shaw și Tolstoi s-au numă-rat printre victimele sale. Lectura de zi cu zi a lui Comstock era, după cum mărturisea, Biblia.

Metodele lui Comstock erau dure, dar superficiale. Îi lipseau percepția și răbdarea cenzorilor mai sofisticați, care ar fi săpat un text cu extra-ordinară atenție în căutarea mesajelor ascunse. În 1981, de exemplu, junta militară condusă de generalul Pinochet a interzis *Don Quijote* în Chile, pentru că generalul era convins (pe bună dreptate) că aceasta ascundea o pledoarie pentru libertatea individuală și un atac la adresa autorității oficiale.

Cenzura lui Comstock se limita la a trece lucrările suspecte, stăpânit de furia de a ponegri, într-un catalog al condamnărilor. Accesul său la cărți era și el limitat; le putea vâna doar după ce apăreau pe rafturile librăriilor, timp în care multe ajunseseră în mâinile cititorilor curioși. Biserica Romano-Catolică a fost cu mult înaintea lui. În 1559, Sacra Congregație a Inchiziției Romane publicase primul *Index al cărților interzise* – o listă de cărți pe care Biserica le considera primejdioase pentru credința și morala romano-catolicilor. *Indexul*, care includea cărți cenzurate înainte de publicare, precum și cărți imorale deja publicate, n-a intenționat niciodată să fie un catalog complet al tuturor lucrărilor interzise de Biserică. Când a fost abandonat, în iunie 1966, acesta conținea – printre sute de lucrări teologice – alte sute de cărți scrise de autori profani, de la Voltaire și Diderot la Colette și Graham Greene. Fără îndoială, Comstock ar fi găsit o astfel de listă de folos.

„Arta nu este deasupra moralei. Morala e pe primul loc", a scris Comstock. „Legea este următoarea, ca apărătoare a moralității publice. Arta intră în conflict cu legea doar când are tendința de a fi obscenă, desfrânată sau indecentă." Asta a făcut ca *New York World* să întrebe, într-un editorial: „S-a stabilit cu adevărat că nu există nimic sănătos în artă decât dacă aceasta are hainele pe ea?"[21] Definiția pe care Comstock

INDEX LIBRORUM
PROHIBITORUM

SS.MI D. N. PII PP. XII

IUSSU EDITUS

ANNO MDCCCCXLVIII

TYPIS POLYGLOTTIS VATICANIS
MDCCCCLVIII

Pagina de titlu a Indexului Catolic, *revizuit ultima oară în 1948 și tipărit pentru ultima oară în 1966.*

și alți cenzori o dau artei imorale justifică întrebarea. Comstock a murit în 1915. Doi ani mai târziu, eseistul american H.L. Mencken a definit cruciada lui Comstock drept „noul puritanism [...] nu ascetic, ci militant. Scopul acestuia nu e să înalțe sfinți, ci să-i doboare la pământ pe păcătoși".[22]

Convingerea lui Comstock a fost că așa-numita „literatură imorală" pervertea mințile celor tineri, care ar fi trebuit să se ocupe de probleme spirituale mai înalte. Această preocupare este veche și nu aparține exclusiv Occidentului. În China secolului XV, o colecție de povestiri de pe vremea dinastiei Ming, cunoscută sub numele de *Povestiri vechi și noi*, s-a bucurat de atâta succes, încât a trebuit să fie trecută în indexul chinezesc pentru a nu-i distrage pe tinerii învățăcei de la studierea lui Confucius.[23] În lumea occidentală, o formă ceva mai blândă a acestei obsesii și-a găsit expresia într-o frică generală față de ficțiune – cel puțin de pe vremea lui Platon, care a interzis accesul poeților în Republica lui ideală. Soacra doamnei Bovary a afirmat că romanele erau acelea care îi otrăviseră Emmei sufletul și și-a convins fiul să suspende abonamentul soției sale la un bibliotecar, aruncând-o pe femeie și mai adânc în mlaștina plictiselii.[24] Mama scriitorului englez Edmund Gosse nu permitea să fie aduse în casă niciun fel de romane, religioase sau profane. Copilă fiind, la începutul anilor 1800, ea se amuzase alături de frații săi citind și improvizând povestiri, până când guvernanta ei calvină a aflat și a muștruluit-o zdravăn, spunându-i că plăcerile ei erau vinovate. „De atunci", scrie doamna Gosse în jurnalul său, „am considerat că a inventa o povestire de orice fel este un păcat." Dar „dorința de a născoci povestiri a devenit imperioasă; tot ce auzeam sau citeam devenea hrana tulburării mele. Simplitatea adevărului nu-mi era de ajuns; trebuia neapărat să aplic peste acesta broderia imaginației, iar nesăbuința, vanitatea și viciul care îmi umileau inima sunt peste puterile mele de-a relata. Chiar și acum, deși mă stăpânesc, mă rog și mă împotrivesc, păcatul tot nu-mi dă pace. Mi-a nesocotit rugăciunile și mi-a împiedicat progresele, umilindu-mă astfel foarte mult".[25] Asta a scris ea la vârsta de douăzeci și nouă de ani.

În această credință și-a crescut fiul. „Cât am fost copil nu mi s-a adresat nimeni, niciodată, cu afectuosul preambul «A fost odată ca niciodată!» Mi s-a vorbit despre misionari, dar niciodată despre pirați;

știam ce sunt păsările colibri, dar n-auzisem de zâne", și-a amintit Gosse. „Au vrut să mă facă onest ca să mă facă realist și sceptic. Dacă m-ar fi învăluit în faldurile moi ale plăsmuirilor supranaturale, mintea mea s-ar fi putut să fie mulțumită mai multă vreme să le urmez tradițiile fără să murmur."[26] Părinții care, în 1980, au dat în judecată, la tribunalul din Tennessee, Școlile Publice din ținutul Hawkins, nu citiseră opinia lui Gosse. Ei au afirmat că o întreagă serie de lecturi destinată școlilor generale, care includea *Cenușăreasa*, *Bucle-Aurii* și *Vrăjitorul din Oz*, atentase la credințele lor religioase fundamentaliste.[27]

Cititorii autoritariști care îi împiedică pe alții să învețe să citească, cititorii fanatici care decid ce se poate și ce nu se poate citi, cititorii stoici care refuză să citească de plăcere și cer doar relatarea a ceea ce ei consideră a fi adevărul: toți aceștia încearcă să limiteze puterile vaste și diverse ale cititorului. Dar cenzorii pot acționa și într-un alt mod, fără să aibă nevoie de foc sau de tribunale. Ei pot reinterpreta cărțile în așa fel încât acestea să le folosească numai lor, ca să-și justifice drepturile autocratice.

În 1967, când eram în anul V de liceu, în Argentina a avut loc o lovitură de stat militară, condusă de generalul Jorge Rafael Videla. Ceea ce a urmat a fost un val de abuzuri împotriva drepturilor omului așa cum țara nu văzuse niciodată până atunci. Justificarea armatei a fost că lupta într-un război împotriva teroriștilor, așa cum l-a definit generalul Videla: „Un terorist nu-i doar cineva cu o armă sau o bombă, ci și cineva care răspândește idei contrare civilizației occidentale și creștine."[28] Printre miile de oameni răpiți și torturați s-a aflat un preot, părintele Orlando Virgilio Yorio. Într-o zi, cel care-l interoga i-a spus că modul în care citește el Evangheliile este greșit. „Interpretezi doctrina lui Hristos într-un mod prea literal", i-a spus bărbatul. „Hristos s-a adresat sărmanilor, dar când pomenea despre sărmani, el se referea la cei sărmani cu duhul și tu interpretezi asta într-un mod mult prea textual și te duci, literalmente, să trăiești alături de săraci. În Argentina, cei săraci cu duhul sunt bogații și pe viitor trebuie să-ți petreci timpul ajutându-i pe bogați, care sunt cei care au cu adevărat nevoie de ajutor spiritual."[29]

Astfel, nu toate puterile cititorului sunt binefăcătoare. Același act care poate să dea viață unui text, să-i pună în valoare revelațiile,

să-i multiplice sensurile, să oglindească în el trecutul, prezentul și posi-
bilitățile viitorului, poate la fel de bine să distrugă sau să încerce să
distrugă pagina vie. Fiecare cititor inventează lecturi, ceea ce nu-i același
lucru cu minciuna; dar fiecare cititor poate și să mintă, subordonând
cu bună știință textul unei doctrine, unei legi arbitrare, unui avantaj
personal, intereselor proprietarilor de sclavi sau autorității tiranilor.

Sebastian Brant, autorul Corabiei nebunilor.

NEBUNUL CU CARTEA

Toate sunt gesturi obișnuite: scoaterea ochelarilor din toc, ștergerea lor cu o cârpă, cu poala bluzei sau vârful cravatei, punerea lor pe nas și fixarea după urechi, înainte de-a privi pagina de-acum clară pe care o avem în față. Apoi, ridicarea sau coborârea lor pe șaua lucioasă a nasului ca să focalizăm asupra literelor și, după un timp, scoaterea lor și masarea pielii dintre sprâncene, însoțită de strângerea pleoapelor ca să îndepărtăm textul amăgitor ca o sirenă. Și actul final: luarea lor de la ochi, plierea și introducerea lor între paginile cărții, pentru a marca locul unde am întrerupt lectura ca să ne culcăm. În iconografia creștină, Sfânta Lucia este reprezentată purtând doi ochi pe o tavă; ochelarii sunt, de fapt, ochii pe care cei cu vederea slabă îi pot scoate sau pune după dorință. Ei sunt o funcție detașabilă a trupului, o mască prin care putem observa lumea, o creatură ca o insectă, pe care o purtăm cu noi ca pe o *mantis religiosa* de companie. Discreți, șezând picior peste picior pe-o stivă de cărți sau stând în așteptare într-un colț răvășit al biroului, ei au devenit emblema cititorului, un semn al prezenței cititorului, un simbol al măiestriei cititorului.

E tulburător să-ți închipui acele multe secole de dinainte de inventarea ochelarilor, când cititorii bâjbâiau printre rândurile nebuloase ale unui text, și e mișcător să-ți închipui extraordinara lor ușurare când ochelarii au devenit disponibili, când au reușit să vadă brusc, aproape fără efort, scrisul de pe pagină. O șesime din omenire e mioapă;[1] printre cititori proporția este mult mai mare, aproape de 24%. Aristotel, Luther, Samuel Pepys, Schopenhauer, Goethe, Schiller, Keats, Tennyson, Samuel Johnson, Alexander Pope, Quevedo, Wordsworth, Dante Gabriel Rossetti, Elisabeth Barett Browning, Kipling, Edward Lear, Dorothy L. Sayers,

Yeats, Unamuno, Rabindranath Tagore, James Joyce – toți aveau vederea
deficitară. La multe persoane starea se agravează și un număr remarcabil
de cititori faimoși au orbit la bătrânețe, de la Homer la Milton și până
la James Thurber și Jorge Louis Borges. Borges, care a început să-și piardă
vederea după treizeci de ani și a fost numit directorul Bibliotecii Naționale
din Buenos Aires în 1955, la multă vreme de când nu mai putea vedea,
a comentat soarta ciudată a cititorului care-și pierde vederea și căruia,
într-o bună zi, i se deschide tărâmul cărților.

> Repros ori lacrimi nimeni să nu poată
> A socoti divina-i măiestrie,
> Când El, cu o superbă ironie,
> Mi-a dat și cărți și noapte deodată.[2]

Borges a comparat soarta acestui cititor în lumea încețoșată a „cenușii
vagi și palide ce se-aseamănă cu uitarea și somnul" cu soarta regelui
Midas, condamnat să moară de foame și sete, înconjurat de mâncare și
băutură. Un episod al serialului de televiziune *Zona crepusculară*
înfățișează un asemenea Midas, cititor vorace, singurul pământean care
supraviețuiește unui dezastru nuclear. Toate cărțile din lume sunt acum
la dispoziția lui; apoi, din greșeală, acesta își sparge ochelarii.

Înainte de inventarea ochelarilor, cel puțin un sfert dintre toți cititorii
lumii ar fi avut nevoie de litere supradimensionate ca să descifreze un text.
Efortul la care cititorii medievali își supuneau ochii era mare: încăperile în
care ei încercau să citească erau umbrite vara pentru a-i apăra de arșiță; iarna,
încăperile erau în mod natural întunecoase, pentru că ferestrele, inevitabil
mici, ca să nu permită viscolului să pătrundă în încăpere, lăsau să intre doar
o geană de lumină. Scribii medievali se plângeau permanent de condițiile în
care trebuiau să lucreze și adesea au mâzgălit note despre problemele lor pe
marginea cărților, precum comentariul scris pe la mijlocul secolului XIII de
un anume Florencio, despre care nu știm practic nimic în afară de primul
nume și această tristă descriere a îndeletnicirii sale: „E o treabă chinuitoare.
Stinge lumina ochilor, cocârjează spinarea, strivește viscerele și coastele,
provoacă durere la rinichi și oboseala întregului trup."[3] Pentru cititorii cu
vederea slabă, munca trebuie să fi fost chiar mai grea; Patrick Trevor-Roper
sugerează că e probabil ca aceștia să se fi simțit ceva mai confortabil în tim-
pul nopții, „pentru că întunericul este un mare egalizator".[4]

În Babilon, Roma și Grecia, cititorii a căror vedere era slabă nu aveau altă soluție decât să pună să li se citească, de obicei fiind folosiți sclavii. Unii au constatat că ajuta un pic dacă priveai printr-un disc de piatră străvezie. Scriind despre proprietățile smaraldelor,[5] Plinius cel Bătrân a notat în trecere că împăratul Nero, care nu vedea la distanță, obișnuia să privească luptele de gladiatori printr-un smarald. Dacă acesta mărea sângeroasele detalii sau doar le colora în verde nu avem de unde ști, dar ideea a persistat pe parcursul Evului Mediu și cărturari precum Roger Bacon și profesorul lui, Robert Grosseteste, au comentat remarcabilele calități ale pietrei prețioase.

Dar puțini cititori aveau acces la pietre prețioase. Mulți erau condamnați să-și petreacă orele de citit depinzând de lectura făcută de alții sau de o evoluție lentă și chinuitoare, pe măsură ce mușchii lor oculari încercau să compenseze defectul. Apoi, cândva pe la sfârșitul secolului XIII, soarta cititorului cu vederea slabă s-a schimbat.

Nu știm exact când s-a petrecut schimbarea, dar pe 23 februarie 1306, de la amvonul bisericii Santa Maria Novella din Florența, Giordano da Rivalto din Pisa a ținut o predică în care a reamintit turmei sale că inventarea ochelarilor, „unul dintre cele mai folositoare instrumente din lume", era un lucru împlinit de douăzeci de ani deja. El a adăugat: „L-am văzut pe omul care, înaintea oricui altcuiva, a descoperit și făcut o pereche de ochelari și i-am vorbit."[6]

Nu se știe nimic despre acest remarcabil inventator. Poate a fost un contemporan al lui Giordano, un călugăr pe nume Spina, despre care s-a spus că „a făcut ochelari și i-a învățat pe gratis meșteșugul și pe alții".[7] Poate a fost un membru al Ghildei Lucrătorilor în Cristal Venețieni, printre care meșteșugul facerii ochelarilor era cunoscut încă din 1301, de vreme ce unul dintre lideri explica, în anul acela, procedura care trebuia urmată de oricine „voia să facă ochelari pentru citit".[8] Sau poate că inventatorul a fost un anume Salvino degli Armati, căruia o placă funerară încă vizibilă în biserica Santa Maria Magiore din Florența îi dă titulatura de „inventator al ochelarilor" și adaugă „Dumnezeu să-i ierte păcatele. 1317".

Alt candidat este Roger Bacon, pe care deja l-am întâlnit ca maestru catalogator și pe care Kipling, într-o povestire de bătrânețe, l-a făcut martor al folosirii unui microscop arab rudimentar, adus prin contrabandă în Anglia de un artist care făcea ilustrații pentru manuscrise.[9] În anul 1268, Bacon scrisese: „Dacă examinează cineva litere sau mici obiecte printr-un cristal sau o sticlă căreia i s-a dat forma părții inferioare a unei sfere,

Prima reprezentare picturală a ochelarilor, pe nasul cardinalului Hugues de Saint-Cher, într-o lucrare a lui Tommaso da Modena din 1352.

cu partea convexă spre ochi, va vedea literele mult mai bine și mai mari. Un astfel de instrument este folositor tuturor persoanelor."[10] Patru secole mai târziu, Descartes încă aducea laude invenției ochelarilor: „Întreaga organizare a vieților noastre depinde de simțurile noastre și, pentru că acela al văzului e cel mai cuprinzător și mai nobil dintre acestea, nu încape îndoială că invențiile care servesc ca să-i sporească puterea sunt printre cele mai folositoare ce pot exista."[11]

Prima reprezentare cunoscută a ochelarilor se află într-un portret din 1352 al cardinalului Hugues de Saint-Cher, din Provence, de Tommaso da Modena.[12] Acesta îl înfățișează pe cardinal în straie preoțești, așezat la masa lui, copiind dintr-o carte ce stă deschisă pe un raft aflat în dreapta, puțin deasupra lui. Ochelarii, cunoscuți sub numele de „lentile nituite", constau din două lentile rotunde, fixate în rame groase și poziționate pe rădăcina nasului, în așa fel încât modul lor de prindere să poată fi reglat.

Până târziu în secolul XV, ochelarii de citit au fost un articol de lux; erau scumpi și relativ puțină lume avea nevoie de ei, de vreme ce cărțile însele se aflau în posesia câtorva aleși. După inventarea presei de tipărit și relativa popularizare a cărților, cererea pentru ochelari a crescut; în Anglia, de exemplu, negustori ambulanți care călătoreau din oraș în oraș vindeau „lentile ieftine de pe continent". Cei care făceau lentile și rame pentru ele au devenit cunoscuți în Strasbourg în 1466, la doar unsprezece ani după publicarea primei Biblii a lui Gutenberg; în Nürnberg, în 1478; și în Frankfurt, în 1540.[13] E posibil ca ochelarii în număr mai mare și mai potriviți să fi permis mai multor cititori să devină mai buni la citit,

O Adormire a Sfintei Fecioare din secolul XI din Mănăstirea Neuberg, Viena.
Unul dintre doctorii care o consultă, al doilea din dreapta, poartă o pereche de ochelari
academici, adăugați cu mai bine de trei sute de ani mai târziu, ca să-i dea autoritate.

să cumpere mai multe cărți și, astfel, acest obiect a început să fie asociat cu figura intelectualului, bibliotecarului, cărturarului.

Începând din secolul XIV, ochelarii au fost adăugați în numeroase tablouri, pentru a evidenția natura studioasă și înțeleaptă a personajului. În multe reprezentări ale Adormirii sau Morții Maicii Domnului, câțiva doctori și înțelepți care o înconjoară pe patul de moarte se trezesc că poartă ochelari de diferite tipuri; în Adormirea pictată de un maestru anonim în secolul XI și care se află acum la Mănăstirea Neuberg din Viena, o pereche de ochelari a fost adăugată câteva secole mai târziu unui înțelept cu barbă albă căruia i se arată un tom voluminos de către un bărbat mai tânăr și îndurerat. Tâlcul pare a fi acela că nici cel mai înțelept dintre cărturari nu are destulă învățătură cât s-o vindece pe Fecioară și să-i schimbe destinul.

În Grecia, Roma și Bizanț, cărturarul-poet – *doctus poeta*, reprezentat cu o tăbliță sau un sul în mână – fusese considerat un model, dar acest rol s-a limitat la muritori. Zeii înșiși n-au avut niciodată de-a face cu literatura; divinitățile grecești și latine n-au fost niciodată înfățișate ținând în mână o carte.[14] Creștinismul a fost prima religie care a plasat cartea în mâinile zeului ei și, cu începere de la mijlocul secolului XIV, emblematicul tom creștin a fost acompaniat de o altă imagine, aceea a ochelarilor. Perfecțiunea lui Hristos și a lui Dumnezeu-Tatăl nu îndreptățea reprezentarea lor ca suferind de miopie, dar Părinții Bisericii – Sfântul Toma d'Aquino, Sfântul Augustin – și autorii antici admiși în canonul catolic – Cicero, Aristotel – au fost uneori înfățișați ținând în mâini un tom doct și purtând înțeleptele „lentile" ale cunoașterii.

Până la sfârșitul secolului XV, ochelarii erau suficient de familiari ca să simbolizeze nu doar prestigiul lecturii, ci și abuzurile acesteia. Cei mai mulți cititori, atunci ca și acum, au trecut, la un moment dat, prin umilința de a fi acuzați că ocupația lor e condamnabilă. Îmi amintesc că s-a râs de mine, în timpul unei recreații din clasa a VI-a sau a VII-a pentru că am rămas înăuntru să citesc și țin minte cum batjocura s-a încheiat cu mine rășchirat pe podea cu fața în jos, ochelarii mei trimiși cu piciorul într-un colț, iar cartea în celălalt. „Nu ți-ar plăcea!" a fost verdictul verilor mei, care îmi văzuseră dormitorul drapat cu cărți, presupunând că n-aș fi vrut să-i însoțesc la unul dintre filmele cu cowboy la care se duceau. Bunica mea, văzându-mă citind duminică după-amiaza, ofta: „Visezi cu ochii deschiși", pentru că inactivitatea mea i se părea o lenevie risipitoare și un păcat împotriva bucuriei de a trăi. Leneș, slăbănog, pretențios, pedant, elitist – acestea sunt câteva dintre epitetele care până la urmă ajung să fie asociate cu intelectualul distrat, cititorul miop, șoarecele de bibliotecă, tocilarul. Îngropat în cărți, izolat de lumea reală, în carne și oase, simțindu-se superior acelora nefamiliarizați cu cuvintele păstrate între coperte prăfuite, cititorul cu ochelari, având pretenția de a ști ceea ce Dumnezeu, în înțelepciunea Lui, a ascuns, a fost văzut ca un nebun, iar ochelarii au devenit emblematici pentru aroganța intelectuală.

În februarie 1494, în timpul faimosului carnaval din Basel, tânărul doctor în științe juridice Sebastian Brant a publicat un mic volum de versuri alegorice în limba germană, intitulat *Das Narrenschiff* sau *Corabia nebunilor*. A avut imediat succes: în primul an, cartea a fost retipărită de trei ori, iar la Strasbourg, locul unde s-a născut Brant, un editor întreprinzător, interesat de profit, a angajat un poet necunoscut să mai adauge cărții încă patru mii de versuri. Brant s-a plâns de forma aceasta de plagiat, dar în zadar. Doi ani mai târziu, Brant i-a cerut prietenului său Jacques Locher, profesor de poezie la Universitatea din Freiburg, să traducă textul în latină.[15] Locher a făcut-o, dar a schimbat ordinea capitolelor și a inclus variațiuni proprii. În pofida schimbărilor aduse textului original al lui Brant, numărul cititorilor a tot sporit până târziu în secolul XVII. Succesul său s-a datorat în parte gravurilor în lemn care însoțeau textul, multe făcute de Albrecht Dürer, în vârstă de douăzeci și cinci de ani la acea dată. Dar, în general, meritul era al lui Brant. El trecuse în revistă cu meticulozitate nebuniile și păcatele societății sale, de la adulter și jocul de cărți la lipsa de credință și la ingratitudine, în termeni preciși, aduși la zi: de exemplu, descoperirea Lumii Noi, care avusese loc cu mai puțin de doi ani mai devreme, este menționată pe la jumătatea cărții pentru a exemplifica nebunia curiozității nesăbuite. Dürer și alți artiști le-au oferit cititorilor lui Brant imagini standard ale acestor noi păcătoși, care puteau fi imediat recunoscuți printre semenii lor din viața de fiecare zi, dar scriitorul însuși a fost cel care a schițat grosolan ilustrațiile menite să însoțească textul.

Una dintre imagini, prima de după frontispiciu, ilustrează nebunia cărturarului. Cititorul care deschidea cartea lui Brant era confruntat cu propria imagine: un om aflat în biroul său, înconjurat de cărți. Cărțile sunt peste tot: pe etajerele din spatele lui, pe ambele părți ale pupitrului și în compartimentele acestuia. Omul poartă o scufie de noapte (ca să-i ascundă urechile de măgar), în timp ce o tichie de măscărici cu clopoței îi atârnă în spate, iar în mâna dreaptă ține un pămătuf de șters praful cu care lovește muștele care veneau să se așeze pe paginile cărților. El este *Büchernarr*, „nebunul cu cartea", omul a cărui nebunie constă în faptul că se-ngroapă în cărți. Pe nasul lui stă o pereche de ochelari.

Ochelarii îl acuză: iată omul care nu va vedea lumea direct și care se mulțumește în schimb să se uite la cuvintele moarte de pe o pagină tipărită. „Am motive întemeiate", spune smintitul cititor al lui Brant,

Frontispiciul lui Albrecht Dürer la prima ediție a Corabiei nebunilor *de Sebastian Brant.*

„să fiu primul care urcă în această corabie. Pentru mine cartea este totul, mai prețioasă chiar decât aurul. / Am aici mari comori, din care nu înțeleg o iotă." El mărturisește că, în compania oamenilor învățați care citează din cărți înțelepte, îi place să poată spune: „Am acasă toate aceste volume"; se compară pe sine cu Ptolemeu al II-lea din Alexandria, care a acumulat cărți, dar nu cunoaștere.[16] Datorită cărții lui Brant, imaginea cărturarului ochelarist și țicnit a devenit repede o imagine comună; în 1505, în *De fide concubinarum* de Olearius, un măgar stă așezat la același pupitru, cu ochelari pe nas și paleta de muște ținută cu copita, citind dintr-o carte mare unei clase de animale-studenți.

Atât de populară a fost cartea lui Brant încât, în 1509, cărturarul umanist Geiler von Kayserberg a început să țină o serie de predici bazate pe tipurile de nebunii ale lui Brant, câte una în fiecare duminică.[17] Prima predică, corespunzând primului capitol din cartea lui Brant, a fost, desigur, despre Nebunul cu cartea. Brant se folosise de cuvintele nebunului pentru a se descrie pe sine; Geiler a folosit descrierea pentru a împărți nebunia livrescă în șapte categorii, fiecare din acestea recognoscibilă după clinchetul unuia dintre clopoței Nebunului. Potrivit lui Geiler, primul clopoțel îl anunță pe Nebunul care colecționează cărți de dragul gloriei, de parcă ar fi un mobilier costisitor. În secolul I e.n., filozoful latin Seneca (pe care lui Geiler îi plăcea să-l citeze) denunțase deja acumularea ostentativă de cărți: „Mulți oameni fără educație folosesc cărțile nu ca pe niște instrumente de studiu, ci ca podoabe pentru saloanele lor."[18] Geiler insistă: „Cel care își dorește cărți ca să-i aducă celebritatea trebuie să învețe ceva din ele; nu trebuie să le depoziteze în biblioteca sa, ci în capul său. Dar acest prim Nebun și-a pus cărțile în lanțuri și le-a făcut prizonierele sale; dacă s-ar putea elibera și vorbi, l-ar târî în fața magistraților, cerând ca nu ele,

Înarmat cu un pupitru, o carte, un mănunchi de nuiele și o pereche de ochelari, un măgar predă unei clase de animale în satira De fide concubinarum *din 1505 a lui Olearius.*

ci el să fie azvârlit în lanțuri." Al doilea clopoțel sună pentru Nebunul
care vrea să devină înțelept prin consumul prea multor cărți. Geiler îl
compară cu un stomac deranjat de prea multă mâncare sau cu un gene-
ral incomodat la asediu de numărul mare de soldați pe care-i poate folosi.
„Ce ai putea face? te întrebi. Să-ți arunci prin urmare toate cărțile?" – și
ni-l putem imagina pe Geiler fixând cu degetul un anume credincios
din auditoriul lui duminical. „Nu, să nu le-arunci. Dar le vei alege pe
acelea care-ți sunt folositoare și te vei folosi de ele la momentul potrivit."
Al treilea clopoțel sună pentru Nebunul care colecționează cărți pe care
nu le citește, ci doar le frunzărește ca să-și satisfacă leneșa curiozitate.
Geiler îl compară pe acesta cu un smintit care aleargă prin oraș, încer-
când să observe în detaliu, din fugă, stemele și emblemele de pe fron-
tispiciile caselor. Aceasta, spune el, este imposibil, și este o regretabilă
pierdere de timp.

Al patrulea clopoțel sună pentru Nebunul căruia îi plac cărțile
somptuos împodobite cu anluminuri. „Nu-i oare o nebunie păcătoasă",
întreabă Geiler, „să-ți ospătezi privirea cu aur și argint când atâția
dintre copiii Domnului suferă de foame? N-au ochii tăi soarele, luna,
stelele, multe flori și alte lucruri care să te încânte?" Ce nevoie avem
de chipuri omenești sau flori într-o carte? Nu sunt de ajuns cele lăsate
de Dumnezeu? Și Geiler concluzionează că această iubire de imagini
zugrăvite „este o insultă adusă înțelepciunii". Al cincilea clopoțel îl
anunță pe Nebunul care își leagă cărțile în coperte bogate. (Aici Geiler
împrumută iarăși, tacit, din Seneca, filozoful care se revolta împotriva
colecționarului „care își obține plăcerea din legături și etichete" și în a
cărui casă plină de cărți „poți vedea operele complete ale oratorilor și
istoricilor pe rafturi ce se înalță până la tavan, pentru că, asemenea
băii, biblioteca a devenit un ornament esențial al caselor bogate".)[19] Al
șaselea clopoțel îl cheamă pe Nebunul care scrie și produce cărți proaste
fără să-i fi citit pe clasici și fără niciun fel de cunoștințe de scriere
corectă, gramatică sau oratorie. El este cititorul devenit scriitor, tentat
să adauge mâzgălelile sale operelor celor mari. În final – printr-o para-
doxală întorsătură, pe care viitorii antiintelectuali aveau să o ignore – al
șaptelea și ultimul Nebun cu cartea este acela căruia îi repugnă cărțile
cu totul și disprețuiește înțelepciunea care poate fi dobândită din ele.

Prin imagistica intelectuală a lui Brant, intelectualul Geiler furni-
zează argumente antiintelectualilor vremii sale, nesiguri într-o perioadă

în care structurile religioase și civile ale Europei fuseseră sfâșiate în războaiele dinastice ce alteraseră ideea pe care o aveau despre istorie, explorările geografice modificaseră conceptele de spațiu și comerț, schismele religioase îi făcuseră să se întrebe cine, de ce și ce erau ei pe pământ. Geiler i-a înarmat cu un întreg catalog de acuzații, care le-a permis, ca societate, să vadă greșeala nu în propriile acțiuni, ci în *gândurile* despre acțiunile lor, în imaginația lor, în ideile și lecturile lor.

Mulți dintre aceia care se aflau în catedrala din Strasbourg în fiecare duminică și ascultau anatemele lui Geiler împotriva nebuniilor cititorului dezorientat credeau, probabil, că el dădea glas resentimentului popular împotriva omului cu carte. Îmi pot imagina sentimentul inconfortabil al celor care, asemenea mie, purtau ochelari și care probabil că au ajuns să și-i scoată pe furiș, pe măsură ce aceste umile instrumente au devenit brusc însemnul dezonoarei. Dar nu pe cititor și ochelarii săi îi ataca Geiler. Departe de o asemenea intenție; argumentele sale erau ale unui cleric umanist, critic la adresa competiției intelectuale neinstruite și găunoase, dar vajnic apărător al necesității cunoașterii prin studiu și al valorii cărților. El nu împărtășea resentimentul crescând în rândurile populației generale, care-i considera pe cărturari niște privilegiați lipsiți de merite, suferind de ceea ce John Donne descrisese drept „defectele singurătății“,[20] ascunzându-se de problemele reale ale lumii în ceea ce, câteva secole mai târziu, Sainte-Beuve avea să numească „turnul de fildeș“, paradisul „în care se poate sui cititorul intelectual ca să se izoleze de gloată“,[21] departe de ocupațiile gregare ale oamenilor de rând. La trei secole după Geiler, Thomas Carlyle, vorbind în apărarea cărturarului-cititor, i-a împrumutat acestuia trăsături eroice: „El, cu drepturile și nazurile* lui de autor, în mansarda lui mizeră, în haina lui demodată; domnind (pentru că asta face) din mormântul lui, după moarte, peste națiuni și generații care i-au dat sau nu i-au dat o pâine cât a trăit.“[22] Dar a persistat prejudecata cititorului văzut ca un tocilar cu capul în nori, care se ascunde de lume, un visător cu ochii deschiși, purtând ochelari și amușinând într-o carte, izolat într-un colț.

---

* Joc de cuvinte intraductibil în română, *copy-rights* („drepturi de autor“) și *copy-wrongs* („greșeli de autor“) (n. ed.).

Scriitorul spaniol Jorge Manrique, un contemporan al lui Geiler, a împărțit oamenii în două categorii, „cei care trăiesc din mâinile lor și cei bogați".[23] În scurt timp, diviziunea avea să fie percepută drept una „între cei care trăiesc din munca mâinilor" și „Nebunul cu cartea", cititorul ochelarist. Este curios cum ochelarii nu și-au pierdut niciodată această conotație spirituală. Chiar și aceia care vor să pară deștepți (ori cel puțin tocilari), în vremurile noastre, folosesc, în avantajul lor, simbolul; o pereche de ochelari, cu rețetă sau fără, subminează senzualitatea unei fețe și sugerează, în schimb, preocupări intelectuale. Tony Curtis poartă o pereche de ochelari furați în timp ce încearcă s-o convingă pe Marilyn Monroe că nu este altceva decât un milionar naiv, în *Unora le place jazzul*. Și în faimoasele cuvinte ale lui Dorothy Parker: „Bărbații rar încearcă să aghețe / Fetele cu ochelari pe fețe." Punerea în opoziție a forței trupului și a puterii minții, încercarea de a separa *l'homme moyen sensuel* de intelectual, cere o argumentație elaborată. De o parte se află muncitorii, sclavii care n-au acces la carte, ființele cu oase și tendoane, majoritatea oamenilor; de cealaltă, minoritatea, gânditorii, elita scribilor, intelectualii presupuși a fi aliați cu autoritatea. Dezbătând semnificațiile fericirii, Seneca acorda minorității beneficiul înțelepciunii și disprețuia opinia majorității. „Ceea ce e cel mai bun", spunea el, „ar trebui să fie preferat de majoritate și, în loc de asta, populația alege ce-i mai rău... Nimic nu-i mai vătămător decât să asculți ce spun oamenii, considerând just ceea ce-i aprobat de cei mai mulți și luând drept model comportamentul maselor, care nu se lasă conduse de rațiune, ci de conformism."[24] Cărturarul englez John Carey, analizând relația dintre intelectuali și mase, la sfârșitul secolului nostru, a găsit ecouri ale opiniei lui Seneca la cei mai vestiți scriitori englezi de la sfârșitul perioadelor victoriană și edwardiană. „Dată fiind mulțimea de oameni de care este înconjurat un individ", concluzionează Carey, „este aproape imposibil să consideri că toți acești oameni ar avea o individualitate echivalentă cu a ta. Masele, ca un concept reductiv și eliminator, sunt inventate pentru a diminua o asemenea dificultate."[25]

Argumentul care-i opune pe cei cu dreptul de a citi, pentru că pot citi „bine" (după cum par să indice temuții ochelari), celor cărora cititul trebuie să li se refuze, pentru că aceștia „n-ar înțelege", este pe cât de vechi, pe atât de înșelător. „Odată ce un lucru este pus în scris", argumenta Socrate, „textul, indiferent de natura acestuia, poate fi dus din loc în loc și cade *nu doar în mâinile acelora care l-ar înțelege, dar și în ale acelora care n-au de-a face cu el* [sublinierea îmi aparține]. Textul nu știe cum să se adreseze oamenilor potriviți și cum să se adreseze oamenilor nepotriviți. Și atunci când este rău tratat și abuzat pe nedrept, are întotdeauna nevoie de ajutorul părintelui său, fiind incapabil să se apere ori să se ajute singur." Cititori potriviți și cititori nepotriviți: Socrate pare să susțină existența unei interpretări „corecte" a unui text, la care pot ajunge doar puținii specialiști informați. În Anglia victoriană, Matthew Arnold avea să preia această opinie în toată splendoarea aroganței ei: „Noi [...] nu suntem pentru încredințarea moștenirii Barbarilor sau Filistinilor, și nici atât Populației."[26] Încercând să înțeleagă exact despre ce moștenire era vorba, Aldous Huxley o definește drept cunoștințele special acumulate ale oricărei familii unite, proprietatea comună a tuturor membrilor ei. „Când noi, cei din Marea Cultură, ne întâlnim", scria Huxley, „schimbăm amintiri despre Bunicul Homer, despre bătrânul acela îngrozitor Dr [Samuel] Johnson, despre Mătușa Sappho și despre sărmanul Johnny Keats. «Și îți amintești acea vorbă de duh splendidă spusă Unchiul Virgiliu? Știi despre ce-i vorba, *Timeo Danaos...* Splendidă; eu unul n-o voi uita niciodată.» Nu, n-o vom uita niciodată: ba mai mult, vom avea grijă ca tipii aceia oribili care au avut impertinența să vină la noi în vizită, acei nenorociți care nu-s de-ai noștri și care nu l-au cunoscut niciodată pe bătrânul și blândul Unchi V, să nu-l uite nici ei niciodată. Nu-i vom lăsa să uite nicio clipă că ei nu-s de-ai noștri."[27]

Ce-a fost mai întâi? Invenția maselor, pe care Thomas Hardy le descrie drept „o gloată de oameni [...] dintre care câțiva care au sufletele sensibile; aceștia și aspectele legate de ei fiind ceea ce merită avut în vedere",[28] ori invenția Nebunului cu cartea, ochelarist, care se crede superior întregii lumi și căruia lumea-i dă cu tifla, în derâdere?

Cronologia nu prea are mare importanță. Ambele stereotipuri sunt fictive și ambele sunt periculoase, pentru că, sub pretextul criticii morale și sociale, acestea sunt angajate într-o încercare de-a limita un domeniu care, în esența sa, nu este nici limitat și nici limitator. Realitatea lecturii trebuie căutată altundeva. Încercând să descopere la muritorii de rând o activitate sinonimă scrisului creator, Sigmund Freud sugerează că o comparație poate fi făcută între inventarea ficțiunii

Cititori scotocind prin biblioteca grav afectată din Holland House, în vestul Londrei, distrusă de un incendiu în bombardamentul din 22 octombrie 1940.

și visatul cu ochii deschiși, pentru că, în citirea ficțiunii, „plăcerea pe care o obținem provine din eliberarea tensiunilor din mintea noastră [...] dându-ne ocazia să ne bucurăm de propriile reverii fără a trebui să ne facem reproșuri sau să ne rușinăm".[29] Dar mai mult ca sigur că nu asta e experiența celor mai mulți cititori. Depinzând de timp și de loc, de starea de spirit și de memoria noastră, de experiență și de dorință, plăcerea de a citi, în cazurile cel mai fericite, mai degrabă tensionează decât eliberează tensiunile din minte, acordându-le într-atât încât să le facă să cânte, determinându-ne să fim *mai mult*, nici pe departe mai puțin, conștienți de prezența lor. E adevărat că, în anumite momente, lumea paginii trece în *imaginaire*-ul nostru conștient – vocabularul nostru zilnic de imagini – și atunci, vagabondăm, fără țintă, în aceste peisaje ficționale, pierduți în reverie, asemenea lui Don Quijote.[30] Dar în majoritatea cazurilor, călcăm cu pas sigur. Știm că citim, chiar dacă suspendăm și ultima rămășiță de neîncredere; știm de ce citim, chiar și atunci când nu știm cum, având în minte, în același timp, cum s-ar spune, textul iluzoriu și faptul că citim. Citim ca să aflăm sfârșitul, de dragul poveștii. Citim ca să nu ajungem la acesta, de dragul lecturii în sine. Citim iscoditori, ca niște copoi, uitând de tot ce ne înconjoară. Citim nebunește, sărind peste pagini. Citim cu condescendență, cu admirație, cu neglijență, cu pasiune, cu invidie, cu dor. Citim în răbufniri de bruscă plăcere, fără să știm ce anume ne-a provocat plăcerea. „Ce-i cu această emoție?" se întreabă Rebecca West după ce citise *Regele Lear*. „Care să fie influența marilor capodopere asupra vieții mele, încât mi-aduc atâta bucurie?"[31] Nu știm: citim cu ignoranță. Citim cu mișcări încete, lungi, parcă am rătăci în spațiu, imponderabili. Citim plini de prejudecăți, răuvoitori. Citim cu generozitate, luând apărarea textului, umpländ golurile, reparând greșelile. Și, uneori, când stelele sunt generoase, citim pe nerăsuflate, cutremurându-ne, de parcă cineva sau ceva ar fi „călcat pe mormântul nostru", de parcă o amintire a fost brusc recuperată de undeva, din adâncul nostru – recunoașterea a ceva despre care nu știam că se află acolo sau a ceva pe care-l simțeam ca pe-o pâlpâire sau ca pe-o umbră, a cărei formă fantomatică se ridică și intră înapoi în noi înainte de-a apuca să vedem ce este, lăsându-ne mai bătrâni și mai înțelepți.

Această lectură are o imagine. O fotografie făcută în 1940, în timpul bombardamentelor asupra Londrei, din cel de-Al Doilea Război Mondial, înfățișează ruinele unei biblioteci distruse. Prin acoperișul spart putem vedea afară clădiri fantomatice, iar în centrul încăperii se înalță, în stivă, grinzi și mobilier distrus. Dar rafturile de pe pereți au rezistat la locul lor, iar cărțile aliniate pe ele par să nu fi avut de suferit. Trei bărbați stau în picioare în mijlocul dărâmăturilor: unul, parcă ezitând ce carte să aleagă, pare a citi titlurile de pe cotoare; altul, purtând ochelari, tocmai se întinde după un volum; al treilea citește, ținând în mâini o carte deschisă. Nu întorc spatele războiului, nu ignoră distrugerile. Nu se preocupă de cărți ca să se sustragă vieții de afară. Ei încearcă să depășească împrejurările vădit potrivnice; își afirmă dreptul firesc de-a pune întrebări; încearcă să regăsească – printre ruine, în uimita recunoaștere pe care ne-o aduce, uneori, lectura – un înțeles.

PAGINILE ALBE DE LA SFÂRȘIT

„Răbdător ca unul dintre alchimiști, mi-am imaginat și-am încercat întotdeauna altceva, și aș fi fost dispus să-mi sacrific toată satisfacția și vanitatea de dragul acestui altceva, așa cum, în vremurile de altădată, alchimiștii își ardeau mobila și grinzile acoperișului pentru a întreține focul marelui *magnus opus*. Despre ce-i vorba? Greu de spus: nu mai mult decât o carte, în câteva volume, o carte care să fie cu adevărat o carte, corectă din punct de vedere arhitectural și premeditată, nu o colecție de inspirații întâmplătoare, indiferent cât de minunat ar fi. [...] Așa că, dragă prietene, iată recunoașterea pe șleau a acestui viciu pe care l-am respins de-o mie de ori. [...] Dar mă ține în mrejele lui și încă s-ar putea să reușesc, dacă nu în finalizarea acestei opere ca întreg (ar trebui să fii Dumnezeu știe cine pentru asta!), măcar în producerea unui fragment reușit [...] dovedind prin porțiuni finalizate că această carte există și că mi-am dat seama ce n-am fost în stare să realizez.“

STÉPHANE MALLARMÉ, *Scrisoare către Paul Verlaine*,
16 noiembrie 1869

PAGINILE ALBE DE LA SFÂRȘIT

În celebra povestire a lui Hemingway „Zăpezile de pe Kilimanjaro", protagonistul, care moare, își aduce aminte de toate povestirile pe care, de acum, n-are să le mai scrie niciodată „Știa cel puțin douăzeci de povestiri bune de prin locurile acelea și nu scrisese niciuna. De ce?"[1] El menționează câteva, dar lista, evident, trebuie să fie nesfârșită. Rafturile cu cărțile pe care nu le-am scris, asemenea celor pe care nu le-am citit, se întind până în întunecimile cele mai îndepărtate ale bibliotecii universale. Suntem întotdeauna la începutul începutului literei A.

Printre cărțile pe care nu le-am scris - printre cărțile pe care nu le-am citit, dar mi-ar fi plăcut să le citesc - este *Istoria lecturii*. Pot s-o văd, chiar acolo, exact în locul în care lumina acestei secțiuni a bibliotecii se sfârșește și începe întunericul secțiunii următoare. Știu exact cum arată. Pot să descriu coperta ei și să-mi închipui că-i pipăi paginile de o strălucitoare culoare crem. Pot ghici, cu o precizie obscenă, senzuala legătură din pânză neagră de sub supracopertă și literele aurii, în relief. Îi știu pagina sobră de titlu și mottoul spiritual, și dedicația mișcătoare. Știu că are un index copios și vrednic de luat în seamă, care îmi va prilejui multe satisfacții, cu titluri precum (deschid din întâmplare la litera T): *Tantalus pentru cititori, Tarzan - biblioteca lui, Tabla de materii, Tentațiile lecturii, Terfeloage, Tigru (vezi Feline și animale cu blană), Tipar și memorie, Tolstoi - canonul lui, Transmigrația sufletelor cititorilor (vezi Împrumutarea cărților).* Știu despre carte că are, ca vinișoarele din marmură, legende ale ilustrațiilor pe care nu le-am mai văzut niciodată până acum: o frescă din secolul VII înfățișând Biblioteca din Alexandria, așa cum a văzut-o unul dintre artiștii contemporani; o fotografie a poetei Sylvia Plath citind cu voce tare într-o grădină, în ploaie; o schiță a camerei lui Pascal de la Port Royal, arătând cărțile pe care le ținea pe pupitrul lui; o fotografie a cărților îmbibate de apa mării, salvate de o pasageră de pe *Titanic*, care refuzase să părăsească nava fără ele; lista cumpărăturilor de Crăciun din 1933 a Gretei Garbo, scrisă cu mâna ei, care arată că printre cărțile pe care urma să le achiziționeze era *Miss Lonelyhearts* a lui Nathanael West; Emily Dickinson în pat, cu o bonetă cu volănașe legată confortabil sub bărbie și cinci sau șase cărți zăcând în jurul ei, ale căror titluri abia dacă le pot distinge.

Am cartea deschisă în față, pe masă. E scrisă prietenos (ii simt cu precizie tonul), accesibilă și totuși erudită, informativă și totuși reflexivă. Autorul, al cărui chip l-am văzut pe frontispiciul arătos, zâmbește agreabil (nu pot spune dacă e un bărbat sau o femeie, fața rasă proaspăt ar putea fi a ambelor sexe, la fel și inițialele numelui) și simt că sunt pe mâini bune. Știu că, pe măsură ce trec de la un capitol la altul, voi fi introdus în acea familie de cititori, unii faimoși, mulți obscuri, căreia îi aparțin. Le voi învăța deprinderile și schimbările acestor deprinderi și transformarea prin care au trecut purtând în ei, ca magii din vechime, puterea de-a face din semnele moarte memorie vie. Voi citi despre triumfurile, despre persecuțiile pe care le-au îndurat și despre descoperirile lor aproape secrete. Și, la urmă, voi înțelege mai bine cine sunt eu, cititorul.

Că o astfel de carte nu există (sau nu există încă) nu-i un motiv s-o ignori mai mult decât am ignora o carte despre un subiect imaginar. Există volume care s-au scris despre unicorn, despre Atlantida, despre egalitatea dintre sexe, despre Doamna Întunecată din *Sonete* și la fel de întunecatul Tânăr de-acolo. Dar istoria pe care o consemnează această carte a fost una deosebit de dificil de surprins; e făcută, să spunem așa, din digresiuni pe această temă. Un subiect cheamă un altul, o anecdotă aduce în minte o poveste aparent fără legătură, iar autorul continuă ca și cum ar ignora cauzalitatea logică sau continuitatea istorică, ca și cum ar defini libertatea cititorului prin chiar actul scrierii ca meșteșug.

Și totuși, în această aparentă dezordine, se află o metodă: această carte pe care o văd în fața mea nu este istoria doar a lecturii, ci și cea a cititorilor obișnuiți, a indivizilor care, de-a lungul timpului, au ales anumite cărți și nu altele, au acceptat în câteva cazuri verdictul bătrânilor lor, dar, alteori, au salvat de la uitare titluri din trecut sau i-au pus pe rafturile bibliotecilor pe cei aleşi dintre contemporanii lor. Aceasta este povestea micilor lor victorii şi a suferinţelor secrete şi a felului în care ele s-au întâmplat. Cum anume s-a petrecut totul este consemnat minuţios în această carte, în viaţa de zi cu zi a unor oameni obişnuiţi, puţini, descoperiţi ici şi colo în amintiri de familie, istorii rurale, soco-teli ale vieţii din locuri îndepărtate, de demult. Dar întotdeauna se vorbeşte despre indivizi, niciodată despre mari naţionalităţi sau generaţii ale căror opţiuni aparţin nu istoriei lecturii, ci celei a statisticii. Rilke a întrebat cândva: „E posibil ca întreaga istorie a lumii să fi fost greşit înţeleasă? E posibil ca trecutul să fie fals, pentru că noi am vorbit întot-deauna despre masele lui, ca şi cum am fi vorbit despre masive adunări de oameni, în loc să vorbim despre persoana anume în jurul căreia stăteau în picioare, pentru că a fost un străin şi a murit? Da, este posibil.“[2] Autorul *Istoriei lecturii* şi-a dat seama, cu siguranţă, de această neînţelegere.

Aici aşadar, în Capitolul 14, este Richard de Bury, episcop de Durham, trezorier şi cancelar al regelui Edward al II-lea, care s-a născut pe 24 ianuarie 1287, într-un sătuc de lângă Bury St Edmund, în Suffolk, şi care, la cea de a şaptezeci şi opta aniversare a sa, a încheiat o carte al cărei titlu l-a explicat astfel: „deoarece în principal tratează despre dragostea de cărţi, am ales ca, după modelul vechilor romani, s-o numim cu dragoste după cuvântul grecesc *Philobiblon*.“ Patru luni mai târziu, s-a stins din viaţă. De Bury colecţionase cărţi cu pasiune; avea, s-a spus, mai multe cărţi decât toţi ceilalţi episcopi ai Angliei luaţi la un loc şi atâtea zăceau stivuite în jurul patului său, încât cu greu se putea mişca prin încăpere fără să se împiedice de ele. De Bury, mulţumim stelelor, nu era un cărturar, ci pur şi simplu citea ce-i plăcea. El a considerat *Hermes Trismegistus* (un volum neoplatonician de alchimie egipteană, datând de prin secolul III e.n.) o excelentă carte ştiinţifică „de dinainte de Potop“, a atribuit greşit lucrări lui Aristotel şi a citat nişte versuri groaznice ca şi cum ar fi fost de Ovidiu. N-a contat. „În cărţi“, scria el, „i-am găsit pe morţi ca şi cum ar fi fost vii; în cărţi, pot prevedea lu-crurile care or să vină; în cărţi, afacerile belicoase sunt puse pe tapet; din cărţi provin legile păcii. Toate lucrurile se strică şi se deteriorează în timp; Saturn nu încetează să-şi devoreze copiii pe care i-a zămislit: toată gloria lumii ar fi îngropată în uitare, dacă Dumnezeu nu i-ar fi înzestrat pe muritori cu remediul cărţilor.“[3] (Autorul nostru n-a pomenit asta, dar Virginia Woolf, într-o lucrare citită într-o şcoală, a reluat campania dusă de Bury: „Uneori îmi închipui", scria ea, „cel puțin, că, atunci când va sosi Judecata de Apoi și când marii cuceritori, oamenii legii și politicienii vor veni să-și primească răsplata – coroanele, laurii, numele gravate pentru totdeauna în marmură nepieritoare –, Atotputernicul se va întoarce către Petru și va spune, nu fără o anume invidie, văzându-ne cum ne înfățișăm cu cărțile sub braț: «Iată, aceștia nu au nevoie de nicio răsplată. Aici nu avem nimic să le dăm. Lor le-a fost drag să citească».")[4]

Capitolul 8 este dedicat unui cititor aproape uitat pe care Sfântul Augustin, într-una dintre scrisorile sale, l-a lăudat că e un scrib formidabil și căruia i-a dedicat una dintre cărțile sale. Se numea Melania cea Tânără (pentru a o deosebi de bunica ei, Melania cea Bătrână) și a trăit în Roma, în Egipt și în Africa de Nord. S-a născut în jurul anului 385 și a murit în Betleem în 439. A fost o pasionată iubitoare de cărți și a copiat pentru ea însăși cât de multe a putut găsi, strângând astfel o importantă bibliotecă. Cărturarul Gerontius, în secolul V, a descris-o ca „dăruită de la natură" și atât de iubitoare de lectură, încât „trecea prin Viețile Părinților de parcă ar fi mâncat desertul". „Citea cărți care fuseseră cumpărate, precum și cărți peste care dăduse din întâmplare, cu atâta atenție că niciun cuvânt și niciun gând nu-i rămâneau necunoscute. Atât de copleșitoare era dragostea ei de-a învăța, încât atunci când citea în latină, li se părea tuturor că n-ar fi știut greacă și, pe de altă parte, când citea în greacă, se credea că n-ar fi știut latină."[5] Strălucitoare și trecătoare, Melania cea Tânără bântuie prin *Istoria lecturii* ca una dintre cei mulți care și-au căutat alinarea în cărți.

Dintr-un secol mai apropiat de noi (dar autorului *Istoriei lecturii* nu-i pasă de asemenea convenții arbitrare și-l invită în Capitolul 6), alt cititor eclectic, genialul Oscar Wilde, își face apariția. Urmărim mersul lecturilor sale, de la basmele celtice pe care i le-a dat mama lui, la tomurile docte pe care le-a citit la Magdalen College din Oxford. Aici, la Oxford, s-a întâmplat ca pentru unul dintre examenele pe care le avea de dat să i se ceară să traducă din versiunea în greacă a Patimilor din Noul Testament și, pentru că a făcut-o cu multă ușurință și acuratețe, examinatorii i-au spus că era de ajuns. Wilde a continuat și încă o dată examinatorii i-au spus să se oprească. „O, lăsați-mă să continui", a spus Wilde, „vreau să văd cum se termină."

Pentru Wilde a fost la fel de important să știe ce anume-i plăcea și ce anume voia să evite. În beneficiul abonaților la *Pall Mall Gazette* el a publicat, pe 8 februarie 1886, aceste sfaturi despre ce trebuie „a (se) citi sau a nu (se) citi":

> Cărți care nu trebuie citite deloc, precum *Anotimpurile* lui Thompson, *Italia* lui Rogers, *Evidențele* lui Paley, toți Părinții, cu excepția Sfântului Augustin, tot John Stuart Mill, cu excepția eseului despre libertate, toate piesele lui Voltaire, fără nicio excepție, *Analogia* lui Butler, *Aristotel* al lui Grant, *Anglia* lui Hume, *Istoria filozofiei* a lui Lewes, toate cărțile argumentative și toate cele care încearcă să demonstreze ceva. [...] Să le spui oamenilor ce să citească se poate dovedi inutil sau vătămător, pentru că adevărata apreciere a literaturii este o chestiune de temperament, nu de studiu, spre Parnas nu există abecedar și nimic din ceea ce poate fi învățat nu merită învățat. Dar să le spui oamenilor ce să nu citească este cu totul altceva și îndrăznesc să o recomand ca pe o misiune în prelungirea programei universitare.*

Lecturile private și publice sunt discutate pe la începutul cărții, în Capitolul 4. E luat în considerare rolul cititorului ca antologist, colecționar de materiale, fie pentru sine (caietul de note al lui Jean-Jacques Rousseau este exemplul dat), fie pentru alții (*Golden Treasury*, de Palgrave), iar autorul nostru arată, într-un mod foarte amuzant, cum ideile despre audiență modifică alegerea unui antologist de texte. În sprijinul acestei „microistorii a antologiilor", autorul nostru îl citează pe Profesorul Johnathan Rose, cu cele „cinci erori obișnuite cu privire la reacția cititorului":

- prima, toată literatura este politică, în sensul că influențează întotdeauna conștiința politică a cititorului;
- a doua, influența unui text dat este direct proporțională cu circulația acestuia;

---

* Este vorba despre lucrările: „The Seasons", de James Thompson; „Italy", de Samuel Rogers; *Natural Theology or Evidences of the Existence and Attributes of the Deity*, de William Paley; *The Analogy of Religion*, de Joseph Butler; *Aristotle*, de Alexander Grant; *The History of England*, de David Hume; *A Biographical History of Philosophy*, de George Henry Lewes (n. red.).

- a treia, cultura „populară" este mult mai influentă decât cultura „înaltă", reflectând astfel cu mai mare acuratețe atitudinile maselor;

- a patra, cultura „înaltă" tinde să întărească acceptarea ordinii sociale și politice existente (o prezumție larg împărtășită atât de stânga, cât și de dreapta); și

- a cincea, canonul „marilor cărți" este definit în exclusivitate de elitele sociale. Cititorul obișnuit nu recunoaște acest canon sau îl acceptă doar din respect pentru opinia elitelor.[6]

După cum limpede stabilește autorul nostru, noi, cititorii, suntem de obicei vinovați pentru faptul că subscriem la cel puțin una, dacă nu la toate, dintre erorile enumerate. De asemenea, capitolul menționează antologiile „de-a gata", colecționate sau găsite din întâmplare, cum ar fi cele zece mii de texte adunate într-o bizară arhivă evreiască din Vechiul Cairo, numită Geniza și descoperită în 1890 în magazia de lemne sigilată a unei sinagogi medievale. Datorită respectului evreilor pentru numele lui Dumnezeu, nicio bucățică de hârtie nu fusese aruncată, de teamă ca nu cumva să aibă pe ea numele Lui, astfel încât totul a fost adunat aici pentru un viitor cititor, de la contracte de căsătorie la liste de cumpărături, de la poeme de dragoste la cataloage ale librarilor (unul dintre acestea incluzând prima referință cunoscută la *O mie una de nopți*).[7]

Nu unul, ci trei capitole (31, 32 și 33) se preocupă de ceea ce autorul numește „Inventarea cititorului". Fiecare text cere un cititor. Când Cervantes își începe introducerea la prima parte a lui *Don Quijote* cu invocația „Cititorule lipsit de alte treburi",[8] eu sunt acela care, de la primele cuvinte, devin un personaj în ficțiune, o persoană dispunând de suficient timp cât să se răsfețe cu povestea care-i pe cale să înceapă. Mie îmi adresează Cervantes cartea, mie îmi explică elementele de compoziție, mie mi se confesează în privința neajunsurilor ei. Urmând sfatul unui prieten, a scris el însuși câteva poeme de laudă, recomandând cartea (astăzi, soluția mai puțin inspirată este să soliciți rânduri de prețuire de la personalități bine-cunoscute și să lipești panegiricele lor pe supracopertă). Cervantes își subminează propria autoritate, acordându-mi încrederea lui. Eu, cititorul, sunt pus în gardă și, tocmai prin asta, dezarmat. Cum aș putea protesta când mi s-a explicat atât de limpede? Accept jocul. Accept ficțiunea. Nu închid cartea.

Amăgirea mea voluntară continuă. După opt capitole din prima parte a lui *Don Quijote*, mi se spune că până aici se întind cele spuse de Cervantes și că restul cărții este o traducere din arabă făcută de istoricul Cide Hamete Benengeli. De ce acest artificiu? Pentru că eu, cititorul, nu sunt ușor de convins și, dacă nu mă las păcălit de majoritatea momelilor prin care autorul mă asigură de sinceritatea lui, îmi face plăcere să fiu atras într-un joc în care nivelurile de lectură se schimbă permanent. Citesc un roman, citesc o aventură adevărată, citesc traducerea unei aventuri adevărate, citesc o versiune corectată a faptelor.

Istoria lecturii este eclectică. Inventarea cititorului este urmată de un capitol despre inventarea scriitorului, alt personaj fictiv. „Am avut nenorocul să încep o carte cu cuvântul Eu", a scris Proust, „și imediat s-a crezut că, în loc să încerc să descopăr legi generale, mă analizam pe mine însumi, în sensul particular și detestabil al cuvântului."[9] Asta îl face pe autor să discute folosirea persoanei întâi singular și felul în care acel „Eu" ficțional forțează cititorul la un simulacru de dialog din care totuși cititorul este desprins de realitatea fizică a paginii. „Doar când cititorul citește *dincolo* de autoritatea scriitorului, are loc dialogul", spune autorul nostru, dând exemple din *le nouveau roman*, în special din *Renunțarea* de Michel Butor,[10] scrisă în întregime la persoana a doua. „Aici", spune autorul nostru, „cărțile sunt pe masă, iar scriitorul nici nu se așteaptă să credem în «eu», nici nu ne cere să ne asumăm rolul umil al «iubitului cititor»."

Într-o fascinantă digresiune (Capitolul 40 din *Istoria lecturii*) autorul nostru avansează originala sugestie cum că forma în care se adresează cititorului duce la crearea principalelor genuri literare – sau, cel puțin, la împărțirea lor pe categorii. În 1948, în *Das Sprachliche Kunstwerk* (*Opera literară. O introducere în știința literaturii*), criticul german Wolfgang Kayser, referindu-se la conceptul de gen, sugerează că acesta derivă din cele trei persoane care există în toate limbile cunoscute: „eu", „tu" și „el/ ea", plus formele pentru neutru. În literatura lirică, „eul" se exprimă emoțional; în teatru, „eu" devine persoana a II-a, „tu", și se angajează cu un alt „tu" într-un dialog pasional. În sfârșit, în operele epice, protagonistul este cea de-a III-a persoană, „el" sau „ea", care relatează în mod obiectiv. În plus, fiecare gen cere din partea cititorului trei atitudini distincte: o atitudine lirică (aceea a cântecului), o atitudine dramatică (căreia Kayser îi spune „apostrofă") și o atitudine epică sau enunțare.[11]

Autorul nostru îmbrățișează cu entuziasm acest argument și trece la ilustrarea lui prin trei cititori: o elevă franceză din secolul XIX, Éloise Bertrand, al cărei jurnal a supraviețuit Războiului Franco-Prusac din 1870 și care și-a înregistrat conștiincioasă lecturile din Nerval; Douglas Hyde, care a fost sufleor la reprezentația cu *Vicarul din Wakefield* de la Court Theatre din Londra (cu Ellen Terry în rolul Oliviei); și menajera lui Proust, Céleste, care a citit (parțial) lungul roman al stăpânului ei.

În Capitolul 68 (această *Istorie a lecturii* este un tom confortabil de voluminos) autorul nostru pune întrebarea cum (și de ce) anumiți cititori rețin o lectură, multă vreme după ce alții au lăsat-o în urmă. Exemplul dat este dintr-un număr al unei gazete londoneze apărut prin 1855, când majoritatea ziarelor engleze erau pline de știri despre Războiul din Crimeea:

> John Challis, un bătrân în vârstă de aproape șaizeci de ani, în costumația câmpenească a unei păstorițe din epoca de aur, și George Campbell, de treizeci și cinci de ani, care susține c-ar fi avocat, costu-mat femeiește după moda de astăzi, au fost aduși la bară în fața lui Sir R.W. Carden, acuzați c-au fost găsiți deghizați în femei în Casa Druidă, pe Turnagain Lane, o sală de dans neautorizată, cu scopul de a-i îm-boldi pe alții să comită un delict contra naturii.[12]

„O păstoriță din epoca de aur": prin 1855, idealul literar pastoral era deja de domeniul trecutului. Definită în *Idilele* lui Teocrit în secolul III î.e.n., atrăgătoare pentru scriitori într-o formă sau alta, până târziu în seco-lul XVII, o tentație pentru scriitori atât de diferiți precum Milton, Garcilaso de la Vega, Giambattista Marino, Cervantes, Sidney și Fletcher, pastorala se reflectă în mod foarte diferit la romancieri precum George Eliot și Elisabeth Gaskell, Émile Zola și Ramón del Valle Inclán, care ofereau cititorilor alte viziuni, mai puțin însorite, ale vieții de la țară în cărțile lor: *Adam Bede* (1859), *Cranford* (1853), *Pământul* (1887), *Tirano Banderas* (1926). Aceste schimbări de atitudine nu erau noi. Încă din secolul XIV, scriitorul spaniol Juan Ruiz, arhiepiscop de Hita, în cartea sa *Libro de buen amor* („Cartea bunei iubiri"), subminase convenția poe-tului sau cavalerului singuratic care dă nas în nas cu o păstoriță frumoasă pe care o seduce cu blândețe, făcându-l pe narator să întâlnească pe colinele Guadarramei patru păstorițe dezlănțuite, zdravene și hotărâte.

Primele două îl violează, dar de a treia scapă promiţându-i că se va căsători cu ea, iar a patra se oferă să-l adăpostească dacă primeşte de la el haine, bijuterii, un drum la altar sau bani peşin. Două sute de ani mai târziu, puţini mai erau cei care credeau, asemenea domnului Challis, în simbolica implorare pe care iubitoarea păstoriţă o adresează păstorului ei sau în domnul îndrăgostit şi inocenta fată de la ţară. Conform autorului *Istoriei lecturii,* acesta este unul dintre modurile (unul extrem, fără îndoială) în care cititorii păstrează şi repovestesc trecutul.

Câteva capitole, în diferite părţi ale cărţii, sunt consacrate îndatoririlor ficţiunii în contrast cu ceea ce cititorul acceptă drept fapte. Capitolele dedicate lecturii faptelor sunt puţin cam seci, desfăşurându-se de la teoriile lui Platon la criticismul lui Hegel şi Bergson; chiar dacă aceste capitole ni-l aduc în faţă pe presupusul autor englez de scrieri de călătorie Sir John Mandeville, ele sunt prea dense ca să se preteze la rezumare. Capitolele despre lectura ficţiunii sunt totuşi ceva mai concise. Sunt avansate două opinii, la fel de impunătoare şi absolut opuse. Conform uneia, cititorul este dispus să creadă în şi să acţioneze asemenea personajelor dintr-un roman. Conform celeilalte, cititorul trebuie să respingă asemenea personaje ca pe nişte simple fabricaţii, care nu au niciun fel de legătură cu „lumea reală". Henry Tilney, în *Mănăstirea Northanger* de Jane Austen, optează pentru prima dintre aceste opinii când o interoghează pe Catherine, după ce se despărţise de prietena sa Isabella; el se aşteaptă ca sentimentele ei să urmeze convenţiile ficţiunii:

— Simţi, presupun, că, pierzând-o pe Isabella, ai pierdut jumătate din tine însăţi: simţi un gol în inimă, pe care nimic altceva nu-l poate înlocui. Societatea a devenit plicticoasă; cât despre distracţiile la care doreai să participi la Bath, numai gândul la acestea în lipsa ei îţi repugnă. De exemplu, n-ai merge la un bal pentru nimic în lume. Simţi că de acum nu mai ai niciun prieten căruia să-i poţi vorbi fără rezerve; în a cărui părere să te încrezi cu totul; sau pe al cărui sfat, într-o situaţie oricât de dificilă, să te poţi baza. Simţi toate acestea?

— Nu, spuse Catherine, după câteva momente de reflecţie, nu simt. Ar trebui să simt?[13]

Tonul cititorului și felul în care afectează el textul sunt dezbătute în Capitolul 51, prin evocarea lui Robert Louis Stevenson citind povești vecinilor săi din Samoa. Stevenson a pus simțul său dramatic și muzica prozei sale pe seama poveștilor pe care i le citea la culcare dădaca lui din copilărie, Alison Cunningham, „Cummie". Ea îi citea povești cu fantome, imnuri religioase, versete calviniste și romanțuri scoțiene, care și-au găsit, cu timpul, locul în ficțiunile sale. „Tu ești cea care mi-a dat pasiunea pentru dramă, Cummie", i-a mărturisit el, la maturitate, bonei. „Eu, stăpâne Lou? N-am pus în viața mea piciorul într-o sală de teatru." „Vai, femeie!" a răspuns el. „Dar e vorba despre avântul dramatic cu care-mi citeai imnurile."[14] Stevenson însuși n-a învățat să citească decât după ce-a trecut de vârsta de șapte ani, nu din lene, ci pentru că voia să prelungească plăcerea de a auzi poveștile prinzând viață. Autorul nostru numește acest fapt „sindromul Șeherezada".[15]

Citirea ficțiunii nu e singura preocupare a autorului nostru. Citirea textelor științifice, a dicționarelor, a unor părți dintr-o carte, cum ar fi indicii, notele de subsol și dedicațiile, a hărților, a ziarelor – fiecare își merită (și primește) propriul capitol. Există un portret sumar, dar elocvent, al romancierului Gabriel García Márquez, care în fiecare dimineață citește două pagini de dicționar (orice dicționar, cu excepția pomposului *Diccionario de la Real Academia Española*) – un obicei pe care autorul nostru îl compară cu acela al lui Stendhal, care parcurgea Codul lui Napoleon ca să învețe să scrie într-un stil concis și exact.

Citirea cărților împrumutate este subiectul de care se ocupă Capitolul 15. Jane Carlyle (soția lui Thomas Carlyle, o faimoasă scriitoare de corespondență) ne conduce prin labirintul citirii cărților care nu ne aparțin, „de parcă am avea o relație ilicită", sau al împrumutului de la bibliotecă al unor volume care ne-ar putea afecta reputația. Într-o după-amiază de ianuarie a anului 1843, după ce alesese dintr-o respectabilă bibliotecă londoneză câteva romane mai deocheate ale scriitorului francez Paul de Kock, ea s-a înregistrat curajoasă în registru cu numele de Erasmus Darwin, bunicul mort și invalid al mult mai faimosului Charles – spre uluirea bibliotecarilor.[16]

Și iată că urmează ceremoniile de lectură din propria noastră eră și din cea de dinainte (Capitolele 43 și 45). Aici sunt lecturile-maraton din *Ulise* la Bloomsday, nostalgicele lecturi radiofonice ale unei cărți înainte de culcare, lecturile în bibliotecă, în marile săli aglomerate și în locuri depărtate, pustii, înzăpezite, lecturile la paturile bolnavilor, citirea de povești cu fantome la focul sobei, iarna. Iată curioasa știință a biblioterapiei (Capitolul 21), definită în Webster's drept „folosirea unui material de lectură selectat ca adjuvant terapeutic în medicină și psihiatrie", prin care anumiți doctori susțin că pot vindeca boli ale trupului și spiritului cu *Vântul în sălcii* sau *Bouvard și Pécuchet*.[17]

Iată și genţile speciale pentru cărţi, un *sine qua non* al oricărui voiaj victorian. Niciun călător nu pleca de-acasă fără o valiză plină cu cărți adecvate, fie că pornea spre Coasta de Azur ori spre Antarctica. (Bietul Amundsen: autorul nostru ne spune că, în drumul său spre Polul Sud, geanta cu cărți a exploratorului s-a scufundat sub gheață, iar Amundsen a fost obligat să-și petreacă multe luni de zile în compania singurului volum pe care l-a putut salva: *Portretizarea Sfintei Sale Maiestăți în Singurătățile și Suferințele Sale* de Dr. John Gauden.)

Unul dintre capitolele finale (nu ultimul) se ocupă de recunoașterea explicită a puterii cititorului. Aici se află cărțile lăsate deschise pentru a fi construite de cititor, ca o cutie de Lego: *Tristram Shandy* a lui Laurence Sterne, evident, care ne permite s-o citim în orice fel, și *Șotron* al lui Julio Cortázar, un roman construit din capitole interschimbabile, cărora cititorul însuși le stabilește ordinea, după propria voință. Sterne și Cortázar au dus, inevitabil, la romanele New Age, la hipertexte. Termenul (ne spune autorul nostru) a fost inventat în anii șaptezeci de specialistul în computere Ted Nelson, pentru a descrie spațiul narativ nonsecvențial care a luat naștere odată cu computerele. „Nu există ierarhii în aceste rețele fără început (și fără sfârșit)", îl citează autorul nostru pe Robert Coover, care descrie hipertextul într-un articol din *The New York Times*, „paragrafele, capitolele și alte diviziuni textuale convenționale fiind înlocuite de blocuri textuale și grafice care se deschid ca niște ferestre, la fel de potențate și de efemere".[18] Cititorul unui hipertext poate intra în text aproape în orice loc; poate schimba cursul narativ, poate cere inserții, poate corecta, expanda sau șterge. Aceste texte nu au sfârșit, câtă vreme cititorul (sau scriitorul) poate oricând continua sau relua un text: „Dacă totul este mijloc, cum să știi când anume ai terminat, fie că ești cititor, fie scriitor?" întreabă Coover. „Dacă autorul este liber să ducă povestea oriunde, oricând și într-atâtea direcții câte dorește el sau ea, nu devine aceasta o obligație ca să procedeze astfel?" Între paranteze, autorul nostru pune sub semnul întrebării libertatea implicată de o asemenea obligație.

Istoria lecturii, din fericire, nu are sfârșit. După capitolul final și înainte de indicele copios, deja menționat, autorul nostru a lăsat un număr de pagini albe, astfel încât cititorul să adauge alte idei despre lectură, subiecte care, evident, lipsesc, citate potrivite, evenimente și personaje din viitor. E o oarecare consolare în asta. Îmi imaginez că las cartea la marginea patului, îmi imaginez c-o deschid în seara asta sau mâine noapte, sau în noaptea care urmează, și-mi spun în sinea mea: „Nu s-a terminat."

NOTE

Nu am întocmit o bibliografie separată, de vreme ce majoritatea cărților de care m-am folosit sunt menționate în notele ce urmează. În orice caz, amplitudinea temei abordate și limitările autorului ar face ca o asemenea listă, adunată laolaltă sub prestigiosul titlu „Bibliografie", să pară atât misterios de inconsecventă, cât și deznădăjduitor de mărginită.

ULTIMA PAGINĂ

1 Claude Lévi-Strauss, *Tristes Tropiques*, Paris, 1955. Lévi-Strauss numește societățile care nu cunosc scrierea „societăți reci", pentru că, în cosmologia lor, acestea încearcă să anuleze secvențialitatea evenimentelor, care constituie ideea noastră despre istorie. [Claude Lévi-Strauss, *Tropice triste*, trad. de Eugen Schileru și Irina Pâslaru-Lukacsik, Editura Științifică, București, 1968.]

2 Philippe Descola, *Les Lances du crepuscule*, Paris, 1994.

3 Miguel de Cervantes Saavedra, *El Ingenioso Hidalgo Don Quixote de la Mancha*, 2 vol., ed. Celina S. de Cortázar & Isaías Lerner, Buenos Aires, 1969, I: 9. [Miguel de Cervantes Saavedra, *Iscusitul Hidalgo Don Quijote de la Mancha*, trad. de Ion Frunzetti și Edgar Papu, Editura pentru Literatură Universală, București, 1965.]

4 Gershom Scholem, *Kabbalah*, Ierusalim, 1974.

5 Miguel de Unamuno, sonet fără titlu, în *Poesia completa*, Madrid, 1979.

6 Virginia Woolf, „Charlotte Brontë", în *The Essays of Virginia Woolf, vol. 2: 1912-1918*, ed. Andrew McNeillie, Londra, 1987.

7   Jean-Paul Sartre, *Les Mots*, Paris, 1964. [Jean-Paul Sartre, *Cuvintele*, trad. de
    T. Dumitru, prefață de Georgeta Horodincă, Editura pentru Literatură
    Universală, București, 1965.]

8   James Hillman, „A Note on Story", în *Children's Literature: The Great Excluded*,
    vol. 3, ed. Francelia Butler & Bennett Brockman, Philadelphia, 1974.

9   Robert Louis Stevenson, „My Kingdom", *A Child's Garden of Verses*, Londra,
    1885.

10 Michel de Montaigne, „On the Education of Children", în *Les Essais*,
    ed. J. Plattard, Paris, 1947. [Michel de Montaigne, „Despre creșterea copiilor",
    în *Eseuri*, vol. I, trad. de Mariela Seulescu, studiu introductiv de Dan Bădărău,
    Editura Științifică, București, 1966.]

11 „A Berlin Chronicle", în *Reflections*, ed. Peter Demetz, trad. de Edmund
    Jephcott, New York, 1978. [Walter Benjamin, *Copilărie berlineză la 1900*,
    trad. și note de A. Anastasescu, Editura Humanitas, București, 2010].

12 Samuel Butler, *The Notebooks of Samuel Butler*, Londra, 1912.

13 Jorge Luis Borges, „Pierre Menard, autor del *Quijote*", în *Ficciones*, Buenos
    Aires, 1944. [Jorge Luis Borges, „Pierre Ménard, autor al lui *Don Quijote*",
    trad. de Andrei Ionescu, în *Făuritorul. Ficțiuni. Memoria lui Shakespeare*,
    Editura Polirom, București, 2021.]

14 Spinoza, *Tractatus Theologico-Politicus*, trad. de R.H.M. Elwes, Londra, 1889.
    [Spinoza, *Tratatul teologico-politic*, trad. și note de I. Firu, Editura Științifică,
    București, 1960.]

15 Citat în John Willis Clark, *Libraries in the Medieval and Renaissance Periods*,
    Cambridge, 1894.

16 Traditio Generalis Capituli *of the English Benedictines*, Philadelphia, 1866.

17 Jamaica Kincaid, *A Small Place*, New York, 1988.

18 La acel moment, nici Borges și nici eu nu știam că mesajul la pachet al lui
    Kipling nu era nici pe departe o invenție. După Ignace J. Gelb (*The History
    of Writing*, Chicago, 1952), în Turkestanul de Est, o tânără i-a trimis iubi-
    tului său un mesaj constând dintr-o grămăjoară de ceai, un fir de iarbă,
    un fruct roșu, o caisă uscată, o bucată de cărbune, o floare, un cub de
    zahăr, o pietricică, o pană de șoim și o nucă. Mesajul semnifica „Nu mai
    pot bea ceai, sunt palidă ca iarba fără tine, roșesc când mă gândesc la tine,
    inima mea arde precum cărbunele, ești frumos ca o floare și dulce ca
    zahărul, dar nu cumva îți este inima de piatră? Aș zbura la tine dacă aș
    avea aripi, sunt a ta ca o nucă în palmă."

19 Borges a analizat limbajul lui Wilkins în eseul „Idiomul analitic al lui John Wilkins", din *Otras Inquisiciones*, Buenos Aires, 1952.

20 Evelyn Waugh, „The Man Who Liked Dickens", un capitol din *A Handful of Dust*, Londra, 1934.

21 Ezequiel Martínez Estrada, *Leer y escribir*, Mexico, D.F., 1969.

22 Jorge Semprún, *L'Écriture ou la vie*, Paris, 1994. [Jorge Semprun, *Scrisul sau viața*, trad. de Nicolae Baltă, Editura Paralela 45, București, 2008.]

23 Jorge Luis Borges, recenzie la *Men of Mathematics* de E.T. Bell, în *El Hogar*, Buenos Aires, 8 iulie, 1938.

24 P.K.E. Schmoger, *Das Leben der Gottseligen Anna Katharina Emmerich*, Freiburg, 1867.

25 Plato, *Phaedrus*, în *The Collected Dialogues*, ed. Edith Hamilton & Huntington Cairns Princeton, 1961. [Platon, *Opere IV*, „Phaidros", trad. de Gabriel Liiceanu, Editura Științifică, București, 1983.]

26 Hans Magnus Enzensberger, „In Praise of Illiteracy", în *Die Zeit*, Hamburg, 29 noiembrie 1985.

27 Allan Bloom, *The Closing of the American Mind*, New York, 1987. [Allan Bloom, *Criza spiritului american*, trad. de Mona Antohi, Editura Humanitas, București, 2006.]

28 Charles Lamb, „Detached Thoughts on Books and Reading", în *Essays of Elia*, Londra, 1833. [Charles Lamb, „Gânduri răzlețe despre cărți și lectură", în *Eseurile lui Elia*, trad. de Ștefan Popescu și Luminița Petru, prefață de Ștefan Popescu, Editura Univers, București, 1973.]

29 Orhan Pamuk, *The White Castle*, trad. de Victoria Holbrook, Manchester, 1990.

CITIREA UMBRELOR

1 Nu putem spune că toate scrierile își au originea în aceste tăblițe sumeriene. Se acceptă în general că scrierile chinezești și cele din America Centrală, de exemplu, s-au dezvoltat independent. Vezi Albertine Gaur, *A History of Writing*, Londra, 1984.

2 „Early Writing Systems", în *World Archeology* 17/3, Henley-on-Thames, februarie 1986. Inventarea scrisului în Mesopotamia a influențat probabil alte sisteme de scriere: cel egiptean, puțin după 3000 î.e.n., sau cel indian, pe la 2500 î.e.n.

3   În 1819, William Wordsworth descrie un sentiment similar: „O, tu, cel
    ce cu răbdare explorezi/ Rămășițele învățăturilor din Herculaneum,/
    Ce minunăție! Poți pune mâna/ Pe-un fragment Theban sau să desfășori/
    Un sul prețios, cu măduva moale/ din poemele lui Simonides."

4   Cicero, *De oratore*, vol. 1, ed. E.W. Sutton & H. Rackham, Cambridge,
    Massachusetts & Londra, 1967, vol. 2, 87:357.

5   Saint Augustine, *Confessions*, V, 12, Paris, 1959. [Sfântul Augustin, *Confesiuni*,
    trad. de Eugen Munteanu, Editura Nemira, București, 2006.]

6   M.D. Chenu, *Grammaire et théologie au XIIe et XIIIe siècles*, Paris, 1935-1936.

7   Empedocle, fragment 84DK, în Ruth Padel, *In and Out of the Mind: Greek
    Images of the Tragic Self*, Princeton, 1992. [În *Filosofia greacă până la Platon*,
    vol. 1, partea a 2-a, Editura Științifică și Enciclopedică, București, 1979,
    fragmentul este tradus astfel: „în interiorul organului vederii (ochiului)
    se află foc; pe de alta, că în jurul lui există <apă>, pământ și aer, prin care
    străbate [focul], fiind subtil ca lumina în lanterne."]

8   Epicur, „Letter to Herodot", 10, in Diogenes Laertios apud David C. Lindberg,
    Studies in the History of Medieval Optics, Londra, 1983. [Diogenes Laertios,
    Despre viețile și doctrinele filosofilor, trad. de C.I. Balmuș, studiu introductiv
    și comentarii de Aram M. Frenkian, Editura Polirom, Iași, 1997.]

9   *Ibidem*.

10 Pentru o explicație convingătoare a acestui termen complex, vezi Padel,
    In and Out of the Mind.

11 Aristotle, *De anima*, ed. W.S. Hett, Cambridge, Massachusetts & Londra,
    1943. [Aristotel, *Despre suflet*, trad. și note de N.I. Ștefănescu, studiu in-
    troductiv de Al. Boboc, Editura Științifică, București, 1969.]

12 Nancy G. Siraisi, *Medieval & Early Renaissance Medicine*, Chicago & Londra,
    1990.

13 Saint Augustine, *op. cit.*, X, 8-11.

14 Siraisi, *op. cit.*

15 Kenneth D. Keele & Carlo Pedretti, ed., *Leonardo da Vinci: Corpus of the
    Anatomical Studies in the Collection of Her Majesty the Queen at Windsor Castle*,
    3 vol., Londra, 1978-1980.

16 Albert Hourani, *A History of the Arab Peoples*, Cambridge, Massachusetts,
    1991.

17 Johannes Pedersen, *The Arabic Book*, trad. de Geoffrey French, Princeton,
    1984.

18 Sadik A. Assaad, *The Reign of al-Hakim bi Amr Allah*, Londra, 1974.

19 Aceste explicații destul de elaborate pot fi găsite în cartea lui Saleh Beshara Omar, *Ibn al-Haytham's Optics: A Study of the Origins of Experimental Science,* Minneapolis & Chicago, 1977.

20 David C. Lindberg, *Theories of Vision from al-Kindi to Kepler,* Oxford, 1976.

21 Emile Charles, *Roger Bacon, sa vie, ses ouvrages, ses doctrines d'après des textes inédits,* Paris, 1861.

22 M. Dax, „Lésions de la moitié gauche de l'encéphale coincidant avec l'oubli des signes de la pensée", *Gazette hebdomadaire de médicine et de chirurgie,* 2, 1865, și P. Broca, „Sur le siège de la faculté du langage articulé", *Bulletin de la Société d'anthropologie ,* 6337-6393, 1865, în André Roch Lecours et al., „Illiteracy and Brain Damage (3): A Contribution to the Study of Speech and Language Disorders in Illiterates with Unilateral Brain Damage (Initial Testing)", *Neuropsychologia* 26/4, Londra, 1988.

23 André Roch Lecours, „The Origins and Evolution of Writing", în *Origins of the Human Brain,* Cambridge, 1993.

24 Daniel N. Stern, *The Interpersonal World of the Infant: A View from Psychoanalysis and Developmental Psychology,* New York, 1985.

25 André Roch Lecours et al., „Illiteracy and Brain Damage (3)".

26 Jonathan Swift, *Gulliver's Travels,* ed. Herbert Davis, Oxford, 1965. [Jonathan Swift, *Călătoriile lui Gulliver,* trad. de Leon Levițchi, Editura Minerva (BPT), București, 1971.]

27 Interviu personal cu André Roch Lecours, Montreal, noiembrie 1992.

28 Émile Javal, opt articole în *Annales d'oculistique,* 1878-1879, discutate în Paul A. Kolers, „Reading", conferință ținută la întâlnirea Asociației Canadiene de Psihologie, Toronto, 1971.

29 Oliver Sacks, „The President's Speech", în *The Man Who Mistook His Wife for a Hat,* New York, 1987 [Oliver Sacks, „Discursul președintelui" în *Omul care își confunda soția cu o pălărie,* trad. de Dan Rădulescu, Editura Humanitas, București, 2017.]

30 Merlin C. Wittrock, „Reading Comprehension", în *Neuropsychological and Cognitive Processes in Reading,* Oxford, 1981.

31 Cf. D. LaBerge & S.J. Samuels, „Toward a Theory of Automatic Information Processing in Reading", în *Cognitive Psychology* 6, Londra, 1974.

32 Merlin C. Wittrock, *op. cit.*

33 E.B. Huey, *The Psychology and Pedagogy of Reading,* New York, 1908, citat în Kolers, *op. cit.*

34 Paul A. Lindberg, *op. cit.*

CITITORII TĂCUȚI

1   Saint Augustine, *Confessions*, V, 12, Paris, 1959. [Sfântul Augustin, *Confesiuni*, trad. de Eugen Munteanu, Editura Nemira, București, 2006.]

2   Donald Attwater, „Ambrose", în *A Dictionary of Saints*, Londra, 1965.

3   W. Ellwood Post, *Saints, Signs and Symbols*, Harrisburg, Pennsylvania, 1962.

4   Saint Augustine, *op. cit.*, VI, 3.

5   În 1927, într-un articol intitulat „Voces Paginarum" *(Philologus* 82), savantul maghiar Josef Balogh a încercat să demonstreze că lectura în gând era aproape necunoscută în lumea antică. Patruzeci de ani mai târziu, Bernard M.W. Knox („Silent Reading in Antiquity", în *Greek, Roman and Byzantine Studies* 9/4, iarna 1968) îl contrazice pe Balogh, spunând „cărțile antice se citeau în mod normal cu voce tare, dar nu avem nicăieri consemnat faptul că lectura în gând ar fi fost ceva neobișnuit". Și totuși, exemplele pe care le dă Knox (câteva dintre ele sunt citate de mine) mi se par prea puțin convingătoare pentru a-i sprijini teza și apar mai degrabă ca o excepție de la cititul cu voce tare, decât ca regulă.

6   Bernard M.W. Knox, *op. cit.*

7   Plutarh, „On the Fortune of Alexander", fragmentul 340a, în *Moralia*, vol. IV, ed. Frank Cole Babbitt, Cambridge, Massachusetts & Londra, 1972: „De fapt se menționează că o dată, când a rupt sigiliul unei scrisori confiden-țiale primite de la mama lui și citea în tăcere pentru sine, Hephaestion și-a apropiat capul de acela al lui Alexandru și a citit cu el scrisoarea; Alexandru nu l-a oprit, dar și-a scos inelul și a pus o pecete pe buzele lui Hephaestion."

8   Claudius Ptolemy, *On the Criterion*, discutat în *The Criterion of Truth*, ed. Pamela Huby & Gordon Neal, Oxford, 1952.

9   Plutarch, „Brutus", V, în *The Parallel Lives*, ed. B. Perrin, Cambridge, Massachusetts & Londra, 1970). [Plutarh, „Brutus", V, în *Vieți paralele*, studiu introductiv, trad. și note de N.I. Barbu, Editura Științifică, București, 1960-1969.] Nu pare ciudat că Caesar a citit acest bilet în gând. În primul rând, probabil nu dorea ca alții să tragă cu urechea la conținutul scrisorii de dragoste; în al doilea rând, putea să facă parte din intențiile sale de a-și irita inamicul, pe Cato, făcându-l să bănuiască o conspirație – exact ceea ce s-a întâmplat, după Plutarh. Caesar a fost obligat să-i arate scrisoarea și Cato s-a făcut de râs.

10 Saint Cyril of Jerusalem, *The Works of Saint Cyril of Ierusalim*, vol. I, trad. de L.P. McCauley & A.A. Stephenson, Washington, 1968.

11 Seneca, *Epistulae Morales*, ed. R.M. Gummere, Cambridge, Massachusetts & Londra, 1968, Scrisoarea 56. [Seneca, *Epistole către Lucilius*, vol. 1, trad. de Ioana Costa, Editura Polirom, București, 2007.]

12 Refrenul *tolle, lege* nu apare în niciunul dintre jocurile antice pentru copii despre care știm astăzi. Pierre Courcelle sugerează că formula este folosită în divinații și citează *Viața lui Porphyrus* de Marc le Diacre, în care aceasta este rostită de un personaj într-un vis, ca să sugereze consultarea Bibliei în scopuri divinatorii. Vezi Pierre Courcelle, „L'Enfant et les sortes bibliques", în *Vigiliae Christianae*, vol. 7, Nîmes, 1953.

13 Saint Augustine, *op. cit.*, IV, 3.

14 *Idem*, „Concerning the Trinity", XV, 10: 19, în *Basic Writings of Saint Augustine*, ed. Whitney J. Oates, Londra, 1948.

15 Martial, *Epigrams*, trad. de J.A. Pott & F.A. Wright, Londra, 1924, I. 38 [Marțial, *Epigrame*, trad. de Tudor Măinescu, Editura pentru Literatură Universală, București, 1961.]

16 Cf. Henri Jean Martin, „Pour une histoire de la lecture", *Revue française d'histoire du livre* 46, Paris, 1977. După opinia lui Martin, sumeriana (nu aramaica) și ebraica nu au un verb specific care să însemne „a citi".

17 Ilse Lichtenstadter, *Introduction to Classical Arabic Literature*, New York, 1974.

18 Citat în Gerald L. Bruns, *Hermeneutics Ancient and Modern*, New Haven & Londra, 1992.

19 Julian Jaynes, *The Origin of Consciousness in the Breakdown of the Bicameral Mind*, Princeton, 1976.

20 Cicero, *Tusculan Disputations*, ed. J.E. King, Cambridge, Massachusetts & Londra, 1952, Disputa V.

21 Albertine Gaur, *A History of Writing*, Londra, 1984.

22 William Shepard Walsh, *A Handy-Book of Literary Curiosities*, Philadelphia, 1892.

23 Citat în M.B. Parkes, *Pause and Effect: An Introduction to the History of Punctuation in the West*, Berkeley & Los Angeles, 1993.

24 Suetonius, *Lives of the Caesars*, ed. J.C. Rolfe, Cambridge, Massachusetts & Londra, 1970. [Suetoniu, *Viețile celor doisprezece Cezari*, Editura Politică, București 1998.]

25 T. Birt, *Aus dem Leben der Antike*, Leipzig, 1922.

26 Albertine Gaur, *op. cit.*

27 Pierre Riché, *Les Écoles et l'enseignement dans l'Occident chrétien de la fin du V* siècle au milieu du XI* siècle*, Paris, 1979.

28 M.B. Parkes, *op. cit.*

29 Saint Isaac of Syria, „Directions of Spiritual Training", în *Early Fathers from the Philokalia*, ed. și trad. de E. Kadloubovsky & G.E.H. Palmer, Londra & Boston, 1954. [Sfântul Isaac Sirul, *Cuvinte și Învățături*, trad. de Macarie Ieromonahul, Isaac Shimonahul și Iosif Ieromonahul, Editura Predanie, București, 2010.]

30 Isidoro de Sevilla, *Libri sententiae*, III, 13: 9, citat în *Etimologias*, ed. Manuel C. Diaz y Diaz, Madrid, 1982-1983.

31 *Idem, Etimologias*, I, 3: 1.

32 David Diringer, *The Hand-Produced Book*, Londra, 1953.

33 M.B. Parkes, *op. cit.*

34 Carlo M. Cipolla, *Literacy and Development in the West*, Londra, 1969.

35 Citat în Wilhelm Wattenbach, *Das Schriftwesen im Mittelalter*, Leipzig, 1896.

36 Alan G. Thomas, *Great Books and Book Collectors*, Londra, 1975.

37 Saint Augustine, *Confessions*, VI, 3.

38 Psalmii 90: 6. [Citatele biblice aparțin ediției apărute la Editura Institutului Biblic și de Misiune Ortodoxă, București, 2008.]

39 Saint Augustine, *op. cit.*, VI, 3.

40 David Christie-Murray, *A History of Heresy*, Oxford & New York, 1976.

41 Robert I. Moore, *The Birth of Popular Heresy*, Londra, 1975.

42 Heiko A. Oberman, *Luther: Mensch zwischen Gott und Teufel*, Berlin, 1982.

43 E.G. Léonard, *Histoire générale du protestantisme*, vol. I, Paris, 1961-1964.

44 Van Wyck Brooks, *The Flowering of New England, 1815-1865*, New York, 1936.

45 Ralph Waldo Emerson, *Society and Solitude*, Cambridge, Massachusetts, 1870.

CARTEA MEMORIEI

1 Saint Augustine, „Of the Origin and Nature of the Soul", IV, 7: 9, în *Basic Writings of Saint Augustine*, ed. Whitney J. Oates, Londra, 1948.

2 Cicero, *De oratore*, ed. E.W. Sutton & H. Rackham, Cambridge, Massachusetts & Londra, 1967.

3 Louis Racine, *Mémoires contenant quelques particularités sur la vie et les ouvrages de Jean Racine*, în Jean Racine, *Oeuvres complètes*, vol. I, ed. Raymond Picard, Paris, 1950.

4 Plato, *Phaedrus*, apud *The Collected Dialogues*, ed. Edith Hamilton & Huntington Cairns Princeton, 1961. [Platon, *Phaidros*, trad. de Gabriel

Liiceanu, în Platon, *Opere*, vol. IV, Editura Științifică și Enciclopedică, București, 1983.]

5 Mary J. Carruthers, *The Book of Memory*, Cambridge, 1990.

6 *Ibidem.*

7 Eric G. Turner, „I Libri nell'Atene del V e IV secolo A.C.", apud Guglielmo Cavallo, *Libri, editori e pubblico nel mondo antico*, Roma & Bari, 1992.

8 Ioan, 8:8.

9 Mary J. Carruthers, *op. cit.*

10 *Ibidem.*

11 Aline Rousselle, *Porneia*, Paris, 1983.

12 Frances A. Yates, *The Art of Memory*, Londra, 1966.

13 Petrarca, *Secretum meum*, II, în *Prose*, ed. Guido Martellotti et al., Milano, 1951. [Francesco Petrarca, „Gânduri tăinuite, Cartea a doua", în *Scrieri alese*, trad. de George Lăzărescu, Editura Univers, București, 1982.]

14 Victoria Kahn, „The Figure of the Reader in Petrarch's *Secretum*", în *Petrarch: Modern Critical Views*, ed. Harold Bloom, New York & Philadelphia, 1989.

15 Petrarca, *Familiares*, 2.8.822, citat în *ibidem*.

A ÎNVĂȚA SĂ CITEȘTI

1 Claude Lévi-Strauss, *Tristes Tropiques*, Paris, 1955. [Claude Levi-Strauss, *Tropice triste*, trad. de Eugen Schileru și Irina Paslaru-Lukacsik, Editura Științifică, București, 1968.]

2 A. Dorlan, „Casier descriptif et historique des rues & maisons de Sélestat" (1926), în *Annuaire de la Société des Amis de la Bibliothèque de Sélestat*, Selestat, 1951.

3 Citat în Paul Adam, *Histoire de l'enseignement secondaire à Sélestat*, Sélestat, 1969.

4 Herbert Grundmann, *Vom Ursprung der Universität im Mittelalter*, Frankfurt, 1957.

5 *Ibidem.*

6 Edouard Fick, Introducere la *La Vie de Thomas Platter écrite par lui-même*, Geneva, 1862.

7 Paul Adam, *L'Humanisme à Sélestat: L'École, les humanistes, la bibliothèque*, Sélestat, 1962.

8 Thomas Platter, *La Vie de Thomas Platter écrite par lui-même*, trad. de Edouard Fick, Geneva, 1862.

9   Israel Abrahams, *Jewish Life in the Middle Ages*, Londra, 1896.

10   Îi sunt recunoscător profesorului Roy Porter pentru această adăugire.

11   Mateo Palmieri, *Della vita civile*, Bologna, 1944.

12   Leon Battista Alberti, *I Libri della famiglia*, ed. R. Romano & A. Tenenti, Torino, 1969.

13   Quintilian, *The Institutio Oratoria of Quintilian*, trad. de H.E. Butler, Oxford, 1920-1922.

14   Citat în Pierre Riche & Daniele Alexandre-Bidon, *L'Enfance au Moyen Age*. Catalogul expoziției de la Bibliothèque Nationale, Paris, 26 oct. 1994-15 ian. 1995, Paris, 1995.

15   *Ibidem*.

16   M.D. Chenu, *La Théologie comme science au XIII^c siècle*, ed. a III-a, Paris, 1969.

17   Dominique Sourdel & Janine Sourdel-Thomine, ed., *Medieval Education in Islam and the West*, Cambridge, Massachusetts, 1977.

18   Alfonso el Sabio, *Las Siete Partidas*, ed. Ramón Menéndez Pidal, Madrid, 1955, 2 31 IV.

19   Cam din aceeași perioadă, avem o scrisoare de la un student care-i cere mamei lui să-i facă rost de câteva cărți, indiferent cât costă: „Mai vreau ca Paul să cumpere *Orationes Demosthenis Olynthiacae*, s-o dea la legat și să mi-o trimită." Steven Ozment, *Three Behaim Boys: Growing Up in Early Modern Germania*, New Haven & Londra, 1990.

20   Paul Adam, *Histoire de l'enseignement secondaire à Sélestat*, Sélestat, 1969.

21   Jakob Wimpfeling, *Isidoneus*, XXI, în J. Freudgen, *Jakob Wimphelings pädagogische Schriften*, Paderborn, 1892.

22   Isabel Suzeau, „Un Écolier de la fin du xv^c siècle: À propos d'un cahier inédit de l'école latine de Sélestat sous Crato Hofman", în *Annuaire de la Société des Amis de la Bibliothèque de Sélestat*, Sélestat, 1991.

23   Jacques Le Goff, *Les Intellectuels au Moyen Age*, ediție revizuită, Paris, 1985. [Jacques Le Goff, *Intelectualii în Evul Mediu*, trad. de Nicole Ghimpețeanu, Editura Art, București, 2021]

24   Scrisoare expediată de L. Guidetti lui B. Massari, datată 25 octombrie, 1465, în *La critica del Landino*, ed. R. Cardini, Florența, 1973. Citată în Anthony Grafton, *Defenders of the Tent: The Traditions of Scholarship in an Age of Science, 1450-1800*, Cambridge, Massachusetts, 1991.

25   Jakob Wimpfeling, *op. cit.*, XXI.

26   Paul Adam, *op. cit.*

27   *Ibidem*.

28 Până la urmă, preferința lui Dringenberg are câștig de cauză: în primii ani
    ai secolului XVI, ca reacție la Reformă, profesorii de la școlile latine i-au
    eliminat din programă pe toți scriitorii păgâni etichetați drept „suspecți",
    adică pe aceia care nu fuseseră „canonizați" de autorități asemenea Sfântului
    Augustin, și au insistat asupra unei stricte educații catolice.

29 Jakob Spiegel, „Scholia in Reuchlin Scaenica progymnasmata", în G. Knod,
    *Jakob Spiegel aus Schlettstadt: Ein Beitrag zur Geschichte des deutschen
    Humanismus*, Strasbourg, 1884.

30 Jakob Wimpfeling, *Diatriba IV*, în G. Knod, *Aus der Bibliothek des Beatus
    Rhenanus: Ein Beitrag zur Geschichte des Humanismus*, Sélestat, 1889.

31 Jerôme Gebwiler, citat în *Schlettstadter Chronik des Schulmeisters Hieronymus
    Gebwiler*, ed. J. Geny, Sélestat, 1890.

32 Nicolas Adam, „Vraie manière d'apprendre une langue quelconque", în
    Dictionnaire pédagogique, Paris, 1787.

33 Keller, Helen, *The Story of My Life*, ediția a treia, Londra, 1903.

34 Citat în E.P. Goldschmidt, *Medieval Texts and Their First Appearance in Print*,
    supliment la *Biographical Society Transactions 16*, Oxford, 1943.

35 Biserica Romano-Catolică nu a ridicat interdicția asupra scrierilor lui
    Copernic până în 1758.

PRIMA PAGINĂ LIPSĂ

1 Franz Kafka, *Erzählungen*, Frankfurt, 1967.

2 *Cf.* Goethe, apud Umberto Eco, *The Limits of Interpretation*, Bloomington &
   Indianapolis, 1990. [Umberto Eco, *Limitele interpretării*, trad. de Ștefania
   Mincu și Daniela Crăciun, Editura Polirom, București, 2007]: „Simbolismul
   transformă experiența într-o idee și o idee într-o imagine, așa încât ideea
   exprimată prin imagine rămâne întotdeauna activă și imposibil de atins
   și, deși exprimată în toate limbile, rămâne inefabilă. Alegoria transformă
   experiența într-un concept și conceptul într-o imagine, dar în așa fel încât
   conceptul rămâne definit și exprimabil prin acea imagine."

3 Paul de Man, *Allegories of Reading: Figural Language in Rousseau, Nietzsche,
   Rilke and Proust*, New Haven, 1979.

4 Dante, *Le Opere di Dante. Testo critico della Società Dantesca Italiana*, ed.
   M. Barbi et al., Milano, 1921–1922.

5 Ernst Pawel, *The Nightmare of Reason: A Life of Franz Kafka*, New York, 1984.

6 Franz Kafka, *Brief an den Vater,* New York, 1953.

7 Ernst Pawel, *op. cit.*

8 Gustav Janouch, *Conversations with Kafka,* trad. de Goronwy Rees, a doua ediție, revizuită și adăugită, New York, 1971.

9 Martin Buber, *Tales of the Hasidim,* 2 vol., trad. de Olga Marx, New York, 1947.

10 Marc-Alain Ouaknin, *Le Livre brûlé: Philosophie du Talmud,* Paris, 1986.

11 Ernst Pawel, *op. cit.*

12 Gustav Janouch, *op. cit.*

13 Walter Benjamin, *Illuminations,* trad. de Harry Zohn, New York, 1968. [Walter Benjamin, *Iluminări,* trad. de Catrinel Pleșu, Editura Univers, București, 2002.]

14 *Ibidem.*

15 Fyodor Dostoevsky, *The Brothers Karamazov,* trad. de David Magarshack, vol. I, Londra, 1958. [Feodor Dostoievski, *Frații Karamazov,* trad. de Ovidiu Constantinescu și Isabella Dumbravă, Editura Polirom, Iași, 2018.]

16 Gustav Janouch, *op. cit.*

17 Umberto Eco, *op. cit.*

18 Ernst Pawel, *op. cit.*

19 Gustav Janouch, *op. cit.*

20 Citat în Gershom Sholem, *Walter Benjamin: The Story of a Friendship,* trad. de Harry Zohn, New York, 1981.

21 Marthe Robert, *La Tyrannie de l'imprimé,* Paris, 1984.

22 Jorge Luis Borges, „Kafka y sus precursores", în *Otras Inquisiciones,* Buenos Aires, 1952.

23 Marthe Robert, *op. cit.*

24 Vladimir Nabokov, „Metamorphosis", în *Lectures on Literature,* New York, 1980.

25 Ernst Pawel, *op. cit.*

LECTURA IMAGINII

1 Luigi Serafini, *Codex Seraphinianus,* introducere de Italo Calvino, Milano, 1981.

2 John Atwatter, *The Penguin Book of Saints,* Londra, 1965.

3 K. Heussi, „Untersuchungen zu Nilus dem Asketem", în *Texte und Untersuchungen,* Vol. XLII, fasc. 2, Leipzig, 1917.

4 Louis-Sébastien Le Nain de Tillemont, *Mémoires pour servir à l'histoire ecclé-siastique des six premiers siècles*, vol. XIV, Paris, 1693-1712.

5 *Dictionnaire de théologie catholique*, Paris, 1903-1950.

6 Saint Nilus, *Epistula LXI*: „Ad Olympidoro Eparcho", în *Patrologia Graeca*, LXXIX, 1857-1866.

7 Citat în F. Piper, *Über den christlichen Biderkreis*, Berlin, 1852.

8 Citat în Claude Dagens, *Saint Gregoire le Grand: Culture et experience chrétienne*, Paris, 1977.

9 Sinodul din Arras, Capitolul 14, în *Sacrorum Nova et Amplissima Collectio*, ed. J.D. Mansi, Paris & Leipzig, 1901-1927, citat în Umberto Eco, *Il problema estetico di Tommaso d'Aquino*, Milan, 1970.

10 Exodul 20: 4; Deuteronomul 5: 8.

11 Regii 6-7.

12 André Grabar, *Christian Iconography: A Study of Its Origins*, Princeton, 1968.

13 Matei 1: 22; de asemenea, Matei 2: 5; 2: 15; 4: 14; 8: 17; 13: 35; 21: 4; 27: 35.

14 Luca 24: 44.

15 *A Cyclopedic Bible Concordance*, Oxford, 1952.

16 Saint Augustine, „In Exodum" 73, în *Quaestiones in Heptateuchum*, II, *Patrologia Latina*, XXXIV, capitolul 625, 1844-1855.

17 Eusebius of Caesare, *Demostratio evangelium*, IV, 15, *Patrologia Graeca*, XXII, capitolul 296, 1857-1866.

18 Cf. „Și toți, aceeași băutură duhovnicească au băut, pentru că beau din piatra duhovnicească ce îi urma. Iar piatra era Hristos", I Corinteni 10: 4.

19 André Grabar, *op. cit.*

20 Citat în Piper, *op. cit.*

21 Allan Stevenson, *The Problem of the Missale Speciale*, Londra, 1967.

22 Cf. Maurus Berve, *Die Armenbibel*, Beuron, 1989. *Biblia Pauperum* este catalogată cu indicele Ms. 148 la Biblioteca Universității din Heidelberg.

23 Gerhard Schmidt, *Die Armenbibeln des XIV Jahrhunderts*, Frankfurt, 1959.

24 Karl Gotthelf Lessing, *G.E. Lessings Leben*, Frankfurt, 1793-1795.

25 G.E. Lessing, „Ehemalige Fenstergemälde im Kloster Hirschau", în *Zur Geschichte und Literatur aus der Herzoglichen Bibliothek zu Wolfenbüttel*, Braunschweig, 1773.

26 G. Heider, „Beitrage zur christlichen Typologie", în *Jahrbuch der K.K. Central-Comission zur Erforschung der Baudenkmale*, vol. V, Viena, 1861.

27 Marshall McLuhan, *Understanding Media: The Extensions of Man*, New York, 1964.

28 François Villon, *Oeuvres completes*, ed. P.L. Jacob, Paris, 1854.

29 *Idem*, „Ballade que Villon fit à la requête de sa mère pour prier Nostre-Dame", în *Le Grand Testament*: „Femme je suis povrette et ancienne,/ Ne rien ne scay; oncques lettre ne leuz;/ Au monstier voy, dont suis parroissienne,/ Paradis painct, ou sont harpes et luz,/ Et ung enfer ou damnez sont boulluz:/ L'ung mefaict paour; l'autre, joye et liesse." [„Baladă ce făcu Villon la rugarea mumei sale ca să se-nchine ea la Maica Domnu'" în *Opurile magistrului Françoys Villon adică Diata mare și Lăsata, Adaosul, Jergul și Baladele*, trad. de Romulus Vulpescu, Editura Tineretului, București, 1958.]

30 Maurus Berve, *op. cit.*

31 Gerhard Schmidt, *op. cit.*; de asemenea, Elizabeth L. Einsenstein, *The Printing Revolution in Early Modern Europe*, Cambridge, 1983.

SĂ ȚI SE CITEASCĂ

1 Philip S. Foner, *A History of Cuba and Its Relations with the United States*, vol. II, New York, 1963.

2 José Antonio Portuondo, *„La Aurora" y los comienzos de la prensa y de la organización en Cuba*, Havana, 1961.

3 *Ibidem.*

4 Philip S. Foner, *op. cit.*

5 *Ibidem.*

6 Hugh Thomas, *Cuba; the Pursuit of Freedom*, Londra, 1971.

7 L. Glenn Westfall, *Key West: Cigar City U.S.A*, Key West, 1984.

8 Manuel Deulofeu y Lleonart, *Martí, Cayo Hueso y Tampa: La emigración*, Cienfuegos, 1905.

9 Kathryn Hall Proby, *Mario Sánchez: Painter of Key West Memories*, Key West, 1981. De asemenea, interviu personal, 20 noiembrie 1991.

10 T.F. Lindsay, *St Benedict, His Life and Work*, Londra, 1949.

11 Povestirea lui Borges „Aleph", din volumul *El Aleph*, Buenos Aires, 1949, din care este preluată această descriere, se centrează în jurul unei asemenea viziuni universale [„Aleph", în Jorge Louis Borges, *Proză completă*, vol. 1, trad. de A. Ionescu, Editura Polirom, București, 2006.]

12 García Colombas & Inaki Aranguren, *La regla de San Benito*, Madrid, 1979.

13 „Există două Cărți care îmi oferă Divinitatea; pe lângă aceea scrisă de Dumnezeu, alta scrisă de supusa lui Natură, acel Manuscris universal și public,

care se așterne sub Ochii noștri ai tuturor." Sir Thomas Browne, *Religio Medici*, Londra, 1642, I, 16.

14 „The Rule of S. Benedict", în *Documents of the Christian Church*, ed. Henry Bettenson, Oxford, 1963.

15 John de Ford, în a sa *Life of Wulfric of Haselbury*, compară această „dragoste pentru tăcere" cu rugămințile Miresei pentru tăcere în Cântarea Cântărilor 2:7. În Pauline Matarasso, ed., *The Cistercian World: Monastic Writings of the Twelfth Century*, Londra, 1993.

16 „Asta vă spun fraților, nicio nenorocire nu ne poate atinge, nicio situație într-atât de incomodă sau supărătoare nu poate apărea care, imediat ce Sfânta Slovă ne are-n paza ei, să nu dispară cu totul sau să devină suportabilă." Aelred de Rievaulx, „The Mirror of Charity", în Pauline Matarasso, *op. cit.*

17 Cedric E. Pickford, „Fiction and the Reading Public in the Fifteenth Century", în *Bulletin of the John Rylands University Library of Manchester*, vol. 45 II, Manchester, martie 1963.

18 Gaston Paris, *La Littérature française au Moyen Age*, Paris, 1890.

19 Citat în Urban Tigner Holmes, Jr., *Daily Living in the Twelfth Century*, Madison, Wise, 1952.

20 Pliny the Younger, *Lettres I-IX*, ed. A.M. Guillemin, 3 vol., Paris, 1927–1928, IX: 36.

21 J.M. Richard, *Mahaut, comtesse d'Artois et de Bourgogne*, Paris, 1887.

22 Iris Cutting Origo, *The Merchant of Prato: Francesco di Marco Datini*, New York, 1957.

23 Emmanuel Le Roy Ladurie, *Montaillou: Village occitan de 1294 à 1324*, Paris, 1978. [Emmanuel Le Roy Ladurie, *Montaillou, sat occitan de la 1294 până la 1324*, trad., prefață și note de Maria Carpov, Editura Meridiane, București, 1992.]

24 Madeleine Jeay, ed., *Les Évangiles des quenouilles*, Montreal, 1985. Furca de tors (engl. *distaff*), cea care ține caierul de lână sau de in, simbolizează sexul feminin, iar în limba engleză, „partea care toarce a familiei" (*distaff side of family*) înseamnă „partea femeiască".

25 *El Ingenioso Hidalgo Don Quijote de la Mancha*, Madrid, 1605, I: 34. [Miguel de Cervantes Saavedra, *Iscusitul Hidalgo Don Quijote de la Mancha*, trad. de Ion Frunzetti și Edgar Papu, Editura pentru Literatură Universală, București, 1965.]

26 Cu paisprezece capitole mai înainte, Don Quijote însuși îl muștruluise pe Sancho pentru că spusese o poveste „plină de întreruperi și digresiuni" în locul narațiunii liniare la care instruitul cavaler se aștepta. Sancho se

dezvinovățește, răspunzând că „așa se spun poveștile prin acele părți ale țării din care sunt eu; nu cunosc nicio altă cale și nu-i cinstit din partea Înălțimii Voastre să-mi ceară să-nvăț căi noi". *Ibidem.*

27 William Chambers, *Memoir of Robert Chambers with Autobiographic Reminiscences*, ediția a X-a, Edinburgh, 1880. Această minunată anecdotă mi-a fost relatată de Larry Pfaff, bibliotecar referent la Art Gallery of Ontario.

28 *Ibidem.*

29 Jean Pierre Pinies, „Du choc culturel à l'ethnocide: La Pénétration du livre dans les campagnes languedociennes du XVIe au XIXe siècles", în *Folklore* 44/3, 1981, citat în Martyn Lyons, *Le Triomphe du livre*, Paris, 1987.

30 Citat în Amy Cruse, *The Englishman and His Books in the Early Nineteenth Century*, Londra, 1930.

31 Denis Diderot, „Lettre à sa fille Angélique", 28 iulie 1781, în *Correspondance littéraire, philosophique et critique*, ed. Maurice Tourneux; trad. de P.N. Furbank, Paris, 1877-1882, XV: 253-254.

32 Benito Perez Galdos, „O'Donnell", în *Episodios Nacionales, Obras Completas*, Madrid, 1952.

33 Jane Austen, *Letters*, ed. R.W. Chapman, Londra, 1952.

34 Denis Diderot, *Essais sur la peinture*, ed. Gita May, Paris, 1984.

FORMA CĂRȚII

1 David Diringer, *The Hand-Produced Book*, Londra, 1953.

2 Pliny the Elder, *Naturalis Historia*, ed. W.H.S. Jones, Cambridge, Massachusetts, & Londra, 1968, XIII, 11. [Plinius cel Bătrân, *Naturalis Historia. Enciclopedia cunoștințelor din Antichitate*, trad. de Ioana Costa, Editura Polirom, Iași, 2002, vol. 3.]

3 Cel mai vechi codex grecesc pe velin este un exemplar din *Iliada*, datând din secolul III e.n., Biblioteca Ambrosiana, Milano.

4 Martial, *Epigrammata*, XIV: 184, în *Works*, 2 vol., ed. W.C.A. Ker, Cambridge, Massachusetts & Londra, 1919-1920.

5 François I, *Lettres de François Ier au Pape*, Paris, 1527.

6 John Power, *A Handy-Book about Books*, Londra, 1870.

7 Citat în Geo. Haven Putnam, *Books and Their Makers during the Middle Ages*, vol. I, New York, 1896-1897.

8 Janet Backhouse, *Books of Hours*, Londra, 1985.

9   John Harthan, *Books of Hours and Their Owners*, Londra, 1977.

10 Acum în biblioteca municipală din Sémur-en-Auxois, Franța.

11 Johannes Duft, *Stiftsbibliothek Sankt Gallen: Geschichte, Barocksaal, Manuskripte*, St Gall, 1990. Antifonarul este catalogat Codex 541, *Antiphonanium officii*, pergament, 618 pp., Biblioteca Mănăstirii St Gall, Elveția.

12 D.J. Gillies, „Engineering Manuals of Coffee-Table Books: The Machine Books of the Renaissance", în *Descant* 13, Toronto, iarna 1975.

13 Benjamin Franklin, *The Autobiography of B.F.*, New York, 1818.

14 Elizabeth L. Eisenstein, *The Printing Revolution in Early Modern Europe*, Cambridge, 1983.

15 Victor Scholderer, *Johann Gutenberg*, Frankfurt, 1963.

16 Citat în Guy Bechtel, *Gutenberg et l'invention de l'imprimerie*, Paris, 1992.

17 Paul Needham, director al Departamentului de Cărți și Manuscrise la Sotheby's, New York, a sugerat alte două posibile reacții din partea publicului lui Gutenberg: surpriza că noua metodă folosea tehnologia metalurgică pentru confecționarea literelor, în loc de pană sau trestie, și de asemenea că această „sfântă artă" venea din străfundurile barbarei Germanii și nu din învățata Italie. Paul Needham, „Haec sancta ars: Gutenberg's Invention As a Divine Gift", în *Gazette of the Grolier Club*, nr. 42, 1990, New York, 1991.

18 Svend Dahl, *Historia del libro*, trad. de Albert Adell; Fernando Huarte Morton, Madrid, 1972.

19 Konrad Haebler, *The Study of Incunabula*, Londra, 1953.

20 Warren Chappell, *A Short History of the Printed Word*, New York, 1970.

21 Sven Birkerts, *The Gutenberg Elegies: The Fate of Reading in an Electronic Age*, Boston & Londra, 1994.

22 Catalog: *Il Libro della Bibbia, Esposizione di manoscritti e di edizioni a stampa della Biblioteca Apostolica Vaticana dal Secolo III al Secolo XVI*, Vatican City, 1972.

23 Alan G. Thomas, *Great Books and Book Collectors*, Londra, 1975.

24 Lucien Febvre & Henri-Jean Martin, *L'Apparition du livre*, Paris, 1958.

25 Marino Zorzi, introducere la *Aldo Manuzio e l'ambiente veneziano 1494–1515*, ed. Susy Marcon & Marino Zorzi, Veneția, 1994. De asemenea: Martin Lowry, *The World of Aldus Manutius*, Oxford, 1979.

26 Anthony Grafton, „The Strange Deaths of Hermes and the Sibyls", în *Defenders of the Text: The Traditions of Scholarship in an Age of Science, 1450–1800*, Cambridge, Massachusetts & Londra, 1991.

27 Citat în Alan G. Thomas, *Fine Books*, Londra, 1967.

28 Citat în Elizabeth L. Eisenstein, *op. cit.*

29 Lucien Febvre & Henri-Jean Martin, *op. cit.*

30 William Shenstone, *The Schoolmistress*, Londra, 1742.

31 În expoziția „Into the Heart of Africa", Royal Ontario Museum, Toronto, 1992.

32 William Shakespeare, *The Winter's Tale*, Act IV, Scene 4. [William Shakespeare, *Poveste de iarnă*, Actul IV, Scena 4, trad. de Dan Grigorescu, Editura Adevărul, 2010.]

33 Cuvântul pare să provină de la calfele sau „ambulanții" *(chopmen)* care vindeau aceste cărți, „ambulant" fiind denumirea colectivă pentru vânzătorii itineranți care erau în serviciul unei anume tipografii. Vezi John Feather, ed., *A Dictionary of Book History*, New York, 1986.

34 John Ashton, *Chap-books of the Eighteenth Century*, Londra, 1882.

35 Philip Dormer Stanhope, al IV-lea conte de Chesterfield, „Letter of Feb. 22 1748", *Letters to His Son, Philip Stanhope, Together with Several Other Pieces on Various Subjects*, Londra, 1774.

36 John Sutherland, „Modes of Production", în *The Times Literary Supplement*, Londra, 19 noiembrie 1993.

37 Hans Schmoller, „The Paperback Revolution", în *Essays in the History of Publishing in Celebration of the 250th Anniversary of the House of Longman 1724-1974*, ed. Asa Briggs, Londra, 1974.

38 *Ibidem.*

39 J.E. Morpurgo, *Allen Lane, King Penguin*, Londra, 1979.

40 Citat în Hans Schmoller, *op. cit.*

41 Anthony J. Mills, „A Penguin in the Sahara", în *Archeological Newsletter of the Royal Ontario Museum*, II: 37, Toronto, martie 1990.

LECTURA ÎN INTIMITATE

1 Colette, *La Maison de Claudine*, Paris, 1922.

2 Claude & Vincenette Pichois (cu Alain Brunet), *Album Colette*, Paris, 1984.

3 Colette, *op. cit.*

4 *Ibidem.*

5 *Ibid.*

6 W.H. Auden, „Letter to Lord Byron", în *Collected Longer Poems*, Londra, 1968.

7 André Gide, *Voyage au Congo*, Paris, 1927. [André Gide, *Călătorie în Congo*, trad. de Iulia Soare, Editura Univers, București, 1971.]

8   Colette, *Claudine à l'École*, Paris, 1900.

9   Citat în Gerald Donaldson, *Books: Their History, Art, Power, Glory, Infamy and Suffering According to Their Creators, Friends and Enemies*, New York, 1981.

10 *Bookmarks*, editate și cu introducere de Frederic Raphael, Londra, 1975.

11 Maurice Keen, *English Society in the Later Middle Ages, 1348-1500*, Londra, 1990.

12 Citat în Urban Tigner Holmes, Jr., *Daily Living in the Twelfth Century*, Madison, Wisconsin, 1952.

13 Henry Miller, *The Books in My Life*, New York, 1952.

14 Marcel Proust, *Du côté de chez Swann*, Paris, 1913.

15 Charles-Augustin Sainte-Beuve, *Critiques et portraits littéraires*, Paris, 1836-1839.

16 Citat în N.I. White, *Life of Percy Bysshe Shelley*, 2 vol., Londra, 1947.

17 Marguerite Duras, interviu în *Le Magazine littéraire* 158, Paris, martie 1980.

18 Marcel Proust, *Journées de lecture*, ed. Alain Coelho, Paris, 1993.

19 Marcel Proust, *Le Temps retrouvé*, Paris, 1927.

20 Geoffrey Chaucer, *The Book of the Duchesse*, 44–51, în *Chaucer: Complete Works*, ed. Walter W. Skeat, Oxford, 1973. [Geoffrey Chaucer, „Cartea Ducesei", 44-51, în *Legenda femeilor cinstite și alte poeme*, trad., introducere, prezentări, note și comentarii de Dan Dutescu, Editura Cartea Românească, București, 1986.]

21 Josef Skvorecky, „The Pleasures of the Freedom to Read", în *Anteus*, nr. 59, Tangier, Londra & New York, toamna 1987.

22 Annie Dillard, *An American Childhood*, New York, 1987.

23 Hollis S. Barker, *Furniture in the Ancient World*, Londra, 1966.

24 Jerôme Barker, *La Vie quotidienne à Rome à l'apogée de l'empire*, Paris, 1939.

25 Petronius, *The Satyricon*, trad. de William Arrowsmith, Ann Arbor, 1959. [Petronius, *Satyricon*, trad. de Eugen Cizek, Editura Paideia, București, 2003.]

26 *Byzantine Books and Bookmen*, Washington, 1975.

27 Pascal Dibie, *Ethnologie de la chambre à coucher*, Paris, 1987.

28 C. Gray & M. Gray, *The Bed*, Philadelphia, 1946.

29 Maurice Keen, *op. cit.*

30 Margaret Wade Labarge, *A Small Sound of the Trumpet: Women in Medieval Life*, Londra, 1986.

31 Eileen Harris, *Going to Bed*, Londra, 1981.

32 G. Ecke, *Chinese Domestic Furniture*, Londra, 1963.

33 Jean-Baptiste De la Salle, *Les Régles de la bienséance de la civilité chrétienne*, Paris, 1703.

34 Jonathan Swift, *Directions to Servants*, Dublin, 1746.

35 Van Wyck Brooks, *The Flowering of New England, 1815–1865*, New York, 1936.

36 Antoine de Courtin, *Nouveau Traité de la civilité qui se pratique en France parmi les honnestes gens*, Paris, 1672.

37 Mrs. Haweis, *The Art of Housekeeping*, Londra, 1889, citat în Asa Briggs, *Victorian Things*, Chicago, 1988.

38 Leigh Hunt, *Men, Women and Books: A Selection of Sketches, Essays, and Critical Memoirs*, Londra, 1891.

39 Cynthia Ozick, „Justice (Again) to Edith Wharton", în *Art & Ardor*, New York, 1983.

40 R.W.B. Lewis, *Edith Wharton: A Biography*, New York, 1975, citat în *ibidem*.

41 Colette, *Lettres à Marguerite Moreno*, Paris, 1995.

42 Pichois & Vincenette, *Album Colette*.

43 Germaine Beaumont & André Parinaud, *Colette par elle-même*, Paris, 1960.

METAFORE ALE LECTURII

1 Walt Whitman, „Song of Myself", *Leaves of Grass*, 1856, în *The Complete Poems*, ed. Francis Murphy, Londra, 1975. [Walt Whitman, „Cântec despre mine însumi", în Walt Whitman, *Opere alese*, trad. de Mihnea Gheorghiu, ESPLA, București, 1956.]

2 Walt Whitman, „Song of Myself", *Leaves of Grass*, 1860.

3 *Ibidem*.

4 Johann Wolfgang von Goethe, „Sendscreiben", citat în E.R. Curtius, *Europäische Literatur und lateinisches Mittelalter*, Berna, 1948.

5 Walt Whitman, „Shakespeare-Bacon's Cipher", *Leaves of Grass*, 1892, în *The Complete Poems*.

6 Ezra Pound, *Personae*, New York, 1926.

7 Walt Whitman, „Inscriptions", în *Leaves of Grass*, 1881, în *The Complete Poems*.

8 Citat în Philip Callow, *Walt Whitman: From Noon to Starry Night*, Londra, 1992.

9 Walt Whitman, „A Backward Glance O'er Travel'd Roads", introducere la *November Boughs*, 1888, în *The Complete Poems*.

10 Walt Whitman, *op. cit.*

11 *Ibidem*.

12 Citat în Thomas L. Brasher, *Whitman As Editor of the Brooklyn „Daily Eagle"*, Detroit, 1970.

13 Citat în William Harlan Hale, *Horace Greeley, Voice of the People*, Boston, 1942.

14 Citat în Randall Stewart, *Nathaniel Hawthorne*, New York, 1948.

15 Citat în Arthur W. Brown, *Margaret Fuller*, New York, 1951.

16 Walt Whitman, „My Canary Bird", în *November Boughs*, 1888, în *The Complete Poems*.

17 Hans Blumenberg, *Schiffbruch mit Zuschauer*, Frankfurt, 1979.

18 Fray Luis de Granada, *Introducción al símbolo de la fe*, Salamanca, 1583.

19 Sir Thomas Browne, *Religio Medici*, ed. Sir Geoffrey Keynes, Londra, 1928–1931, I: 16.

20 George Santayana, *Realms of Being*, vol. II, New York, 1940.

21 Citat în Henri de Lubac, *Augustinisme et théologie moderne*, Paris, 1965. Pierre Bersuire, în *Repertorium morale*, extinde imaginea Fiului: „Căci Hristos este un fel de carte scrisă pe o piele de fecioară. [...] Acea carte a fost rostită la porunca Tatălui, scrisă în concepția mamei, ieșită la lumină în naștere, corectată în patimi, ștersăturile fiind făcute în flagelare, semnele de punctuație în tiparul rănilor, împodobită în crucifix deasupra altarului, iluminată în sângerare, legată la Înviere și examinată la Înălțare." Citat în Jesse M. Gellrich, *The Idea of the Book in the Middle Ages: Language Theory, Mythology, and Fiction*, Ithaca & Londra, 1985.

22 William Shakespeare, *Macbeth*, Actul I, Scena 5, [trad. de Ion Vinea, Editura Adevărul, București, 2010.]

23 Henry King, „An Exequy to His Matchlesse Never to Be Forgotten Friend", în *Baroque Poetry*, ed. J.P. Hill & E. Caracciolo-Trejo, Londra, 1975.

24 Benjamin Franklin, *The Papers of Benjamin Franklin*, ed. Leonard W. Labaree, New Haven, 1959.

25 Francis Bacon, „Of Studies", în *The Essayes or Counsels*, Londra, 1625.

26 Joel Rosenberg, „Jeremiah and Ezekiel", în *The Literary Guide to the Bible*, ed. Robert Alter & Frank Kermode, Cambridge, Massachusetts, 1987.

27 Iezechiel 2: 9–10.

28 Apocalipsa, 10: 9–11.

29 Elizabeth I, *A Book of Devotions: Composed by Her Majesty Elizabeth R.*, ed. Adam Fox, Londra, 1970.

30 William Congreve, *Love for Love*, Actul I, Scena I, în *The Complete Works*, 4 vol., ed. Montague Summers, Oxford, 1923.

31 James Boswell, *The Life of Samuel Johnson*, ed. John Wain, Londra, 1973.

32 Walt Whitman, „Shut Not Your Doors", în *Leaves of Grass*, 1867, în *The Complete Poems*.

ÎNCEPUTURI

1 Joan Oates, *Babylon*, Londra, 1986.

2 Georges Roux, *Ancient Iraq*, Londra, 1964.

3 *Ibidem.*

4 Mark Jones, ed., *Fake? The Art of Deception*, Berkeley & Los Angeles, 1990.

5 Alan G. Thomas, *Great Books and Book Collectors*, Londra, 1975.

6 A. Parrot, *Mission archéologique à Mari*, Paris, 1958-1959.

7 C.J. Gadd, *Teachers and Students in the Oldest Schools*, Londra, 1956.

8 C.B.F. Walker, *Cuneiform*, Londra, 1987.

9 *Ibidem.*

10 William W. Hallo & J.J.A. van Dijk, *The Exaltation of Inanna*, New Haven, 1968.

11 Catalog al expoziției *Naissance de l'écriture*, Bibliothèque Nationale, Paris, 1982.

12 M. Lichtheim, *Ancient Egyptian Literature*, vol. 1, Berkeley, 1973-1976.

13 Jacques Derrida, *De la grammatologie*, Paris, 1976. [Jacques Derrida, *Despre gramatologie*, trad., comentarii și note de Bogdan Ghiu, Editura Tact, București, 2009.]

14 Roland Barthes, „Écrivains et écrivants", în *Essais critiques*, Paris, 1971. [„Scriitori și scriptori" în Roland Barthes, *Romanul scriiturii. Antologie*, trad. și selecție de Adriana Babeți și Delia Șepețean-Vasiliu, Editura Univers, București, 1987.]

15 Saint Augustine, *Confessions*, XIII. [Sfântul Augustin, *Confesiuni*, trad. de Eugen Munteanu, Editura Nemira, București, 2006.]

16 Richard Wilbur, „To the Etruscan Poets", în *The Mind Reader*, New York, 1988, și *New and Collected Poems*, Londra, 1975.

ORÂNDUITORII UNIVERSULUI

1 Quintus Curtius Rufus, *The History of Alexander*, ed. și trad. de John Yardley, Londra, 1984, 4.8.1-6. [Quintus Curtius Rufus, *Viața și faptele lui Alexandru cel Mare, regele Macedoniei*, trad. de Constantin Gerota, ediție revizuită de Paul Popescu Gălășanu, Editura Minerva, București, 1970.]

2 Menandru, *Sententiae* 657, în *Works*, ed. W.G. Arnott, Cambridge, Massachusetts și Londra, 1969.

3   M.I. Rostovtzeff, *A Large Estate in Egypt in the Third Century B.C.*, Madison, 1922, citat în William V. Harris, *Ancient Literacy*, Cambridge, Mass., 1989.

4   *P.Col.Zen.* 3.4, plus *P.Cair.Zen.* 4.59687, în William V. Harris, *op. cit.*

5   Sunt întru câtva mândru că în vremurile noastre singurul oraș din lume înzestrat cu o bibliotecă încă de la fondare a fost Buenos Aires. În 1580, după o încercare eșuată de a întemeia orașul pe malurile fluviului Rio de la Plata, un al doilea oraș a fost înălțat. Cărțile lui Adelantado Pedro de Mendoza au devenit prima bibliotecă a noului oraș, iar acei membri ai echipajului care știau carte (incluzându-l pe fratele mai tânăr al Sfintei Tereza, Rodrigo de Ahumada) au putut citi Erasmus și Virgiliu sub Crucea Sudului. Vezi Introducerea lui Enrique de Gandia la *La Argentina* de Ruy Díaz de Guzmán, Buenos Aires, 1990.

6   Plutarh, „Life of Alexander", în *The Parallel Lives*, ed. B. Perrin, Cambridge, Massachusetts & Londra, 1970. [Plutarh, *Vieți paralele*, trad. și note de N.I. Barbu, Editura Științifică, București, 1963.]

7   *Ibidem.*

8   Athenaeus, *Deipnosophistai*, vol. 1, citat în Luciano Canfora, *La biblioteca scomparsa*, Palermo, 1987.

9   Luciano Canfora, *op. cit.*

10 Anthony Hobson, *Great Libraries*, Londra, 1970. Hobson notează că, în 1968, achiziția anuală pentru British Museum Library a fost de 128 706 volume.

11 Howard A. Parsons, *The Alexandrian Library: Glory of the Hellenic World*, New York, 1967.

12 Ausonius, *Opuscules*, 113, citat în Guglielmo Cavallo, „Libro e pubblico alla fine del mondo antico", în *Libri, editori e pubblico nel mondo antico*, Roma & Ban, 1992.

13 James W. Thompson, *Ancient Libraries*, Hamden, Connecticut, 1940.

14 P.M. Fraser, *Ptolemaic Alexandria*, Oxford, 1972.

15 David Diringer, *The Alphabet: A Key to the History of Mankind*, 2 vol., Londra, 1968.

16 Christian Jacob, „La Leçon d'Alexandrie", în *Autrement*, nr. 121, Paris, aprilie 1993.

17 Prosper Alfaric, *L'Évolution intellectuelle de Saint Augustin*, Tours, 1918.

18 Sidonius, *Epistolae*, II: 9.4, citat în Cavallo, „Libro e pubblico alla fine del mondo antico".

19 Edward G. Browne, *A Literary History of Persia*, 4 vol., Londra, 1902–1924.

20 Alain Besson, *Medieval Classification and Cataloguing: Classification Practices and Cataloguing Methods in France from the 12th to 15th Centuries*, Biggleswade, Bedfordshire, 1980.

21 *Ibidem.*

22 Aproape cincisprezece secole mai târziu, bibliotecarul american Melvil Dewey a adăugat la numărul categoriilor încă trei, împărțind întreaga cunoaștere în zece grupe și alocând fiecărei grupe o sută de numere, în care orice carte se putea încadra.

23 Titus Burckhardt, *Die maurische Kultur in Spanien*, München, 1970.

24 Johannes Pedersen, *The Arabic Book*, trad. de Geoffrey French, Princeton, 1984. Pedersen notează că al-Ma'mun nu a fost primul care să alcătuiască o bibliotecă din traduceri; se spune că fiul unui calif omeiad, Khalid ibn Yazid ibn Mu'awiya, i-ar fi luat-o înainte.

25 Jonathan Berkey, *The Transmission of Knowledge in Medieval Cairo: A Social History of Islamic Education*, Princeton, 1992.

26 Titus Burckhardt, *op. cit.*

27 Anthony Hobson, *op. cit.*

28 Colette, *Mes apprentissages*, Paris, 1936.

29 Jorge Luis Borges, „La Biblioteca de Babel", în *Ficciones*, Buenos Aires, 1944. [Jorge Luis Borges, „Biblioteca Babel", trad. de Cristina Hăulică, în *Proză completă*, vol. 1, Editura Polirom, București, 2006.]

CITIREA VIITORULUI

1 Michel Lemoine, „L'Oeuvre encyclopédique de Vincent de Beauvais", în Maurice de Gandillac et al., *La Pensée encyclopédique au Moyen Age*, Paris, 1966.

2 *Voluspa*, ed. Sigurdur Nordal, trad. de Ommo Wilts, Oxford, 1980.

3 Virgil, *Aeneid*, ed. H.R. Fairclough, Cambridge, Massachusetts & Londra, VI: 48-49. [Vergilius, *Eneida*, trad. de George Coșbuc, Editura Univers, București, 1980.]

4 Petronius, *The Satyricon*, trad. de William Arrowsmith, Ann Arbor, 1959. [Petronius, *Satyricon*, trad. de Eugen Cizek, Editura Paideia, București, 2003.]

5 Aulus Gellius, *Noctes Atticae*, ed. J.C. Rolfe, Cambridge, Massachusetts & Londra, 1952. [Aulus Gellius, *Nopți attice*, trad. de D. Popescu, Editura Academiei, București, 1965.]

6 Pausanias, *Description of Greece*, ed. W.H.S. Jones, Cambridge, Massachusetts & Londra, 1948, X. 12-1; Euripide, prolog la *Lamia*, ed. A.S. Way, Cambridge, Massachusetts & Londra, 1965.

7 În *The Greek Myths*, Londra, 1955, II. 132.5, Robert Graves notează că „amplasarea Eritriei, numită și Eritrea sau Eritria, este controversată." După Graves, aceasta ar putea fi o insulă dincolo de ocean sau în largul coastelor Lusitaniei, sau ar putea fi numele dat insulei lui Leon, pe care a fost construit vechiul oraș al lui Gades. [Robert Graves, *Miturile Greciei antice*, trad. de Ciprian Șiulea, Editura Polirom, Iași, 2018, 132.e.]

8 Pausanias, *op. cit.*, X. 12.4-8.

9 Aurelian, *Scriptores Historiae Augustas*, 25, 4-6, citat în John Ferguson, *Utopias of the Classical World*, Londra, 1975.

10 Eusebius Pamphilis, *Ecclesiastical History: The Life of the Blessed Emperor Constantine, in Four Books*, Londra, 1845, cap. XVIII.

11 John Ferguson, *op. cit.*

12 Bernard Botte, *Les Origines de la Noël et de l'Épiphanie*, Paris, 1932. Deși o mențiune în *Liber pontificalis* spune că papa Telesphorus a inițiat sărbătorirea Crăciunului în Roma cândva între anii 127 și 136, prima mențiune certă a zilei de 25 decembrie ca dată a nașterii lui Hristos se află în *Deposito martyrum* al calendarului filocalian din 354.

13 Edictul de la Milano, în Henry Bettenson, ed., *Documents of the Christian Church*, Oxford, 1943.

14 Romancierul englez Charles Kingsley a făcut din filozoafa neoplatoniciană eroina sa din acum uitatul roman *Hypatia, or New Foes with an Old Face*, Londra, 1853.

15 Jacques Lacarrière, *Les Hommes ivres de Dieu*, Paris, 1975.

16 C. Baur, *Der heilige Johannes Chrysostomus und seine Zeit*, 2 vol., Frankfurt, 1929-1930.

17 Garth Fowden, *Empire to Commonwealth: Consequences of Monotheism in Late Antiquity*, Princeton, 1993. De asemenea, vezi remarcabilul Jacques Gies & Monique Cohen, *Sérinde, Terre de Bouddha. Dix siècles d'art sur la Route de la Soie*. Catalog al expoziției de la Grand Palais, Paris, 1996.

18 J. Daniélou & H.I. Marrou, *The Christian Centuries*, vol. I, Londra, 1964.

19 Eusebius Pamphilis, *op. cit.*

20 Cicero, *De Divinatione*, ed. W.A. Falconer, Cambridge, Massachusetts & Londra, 1972, II. 54. [Cicero, *Despre divinație*, trad. de Gabriela Haja și

Mihaela Paraschiv, studiu introductiv și note de Mihaela Paraschiv, Editura Polirom, Iași, 1998.]

21 Saint Augustin, *The City of God*, vol. VI, ed. W.C. Greene, Londra & Cambridge, Massachusetts, 1963. [Aureliu Augustin, *Despre cetatea lui Dumnezeu*, trad. de Paul Găleșanu, Editura Științifică, București, 1998.]

22 Lucien Broche, *La Cathédrale de Laon*, Paris, 1926.

23 Virgil, „Eclogue IV", după cum e citat în Eusebius, *Ecclesiastical History*.

24 Salman Rushdie, *The Wizard of Oz*, British Film Institute Film Classics, Londra, 1992.

25 Anita Desai, „A Reading Rat on the Moors", în *Soho Square III*, ed. Alberto Manguel, Londra, 1990.

26 Aelius Lampridius, *Vita Severi Alexandri*, 4.6, 14.5, citat în L.P. Wilkinson, *The Roman Experience*, Londra, 1975.

27 Cf. Helen A. Loane, „The Sortes Vergilianae", în *The Classical Weekly* 21/24, New York, 30 aprilie 1928. Loane îl citează pe De Quincey, conform căruia tradiția spune că numele bunicului după mamă al lui Virgiliu era Magus. Oamenii din Neapole, spune De Quincey, au confundat numele cu o profesie și au înțeles că Virgiliu „a ajuns pe cale succesorală și ca drept de moștenire la depravatele puteri și cunoștințe infernale ale bătrânului său bunic, exercitându-le pe ambele vreme de secole fără prihană și spre beneficiul celor credincioși". Thomas De Quincey, *Collected Writings*, Londra, 1896, III, pp. 251-269.

28 Aelius Spartianus, *Vita Hadriani*, 2.8, în *Scriptores Historiae Augustae*, în Helen A. Loane, *op. cit.* Nu doar Virgiliu era consultat în această manieră. Cicero, în primul secol î.e.n., scria *(De Natura Deorum*, II. 2) despre augurul Tiberius Sempronius Gracchus, care în 162 î.e.n. „a provocat demisia consulilor la a căror alegere prezidase cu un an înainte, bazându-și decizia pe o greșeală în auspicii, de care a devenit conștient «când a consultat cărțile»".

29 William V. Harris, *Ancient Literacy*, Cambridge, 1989.

30 „Să nu se găsească la tine de aceia care trec pe fiul sau pe fiica lor prin foc, nici prezicător, sau ghicitor, sau vrăjitor, sau fermecător, nici descântător, nici chemător de duhuri, nici mag, nici de cei ce grăiesc cu morții. Căci urâciune este înaintea Domnului tot cel ce face acestea, și pentru această urâciune îl izgonește Domnul Dumnezeu tău de la fața ta." Deuteronomul 18: 10-12.

31 Gaspar Peucer, *Les Devins ou Commentaire des principales sortes de devinations*, trad. de Simon Goulard (?) (Sens[?], 1434).

32   Rabelais, *Le Tiers Livre de Pantagruel*, 10-12 [Rablais, *Gargantua și Pantagruel*, trad. de Alexandru Hodoș, Editura Art, București, 2009.]

33   Manuel Mujica Láinez, *Bomarzo*, Buenos Aires, 1979, cap. II. [Manuel Mujica Láinez, *Bomarzo*, trad. de Romeo Maghirescu, Editura Univers, București, 1990.]

34   William Dunn Macray, *Annals of the Bodleian Library, A.D. 1598 to A.D. 1867*, Londra, 1868.

35   Daniel Defoe, *The Life and Strange Surprizing Adventures of Robinson Crusoe, of York, Mariner*, ed. J.D. Crowley, Londra & Oxford, 1976. [Daniel Defoe, *Robinson Crusoe*, trad. de Aretia Dicu, Editura Corint, București, 2002.]

36   Thomas Hardy, *Far from the Madding Crowd*, Londra, 1874. [Thomas Hardy, *Departe de lumea dezlănțuită*, trad. de Cristina Jinga, Editura Leda, București, 2007.]

37   Robert Louis Stevenson (cu Lloyd Osbourne), *The Ebb Tide*, Londra, 1894.

CITITORUL SIMBOLIC

1   André Kertész, *On Reading*, New York, 1971.

2   Michael Olmert, *The Smithsonian Book of Books*, Washington, 1992.

3   Beverley Smith, „Homes of the 1990's to stress substance", *The Globe and Mail*, Toronto, 13 ianuarie 1990.

4   Andrew Martindale, *Gothic Art from the Twelfth to Fifteenth Centuries*, Londra, 1967.

5   Citat în Louis Réau, *Iconographie de l'art chrétien*, vol. II, Paris, 1957.

6   *Marienbild in Rheinland und Westfalen*, catalog al unei expoziții la Villa Hugel, Essen, 1968.

7   George Ferguson, *Signs and Symbols in Christian Art*, Oxford, 1954.

8   *De Madonna in de Kunst*, catalog al unei expoziții, Anvers, 1954.

9   *The Lost Books of the Bible and the Forgotten Books of Eden*, intr. de Frank Crane, New York, 1974.

10   *Protoevangelion*, în *The Lost Books of the Bible...*, IX, 1-9.

11   Maria la fântână și Maria la roata de tors sunt imaginile cele mai comune ale Bunei Vestiri în arta creștină timpurie, mai ales în reprezentările bizantine cu începere din secolul V. Înainte de această perioadă, reprezentările Bunei Vestiri sunt rare și schematice. Cea mai veche reprezentare a Mariei cu înger precede *Buna Vestire* a lui Martini cu zece secole. Pictată în culori

sumbre pe un perete al catacombei Sfintei Priscilla, la periferia Romei, înfățișează o fecioară fără chip, așezată, ascultând ce-i spune un bărbat în picioare – un înger fără aripi și fără coroană.

12 Ioan 1: 14.

13 Robin Lane Fox, *Pagans and Christian*, New York, 1986.

14 *The Letters of Peter Abelard*, ed. Betty Radice, Londra, 1974.

15 Hildegard de Bingen, *Opera omnia*, în *Patrologia Latina*, Vol. LXXII, Paris, 1844-1855.

16 Citat în Carol Ochs, *Behind the Sex of God: Toward a New Consciousness – Transcending Matriarchy and Patriarchy*, Boston, 1977.

17 San Bernardino, *Prediche volgari*, în Creighton E. Gilbert, *Italian Art, 1400-1500: Sources and Documents*, Evanston, 1980.

18 Victor Cousin, ed., *Petri Abaelardi Opera*, 2 vol., Londra, 1849-1859.

19 Cinci secole mai târziu, nu multe păreau să se fi schimbat, după cum dovedește predica ținută de învățatul J.W. Burgon în 1884, cu ocazia unei propuneri făcute la Oxford ca femeile să fie admise la universitate: „Nu are niciunul din voi generozitatea sau sinceritatea să-i spună [Femeii] ce dezagreabilă ființă, din perspectiva Bărbatului, va deveni? Dacă va concura bărbații pentru «lauri», atunci trebuie măcar să-i puneți în mână scriitorii clasici ai Antichității – cu alte cuvinte, trebuie să-i aduceți la cunoștință obscenitățile literaturii grecești și romane. Puteți face oare asta? [...] Voi părăsi acum subiectul cu o Alocuțiune adresată celuilalt sex. [...] Inferioară nouă te-a făcut Dumnezeu: și ne veți rămâne inferioare până la sfârșitul lumii." Citat în Jan Morris, ed., *The Oxford Book of Oxford*, Oxford, 1978.

20 S. Harksen, *Women in the Middle Ages*, New York, 1976.

21 Margaret Wade Labarge, *A Small Sound of the Trumpet: Women in Medieval Life*, Londra, 1986.

22 Janet Backhouse, *Books of Hours*, Londra, 1985.

23 Paul J. Achtemeier, ed., *Harper's Bible Dictionary*, San Francisco, 1985.

24 Isaia 7: 14.

25 Anna Jameson, *Legends of the Madonna*, Boston & New York, 1898.

26 Proverbele 9: 1, 9: 3-5.

27 Martin Buber, *Tales of the Hasidim*, 2 vol., trad. de Olga Marx, New York, 1947.

28 E.P. Spencer, „L'Horloge de Sapience", Bruselles, Bibliothèque Royale, Ms. IV 111, în *Scriptorium*, 1963, XVII.

29 C.G. Jung, „Answer to Job", în *Psychology and Religion, West and East*, New York, 1960. [C.G. Jung, *Opere*, vol. 11, *Psihologia religiei vestice și estice*, trad. de Veronica Nișcov, Editura Trei, București, 2010.]

30 Merlin Stone, *The Paradise Papers: The Suppression of Women's Rites*, New York, 1976.

31 Carolyne Walker Bynum, *Jesus As Mother: Studies in the Spirituality of the High Middle Ages*, Berkeley & Londra, 1982.

32 St. Gregoire de Tours, *L'Histoire des Rois Francs*, ed. J.J.E. Roy, pref. de Erich Aurcbach, Paris, 1990.

33 Heinz Kahlen & Cyril Mango, *Hagia Sophia*, Berlin, 1967.

34 În „The Fourteenth-Century Common Reader", o foaie volantă distribuită la Kalamazoo Conference din 1992, referindu-se la imaginea Mariei citind în *Cartea Orelor* din secolul XV, Daniel Williman sugerează că „fără justi-ficare, *Cartea Orelor* concretizează însușirea de către femei a unui *opus Dei* și a științei de carte".

35 Ferdinando Bologna, *Gli affreschi di Simone Martini ad Assisi*, Milano, 1965.

36 Giovanni Paccagnini, *Simone Martini*, Milano, 1957.

37 Colyn de Coter, *Virgin and Child Crowned by Angels*, 1490-1510, în Chicago Art Institute; anonima *Madonna auf der Rasenbank*, Upper Rhine, circa 1470-1480, în Augustinermuseum, Freiburg; și multe altele.

38 Plutarh, „On the Fortune of Alexander", 327: 4, în *Moralia*, vol. IV, ed. Frank Cole Babbitt, Cambridge, Massachusetts & Londra, 1972. De asemenea, Plutarh, „Life of Alexander", VIII și XXVI, în *The Parallel Lives*, ed. B. Perrin, Cambridge, Massachusetts & Londra, 1970. [Plutarh, *Vieți paralele*, trad. de N.I. Barbu, Editura Științifică, București, 1963.]

39 Actul II, Scena II. George Steiner a sugerat în privința cărții că ar fi vorba de traducerea lui Florio din *Essais* de Montaigne „Le trope du livre-monde dans Shakespeare", conferință ținută la Bibliothèque Nationale, Paris, 23 martie 1995.

40 Miguel de Cervantes Saavedra, *El Ingenioso Hidalgo Don Quixote de la Mancha*, 2 vols., ed. Celina S. de Cortázar & Isaías Lerner (Buenos Aires, 1969), I: 6. [Miguel de Cervantes Saavedra, *Iscusitul Hidalgo Don Quijote de la Mancha*, trad. de Ion Frunzetti și Edgar Papu, Editura pentru Literatură Universală, București, 1965.]

41 Martin Bormann, *Hitler's Table Talk*, intr. de Hugh Trevor-Roper, Londra, 1953.

A CITI ÎN INTERIOR

1 Thomas Hägg, *The Novel in Antiquity*, ediția engleză, Berkeley & Los Angeles, 1983.

2 Plato, *Laws*, ed. rev. R.G. Bury, Cambridge, Massachusetts & Londra, 1949, VII, 804 c–e. [Platon, *Legile*, trad. de E. Bezedechi, Editura Iri, București, 1996, VII.]

3 William V. Harris, *Ancient Literacy*, Cambridge, Massachusetts, 1989.

4 *Ibidem.*

5 Reardon, *Collected Ancient Greek Novels.*

6 C. Ruiz Montero, „Una observación para la cronología de Caritón de Afrodisias", în *Estudios Clásicos* 24, Madrid, 1980.

7 Santa Teresa de Jesús, *Libro de la Vida*, II: 1, în *Obras Completas*, Biblioteca de Autores Cristianos, Madrid, 1967. [Sfânta Tereza din Avila, *Cartea vieții mele*, trad. de Christian Tamaș, Editura Institutul European, Iași, 1994.]

8 Kate Flint, *The Woman Reader, 1837–1914*, Oxford, 1993.

9 Ivan Morris, *The World of the Shining Prince: Court Life in Ancient Japan*, Oxford, 1964.

10 *Ibidem.* „Vasta majoritate a femeilor, pe vremea lui Murasaki Shihibu, munceau din greu la câmp, erau tratate cu toată asprimea de bărbații lor, nășteau devreme și de multe ori și mureau devreme, fără să le fi dat prin minte să-și dorească independența materială sau plăcerile culturii mai mult decât un zbor pe lună."

11 *Ibid.*

12 *Ibid.*

13 Walter Benjamin, *Illuminations*, trad. de Harry Zohn, New York, 1968. [Walter Benjamin, *Iluminări*, trad. de Catrinel Pleșu, Editura Univers, București, 2002.]

14 Ivan Morris, introducere la Sei Shonagon, *The Pillow Book of Sei Shonagon*, Oxford și Londra, 1967.

15 Citat în Ivan Morris, *The World of the Shining Prince.*

16 Sei Shonagon, *The Pillow Book of Sei Shonagon*, trad. de Ivan Morris, Oxford și Londra, 1967.

17 Citat în Ivan Morris, *The World of the Shining Prince.*

18 George Eliot, „Silly Novels by Lady Novelists", în *Selected Critical Writings*, ed. Rosemary Ashton, Oxford, 1992.

19 Rose Hempel, *Japan zur Heian-Zeit: Kunst und Kultur*, Freiburg, 1983.

20 Carolyn G. Heilbrun, *Writing a Woman's Life*, New York, 1989.

21 Edmund White, Prefață la *The Faber Book of Gay Short Stories*, Londra, 1991.

22 Oscar Wilde, „The Importance of Being Earnest", Actul II, în *The Works of Oscar Wilde*, ed. G.F. Mayne, Londra & Glasgow, 1948. [Oscar Wilde, „Ce înseamnă să fii Onest" în *Teatru*, trad. de Alex. Alcalay și Sima Zamfir, Editura pentru Literatură Universală, București, 1967.]

SĂ FURI CĂRȚI

1 Walter Benjamin, „Paris, Capital of the Nineteenth Century", în *Reflections*, ed. Peter Demetz; trad. de Edmund Jephcott, New York, 1978.

2 François-René Chateaubriand, *Memoires d'outre-tombe*, Paris, 1849-1950.

3 Jean Viardot, „Livres rares et pratiques bibliophiliques", în *Histoire de l'édition française*, vol. II, Paris, 1984.

4 Michael Olmert, *The Smithsonian Book of Books*, Washington, 1992.

5 Geo. Haven Putnam, *Books and Their Makers during the Middle Ages*, vol. I, New York, 1896-1897.

6 *Ibidem.*

7 P. Riberette, *Les Bibliothèques françaises pendant la Révolution*, Paris, 1970.

8 Bibliothèque Nationale, *Le Livre dans la vie quotidienne*, Paris, 1975.

9 Simoné Balaye, *La Bibliothèque Nationale des origines à 1800*, Geneva, 1988.

10 Madeleine B. Stern & Leona Rostenberg, „A Study in «Bibliokleptomania»", în *Bookman's Weekly*, nr. 67, New York, 22 iunie 1981.

11 Citat în A.N.L. Munby, „The Earl and the Thief: Lord Ashburnham and Count Libri", în *Harvard Literary Bulletin*, vol. XVII, Cambridge, Massachusetts, 1969.

12 Gédéon Tallemant des Réaux, *Historiettes*, Paris, 1834.

13 Albert Cim, *Amateurs et Voleurs de Livres*, Paris, 1903.

14 *Ibidem.*

15 Léopold Delisle, *Les Manuscrits des Fonds Libri et Barrois*, Paris, 1888.

16 Marcel Proust, *Les Plaisirs et les jours*, Paris, 1896.

17 Munby, „The Earl and the Thief", *op. cit.*

18 Philippe Vigier, „Paris pendant la monarchie de juillet 1830-1848", în *Nouvelle Histoire de Paris*, Paris, 1991.

19 Jean Freustié, *Prosper Mérimée, 1803-1810*, Paris, 1982.

20 Prosper Mérimée, *Correspondance*, îngrijită și adnotată de Maurice Parturier, vol. V: *1847-1849*, Paris, 1946.

21 Prosper Mérimée, „Le Procès de M. Libri", în *Revue des Deux Mondes*, Paris, 15 aprilie 1852.

22 Léopold Delisle, *op. cit.*

23 Albert Cim, *op. cit.*

24 Lawrence S. Thompson, „Notes on Bibliokleptomania", în *The Bulletin of the New York Public Library*, New York, septembrie 1944.

25 Rudolf Buchner, *Bücher und Menschen*, Berlin, 1976.

26 Thompson, „Notes on Bibliokleptomania", *op. cit.*

27 Albert Cim, *op. cit.*

28 Charles Lamb, *Essays of Elia*, ediția a 2-a, Londra, 1833.

AUTORUL CA CITITOR

1 Pliny the Younger, *Lettres I-IX*, ed. A.M. Guillemin, 3 vol., Paris, 1927-1928, VI: 17.

2 Chiar și împăratul Augustus a participat la aceste lecturi, „atât cu bunăvoință, cât și cu răbdare": Suetonius, „Augustus", 89: 3, în *Lives of the Twelve Caesars*, ed. J.C. Rolfe, Cambridge, Massachusetts & Londra, 1948. [Suetonius, „Augustus", 89: 3, în *Viețile celor doisprezece Cezari*, Editura Politică, București 1998.]

3 Pliny the Younger, *Lettres I-IX*, V: 12, VII: 17.

4 *Ibidem*, I: 13.

5 *Ibid.*, VIII: 12.

6 Juvenal, VII: 39-47, în *Juvenal and Persius: Works*, ed. G.G. Ramsay, Cambridge, Massachusetts & Londra, 1952.

7 Pliny the Younger, *Lettres I-IX*, II: 19.

8 *Ibidem*, V: 17.

9 *Ibid.*, IV: 27.

10 Horace, „A Letter to Augustus", în *Classical Literary Criticism*, ed. D.A. Russell & M. Winterbottom, Oxford, 1989.

11 Martial, *Epigrammata*, III: 44, în *Works*, ed. W.C.A. Ker, Cambridge, Massachusetts & Londra, 1919-1920.

12 Pliny the Younger, *Lettres I-IX*, I: 13.

13 *Ibidem*, IX: 3.

14 *Ibid.*, IX: 23.

15 *Ibid.*, IX: 11.

16 *Ibid.*, VI: 21.

17 După cum relatează poetul Louis MacNeice, după una din lecturile lui
    Thomas, „un actor care stătuse siderat mai la margine i-a spus, uluit:
    «Domnule Thomas, una din pauzele dumneavoastră a ținut cincizeci
    de secunde!» Dylan s-a ridicat, jignit (se pricepea la asta): «Am citit cât de
    repede-am putut», a spus el disprețuitor." John Berryman, „After Many
    A Summer: Memories of Dylan Thomas", în *The Times Literary Supplement*,
    Londra, 3 septembrie 1993.

18 Erich Auerbach, *Literatursprache und Publikum in der lateinischen Spätantike
    und im Mittelalter*, Berna, 1958.

19 Dante, *De vulgare eloquentia*, trad. & ed. Vittorio Coletti, Milano, 1991.

20 Jean de Joinville, *Histoire de saint Louis*, ed. Noël Corbett, Paris, 1977.

21 William Nelson, „From «Listen Lordings» to «Dear Reader»", în *University
    of Toronto Quarterly* 47/2, Iarna 1976–1977.

22 Fernando de Rojas, *La Celestina: Tragicomedia de Calisto y Melibea*,
    ed. Dorothy S. Severin, Madrid, 1969.

23 María Rosa Lida de Malkiel, *La originalidad artistica de La Celestina*, Buenos
    Aires, 1967.

24 Ludovico Ariosto, *Tutte le opere*, ed. Cesare Segre, Milano, 1964, I: XXXVIII,
    în William Nelson, *op. cit.*

25 Ruth Crosby, „Chaucer and the Custom of Oral Delivery", în *Speculum:
    A Journal of Medieval Studies* 13, Cambridge, Massachusetts, 1938.

26 Citat în M.B. Parkes, *Pause and Effect: An Introduction to the History of
    Punctuation in the West*, Berkeley & Los Angeles, 1993.

27 Thomas Love Peacock, *Nightmare Abbey*, Londra, 1818.

28 Samuel Butler, *The Notebooks of Samuel Butler*, ed. Henry Festing Jones,
    Londra, 1921.

29 P.N. Furbank, *Diderot*, Londra, 1992.

30 Peter Ackroyd, *Dickens*, Londra, 1991.

31 Paul Turner, *Tennyson*, Londra, 1976.

32 Charles R. Saunders, „Carlyle and Tennyson", *PMLA* 76, martie 1961,
    Londra.

33 Ralph Wilson Rader, *Tennyson's Maud: The Biographical Genesis*, Berkeley
    & Los Angeles, 1963.

34 Charles Tennyson, *Alfred Tennyson*, Londra, 1950.

35 Ralph Waldo Emerson, *The Topical Notebooks*, ed. Ronald A. Bosco,
    New York & Londra, 1993.

36 Kevin Jackson, recenzie la conferința lui Peter Ackroyd, „Londra Luminaries and Cockney Visionaries" la Victoria and Albert Museum, în *The Independent*, Londra, 9 decembrie, 1993.

37 Peter Ackroyd, *op. cit.*

38 Richard Ellman, *James Joyce*, ediție revizuită, Londra, 1982.

39 Dámaso Alonso, „Las conferencias", în *Insula* 75, 15 martie 1952, Madrid.

40 Stephen Jay Gould, *The Panda's Thumb*, New York, 1989.

TRADUCĂTORUL CA CITITOR

1 Rainer Maria Rilke, scrisoare către Mimi Romanelli, 11 mai 1911, în *Briefe 1907-1914*, Frankfurt, 1933.

2 Louise Labé, *Oeuvres poétiques*, ed. Françoise Charpentier, Paris, 1983.

3 Carl Jacob Burckhardt, *Ein Vormittag beim Buchhandler*, Basel, 1944.

4 Poemul lui Racine, traducerea unei singure jumătăți a Psalmului 36, începe: *Grand Dieu, qui vis les cieux se former sans matière.*

5 Citat în Donald Prater, *A Ringing Glass: The Life of Rainer Maria Rilke*, Oxford, 1986.

6 Alta Lind Cook, Sonnets *of Louise Labé*, Toronto, 1950.

7 Louise Labé, *op. cit.*

8 Rainer Maria Rilke, „Narcissus", în *Sämtliche Werke*, ed. Rilke-Archiv, Frankfurt, 1955-1957.

9 Citat în Donald Prater, *op. cit.*

10 Natalie Zemon Davis, „Le Monde de l'imprimerie humaniste: Lyon", în *Histoire de l'édition française*, I, Paris, 1982.

11 George Steiner, *After Babel*, Oxford, 1973. [George Steiner, *După Babel. Aspecte ale limbii și traducerii*, trad. de Valentin Negoiță, Ștefan Avădanei, Editura Univers, București, 1983.]

12 Paul de Man, *Allegories of Reading: Figural Language in Rousseau, Nietzsche, Rilke, and Proust*, New Haven & Londra, 1979.

13 D.E. Luscombe, *The School of Peter Abelard: The Influence of Abelard's Thought in the Early Scholastic Period*, Cambridge, 1969.

14 Citat în Olga S. Opfell, *The King James Bible Translators*, Jefferson, N.C., 1982.

15 *Ibidem.*

16 Citat în *ibid.*

17   *Ibid.*

18   Rudyard Kipling, „Proofs of Holy Writ", în *The Complete Works of Rudyard Kipling*, „Uncollected Items", vol. XXX, Sussex Edition, Londra, 1939.

19   Alexander von Humboldt, *Über die Verschiedenheit des menschlischen Sprachbaues und ihren Einfluß auf die geistige Entwicklung des Menschengeschlechts*, citat în Umberto Eco, *La Ricerca della Lingua Perfetta*, Roma & Bari, 1993. [Umberto Eco, *În căutarea limbii perfecte*, trad. de Dragoș Cojocaru, Editura Polirom, Iași, 2002.]

20   Paul de Man, *op. cit.*

LECTURA INTERZISĂ

1   James Boswell, *The Life of Samuel Johnson*, ed. John Wain, Londra, 1973.

2   T.B. Macaulay, *The History of England*, 5 vol., Londra, 1849–1861.

3   Carol a fost, cu toate acestea, un rege prețuit de majoritatea supușilor săi, care erau încredințați că viciile mici i le corectau pe celelalte, mai mari. John Aubrey povestește despre un anume Arise Evans, care „avea un Nas cât o ciupercă și se spunea că i s-ar fi arătat cum că Mâna Regelui îl va Vindeca; și la prima venire a regelui Carol al II-lea în St James's Park, și-a frecat Nasul de Mâna Regelui; ceea ce l-a tulburat pe Rege, dar l-a Vindecat pe el": John Aubrey, *Miscellanies*, în *Three Prose Works*, ed. John Buchanan-Brown, Oxford, 1972.

4   Antonia Fraser, *Royal Charles: Charles II and the Restoration*, Londra, 1979.

5   Janet Duitsman Cornelius, *When I Can Read My Title Clear: Literacy, Slavery, and Religion in the Antebellum South*, Columbia, S.C., 1991.

6   *Ibdem.*

7   *Ibid.*

8   *Ibid.*

9   *Ibid.*

10   Frederick Douglass, *The Life and Times of Frederick Douglass*, Hartford, Connecticut, 1881.

11   Citat în Janet Duitsman Cornelius, *op. cit.*

12   Peter Handke, *Kaspar*, Frankfurt, 1967.

13   Voltaire, „De l'Horrible Danger de la Lecture", în *Memoires, Suivis de Mélanges divers et precédés de „Voltaire Démiurge" par Paul Souday*, Paris, 1927.

14 Johann Wolfgang von Goethe, *Dichtung und Wahrheit*, Stuttgart, 1986, IV: I. [Johann Wolfgang von Goethe, *Poezie și adevăr*, trad. de Tudor Vianu, Editura Minerva, București, 1967.]

15 Margaret Horsfield, „The Burning Books" în „Ideas", CBC Radio Toronto, emisiune din 23 aprilie 1990.

16 Citat în Heywood Broun & Margaret Leech, *Anthony Comstock: Roundsman of the Lord*, New York, 1927.

17 Charles Gallaudet Trumbull, *Anthony Comstock, Fighter*, New York, 1913.

18 Citat în Heywood Broun & Margaret Leech, *op. cit.*

19 *Ibidem.*

20 *Ibid.*

21 *Ibid.*

22 H.L. Mencken, „Puritanism as a Literary Force", în *A Book of Prefaces*, New York, 1917.

23 Jacques Dars, Introducere la *En Mouchant la chandelle*, Paris, 1986.

24 Gustave Flaubert, *Madame Bovary*, II, 7, Paris, 1857. [Gustave Flaubert, *Doamna Bovary*, trad. de D.T. Sarafoff, Editura Polirom, București, 2000.]

25 Edmund Gosse, *Father and Son*, Londra, 1907.

26 *Ibid.*

27 Joan DelFattore, *What Johnny Shouldn't Read: Textbook Censorship in America*, New Haven & Londra, 1992.

28 Citat din *The Times*, Londra, 4 ianuarie 1978, retipărit în Prefața lui Nick Caistor la *Nunca Más: A Report by Argentina's National Commission on Disappeared People*, Londra, 1986.

29 În *Nunca Más*, *op. cit.*

NEBUNUL CU CARTEA

1 Patrick Trevor-Roper, *The World through Blunted Sight*, Londra, 1988.

2 Jorge Luis Borges, „Poema de los dones", în *El Hacedor*, Buenos Aires, 1960. [Jorge Luis Borges, „Poemul darurilor" din vol. „Făuritorul", în *Poezii*, ed. revizuită și adăugită, trad. și prefață de Andrei Ionescu, Editura Polirom, Iași, 2017)

3 Royal Ontario Museum, *Books of the Middle Ages*, Toronto, 1950.

4 Patrick Trevor-Roper, *op. cit.*

5 Pliny the Elder, *Natural History*, ed. D.E. Eichholz, Cambridge, Mass., & Londra, 1972, Cartea XXXVII: 16. [Plinius cel Bătrân, *Naturalis Historia*. *Enciclopedia cunoștințelor din Antichitate*, trad. de Ioana Costa, Editura Polirom, Iași, 2004, vol. 6.]

6 A. Bourgeois, *Les Bésicles de nos ancêtres*, Paris, 1923 (Bourgeois nu dă ziua sau luna și greșește anul). Vezi de asemenea Edward Rosen, „The Invention of Eyeglasses", în *The Journal of the History of Medicine and Allied Sciences* 11, 1956.

7 Redi, *Lettera sopra l'invenzione degli occhiali di nazo*, Florența, 1648.

8 Edward Rosen, „The Invention of Eyeglasses", *op. cit.*

9 Rudyard Kipling, „The Eye of Allah", în *Debits and Credits*, Londra, 1926.

10 Roger Bacon, *Opus maius*, ed. S. Jebb, Londra, 1750.

11 René Descartes, *Traité des passions*, Paris, 1649.

12 W. Poulet, *Atlas on the History of Spectacles*, vol. II, Godesberg, 1980.

13 Hugh Orr, *An Illustrated History of Early Antique* Spectacles, Kent, 1985.

14 E.R. Curtius, citând din F. Messerschmidt, *Archiv fur Religionswissenschaft*, Berlin, 1931, notează că etruscii i-au reprezentat totuși pe câțiva dintre zeii lor în postura de scribi sau citind.

15 Charles Schmidt, *Histoire littéraire de l'Alsace*, Strasbourg, 1879.

16 Sebastian Brant, *Das Narrenschiff*, ed. Friedrich Zarncke, Leipzig, 1854.

17 Geiler von Kaysersberg, *Nauicula siue speculum fatuorum*, Strasburg, 1510.

18 Seneca, „De tranquillitate", în *Moral Essays*, ed. R.M. Gummere, Cambridge, Massachusetts & Londra, 1955.

19 *Ibidem.*

20 John Donne, „The Extasie", în *The Complete English Poems*, ed. C.A. Patrides, New York, 1985.

21 Gérard de Nerval, „Sylvie, souvenirs du Valois", în *Autres chimères*, Paris, 1854.

22 Thomas Carlyle, „The Hero As Man of Letters", în *Selected Writings*, ed. Alan Shelston, Londra, 1971.

23 Jorge Manrique, „Coplas a la muerte de su padre", în *Poesias*, ed. F. Benelcarría, Madrid, 1952.

24 Seneca, „De vita beata", în *op. cit.*

25 John Carey, *The Intellectuals and the Masses: Pride and Prejudice among the Literary Intelligentsia, 1880-1939*, Londra, 1992.

26 Matthew Arnold, *Culture and Anarchy*, Londra, 1932. Ca să fim cinstiți față de Arnold, argumentația lui continuă: „Dar suntem pentru transformarea fiecăreia dintre acestea după legea perfecțiunii."

27 Aldous Huxley, „On the Charms of History", în *Music at Night*, Londra, 1931.

28 Thomas Hardy, scriind în 1887, citat în Carey, *The Intellectuals and the Masses, op. cit.*

29 Sigmund Freud, „Writers and Day-Dreaming", în *Art and Literature*, vol. 14 din Pelican Freud Library, trad. de James Strachey, Londra, 1985.

30 Și nici măcar Don Quijote nu se pierde cu totul în ficțiune. Când el și Sancho se urcă pe calul de lemn, convinși că acesta e armăsarul zburător Clavileño, iar neîncrezătorul Sancho vrea să-și scoată năframa care-i acoperea ochii ca să vadă dacă sunt cu adevărat în aer și aproape de soare, Don Quijote îi poruncește să nu facă asta. Ficțiunea ar fi distrusă de prozaica dovadă *(Don Quijote*, II, 41.) Suspendarea neîncrederii, după cum corect subliniază Coleridge, trebuie să fie premeditată; dincolo de această premeditare se află nebunia.

31 Rebecca West, „The Strange Necessity", în *Rebecca West – A Celebration*, New York, 1978.

PAGINILE ALBE DE LA SFÂRȘIT

1 Ernest Hemingway, „The Snows of Kilimanjaro", în *The Snows of Kilimanjaro and Other Stories*, New York, 1927. [Ernest Hemingway, „Zăpezile de pe Kilimanjaro" în *Zăpezile de pe Kilimanjaro, Povestiri I*, ediție completă, trad. de Radu Lupan, Editura Univers, București, 1994.]

2 Rainer Maria Rilke, *Die Aufzeichnungen des Malte Laurids Brigge*, ed. Erich Heller, Frankfurt, 1986. [Rainer Maria Rilke, *Însemnările lui Malte Laurids Brigge*, trad. de Bogdan Mihai Dascălu, Crisu Dascălu, Editura Ideea Europeană, Iași, 2008.]

3 Richard de Bury, *The Philobiblon*, ed. și trad. de Ernest C. Thomas, Londra, 1888.

4 Virginia Woolf, „How Should One Read a Book?", în *The Common Reader*, ediția a doua, Londra, 1932. [„Cum ar trebui să citim o carte?" în Virginia Woolf, *Eseuri alese I. Arta lecturii*, trad., selecție, prefață și note de Monica Pillat, Editura Rao, București, 2005.]

5 Gerontius, *Vita Melaniae Janioris*, trad. și ed. de Elizabeth A. Clark, New York & Toronto, 1984.

6 Jonathan Rose, „Rereading the English Common Reader: A preface to a History of Audiences", în *Journal of the History of Ideas*, 1992.

7 Robert Irwin, *The Arabian Nights: A Companion*, Londra, 1994.

8 Miguel de Cervantes Saavedra, *El Ingenioso Hidalgo Don Quixote de la Mancha*,
   2 vol., ed. Celina S. de Cortázar & Isaías Lerner, Buenos Aires, 1969, I: 9.
   [Miguel de Cervantes Saavedra, *Iscusitul Hidalgo Don Quijote de la Mancha*,
   trad. de Ion Frunzetti și Edgar Papu, Editura pentru Literatură Universală,
   București, 1965.]

9 Marcel Proust, *Journées de lecture*, ed. Alain Coelho, Paris, 1993.

10 Michel Butor, *La Modification*, Paris, 1957.

11 Wolfgang Kayser, *Das Sprachliche Kunstwerk*, Leipzig, 1948.

12 Citat în Thomas Boyle, *Black Swine in the Sewers of Hampstead: Beneath the
   Surface of Victorian Sensationalism*, New York, 1989.

13 Jane Austen, *Northanger Abbey*, Londra, 1818, XXV. [Jane Austen, *Mănăstirea
   Northanger*, trad. de Emilia Oanță, Editura Aldo Press, București, 2004, XXV.]

14 Graham Balfour, *The Life of Robert Louis Stevenson*, 2 vol., Londra, 1901.

15 „Probabil la modul impropriu", comentează profesorul Simone Vauthier, de
   la Universitatea din Strasbourg, într-o recenzie la carte. „Te-ai fi așteptat
   mai degrabă la un «sindrom al regelui Ciar-Șah» sau dacă, urmându-l pe
   romancierul american John Barth, luăm în considerare și pe celălalt as-
   cultător al Șeherezadei, sora ei mai tânără, la «sindromul Doniazada»."

16 John Wells, *Rude Words: A Discursive History of the Londra Library*, Londra,
   1991.

17 Marc-Alain Ouaknin, *Bibliothérapie: Lire, c'est guérir*, Paris, 1994.

18 Robert Coover, „The End of Books", în *The New York Times*, 21 iunie 1992.

CREDIT FOTO

P. 50 Suleymaniye Library, Istanbul.

P. 55 Marcus E. Raichle MD, Washington University School of Medicine.

P. 58 @ Bibliothèque Royale Albert Ier, Bruselles. Ms 10791 fol.2r.

P. 60 S. Ambrogio, Milano. Foto Scala, Florența.

P. 66 National Archaeological Museum, Athens. No. 1260 (detaliu).

P. 72 Mary Evans Picture Library.

P. 74 Louvre, Paris. @ foto R.M.N.

Pp. 76-77 mormântul lui Cino de Pistoia, Duomo, Pistoia. Foto Scala, Florența.

P. 81 Chadwyck-Healey Ltd, Cambridge.

P. 83 @ cliché Bibliothèque Nationale de France, Paris.

P. 86 Humanist Library, Sélestat.

P. 92, *stânga*: Eglise de Luat, Fresnay le Luat (Oise) @ Colecția Viollet; *dreapta*: Musée Lorrain, Nancy, cliché Mangin.

P. 94, *stânga și dreapta*: Humanist Library, Sélestat.

P. 95 Musée de Cluny, Paris. @ foto R.M.N.

P. 96, *sus*: Musée de Cluny, Paris, @ foto R.M.N; *jos*: Oeffentliche Kunstsammlung Basel, Kunstmuseum. Foto: Oeffentliche Kunstsammlung Basel, Martin Bühler (detaliu).

P. 97 @ cliché Bibliothèque Nationale de France, Paris.

P. 101 Library of Congress LC-USZ 62-78985.

P. 102 Humanist Library, Sélestat.

P. 106 Bildarchiv Preussischer Kulturbesitz, Berlin.

P. 109 Foto Scala, Florența.

P. 115 National Gallery of Prague.

P. 118 Franco Maria Ricci.

P. 122 Israel Museum, Ierusalim.

P. 123 St Bavon, Ghent, foto Copyright IRPA-KIK, Bruxelles (detaliu).

P. 125 S. Sabina, Roma. Fotograf Alinari-Giraudon.

P. 126 Universitätsbibliothiek Heidelberg.

P. 128 Das Gleimhaus, Halberstadt, Germania.

P. 130 TBWA/V & S Vin & Sprit AB.

P. 131 Swiss National Museum, Zürich. Inv.Nr.LM7211, Neg Nr.11308.

P. 132 Schnutgen-Museum, Cologne/Rheinisches Bildarchiv, Cologne.

P. 134 @ Bibliothèque Nationale, Paris/Archives Seuil.

P. 138 Library of Congress LC-USZ 65011.

P. 139 Key West Art & Historical Society.

P. 140 Archives of the Abbey of Monte-Cassino, Italia/G. Dagli Orti, Paris.

P. 144 Musée Condé, Chantilly/Lauros-Giraudon.

P. 152 Biblioteca Nazionale Marciana, Veneția. Foto Toso.

P. 156 Colecția autorului.

P. 157 Cu permisiunea British Library Add Ms. 63493, f. 112v.

P. 159, *stânga*: Stiftsbibliothek St Gallen, Elveția; *dreapta*: cu bunăvoința Comitetului Director al Victoria & Albert Museum.

P. 160 cu bunăvoința Board of Trustees of the Victoria & Albert Museum.

P. 161 Mary Evans Picture Library/Institution of Civil Engineers.

P. 163 Colecția autorului.

P. 165 Cu permisiunea The British Library G.9260.

P. 166 Cu permisiunea British Library IB24504.

P. 168, *stânga*: cu permisiunea Folger Shakespeare Library; *dreapta*: prin bunăvoința Royal Ontario Museum.

P. 169 © cliché Bibliothèque Nationale de France, Paris.

P. 170 Mary Evans Picture Library.

P. 172 WH Smith Ltd.

P. 174, *stânga*: Penguin Books; *dreapta*: © cliché Bibliothèque Nationale de France, Paris.

P. 175 Prin bunăvoința Fogg Art Museum. Harvard University Art Museums, legatar James P. Warburg.

P. 176 Beinecke Rare Book and Manuscript Library, Yale University.

P. 177, *sus*: cu permisiunea British Library, NL.Tab.2; *stânga jos*: Associated Press; *dreapta jos*: © The Dakhleh Oasis Project. Foto Alan Hollet.

P. 178 Foto Jean-Loup Charmet.

P. 180 Fonterrault, Franța. Foto AKG, Londra/Erich Lessing.

P. 185 National Museum of Antiquities, Leiden.

P. 187 Bibliothèque Mazarine, Paris. Foto Jean-Loup Charmet.

P. 189 Prin bunăvoința Comitetul Director al Victoria & Albert Museum.

P. 192 Paris-Match/Walter Carone.

P. 194 Yale Collection of American Literature, Beinecke Rare Book and Manuscript Library, Yale University.

P. 200 Library of Congress LC-USZ62-709S6.

P. 205 Cu permisiunea British Library LR413G1 798(31).

P. 206 Mary Evans Picture Library.

P. 210 © Iraq Museum, Bagdad; prin bunăvoința dlui J. Oates.

P. 217 *ambele*: copyright British Museum.

P. 220 Bibliothèque Nationale/ foto @ Collection Viollet.

P. 224 Mary Evans Picture Library.

P. 228 Colecția autorului.

P. 230 @ cliché Bibliotlithèque Nationale de France, Paris.

P. 231 Mary Evans Picture Library.

P. 232 Chartres. Foto Giraudon.

P. 236 AKG, Londra.

P. 242 Cu permisiunea British Library IB9110.

P. 248 @ Proprietatea lui André Kertész.

P. 251 Galleria degli Uffizi, Florența Foto Scala, Florența.

P. 255 Arena de Padua. Foto Scala, Florența.

P. 257 @ Bibliothèque Royale Albert Ier, Bruselles. Ms IV.111 fol. l3r.

P. 259 Museo del Prado, Madrid.

P. 260 Sygma.

P. 262 Copyright British Museum.

P. 265 Bibliothèque des Arts Decoratifs, Paris/Jean-Loup Charmet.

P. 267 Kyoto National Museum.

P. 274 Éditions Tallandier Photothèque, Paris.

P. 284 Como. Foto AKG, Londra.

P. 293 Maestrul și membrii Corpus Christi College, Cambridge.

P. 295 The Dickens House Museum, Londra.

P. 298 Rilke Archive, Gemsbach, Germania.

P. 302 @ cliché Bibliothèque Nationale de France, Paris.

P. 313 Cu permisiunea British Library C 35 L 13(1).

P. 316 Detaliu din „Coliba mătușii Betsy din Aiken, Carolina de Sud", fotografie atribuită lui J.A. Palmer, 1876. Colecția The New York Historical Society.

P. 320 cu permisiunea British Library Or 74 D.45. Vol 5.

P. 322 @ Hulton.

P. 323 cu permisiunea British Library 010884 h.23.

P. 324 Corbis-Bettmann.

P. 326 Colecția autorului.

P. 330 Humanist Library, Sélestat.

P. 334 S. Niccolò, Treviso; foto AKG, Londra.

P. 335 Museum of the Abbey of Klosterneuburg, Austria.

P. 338 Humanist Library, Sélestat.

P. 339 Humanist Library, Sélestat.

Pp. 344–345 Curatorii War Museum, Londra.

INDICE DE NUME

CUPRINS

note ....
....
....
....
....
....
....
....
....
....
....
....
....
....
....
....
....
....
....
....

note ....
....
....
....
....
....
....
....
....
....
....
....
....
....
....
....
....
....
....

note ....
....
....
....
....
....
....
....
....
....
....
....
....
....
....
....
....
....

DESCOPERĂ PLĂCEREA LECTURII ȘI ONLINE!

Urmărește-ne și pe canalele noastre de social media, ca să fii la curent cu noutățile editoriale și cu știri despre scriitorii și cărțile **NEMIRA**

Postează ce mai citești și intră în comunitatea noastră:

#EdituraNemira
#PlăcereaLecturii